Weblogs, Podcasting & Online-Journalismus

Weblogs, Podcasting & Online-Journalismus

Moritz »mo.« Sauer

O'REILLY®
Beijing · Cambridge · Farnham · Köln · Paris · Sebastopol · Taipei · Tokyo

Kommentare und Fragen können Sie gerne an uns richten:
O'Reilly Verlag
Balthasarstr. 81
50670 Köln
Tel.: 0221/9731600
Fax: 0221/9731608
E-Mail: kommentar@oreilly.de

1. Auflage 2007

Bibliografische Information Der Deutschen Bibliothek
Die Deutsche Bibliothek verzeichnet diese Publikation in der Deutschen Nationalbibliografie; detaillierte bibliografische Daten sind im Internet über *http://dnb.ddb.de* abrufbar.

Lektorat: Inken Kiupel, Köln
Fachgutachten: Michael Gerth, Köln, Vladimir Simovic, Köln & Larissa Vassilian, München
Korrektorat: Eike Nitz, Köln
Satz: Tim Mergemeier, reemers publishing services gmbh, Krefeld; www.reemers.de
Umschlaggestaltung: Michael Oreal, Köln
Umschlagmotiv: Guido Bender, Dipl.-Designer, Wiesbaden; www.fuenfvorelf.de
Produktion: Andrea Miß, Köln
Belichtung, Druck und buchbinderische Verarbeitung: Druckerei Kösel, Krugzell; www.koeselbuch.de

ISBN-10 3-89721-458-X
ISBN-13 978-3-89721-458-3

Dieses Buch ist auf 100% chlorfrei gebleichtem Papier gedruckt.

Inhalt

Teil 2: Podcasting

Für die Liebe zur freien Meinungsäußerung

Vorwort

Das Internet hat eine Medienrevolution eingeleitet, die gerade erst richtig Fahrt aufnimmt. Während früher wenige Journalisten und Redakteure über das Radio, Fernsehen und die Printmedien viele Menschen informierten, so bietet uns das Internet heute die Möglichkeit, dass jeder mit jedem kommuniziert. Dadurch rüttelt das Internet als ein Medium individualisierter Massenkommunikation an den Grundpfeilern der großen Medien, weil jeder von uns zum Sender werden und autonom bestimmen kann, was er gerade empfangen möchte.

Während wir bei den so genannten *One-To-Many-Medien* (Radio, Fernsehen, Printmedien) lediglich zuhören, zuschauen oder lesen dürfen, bietet uns das Internet zahlreiche Formen der (Re-)Aktion. Ob in Foren, auf Weblogs, in Gästebüchern, per Chat oder in Newsgroups – überall, wo Interaktion erwünscht ist, kann man mit Einträgen oder Kommentaren seine Meinung in Form von Bildern, Texten und Tönen hinterlassen.

Noch spannender gestaltet sich das Internet, wenn man mit einer eigenen Webpräsenz selbst zum Sender wird. Preiswerter Webspace, vielseitige Software und moderne Technologien ermöglichen es jedem von uns, eigene Texte, Bilder und Videoclips einem potenziellen Millionenpublikum zugänglich zu machen. Bemerkenswert ist dabei die Tatsache, dass man heute Internetseiten ins Web stellen kann, ohne Programmieren lernen zu müssen. Zahlreiche Weblog-Anbieter oder frei erhältliche Redaktionssysteme ermöglichen das Publizieren von eigenen Text-, Ton- oder Videobeiträgen. Für einen einfachen Internet-Auftritt braucht man heute nur wenige Minuten, denn die entsprechende Software greift einem dabei merklich unter die Arme. Den Bau der Seiten übernehmen hierbei kleine, wendige und einfach zu verstehende Redaktionssysteme. Sie ermöglichen es dem Benutzer, über den eigenen Browser Einträge zu verwalten, zu editieren und um neue Artikel zu erweitern. Mit Hilfe dieser Weblog-Systeme konzentrieren wir uns auf das Wesentliche: Die Gestaltung guter und spannender Inhalte.

Wer vor zehn Jahren mit einem Artikel ein größeres Publikum erreichen wollte, musste gute Kontakte zu den Printmedien haben oder für den Selbstverlag des Textes in die eigene Tasche greifen. Heute reicht ein wenig Webspace, und schon kann es losgehen. Um z.B. ein kleines Internet-Magazin zu einem speziellen Thema zu betreiben, reicht ein wenig technisches Know-how. Während die Herausgabe eines Printmagazins immer ein finanzielles Risiko darstellt, vorfinanziert werden muss und einen eigenen Vertrieb benötigt, muss ein Online-Artikel nur ins Web gestellt werden. Während ein Printmagazin immer einen längeren Vorlauf und eine übersichtliche Planung beansprucht, können Sie Texte direkt nach der Fertigstellung im Internet veröffentlichen. Und während Sie sich beim Printmagazin fragen, wer es wohl liest, welche Artikel beliebt sind und was Ihre Leser wohl denken, erfahren Sie über die Kommentarfunktion Ihres Weblogs direkt, was Ihre Leser von dem jeweiligen Beitrag halten und worüber sie noch mehr erfahren wollen.

Als kleines Beispiel möchte ich Ihnen mein eigenes Magazin vorstellen: Phlow.net. Das Magazin habe ich 2002 ins Leben gerufen, nachdem ich durch die Insolvenz meines Arbeitgebers meinen Posten als Online-Redakteur verloren hatte. Das Publizieren im Web wollte ich jedoch nicht missen und stieß nach einigem Ausprobieren verschiedener Redaktionssysteme auf das Weblog-System Movable Type. Dieses bildet auch heute noch das Rückgrat des Magazins und hat den Phlow-Schreibern und mir viel Arbeit abgenommen. Ohne das Internet und ein Weblog- oder Content Management System (*CMS*) wären mir viele großartige Dinge vorenthalten geblieben. Denn über das Magazin habe ich über die Jahre Gleichgesinnte kennen- und schätzen gelernt, die in der ganzen Republik verstreut sind. Mit meinem Weblog erreiche ich mittlerweile täglich mehrere Tausend Leser, erhalte als Journalist interessante Rückmeldungen zu meinen Artikeln, und ich genieße die Interaktion mit den Lesern. Dagegen nimmt sich die Ausbeute der Reaktionen auf meine Artikel in den Printmedien mager aus. Während der letzten vier Jahre erhielt ich, vermittelt durch die Redaktion, lediglich eine einzige Leserfrage. Im Vergleich mit mehr als 1.000 Kommentaren im gleichen Zeitraum via Phlow ist das noch nicht einmal ein Tropfen auf den heißen Stein.

Das Schöne an dieser Geschichte ist, dass sie keinen Einzelfall darstellt. Zahlreiche deutsche Weblogger erreichen täglich eine große Stammleserschaft. Diese Leser rufen pro Monat und pro Weblog mehrere Hundertausend Webseiten auf. Doch bleibt es nicht allein beim Lesen, sondern die Besucher und Blogger diskutieren, kommentieren und kommunizieren über moderne Techniken wie Trackback miteinander. Die Themen gestalten sich dabei so bunt wie ein wild zusammengeflickter Hippie-Teppich, denn es gibt keine Regeln, worüber man schreibt. Gelesen wird, was amüsiert, weiterbildet, unterhält oder einfach informativ ist. Deswegen kann man zurecht von einer Medienrevolution sprechen, denn mit Hilfe eines Weblogs kann sich jeder seine eigene, persönliche Publikationsplattform aufbauen.

Was dieses Buch bietet

In diesem Buch erfahren Sie, wie Sie professionelle Inhalte für das Internet erstellen. Ob Sie Journalist, Wissenschaftler, Politiker oder ambitionierter Weblogger sind, ob Sie gern schreiben oder lieber in ein Mikrofon sprechen: Dieses Buch zeigt, wie Sie erfolgreich Inhalte in Text-, Bild- und Audio-Formaten im Internet publizieren. Dazu stelle ich Ihnen in Teil 1, *Weblogs*, das beliebte und viel genutzte Weblog-System WordPress vor, das als Open Source Software frei im Internet zur Verfügung steht. Neben einer Anleitung für die Installation erfahren Sie, wie Sie mit WordPress umgehen und Ihre Artikel veröffentlichen können. Außerdem zeige ich Ihnen, wie Sie mit Hilfe von Plugins den Funktionsumfang und die Einsatzmöglichkeiten Ihres Weblog ausbauen und Ihr Blog bei wichtigen Diensten und RSS-Suchmaschinen anmelden, um eine größere Leserschaft zu finden.

In Teil 2, *Podcasting*, widme ich mich ausführlich dem Audiobloggen. Neben einer Beratung für eine geeignete Ausrüstung für eigene Aufnahmen bekommen Sie hier das technische Know-how an die Hand, das Sie für die Aufnahme, Bearbeitung und Verbreitung eines Podcasts brauchen. Ich beschäftige mich hier aber auch mit der Frage, wie man einen Audiobeitrag am besten aufbaut und so verfeinert, dass er professionell klingt und Ihre Hörer begeistert. Um den Podcast schließlich hörbar zu machen, stelle ich Ihnen zwei hilfreiche Flash-Werkzeuge vor, die das Abspielen des Podcasts im Internet ermöglichen. Und damit der Podcast auch seinen Weg auf iPod & Co. findet, beschäftigen wir uns abschließend mit RSS-Feeds, über die Ihre Episode in die Podcasting-Verzeichnisse und auf die Rechner Ihrer Hörer gelangt.

Wie schon erwähnt, bilden gut recherchierte und spannend aufbereitete Inhalte das Fundament für einen erfolgreichen Beitrag. Sei es nun ein Weblog-Artikel oder ein Podcast: Wer als Online-Journalist ernst genommen werden will, muss recherchieren können. Deshalb setzt sich Teil 3, *Online-Journalismus*, ausgiebig mit den vielfältigen Funktionen der Suchmaschinen auseinander. Sie werden überrascht sein, welch vielfältige Informationen man aus den Datenbanken herauskitzeln kann, wenn man nur weiß, wie man die Suchriesen wirkungsvoll für sich einsetzt. Ein anderer wichtiger Aspekt ist dabei, dass Sie am Ball bleiben und Ihre Themen stets im Blick haben. Wer kontinuierlich über ein Thema und dessen Entwicklungen berichtet, der will, dass ihm nichts entgeht. Für den Nachrichtenüberblick in Echtzeit eignen sich hervorragend News-Aggregatoren. Diese Programme sammeln automatisch die von Ihnen abonnierten Newsticker-Daten und helfen Ihnen bei der Auswertung und der optischen Aufbereitung für Ihre Website.

Wie schreibt man eine News? Oder was macht eine gute Plattenkritik aus? Welche Fragen stelle ich in einem Interview und wie bereite ich mich auf meinen Gesprächspartner vor? Ebenfalls in Teil 3 lernen Sie, worauf es beim Texten ankommt. Anhand der verschiedenen Textformate, die im Online-Journalismus eine Rolle spielen, gebe ich Ihnen nützliche Hinweise an die Hand, die Ihnen beim Schreiben helfen.

Wer im Internet erfolgreich Inhalte veröffentlichen möchte, sollte sich mit ein paar Technologien auseinandersetzen. Je mehr Sie über die technischen Anforderungen und Möglichkeiten im Web wissen, desto besser können Sie Ihre Beiträge aufbereiten und in Suchmaschinen platzieren. Darum setze ich mich eingehend in Teil 3, *Online-Journalismus*, mit der technischen Aufbereitung von Webseiten und Artikeln auseinander. Damit das möglichst anschaulich geschieht, bearbeite ich einen Beispielartikel, an dem Sie die einzelnen Schritte der Aufbereitung gut nachvollziehen können. Dabei erfahren Sie, wie Sie Webseiten den Webstandards entsprechend mit XHTML erstellen, und ich gebe Ihnen hilfreiche Tipps zur Gestaltung von Links, Bildern und Textbausteinen mit der Formatierungssprache CSS. Auch wenn das zuerst ein wenig trocken klingt, werden Sie sehen, wie viel Vergnügen es bereitet, die eigenen Inhalte zu optimieren.

Die technische Optimierung von Artikeln lohnt sich allein schon deshalb, weil sie dafür zuständig ist, dass Ihre Artikel durch die Suchmaschinen besser gefunden werden. Die so genannte *Suchmaschinenoptimierung* bildet inzwischen ein eigenes Fachgebiet, denn die Anzahl der Websites wächst weltweit explosionsartig weiter. Wer wahrgenommen werden will, muss sich mit Google & Co. ein wenig beschäftigen. Der Teil 3, *Online-Journalismus*, zeigt Ihnen wie Sie Ihre Artikel bestmöglichst aufbauen, damit sie ihren Weg in die oberen Positionen der Suchmaschinen finden.

Wer im Internet eine Website betreibt oder sich mit Podcasts Gehör verschafft, bewegt sich nicht in einem rechtsfreien Raum. Wie alle Bereiche des öffentlichen Lebens ist auch das World Wide Web durch eine Vielzahl gesetzlicher Vorgaben geregelt. Damit Sie mit Ihrem Weblog oder Podcast die juristischen Fallstricke erkennen und meiden, hat die Juristin Laura Dierking in Teil 4, *Rechtliche Grundlagen*, die für Sie wesentlichen Informationen zusammengestellt. Darüber hinaus hat sie zu den einzelnen Kapiteln Tipps und Hinweise beigesteuert, die auf konkrete Gefahren oder rechtliche Risiken im Zusammenhang der behandelten Inhalte hinweisen.

An wen sich dieses Buch richtet

Dieses Buch richtet sich an alle, die Spaß am Publizieren von Inhalten im Web haben. Ob in der Freizeit oder im Beruf: Bloggen und Podcasten ist einfach, und jeder Web-Interssierte sollte es mal ausprobiert haben. Darüber hinaus richtet sich das Buch auch an Studenten, die sich mit dem Thema Online-Journalismus näher beschäftigen wollen. Auch Wissenschaftler oder Firmen, die Weblogs oder Podcasts im beruflichen Umfeld einsetzen wollen, werden sicherlich Interessantes in diesem Buch entdecken, denn diese Mikromedien sind ein hervorragendes Werkzeug, um mit anderen schnell und unkomlipziert zu kommunizieren und in den Dialog zu treten. Zu guter Letzt lade ich natürlich auch all diejenigen ein, die bereits bloggen oder podcasten und die sich stärker mit der Materie auseinander setzen wollen.

Danksagungen

Ein Buch ist nie das Werk von nur einem Menschen. Ohne die zahlreichen Bücher von cleveren Autoren in meinem Schrank und besonders ohne die Hilfe meiner Freunde und Kollegen wäre das Buch nie so gut geworden. Darum winke ich euphorisch und drücke die folgenden Menschen ganz herzlich: Rolf Rickes, Fabien Schivre, Petra »p-eng.de« Engelke, Markus »bizkom.de« Erdmann, Markus »starfrosch.ch« Koller, Stefan »loopkid.net« Schmidt, Ralf Niemczyk, Inken Kiupel, Carsten Schumacher, Martin »node3000.de/020200« Wisnowski, Tadeusz Szewczyk, sämtliche meiner Freunde und Netzbekannten und allen voran natürlich meine Eltern. Dankeschön!

Typografische Konventionen

In diesem Buch werden folgende typografische Konventionen verwendet:

Kursivschrift
: Wird für Datei- und Verzeichnisnamen, E-Mail-Adressen und URLs, für Schaltflächenbeschriftungen und Menüs sowie bei der Definition neuer Fachbegriffe und für Hervorhebungen verwendet.

`Nichtproportionalschrift`
: Wird für Codebeispiele und Variablen, Funktionen, Befehlsoptionen, Parameter, Klassennamen und HTML-Tags verwendet.

`Nichtproportionalschrift fett`
: Bezeichnet Benutzereingaben auf der Kommandozeile.

`Nichtproportionalschrift kursiv`
: Kennzeichnet innerhalb von Codebeispielen Platzhalter, die Sie durch Ihre eigenen spezifischen Angaben ersetzen müssen.

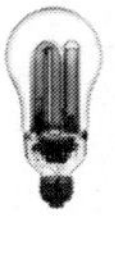

Die Glühbirne kennzeichnet einen Tipp oder einen generellen Hinweis mit nützlichen Zusatzinformationen zum Thema.

Der Regenschirm kennzeichnet eine Warnung oder ein Thema, bei dem Sie Vorsicht walten lassen sollten.

In Kästen mit einem Mikroskop wird ein Thema genauer unter die Lupe genommen.

§

Der Paragraph kennzeichnet juristische Hinweise, Tipps und mögliche Fallstricke, auf die Sie unbedingt achten sollten, um rechtlich einwandfrei zu agieren. Diese Hinweise stammen von der Juristin Laura Dierking.

Einführung

Der Benutzer ist der Inhalt.

Marshall McLuhan

In den letzten zwei, drei Jahren wurde viel über die Wirkungsmöglichkeiten von Weblogs, Podcasts und Videocasts philosophiert. Während die einen die Weblogger als »Ritter der Schwafelrunde« bezeichneten, riefen andere wiederum die Revolution aus und behaupteten ernsthaft, der Journalismus sei tot und die Blogger übernähmen fortan die Berichterstattung. Natürlich gehen beide Positionen zu sehr ins Extreme. Sicherlich können Weblogger Trends setzen, ungewöhnliche Nachrichten ans Licht bringen und gemeinsam bestimmte Fakten »nach oben« in die großen Medien befördern. Dabei sollte man jedoch immer differenzieren und die unterschiedliche Ausrichtung, die jeweiligen Ziele und das Selbstverständnis derjenigen sehen, die einen Beitrag veröffentlichen. So findet man auf dem Weblog eines Wissenschaftlers sicherlich tiefer greifende Informationen zu seinem Fachgebiet als in dem Artikel eines Journalisten zum selben Thema. Allerdings schafft es der Journalist vermutlich eher, das Thema verständlich auf den Punkt zu bringen und einem größeren Publikum zu vermitteln.

Ganz unabhängig davon, wie man die Entwicklung der Medien bewertet, liegen die Chancen des *Citizen Journalism* auf der Hand. Noch nie war die öffentliche Teilnahme am Geschehen so einfach wie heute, und noch nie haben so viele Menschen diese Gelegenheit genutzt.

Im Folgenden finden Sie einen Überblick über die atemberaubenden Möglichkeiten, eigene Wort- und Tonbeiträge zu veröffentlichen, die jeder lesen und hören kann, sofern er einen Zugang zum Web findet.

Weblogs

Weblogs sind Mikromedien, die in der Regel von Einzelpersonen betrieben werden. Aber es gibt auch zahlreiche kooperative Blogs bei denen sich mehrere Schreiber auf ein Themengebiet spezialisiert haben und darüber berichten. Weblogs sind dabei mehr als simple Tagebücher. Sie werden heute z.B. von Wissenschaftlern, Journalisten, Fachleuten, Bürgern, Politikern, Müttern, Jugendlichen, Unternehmen und vielen anderen für eine direkte und oft sehr ehrliche Kommunikation eingesetzt. Weblogs machen es durch ihre einfache Handhabung leicht, Informationen zu organisieren und so aufzubereiten, dass jeder sich einen eigenen Kanal für die individualisierte Berichterstattung schaffen kann.

Schon allein durch das einfache Publizieren von Inhalten gelangen Blogs in das Bewusstsein der Öffentlichkeit und schaffen wiederum im nächsten Schritt selbst eine Öffentlichkeit. Dadurch schwächen Weblogs die etablierten Medien und bilden eine Gegenöffentlichkeit, die über eine alternative Stimme verfügt. Aktuelle Beispiele für Erfolge dieses Journalismus von unten und der unmittelbaren Wirkung per Weblog bilden die Fotos von Mobiltelefonen, die bereits Minuten nach dem Anschlag in London im Sommer 2005 im Web auftauchten. Aber auch die Berichterstattung aus Krisengebieten wie das viel gerühmte Irak-Blog von Salam Pax oder die Tsunami-Weblogs zeigen, dass Weblogs Aufmerksamkeit erzeugen und gelesen werden. Dabei greifen Weblogs oft noch vor den etablierten Medien Themen auf und veröffentlichen wichtige Informationen.

Schon diese Beispiele machen deutlich, dass die Blogosphäre als sehr locker zusammenhängendes Kollektiv verstanden werden muss, in dem sich Tagebuchschreiber neben Technik-Nerds, Experten mit außergewöhnlichen Fachgebieten und vielen anderen tummeln. Weblogs bilden einen fast unübersichtlichen Markt der Meinungen und ergeben ein dynamisches Geflecht von Websites, die weit über das Internet verstreut sind und gleichzeitig nebeneinander, zum Teil auch miteinander agieren. Ihr kleinster gemeinsamer Nenner ist die ihren Websites zu Grunde liegende Technologie, die Weblogs von Foren, Magazinen oder Internetzeitungen unterscheidet.

Weblog-Typen

Neil Postman hat in seinem Buch *Wir amüsieren uns zu Tode* erklärt, dass Lesende anders denken, den Rhythmus der Informationsaufnahme bestimmen und ihre Konzentration stärken. Kein Wunder also, dass Blogs zum Denken anregen. Denn hier wird gelesen, mitgedacht und mit Hilfe von externen Links das Verständnis einer Sache vertieft. Zahlreiche Weblogs werden deswegen für den (politischen) Austausch von Gleichgesinnten genutzt, für die Organisation von Informationen oder das Sammeln von Fakten. Mittlerweile gibt es eine Vielzahl von Weblog-Typen, von denen hier einige vorgestellt werden sollen.

Watchblogs

Als *Watchblogs* bezeichnet man Weblogs, die eine Medien- und Journalismuskritik betreiben. Eines der bekanntesten deutschen Watchblogs ist das mit dem Grimme-Preis prämierte *www.bildblog.de*, das es sich zur Aufgabe gemacht hat, die Bild-Zeitung zu überwachen und journalistische Verfehlungen, fehlerhafte Recherchen und streitwürdige Behauptungen aufzudecken (siehe Abbildung 0-1). Ein Watchblog muss aber nicht per se ein anderes Medium überwachen, sondern kann sich auch auf ein Themengebiet spezialisieren und seine Leser kontinuierlich über aktuelle Strömungen und Tendenzen informieren. So beobachtet das Auge von *www.enjoy-surveillance.org* die zunehmenden Überwachungstendenzen von Staat und Institutionen gegenüber den Bürgern.

Abbildung 0-1: Das BILDblog ist Deutschlands renommiertestes Watchblog. Dort werden journalistische Patzer und Fehlschläge der Boulevard-Zeitung BILD gesammelt und kommentiert.

Warblogs

Weblogs, die sich thematisch mit Kriegsschauplätzen und der Krisenberichterstattung auseinandersetzen, nennt man *Warblogs*. Die ersten Warblogs wurden bei der Invasion von Afghanistan eingerichtet. Eine Auswahl an Warblogs enthält der Wikipedia-Artikel *http://en.wikipedia.org/wiki/Warblog*.

MoBlogs

MoBlog steht für *Mobile Weblog*. Diese Art von Weblog wird hauptsächlich mit Hilfe von Mobilgeräten mit Inhalten befeuert. Neben Bildern von Kamera-Handys sind das in der Regel kurze Texte, die über die Tastatur eines Mobiltelefons oder über einen Handheld-Computer eingegeben wurden.

Fotoblogs

Fotoblogs (oder Photoblogs) sind beliebt unter Fotografen, denn sie setzen die Bilder eines Bloggers in Szene. Das Themenfeld umspannt hierbei private Tagebücher im Fotoalbencharakter über Kunstprojekte bis hin zu Portofolios von professionellen Fotografen, die kontinuierlich ausgebaut werden. Ein Beispiel hierfür ist das Hamburger Fotoblog von Andreas Lettow und Jörn Daberkow (siehe Abbildung 0-2).

Abbildung 0-2: Fotoblogs sind besonders beliebt bei Fotografen. Hier ist das Hamburger Fotoblog zu sehen.

Vlogs

Der Begriff *Vlog* setzt sich aus Video und Weblog zusammen. Vlogging (manchmal auch *Videocasting* genannt) bezeichnet das Veröffentlichen von Beiträgen im Video-Format. Das bekannteste deutsche Vlog ist die Satire-Sendung *www.ehrensenf.de*, die auch auf Spiegel Online zu sehen ist. Eine ähnliche Verbindung ist der Journalist Mario Sixtus eingegangen, der ein Vlog für das Handelsblatt betreibt (siehe Abbildung 0-3).

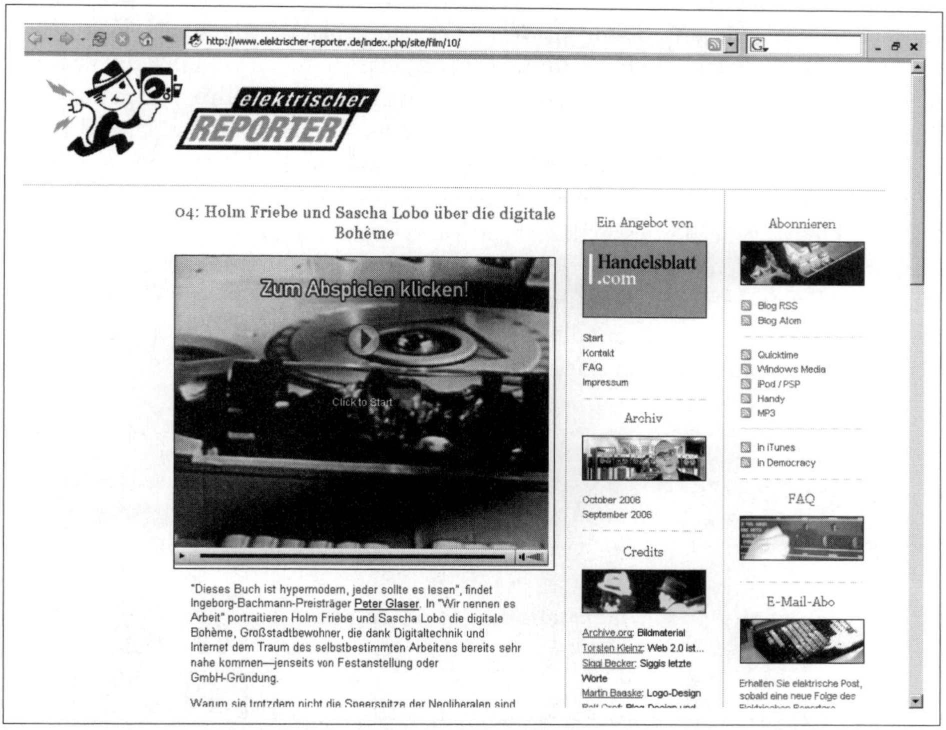

Abbildung 0-3: Mario Sixtus konzentriert sich in seinem Vlog www.elektrischer-reporter.de auf Interviews mit Menschen zu wichtigen Internet-Phänomenen.

Corporate Blogs

Zunehmend nutzen Unternehmen Weblogs für die Kommunikation mit der Außenwelt. Diese so genannten *Corporate Blogs* sollen für mehr Transparenz gegenüber dem Kunden sorgen und können ganz ähnliche Funktionen übernehmen wie ein Newsletter. Sie eignen sich gut, um Anregungen der Kunden aufzugreifen und zu sammeln. Ein bekanntes amerikanisches Corporate Blog ist Randy's Journal (*www.boeing.com/randy/*), das der stellvertretende Vorsitzende von Boeing, Randy Baseler, unterhält.

Podcasts – Zeitversetztes Radiohören

Ein *Podcast* ist eine Audiodatei, die in den meisten Fällen ähnlich wie ein Radiobeitrag aufgebaut ist und die über das Internet heruntergeladen werden kann. Oftmals erscheinen die einzelnen Folgen eines Podcasts, auch *Episoden* genannt, in regelmäßigen Abständen. Podcasts lassen sich entweder direkt von der Website des Podcasters herunterladen oder über ein Podcast-Verzeichnis beziehen. Eine der unschlagbaren Stärken von Podcasts liegt darin, dass sich der Download automatisieren lässt, indem man einen Podcast »abonniert«. In diesem Fall wird mit Hilfe eines kleinen Programms, dem *Podcatcher*, die neue Episode direkt nach Erscheinen automatisch aus dem Web heruntergeladen. Dass eine neue Episode vorliegt, erfährt der Podcatcher über so genannte RSS-Feeds, die dem Podcast beigefügt werden, damit die Hörer eines Podcasts über die neue Folge möglichst schnell informiert werden. Besitzern von MP3-Playern, insbesondere iPod-Benutzern, greift ein Podcatcher unter die Arme, indem er neue Sendungen automatisch auf den MP3-Player schiebt. In der Praxis bedeutet das, dass man zum Beispiel morgens seinen Podcatcher startet, dieser neue Podcast-Episoden aus dem Internet herunterlädt und anschließend auf den MP3-Player lädt. Auf dem Weg zur Arbeit genießt man dann sein selbst zusammengestelltes Radioprogramm, das sich aus den verschiedenen Podcast-Abonnements zusammensetzt.

Abbildung 0-4: Starfrosch.ch ist der erste und bekannteste Schweizer Podcast. Die beiden Moderatoren Kus und Ozy widmen sich in Ihren Sendungen dem Thema freie Musik im Internet.

Einen Podcast kann jeder schnell und einfach realisieren. Dazu benötigt man lediglich einen Computer mit Soundkarte, ein Mikrofon und ein wenig Webspace, auf dem man die Audiodateien hinterlegt. Podcasting bietet Hobby-Moderatoren, Sendungsfreudigen, Experimentalisten und auch Profis eine wunderbare Spielwiese, um ein eigenes Radioprogramm mit selbst gestalteten Inhalten zu realisieren und sich daran auszuprobieren. Podcasts lassen sich besonders gut über ein Weblog pflegen, denn Weblog-Systeme – wie das in diesem Buch vorgestellte WordPress – erleichtern das Publizieren eines Podcasts enorm. Das betrifft insbesondere die Pflege und Erstellung des RSS-Newsfeeds, den WordPress automatisch erstellt, und die Aktualisierung des Abo-Tickers bei jeder neuen Podcast-Veröffentlichung.

Was für die Produktion von Beiträgen in Textform gilt, gilt auch für Podcasts: Gute Inhalte brauchen Zeit. Erschwerend kommt beim Podcast ein Mehreinsatz von Technik hinzu. Angefangen bei der Hardware wie Mikrofon, Kabel oder Mischpult über die Aufnahme bis hin zur Bearbeitung der Beiträge braucht man für die Produktion eines Podcasts mehr Zeit und technisches Know-how als für das Verfassen eines reinen Textartikels. Das sollte Sie jedoch nicht von der Produktion eines Podcasts abhalten, denn mit jeder weiteren Sendung verfeinern Sie Ihr Können, verbessern Sie Ihre eigenen Fähigkeiten und gewinnen Sie letztelich auch ein größeres Publikum.

Moderner Online-Journalismus

Online-Journalisten stehen für die Aufbereitung ihrer Inhalte andere und vielseitigere Möglichkeiten zur Verfügung als es im Print-Journalismus der Fall ist. Guter Online-Journalismus ist immer ein Wechselspiel zwischen interessanten Inhalten und sinnvoll genutzten Technologien. Durch diese Kombination wird zum einen eine andere Vermittlung von Informationen möglich, denn vor allem über Links lassen sich neue Bezugsfelder eröffnen. Zum anderen lassen sich Leser interaktiv einbinden, indem ihnen die Möglichkeit geboten wird, unmittelbar Kommentare und Rückmeldungen zu einem Beitrag zu hinterlassen. Darüber hinaus haben Online-Medien der Vorteil, dass die Verbreitung von Inhalten mehr in den Bahnen eines Netzwerks verlaufen kann. Technologien wie RSS-Feeds, mit denen Leser oder Hörer unmittelbar über die Veröffentlichung eines neuen Beitrags informiert werden können, machen dies möglich. Viele Blogger und Podcaster nutzen bereits dieses Potenzial, und mehr und mehr Online-Ausgaben von Print-Medien bieten ebenfalls solche Dienste an.

Auch fundierte Kenntnisse, wie Webseiten mit XHTML und CSS aufgebaut werden, sind im Online-Journalismus wichtig. Indem Sie Ihre Inhalte gut strukturieren und dafür sorgen, dass Ihre Website standardkonform ist, legen Sie die Grundlage für gute Ergebnisse in den Suchmaschinen. Letztere haben eine absolut zentrale Funktion, denn Google, Yahoo!, MSN, Ask.com & Co. leiten die Aufmerksamkeitsströme im Internet. Webseiten, die im Index der Datenkraken nicht auftauchen oder weit hinten aufzufinden sind, werden nicht wahrgenommen. Das bedeutet, dass Inhalte nicht nur für die Leser, sondern auch für die Suchmaschinen bestmöglich aufbereitet werden müssen, damit sie ihr Publikum auch tatsächlich erreichen.

Was die Zukunft bringt

Neben dem Internet hat sich vor allem auch die Mobilfunktechnik in den letzten Jahren rasant entwickelt. Waren Mobiltelefone anfangs noch als Geräte für die reine sprachliche Kommunikation konzipiert, so trägt man heute einen kleinen Mini-Computer mit sich herum. Auch wenn Funktionen wie WLAN, Office-Anwendungen oder Internet-Browser in den meisten Geräten noch eher rudimentär vorhanden sind, entwickelt sich das Mobiltelefon zum technischen Alleskönner. Standardmäßig gehört mittlerweile eine Kamera zum Funktionsumfang dazu. Weitere Funktionen wie ein integrierter MP3-Player, immer größere Speicherkapazitäten mit Speicherchips in Gigabyte-Größe und immer mehr vorinstallierte Programme blasen das Mobiltelefon zum Mini-Computer auf.

Mit der Unterstützung dieser Geräte kann jeder zum mobilen Reporter werden. Während mit der Kamera vor Ort Bilder geschossen werden, kann das Mikrofon für eine Podcast-Aufnahme genutzt werden. Anschließend verfasst man noch einen kurzen einleitenden Text, um in einem letzten Schritt den Bericht samt Bildern und Audiodatei auf das eigene Weblog hochzuladen. Welche Auswirkungen solche Möglichkeiten auf die Wahrnehmung und die Medienvielfalt haben, lässt sich nur erahnen. Aber schon heute geben MoBlogs einen ersten Vorgeschmack darauf, wie die persönliche Nachrichtenberichterstattung von morgen aussehen könnte. Das Mobile Computing lässt uns dann aus dem Urlaub, aus Krisengebieten, bei Katastrophen oder aus dem ganz normalen Leben Kurzberichte in Bild, Ton und Text im Internet veröffentlichen.

Neben Mobile Computing sind aber auch die Möglichkeiten der Redaktionssysteme noch lange nicht ausgereizt. Neben den Weblogs zeigen insbesondere Wikis viel versprechende Möglichkeiten auf. Wikis sind Redaktionssysteme, die nicht nur Webseiten verwalten und anzeigen, sondern direkt vom Leser auf der Webseite verändert werden können. Das beste Beispiel für ein erfolgreiches Wiki bildet die Enzyklopädie Wikipedia (*www.wikipedia.org*), die es in zahlreichen Sprachen gibt. Tausende Menschen arbeiten täglich zusammen an der Enzyklopädie und verfeinern Beiträge, legen neue Themenartikel an und diskutieren auf angehängten Seiten die jeweiligen Beiträge zu einem Begriff, Thema oder Gegenstand.

Noch recht jung, aber viel versprechend sind auch Bliki-Redaktionssysteme. Das Kunstwort *Bliki* deutet hierbei schon im Namen die Verschmelzung von Weblog- mit Wiki-Systemen an. Blikis erlauben eine größere Beteiligung an der Aufbereitung von Artikeln. So ermöglichen Blikis Ihren Lesern, Artikel direkt auf der Website zu verbessern. In der Praxis könnte das bedeuten, dass Leser nicht nur von Rechtschreib- und Grammatikfehlern befreien, sondern Artikel mit weiteren hilfreichen Links versehen und sie gemeinsam mit den Autoren auf einem aktuellen Stand halten. Die Wendigkeit dieser Systeme verspricht flexible Einsatzmöglichkeiten, die noch lange nicht ausgereizt wurden und die noch auszuloten sind. Inwiefern sich solche neuen Möglichkeiten und Trends auf die Medienkultur generell auswirken, bleibt abzuwarten. Gewiss ist, dass wir noch lange nicht am Ende der Möglichkeiten angekommen sind und Weblogs und Podcasts erst ein Schritt in einer umfassenden internetbasierten Medienrevolution sind. Es bleibt spannend.

Internet-Quellen und Buchtipps

Das Medium ist die Botschaft von Marshall McLuhan
Philo Verlagsgesellschaft, 2001, ISBN 3-86572-400-0

We the Media – Grassroots Journalism by the People, for the People von Dan Gilmore
O'Reilly, 2. Aufl. 2006, ISBN 0-596-10227-5

Die heimliche Medienrevolution von Erik Möller
Heise Verlag, 2. erw. u. akt. Aufl. 2006, ISBN 3-936931-36-4

Teil 1: Weblogs

In diesem Kapitel:

- Warum WordPress?
- WordPress installieren
- Der erste Beitrag
- Ein Impressum anlegen
- Der Texteditor TinyMCE
- Optionaler Auszug und benutzerdefinierte Felder
- Den Blog-Slogan und das Datum ändern
- Ein WordPress-Design auswählen

KAPITEL 1

Bloggen mit WordPress

Innerhalb von wenigen Minuten kann heute jeder Webbenutzer ein eigenes Weblog einrichten und direkt mit dem Veröffentlichen von Gedanken, Artikeln und Geschichten beginnen. Entscheidet man sich für einen der kostenlosen Weblog-Hosting-Anbieter, so fallen noch nicht einmal Kosten für den Betrieb an. Trotzdem bekommt man als Benutzer von den jeweiligen Services viele Möglichkeiten geboten. Von Kommentaren über Trackback bis hin zum Hochladen eigener Bilder bieten die verschiedenen Services eine Menge Funktionen.

Die Nachteile solcher Services liegen auf der Hand: Einerseits finanzieren sich Weblog-Hoster in der Regel über eingeblendete Werbung auf den Blog-Seiten und andererseits hängt der Benutzer vollkommen vom Service ab. Unter Umständen könnte ein mühsam aufgebautes Weblog innerhalb von Minuten aus dem Web verschwinden, weil dem Hoster finanziell die Puste ausgegangen ist. Außerdem ist das Nachrüsten des eigenen Weblogs mit Zusatzfunktionen oft schwierig oder sogar unmöglich. Das reicht vom Einbinden externer Services über das Umprogrammieren der Webseiten bis hin zum Gestalten eines eigenen Webdesigns. Normale kostenlose Weblog-Hosting-Anbieter bieten solche Möglichkeiten meist nicht oder nur in einem begrenzten Rahmen. Ein weiterer Negativpunkt ist die Internetadresse: Meist muss man sich bei den Hostern mit einer Subdomain begnügen, die auf die Herkunft des Services verweist, z.B. *http://blogpeople.twoday.net*. Eine individuelle Internetadresse ist da deutlich schicker und einprägsamer.

Entscheiden Sie sich für eine eigene Website – wozu ich Ihnen rate –, dann müssen Sie zwar ein wenig Geld ausgeben, doch schon für weniger als zehn Euro pro Monat erhalten Sie bei den großen Webhostern wie Host Europe, Domain Factory oder 1&1 genau den Funktionsumfang, der für das erfolgreiche Betreiben eines Weblogs nötig ist. Achten Sie darauf, dass Sie beim Funktionsumfang eigene PHP-Skripten ausführen können und eine MySQL-Datenbank im Paket enthalten ist. Ihre

Weblog-Artikel werden in der Datenbank in einzelnen Datensätzen abgelegt und gespeichert. Gemeinsam mit der Datenbank erstellt das jeweilige Weblog-System anschließend die nötigen Webseiten Ihres Blogs.

Eigener Webspace bietet Ihnen auch die Chance, weitere Software zu installieren. Das könnte ein eigenes Fotoalbum, eine datenbankbasierte Umfrage, ein Podcast oder auch ein eigener Flash-Music-Player sein.

Mit einem eigenen Weblog verhält es sich etwa wie mit einem eigenen Haus: Man ist vergleichsweise unabhängig und kann bestimmen, welche Möbel (Plugins) in die Wohnung gestellt, welchen Anstrich (Layout) das Eigenheim bekommt und welche Gäste (Autoren) eingeladen werden. All das ist mit Open Source Weblog-System WordPress hervorragend umsetzbar.

Warum WordPress?

Wer sich für ein Weblog-System auf eigenem Webspace entscheidet, dem wird eine großartige Auswahl an Möglichkeiten geboten. Denn es gibt zahlreiche bewährte Weblog-Systeme, die zum größten Teil sogar in Form von Open Source Software frei zur Verfügung stehen. Zu den bekanntesten Blog-Systemen gehören unter anderem Movable Type, Nucleus CMS, Textpattern, Plog, Drupal, pMachine, blosxom, Serendipity und das in diesem Buch vorgestellte WordPress.

Das perfekte Weblog-System gibt es nicht, jedes hat seine Vor- und Nachteile. Außerdem entscheiden bei der Wahl des richtigen Weblog-Systems die eigenen Vorlieben. Während der eine Benutzer seine Artikel einfach nur in einem den gängigen Webstandards entsprechenden Format veröffentlichen möchte, möchten Webdesigner ihrem Weblog gern einen eigenen Touch geben und benötigen dafür Gestaltungsspielraum bei der Programmierung. Auf der anderen Seite gibt es Blog-Enthusiasten, für die es nie genügend Plugins geben kann. Wiederum andere lieben einen minimalistischen, übersichtlichen Webauftritt, der den Besucher nicht überfordert. Zu welchem Typ Sie gehören, müssen Sie selbst entscheiden. Das im Weiteren vorgestellte Weblog-System WordPress wird allen oben genannten Blog-Typen weit gehend gerecht. Denn WordPress überzeugt mit vielen Pluspunkten, z.B.:

- schnelle und unkomplizierte Installation
- gut strukturiertes Backend samt hilfreicher Benutzeroberfläche für Autoren
- eine große aktive (auch deutsche) Community
- zahlreiche freie Layouts und Plugins
- einfache Verwaltung von Link-Listen
- freie Erhältlichkeit als Open Source-Software

Bloggen bei twoday.net

Wenn Sie noch nicht ganz entschieden sind, können Sie den Service eines Weblog-Hosting-Anbieters nutzen und ausprobieren, ob Ihnen das Bloggen liegt. Es gibt zahlreiche Weblog-Hoster, von denen viele einen ähnlichen Funktionsumfang bieten. Ich stelle Ihnen twoday.net vor, das in Blogger-Kreisen einen guten Ruf genießt und ohne Werbung auf dem Blog daherkommt. Schauen Sie sich aber ruhig auch einmal weitere Weblog-Anbieter wie Blogger.com, Blogger.de, Blogg.de, 20six.de oder Blogigo.de an.

Vom eigenen Account zum ersten Artikel

Damit Sie unter *www.twoday.net* ein eigenes Weblog anlegen können, benötigen Sie zuerst einen eigenen, kostenlosen Account. Wenn Sie erstmalig bei twoday.net sind, legen Sie sich einen neuen Account an, indem Sie den Menüpunkt *Nein, ich bin neu hier und will mich als Benutzer registrieren* wählen (siehe Abbildung 1-1). Anschließend füllen Sie das Formular im Browser aus. Lesen Sie auf jeden Fall aufmerksam die Geschäftsbedingungen, bevor Sie sich mit einem Klick auf *Registrieren* ein eigenes Konto anlegen.

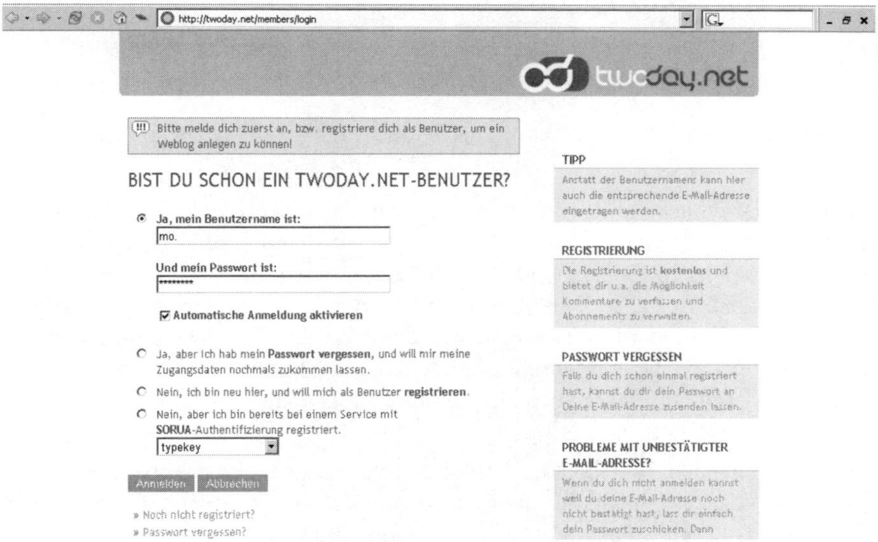

Abbildung 1-1: Um bei twoday.net ein eigenes Weblog zu führen, brauchen Sie ein eigenes Konto, unter dem Sie sich anmelden.

Haben Sie sich ein eigenes Konto zugelegt, können Sie sich im nächsten Schritt ein Weblog einrichten. Dafür stehen Ihnen drei Varianten zur Verfügung. Um ein kostenloses Weblog einzurichten, wählen Sie den Menüpunkt *Weblog mit 3MByte Webspace.*

→

Geben Sie nun den Namen der Subdomain Ihres Weblogs ein (siehe Abbildung 1-2). In unserem Fall ist das *http://blogpeople.twoday.net*. Setzen Sie am besten auch einen Haken in das Kästchen neben der Frage *Soll deine persönliche URL auf die URL dieses Weblogs gesetzt werden?* Das bewirkt, dass Ihr Benutzername mit Ihrer neuen Weblog-URL verknüpft wird. Das ist unter anderem hilfreich, wenn Sie auf anderen twoday-Weblogs einen Kommentar hinterlassen. So erfahren andere Weblogger von Ihrem Blog.

Abbildung 1-2: Jedes Weblog erhält auf twoday.net eine eigene Subdomain. Diese ist frei wählbar.

Geben Sie anschließend das angezeigte Wort in das Eingabefeld ein. Solche Eingabeaufforderungen werden Ihnen in der Weblog-Welt noch öfter begegnen. Diese Funktion nennt sich *Captcha* und wird oft bei Kommentarfeldern eingesetzt. Damit ein Kommentar freigegeben wird, muss der Kommentarautor eine zufällig angegebene Zeichenkombination eingeben. Auf diese Weise wird sichergestellt, dass es sich tatsächlich um einen Menschen handelt, der den Kommentar abgibt, und nicht um eine Maschine, die versucht, die Kommentarfunktion zu nutzen, um bspw. Spam zu hinterlassen.

Nach erfolgreichem Bestehen des Tests bietet Ihnen der Weblog-Anbieter eine Vielzahl verschiedener Layouts für Ihr Weblog an. Für unser Beispiel-Weblog habe ich mich für das BigView-Layout entschieden und es mit einem eigenen Kopfzeilenbild versehen (siehe Abbildung 1-3). Das Layout können Sie auch nachträglich in seinen Farben verändern oder komplett neu aussuchen. Klicken Sie nach Ihrer Wahl auf *Weblog jetzt anlegen*, und schon ist Ihr Weblog angelegt. Das Bloggen kann beginnen.

→

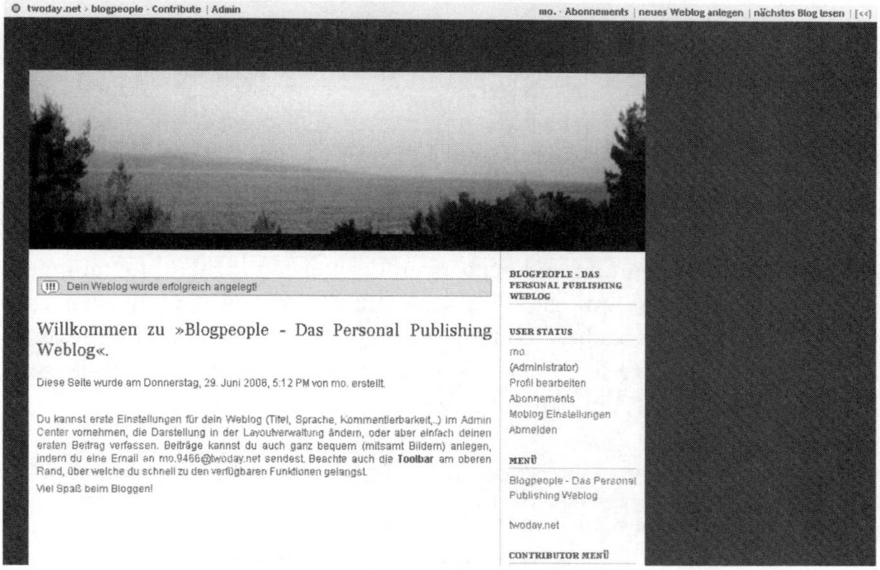

Abbildung 1-3: Unser Beispiel-Weblog basiert auf dem BigView-Layout mit neuem Logo und Bild in der Kopfzeile und hat einen ersten Artikel.

Um Ihr neues Weblog mit Texten und Bildern zu befeuern, müssen Sie eingeloggt sein. Für die Anmeldung rufen Sie einfach Ihre Blog-URL auf, in unserem Beispiel *http://blogpeople.twoday.net*. Texte geben Sie über das Redaktionssystem ein. Dieses erreichen Sie über die Funktionsleiste, indem Sie auf *Admin* klicken. Anschließend präsentiert sich Ihnen das Backend, das die Kontrollstation Ihres Weblogs bildet und als Verwaltungsoberfläche für Texteingabe, Hochladen von Dateien, Gestaltung des Layouts usw. fungiert.

Die gesamte Funktionalität des Blogs erschließt sich recht leicht, wenn Sie mit den verschiedenen Menüs experimentieren. Zur Orientierung sollen Ihnen folgende Hauptmenüpunkte dienen:

- *Weblog*: Status, Eingabe und Verwaltung von Weblog-Texten und Kommentaren
- *Layout*: Verwaltung des Layouts, der Funktionsboxen (Sidebars), der Farben und des Designs
- *Mitglieder*: Verwaltung der Redakteure des Weblogs
- *Module*: Verwaltung der Eigenschaften der Seitenboxen (Sidebars) und Ihrer Funktionen

Es gibt lediglich zwei Minuspunkte zu kritisieren: eine beschränkte Anzahl von Eingabefeldern pro Eintrag sowie die komplizierte Programmierung der Webseiten, wenn man diese als Webdesigner selbst gestalten möchte. Die Programmierung ist aber nicht notwendig, weil WordPress schon mit einer Anzahl von Webdesigns daherkommt. Darum gelten beide Kritikpunkte in erster Linie für fortgeschrittene Blogger. Beim ersten Punkt handelt es sich – genauer gesagt – um folgendes Problem: Trennt man gern die Inhalte eines Beitrags und möchte Bilder, Schlüsselwörter und Textbausteine (Anreißer, Hauptteil, Zusatzinformationen) trennen, um Sie individuell im Layout zu platzieren, muss man Umwege gehen. Diese beiden Punkte sind z.B. beim Blog-System Movable Type besser gelöst.

Auch die Entwicklung eines eigenen Layouts ist mit WordPress lange nicht so einfach wie bei vergleichbaren Systemen. Das liegt einerseits an der nicht sehr gut strukturierten englischen Anleitung und andererseits an der umständlichen Programmierung mit Hilfe der WordPress-Template-Befehle. Trotz dieses Schwachpunkts lassen sich mit WordPress variantenreiche Webdesigns realisieren, wie die zahlreichen kostenlosen Layouts im Web beweisen (siehe Abbildung 1-4). Leider braucht man jedoch ein wenig Geduld und Muße, um sich in das System einzuarbeiten.

Wie bei Open Source-Software üblich, finden Sie auch die Anleitung von WordPress im Web. Da es auch eine deutsche WordPress-Community gibt, finden Sie Antworten nicht nur im englischsprachigen Wiki unter *http://codex.wordpress.org/*, sondern auch auf der deutschen Website unter *http://doku.wordpress.de/Hauptseite*. Die deutsche Website ist leider bei Weitem nicht so umfassend dokumentiert wie das englische Original.

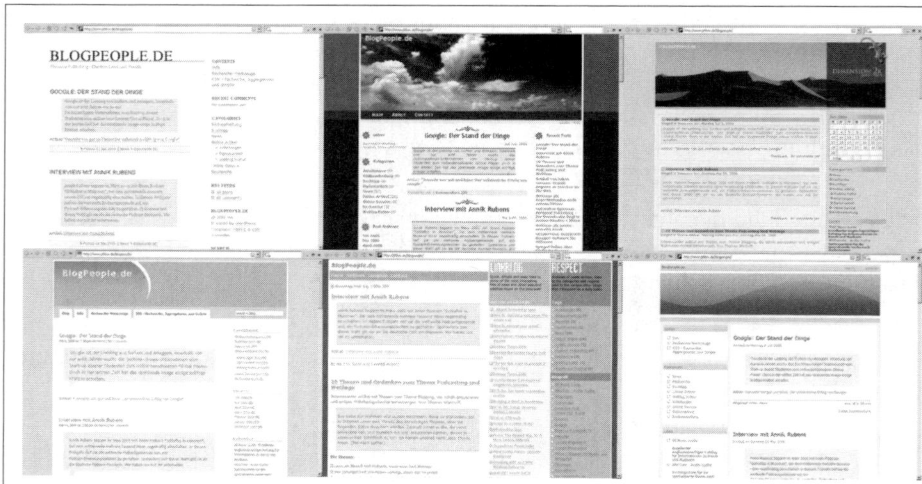

Abbildung 1-4: Faszinierend: Ein Klick im Redaktionssystem genügt, damit sich das WordPress-Weblog in einem neuen Design präsentiert.

WordPress installieren

Für die Installation von WordPress brauchen Sie dreierlei: Einen eigenen Webspace-Account für das Weblog, ein FTP-Programm für das Hochladen der Dateien und die neueste WordPress-Distribution. Damit WordPress einwandfrei funktioniert, muss Ihr Webspace folgende Komponenten unterstützen: PHP ab der Version 4.2 und eine MySQL-Datenbank ab der Version 3.23.23. Optional, aber sehr empfehlenswert ist die Möglichkeit, das Apache-Server-Modul *mod_rewrite* nutzen zu können. Es sorgt dafür, dass Ihre Links nicht aus Zahlenkolonnen bestehen, sondern als lesbare Adressen zu sehen sind. Daten und Angaben über diese drei Punkte erhalten Sie von Ihrem Webhoster. Normalerweise listen Webhoster sämtliche Funktionen der jeweiligen Webpakete auf. Sollten Sie dennoch nicht fündig werden, wenden Sie sich an den Support und gehen Sie sicher, dass Ihnen auf jeden Fall PHP und die Datenbank zur Verfügung stehen.

Haben Sie einen Webhoster gefunden und ein geeignetes Hoster-Paket am Start, können Sie mit der Installation und dem Hochladen des WordPress-Systems loslegen. Um die Distribution auf den Webspace zu laden, benötigen Sie ein FTP-Programm. Wenn Sie keinen FTP-Client auf Ihrem Rechner installiert haben, empfehle ich Ihnen für Windows das Open Source-Programm FileZilla. Die Software gibt es auch mit einer deutschen Benutzeroberfläche.

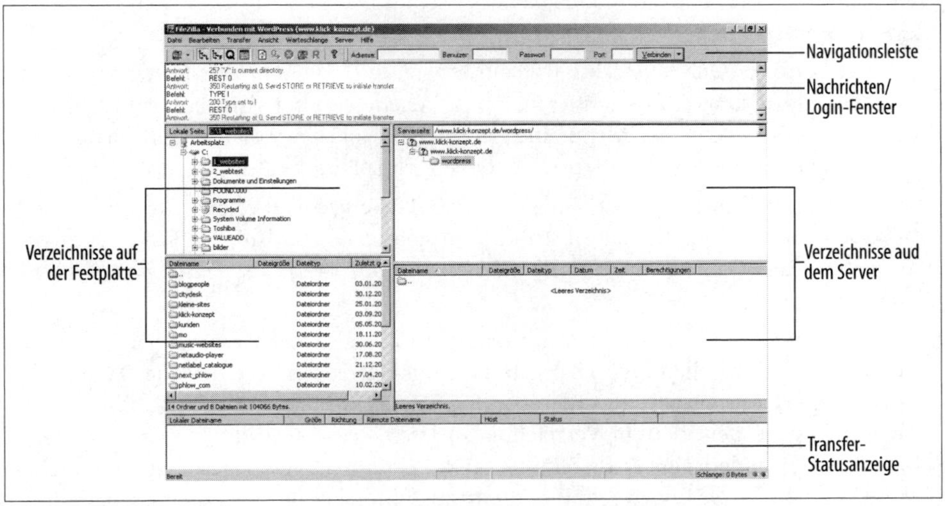

Abbildung 1-5: Um im Internet Daten hochzuladen, umzubenennen oder zu löschen, benötigt man ein FTP-Programm. Ein gutes Werkzeug ist das Open Source-FTP-Programm FileZilla für Windows.

FileZilla

Den FTP-Client FileZilla (*www.filezilla.de*) können Sie kostenlos aus dem Internet herunterladen. Bei der Installation unterstützt Sie ein Wizard, folgen Sie einfach den Anweisungen. Nach der Installation kann FileZilla sofort genutzt werden. Über die Buttons der Navigationsleiste blenden Sie die verschiedenen Fenster schnell ein und aus. Um Platz zu sparen und eine bessere Übersicht zu erhalten, schalten Sie am besten das Nachrichtenlog, das die FTP-Kommandos anzeigt, die lokale Ordneransicht und die Serveransicht aus. Diese Ansichten sind nicht wirklich notwendig. Neben den Buttons gibt es auch die Möglichkeit, über das Menü *Ansicht* die Fenster an- oder auszuschalten.

Damit FileZilla auf Ihren Webspace zugreifen kann, benötigt das Programm folgende Informationen, die Sie über das Menü *Datei → Seiten-Verwaltung → Neue Seite* eingeben müssen (siehe Abbildung 1-6). Diese Informationen erhalten Sie von Ihrem Webhoster.

- Host: Adresse Ihres Webspace
- Benutzer: Benutzername Ihres Webspace
- Passwort: Passwort Ihres Webspace

Sollte FileZilla wider Erwarten keine Verbindung zustande bringen, rufen Sie erneut die Seitenverwaltung auf und klicken Sie auf den Button *Erweitert*. Wählen Sie anschließend den Transfermodus *Passiver Modus*. Dieser wird von einigen FTP-Servern vorausgesetzt.

Damit FileZilla auch versteckte Dateien anzeigt (z.B. die *.htaccess*-Datei), müssen Sie die Einstellungen konfigurieren. Dazu gehen Sie über *Ansicht → Versteckte Dateien anzeigen* in das Menü und setzen ein Häkchen bei »Immer versteckte Dateien anzeigen«. Diese Funktion benötigen wir später.

Hat sich FileZilla erfolgreich mit Ihrem FTP-Server verbunden, kopieren Sie Dateien und Ordner einfach, indem Sie sie markieren und in das Server-Fenster schieben. Das Gleiche funktioniert auch umgekehrt, wenn Sie Daten vom Server herunterladen.

Achten Sie darauf, welche Zugriffsrechte Sie für die Dateien gesetzt haben. Man unterscheidet zwischen Lese-, Schreib- und Ausführrechten, die für jede Datei und jedes Verzeichnis festgelegt werden können. Wenn Sie anderen die Erlaubnis geben wollen, eine Datei oder ein Verzeichnis zu lesen, setzen Sie den Status auf *r* (für *read*). Sollen andere eine Datei selbst verändern können, setzen Sie ein *w* (für *write*), und falls sie eine Datei bzw. ein Programm ausführen können sollen, müssen Sie ein *e* (für *execute*) setzen. Benutzen Sie die deutsche Version von FileZilla so lautet der jeweilige Status Lesen (*read*), Schreiben (*write*) oder Ausführen (*execute*). Mit Hilfe der Rechtevergabe lassen sich so Dateien und Verzeichnisse schützen und freigeben.

→

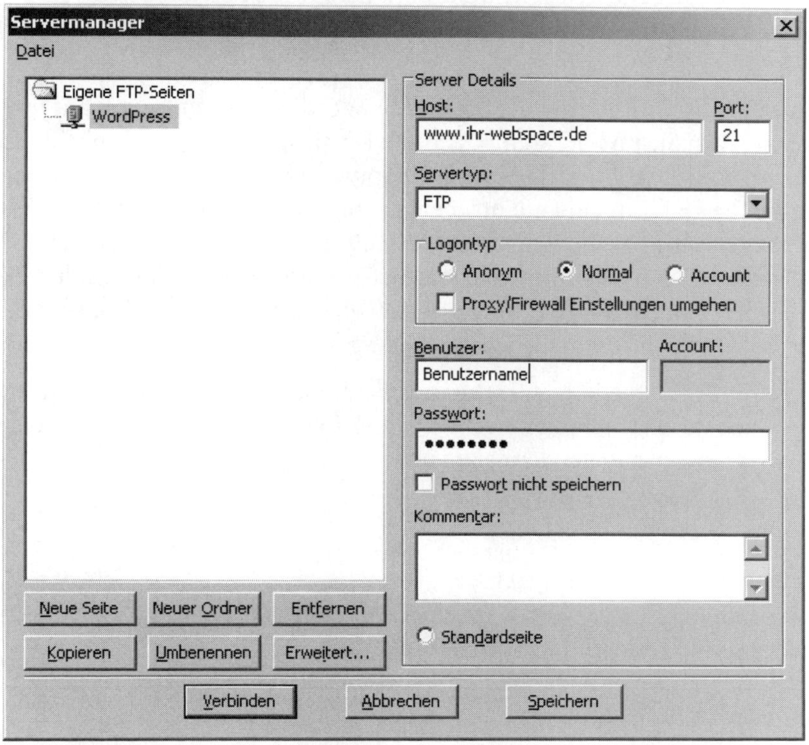

Abbildung 1-6: Damit Sie mit einem FTP-Programm – hier FileZilla – Daten ins Web hochladen können, müssen Sie zuerst die nötigen Zugangsdaten eingeben.

Diese Rechte können für drei Anwenderarten bestimmt werden: für einzelne Benutzer, für Benutzergruppen und für alle Benutzer. Zum Beispiel kann es wünschenswert sein, dass der Server ein Programm ausführen darf, jedoch nicht der normale Besucher der Website. Solche Rechte können Sie über die Berechtigungsstruktur der Dateiattribute regeln. Um mit FileZilla die Zugriffsrechte einer Datei zu verändern, markieren Sie die Datei mit der linken Maustaste und rufen den Menüpunkt *Dateiattribute* auf.

WordPress uploaden

Für die Installation von WordPress empfehle ich Ihnen die deutsche Distribution, da Sie bereits mit der deutschen Sprachdatei daherkommt. Außerdem hat die Distribution mehrere Plugins mit an Bord, wie z.B. *o42-clean-umlauts* und *timezone*. Während das erste Plugin automatisch den Titel eines Artikels mit Umlauten in eine korrekte, suchmaschinentaugliche URL transformiert, wurde das *timezone*-Plugin ins Deutsche übersetzt und stellt das Blog automatisch von Winter- auf Sommerzeit und umgekehrt um. Die deutsche Distribution können Sie unter *www.wordpress.de/download* herunterladen, die englische Version finden Sie unter *www.wordpress.org/download/*.

Entpacken Sie das ZIP-Archiv der deutschen WordPress-Distribution auf Ihre Festplatte. Benennen Sie im nächsten Schritt die Datei *wp-config-sample.php* in *wp-config.php* um. Die Datei finden Sie im Hauptverzeichnis des entpackten Archivs. Öffnen Sie die Datei in einem einfachen Texteditor, den Sie auf einem Windows-Rechner unter *Start* → *Alle Programme* → *Zubehör* → *Editor* finden. Auf dem Mac ist das Programm TextEdit hilfreich, das Sie im Ordner *Programme* finden. Nutzen Sie auf keinen Fall ein Programm wie Microsoft Word, um diese Datei zu bearbeiten, für die Bearbeitung von Code ist es nicht geeignet.

Damit WordPress die MySQL-Datenbank findet, müssen Sie die korrekten Zugangsdaten zur Datenbank eingeben. Diese Daten erhalten Sie von Ihrem Webhoster, sie sehen etwa folgendermaßen aus:

```
define('DB_NAME', 'Datenbankname');
define('DB_USER', 'Benutzername');
define('DB_PASSWORD', 'Datenbankpasswort');
define('DB_HOST', 'localhost');
```

Sollten Sie Probleme haben, müssen Sie sich an den Support wenden. Wenn Sie WordPress nicht im Wurzelverzeichnis Ihres Accounts installieren wollen, legen Sie ein WordPress-Verzeichnis mit einem Namen Ihrer Wahl an. Das Wurzelverzeichnis – auch »Root« genannt – bezeichnet das oberste Verzeichnis. Bei einer Festplatte C lautet das Wurzelverzeichnis auf Windows-Rechnern *c:/*. Laden Sie alle Dateien und Verzeichnisse des WordPress-Ordners mit Hilfe eines FTP-Clients in das Verzeichnis Ihrer Wahl. Rufen Sie nun das Installationsskript unter der Adresse *www.website.de/ihr-wordpress-verzeichnis/wp-admin/install.php* auf und befolgen Sie die drei Schritte des Installations-Wizards. Den Titel Ihres Weblogs können Sie nachträglich ändern. Löschen Sie abschließend aus Sicherheitsgründen das PHP-Skript *install.php* im Ordner *wp-admin* per FTP-Programm.

WordPress ist jetzt startklar. Das Weblog rufen Sie über *www.website.de* bzw. *www.website.de/ihr-wordpress-verzeichnis/* auf. Um sich in das Redaktionssystem einzuloggen, besuchen Sie das Backend unter *www.website.de/ihr-wordpress-verzeichnis/wp-login.php*.

Bevor Sie mit dem Bloggen loslegen, empfehle ich Ihnen, Ihr Profil zu überarbeiten und Ihr Passwort für den Login zu ändern. Ihr Profil ändern Sie über den Menüpunkt *Benutzer* (siehe Abbildung 1-8). Je nach gewähltem Layout verknüpft WordPress einen Ihrer Artikel mit Ihrem Profil und dem damit verbundenen Profiltext. Den Profiltext können Sie jederzeit ändern. Durch ihren Profiltext erfahren Besucher mehr über Sie und können sich ein Bild von Ihnen machen. Besonders nützlich sind Profile, wenn gleichzeitig mehrere Blogger ein Weblog mit Artikeln versorgen. Leser erhalten so Informationen über das Redaktionsteam.

Backend und Frontend

Bei Redaktionssystemen unterscheidet man zwischen Backend und Frontend. Über das Backend geben Sie als Redakteur und Autor Inhalte ein, die das Frontend ausgibt, wenn ein Besucher eine Ihrer Webseiten anfordert. Das Backend ist in den meisten Fällen über ein Login vor Fremdeingaben geschützt. Es gibt aber auch offene Backends wie z.B. das Redaktionssystem der Wikipedia. Auf den Seiten der Wikipedia dürfen Sie als Besucher fast jede Seite über das Backend editieren und neue Seiten anlegen.

Abbildung 1-7: Das Backend von WordPress

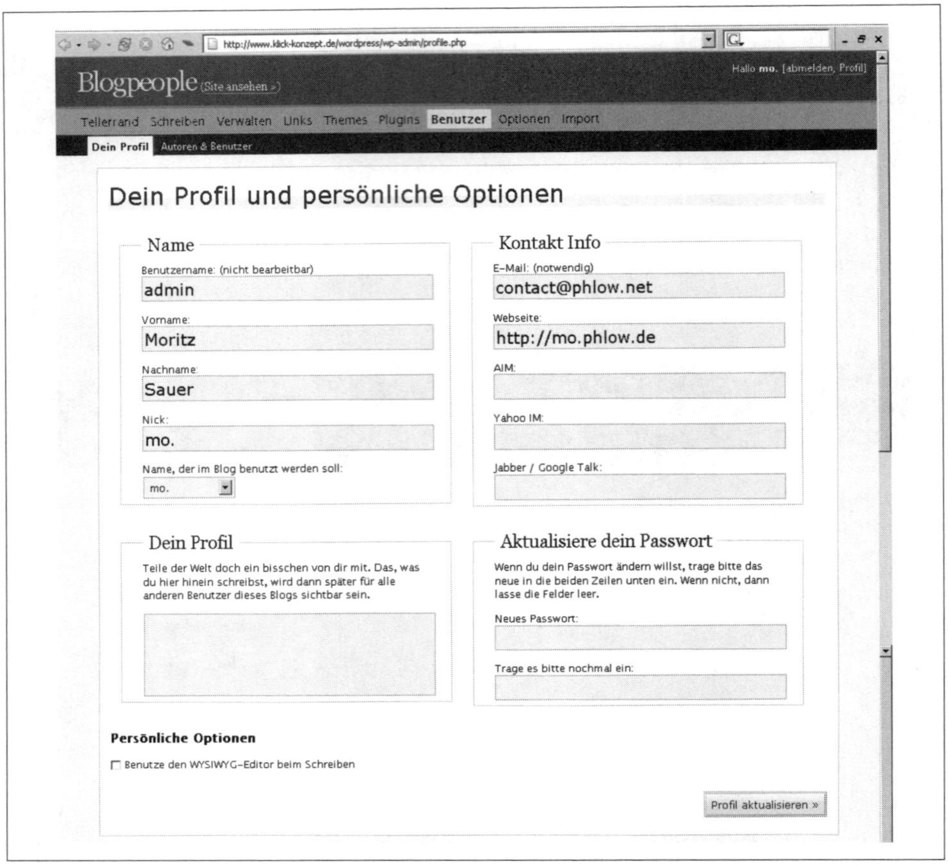

Abbildung 1-8: Jeder Schreiber besitzt ein eigenes Profil, das WordPress mit den jeweiligen Einträgen verzahnt.

Der erste Beitrag

Sicherlich haben Sie entdeckt, dass es bereits einen ersten WordPress-Artikel auf Ihrem Weblog gibt. Diesen wollen wir nun mit einem eigenen Artikel von Ihnen ersetzen. Sind Sie im Redaktionssystem eingeloggt, erscheint unterhalb des Artikels ein *Edit*-Button. Über diesen *Edit*-Button können Sie Artikel direkt überarbeiten. Eine andere Möglichkeit, Beiträge zu bearbeiten, ist der Weg ins Backend. Dieses erreichen Sie über die URL *www.website.de/wp-admin* bzw. *www.website.de/ihr-wordpress-verzeichnis/wp-admin*. Dieser Link befördert Sie je nach Login-Status direkt in das Redaktionssystem oder zum Login-Bildschirm.

Da Sie in Zukunft sicherlich oft das Redaktionssystem aufrufen, zahlt sich ein Verweis zum Backend in Ihren Favoriten aus. Besonders hilfreich ist ein Link in der persönlichen Linkleiste.

Um bestehende Artikel über das Redaktionssystem zu bearbeiten, klickt man in der Menüleiste auf *Verwalten*. WordPress listet Ihnen daraufhin die bestehenden Artikel auf (siehe Abbildung 1-9). Diese lassen sich löschen, ansehen oder überarbeiten. Da wir Letzteres vorhaben, klicken Sie einfach auf *Bearbeiten*, und WordPress leitet Sie in den Texteditor um.

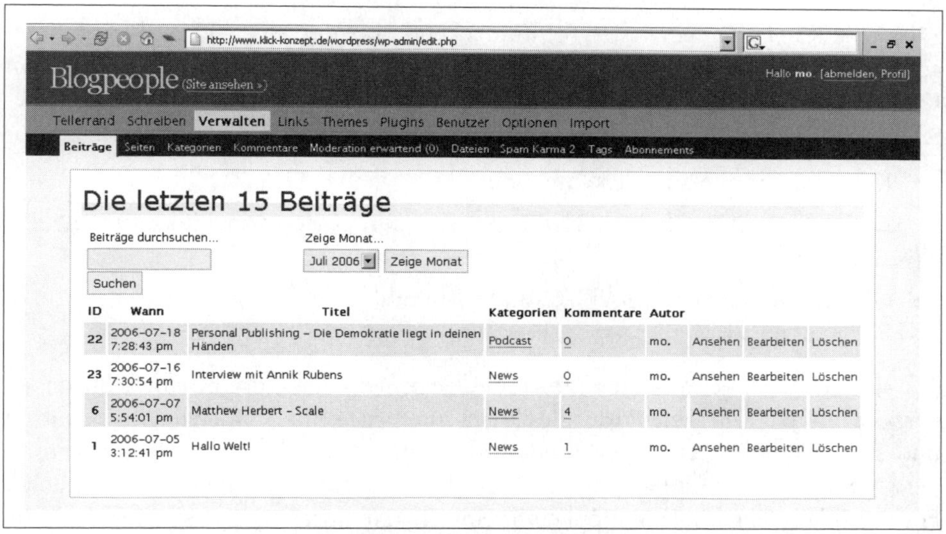

Abbildung 1-9: Angelegte Artikel listet WordPress über den Menüpunkt Verwalten auf, um sie zu überarbeiten, anzusehen oder zu löschen.

In der Regel besteht ein WordPress-Artikel aus drei Elementen: Titel, Beitrag und Kategorie. Titel und Beitrag wollen wir nun in Ihrem Sinne umtexten. Dazu klicken Sie einfach in die Felder und überschreiben den Text. WordPress bietet Ihnen für die Formatierung des Texts Funktionen wie bei einer Textverarbeitung an. Um Texte zu formatieren, markieren Sie einfach den jeweiligen Abschnitt oder die Wörter und klicken in der Icon-Leiste auf den entsprechenden Button.

> Wenn Sie Tastaturkürzel lieben, bewegen Sie einfach den Mauszeiger über das jeweilige Icon. Das Blog-System zeigt Ihnen dann die jeweilige Tastenkombination in einem kleinen Info-Fenster an.

Wenn Sie mit der überarbeiteten Version Ihres Artikels zufrieden sind, klicken Sie einfach auf den *Speichern*-Button, und WordPress aktualisiert den Artikel in der Datenbank. Anschließend bringt das Redaktionssystem Sie dorthin zurück, wo Sie zuletzt waren: entweder in die Artikelverwaltung oder direkt auf die Weblog-Seite. Befinden Sie sich im Backend, dann rufen Sie Ihr Weblog und den Artikel auf, indem Sie links oben auf den Link *Site ansehen* direkt neben dem Weblog-Namen klicken oder in der Artikelanzeige *Ansehen* wählen.

Artikel nach Kategorien sortieren

Bestimmt ist Ihnen aufgefallen, dass der Artikel bereits einer Kategorie zugeordnet ist. Diese lautet in der deutschen WordPress-Version *Allgemein*. Im nächsten Schritt zeige ich Ihnen jetzt, wie Sie die Kategorie umbenennen und wie Sie neue Kategorien für Ihr Blog anlegen.

Sämtliche Kategorien verwalten Sie im Backend über das Menü *Verwalten → Kategorien*. Um die bestehende Kategorie *Allgemein* umzubenennen, klicken Sie im Kategorienmenü einfach auf *Bearbeiten*. WordPress bietet Ihnen nun vier Eingabefelder:

- *Kategoriename:* Name der Kategorie
- *Kategoriename (in URLs):* Name der Kategorie, wie er in Links zum Artikel auftaucht
- *Oberkategorie*: hierarchische Ordnung innerhalb der Kategorien
- *Beschreibung*: Kurzbeschreibung der Kategorie

Als Beispiel benennen wir die Kategorie *Allgemein* in *News* um. Beachten Sie dabei, dass Sie im Feld *Kategorie Form* alles kleinschreiben, keine Sonderzeichen benutzen und an Stelle von Leerzeichen Binde- oder Unterstriche benutzen. Damit verhindern Sie komplizierte Links mit Sonderzeichen und formatieren sie in einheitlicher Form. Im Feld *Beschreibung* tippen wir einfach »Neuigkeiten und Kurzmeldungen« ein. Ein abschließender Klick auf *Kategorie bearbeiten* übernimmt sämtliche Änderungen.

Da Ihr erster Artikel mit der Allgemein-Kategorie verknüpft war, die die ID-Nummer 1 trägt, ist er jetzt automatisch der neuen News-Kategorie zugeordnet worden. Das Ergebnis können Sie auf Ihrer Weblog-Seite betrachten. In der Seitenleiste und unter dem Artikel sollte nun *News* an Stelle von *Allgemein* stehen. Wenn Sie mit dem Mauszeiger in der rechten Spalte über den Link zur Kategorie fahren und warten, wird außerdem Ihr Beschreibungstext angezeigt. Weitere Kategorien fügen Sie übrigens im gleichen Menü ein.

Spezialseiten anlegen

WordPress verwaltet zwei Arten von Webseiten. Das sind auf der einen Seite die nach Kategorien sortierten Artikel, in der deutschen WordPress-Edition *Beiträge* genannt, und individuelle Seiten, von WordPress schlicht *Seiten* genannt. Diese Spezialseiten werden außerhalb der Kategorienhierarchie behandelt. Spezialseiten kommen z.B. zum Einsatz für das obligatorische Impressum (siehe dazu den Abschnitt »Ein Impressum anlegen«), für Biografie-Seiten, für Kontaktformulare oder für eine Extraseite mit Links.

Während Sie über den Menüpunkt *Schreiben → Seite schreiben* eine neue Seite anlegen, verwalten Sie bereits bestehende Seiten über den Menüpunkt *Verwalten → Seiten*. Bei der Installation von WordPress wurde eine Dummy-Seite bereits angelegt. Diese wollen wir im nächsten Schritt in eine »Über«-Seite (engl. *about page*) umwandeln, auf der Sie sich Ihren Besuchern kurz vorstellen. Solche Seiten – am besten mit Foto – geben Ihren Beiträgen ein persönliches Profil und heben Ihr Blog von vielen anderen ab.

Um die Spezialseite zu verändern, klicken Sie im Redaktionssystem *Verwalten → Seiten* und wählen anschließend den Punkt *Bearbeiten*. Den Inhalt bearbeiten Sie mit den gleichen Funktionen wie einen normalen Beitrag. Der Titel der Seite könnte z.B. »Über dieses Weblog«, »About« oder »Über« lauten. Im Feld *Seiteninhalt* geben Sie einfach eine Kurzbiografie oder eine Beschreibung des Themas des Weblogs ein. Wenn Sie mit dem Text zufrieden sind, bestätigen Sie die Eingabe mit *Speichern*. Auf der Weblog-Seite sollte die Spezialseite jetzt mit ihrem neuen Titel angezeigt werden (siehe Abbildung 1-10). Wie bei den Artikeln ermöglicht Ihnen WordPress jederzeit das Bearbeiten einer Spezialseite.

Abbildung 1-10: WordPress bietet auch eine Verwaltung von Spezialseiten für Kontaktformulare, Biografie- oder individuelle Link-Seiten – hier ist eine Biografie-Seite mit Bild zu sehen.

Ein Impressum anlegen

Die Impressumseite eines Weblogs ist extrem wichtig, denn in Deutschland sind Sie dazu verpflichtet, eine solche Seite anzubieten, wenn Sie auf Ihrer Website meinungsbildende Texte veröffentlicht. Damit auch Ihr Weblog ein Impressum hat, legen Sie einfach eine neue Spezialseite an, indem Sie im Menü *Schreiben → Seite schreiben* auswählen. Betiteln Sie diese Seite entweder mit *Info* oder *Impressum*. Anschließend öffnen Sie ein neues Browser-Fenster und rufen Sie den Impressums-Generator der Internet-Agentur in Mannheim auf, den Sie unter *www.digi-info.de/de/netlaw/webimpressum/* finden. Eine Alternative ist der Impressums-Generator von *www.abmahnwelle.de*, der allerdings etwas weniger übersichtlich ist.

Haben Sie ein korrektes Impressum mit dem jeweiligen Generator erstellt, kopieren Sie den Text einfach in das WordPress-Textfeld der Info- bzw. Impressum-Spezialseite. Anschließend klicken Sie auf den Button *Neue Seite erstellen*. Beim Standard-Layout von WordPress sollte jetzt ein Link zur Impressumsseite oben in der rechten Spalte auftauchen.

§

Die allgemeine Impressumspflicht, wonach Name und Anschrift des Anbieters anzugeben sind, trifft jeden, der eine Website betreibt. Die Vorschrift soll dem Nutzer dienen, damit dieser im Falle eines Falles ohne größere Schwierigkeiten einen Ansprechpartner findet – zur Kontaktaufnahme oder eben auch, um diesen zu verklagen. Wenig gedient ist daher mit einem Impressum, das sich auf einer Unter-Unterseite versteckt und auch dort nur zu finden ist, wenn man mit der Maus bis an das untere Seitenende scrollt. Gefordert ist daher stets ein Impressum, das im besten Fall als solches bezeichnet ist und von der Startseite aus mit nur einem Klick erreicht werden kann.

Für alle, die nicht nur irgendeine Seite, sondern ein Blog oder einen Podcast und damit ein redaktionell gestaltetes Angebot betreiben, geht die Impressumspflicht weiter, denn die Gefahr einer Rechtsverletzung (Beleidigung, Persönlichkeitsrechtsverletzung etc.) ist in diesem Fall deutlich höher. Hier muss zusätzlich ein Verantwortlicher benannt werden, der über 18 Jahre alt, strafrechtlich unbeschränkt verfolgbar und mit dauerhaftem Wohnsitz im Inland angesiedelt ist. Auch der Verantwortliche ist mit Namen und Anschrift zu nennen. Näheres hierzu finden Sie im Abschnitt »Impressumspflichten« in Kapitel 18, *Medienrecht*.

Der Texteditor TinyMCE

Eine der eindrucksvollsten Funktionen von WordPress haben Sie bereits kurz kennen gelernt: den Editor für die Texteingabe. Doch der Editor bietet noch eine Vielzahl weiterer Funktionen, um Artikel komfortabel zu bearbeiten. Hilfreich greift Ihnen dabei der Editor TinyMCE unter die Arme. TinyMCE ist ein so genannter

WYSIWYG-Editor. WYSIWYG steht hierbei für *What You See Is What You Get*. Das bedeutet, dass Sie den Text während der Eingabe formatieren können und er direkt entsprechend seiner Formatierung im Editor angezeigt wird. TinyMCE nutzt die JavaScript-Technologie, um die Eingabe zu erleichtern. Sollte Ihnen wider Erwarten der Editor nicht zusagen, können Sie ihn schnell über den Menüpunkt *Benutzer → Dein Profil* ganz unten auf der Seite über die Checkbox *Benutze den WYSIWYG-Editor beim Schreiben* ausschalten.

Die Quicktag-Leiste von TinyMCE

Um den Text innerhalb von TinyMCE zu gestalten, gehen Sie wie bei normalen Textverarbeitungen vor. Zuerst markieren Sie den Text, und anschließend klicken Sie auf das jeweilige Icon. Um z.B. ein Wort mit einer Webseite zu verlinken, markieren Sie es und klicken auf das Symbol mit der Kette rechts von den Icons für die Ausrichtung des Texts. Um einen Link zu entfernen, verfahren Sie ebenso. Statt auf das Kettensymbol zu klicken, klicken Sie hierbei auf das Icon mit der getrennten Kette.

Zwei besondere Buttons sind der Seitentrenn-Button und der HTML-Button (siehe Abbildung 1-11). Mit dem Seitentrenn-Button unterteilen Sie den eingegebenen Text in Anreißer und Hauptteil. Dadurch gibt WordPress auf der Start- und der jeweiligen Kategorienseite nicht den gesamten Text aus. Stattdessen fügt das Redaktionssystem automatisch einen »Weiterlesen«-Link ein, der auf die eigentliche Artikelseite verweist.

Um Ihnen beim Schreiben und Gestalten von Texten eine Orientierung innerhalb der (X)HTML-Syntax zu bieten, zeigt Ihnen der Editor unterhalb des Textfelds eine Hilfe an. Diese zeigt das jeweils benutzte HTML-Tag an, das an der Stelle des Cursors benutzt wird. Da es vorkommen kann, dass Sie bei der Gestaltung eines Texts mit der Tags durcheinanderkommen, bietet TinyMCE einen Blick in die HTML-Syntax. Diese Ansicht öffnen Sie in einem separaten Pop-up-Fenster, indem Sie auf das HTML-Icon klicken. In diesem Fenster zeigt Ihnen WordPress den eigentlichen HTML-Code, den Sie im Pop-up-Fenster gesondert überarbeiten können (siehe Abbildung 1-12). Ein abschließender Klick auf den Button *Aktualisieren* übernimmt Ihre Änderungen automatisch für TinyMCE und schließt danach das Fenster. Mehr zum Thema XHTML erfahren Sie in Kapitel 15, *XHTML und CSS*.

Da für den Einsatz von HTML-Code die beiden Zeichen < und > benötigt werden, dürfen Sie diese innerhalb Ihrer Beiträge nicht benutzen. Benötigen Sie trotzdem Größer- und Kleinerzeichen innerhalb Ihres Texts, z.B. für eine mathematische Gleichung, fügen Sie stattdessen den folgenden Code ein: `<` für < und `>` für >. Dadurch kommt Ihr Browser bei der Darstellung der HTML-Seite nicht durcheinander.

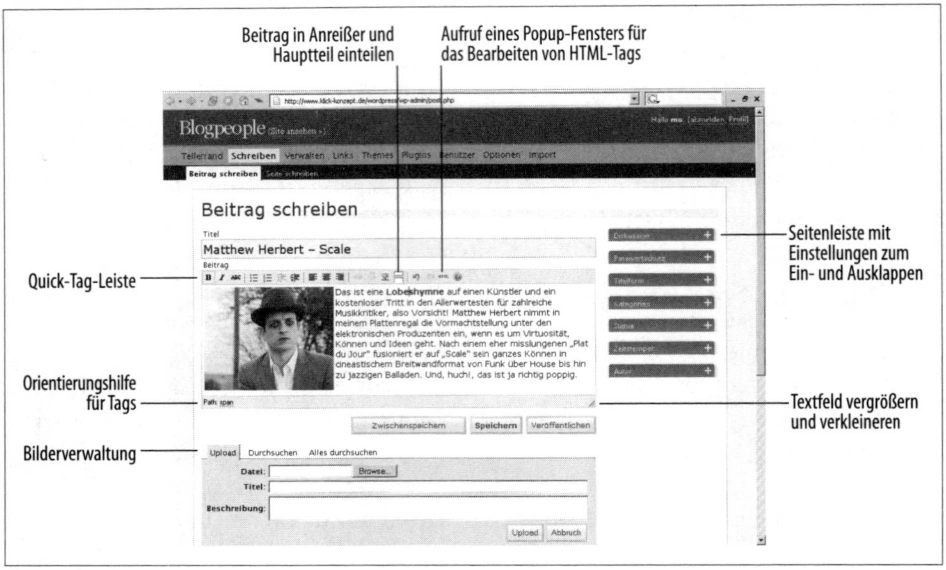

Abbildung 1-11: Der WYSIWYG-Editor TinyMCE erleichtert die Eingabe von Texten und das Einfügen von Bildern.

Je nach Artikel und Schreibstil handelt es sich bei Einträgen mal um längere und mal um kürzere Texte. Um bei längeren Artikeln die Übersicht zu behalten, können Sie innerhalb des Editors das Fenster jederzeit vergrößern oder verkleinern, ganz wie bei einer normalen Desktop-Anwendung. Dazu ziehen Sie lediglich die untere rechte geriffelte Ecke des Textfensters mit Hilfe des Mauszeigers nach unten oder oben. Aber nicht nur das Textfenster lässt sich während des Schreibens anpassen, sondern auch die Boxen der rechten Seitenleiste. Diese können Sie per *Drag & Drop* horizontal anordnen, wie Sie wollen.

Leider – oder vielleicht auch zum Glück – sind Computer nicht perfekt. Ob Ihr eigener Browser, die Verbindung zum Server oder die Datenbank, überall kann es im Computerbereich zu Abstürzen kommen. Deshalb empfehle ich Ihnen generell, Ihre Artikel zuerst in einer normalen Textverarbeitung zu schreiben. Das hat mehrere Vorteile: Einerseits liegt nicht nur im Web eine Kopie Ihres Artikels vor, sondern auch auf der heimischen Festplatte. Andererseits bietet Ihnen eine Textverarbeitung eine Rechtschreibprüfung und einen Thesaurus, mit denen Sie die Qualität Ihrer Artikel maßgeblich verbessern können. Trotzdem kommt es vor, dass man im Urlaub keinen eigenen Rechner zur Hand hat oder schnell von einer Konferenz aus eine Neuigkeit eintippen will. In einem solchen Fall sollten Sie während des Schreibens dringend von der Funktion *Zwischenspeichern* Gebrauch machen. Diese speichert Ihren Artikel ab, ohne ihn zu veröffentlichen. Außerdem zeigt Ihnen WordPress nach dem Zwischenspeichern des Artikels unterhalb des Editors eine Vorschau, die Ihnen einen ersten Gesamteindruck des Eintrags vermittelt. Weiter-

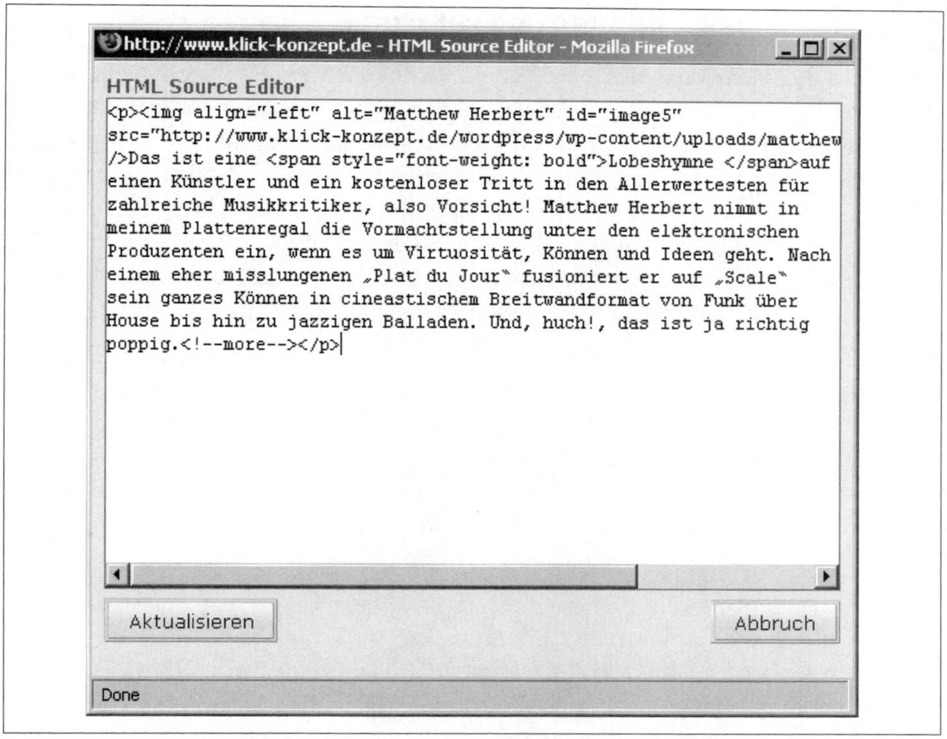

Abbildung 1-12: Über das HTML-Icon des Texteditors öffnet sich ein Pop-up-Fenster, das den Text samt HTML-Tag anzeigt.

hin eignet sich die Funktion, um unfertige Artikel zwischenzulagern. Auf diese Weise können Sie Artikel zu einem späteren Zeitpunkt vollenden. Einen unfertigen und noch nicht veröffentlichten Beitrag erreichen Sie im Redaktionssystem über den Menüpunkt *Verwalten*.

Die Copy & Paste-Schwäche des TinyMCE-Editors

Schwächen des Editors treten oftmals beim Einfügen von Texten per *Copy & Paste* auf. Da der Editor den Text aus der Zwischenablage in das Textfeld kopiert, übernimmt er nicht nur den Text, sondern auch seine Formatierung. Das kann unter Umständen zu unerwünschten Formatierungen und auch Fehlern führen. Solche Probleme treten z.B. auf, wenn Sie Textabschnitte einer Webseite in die Zwischenablage kopieren und anschließend einfügen. Um sicherzugehen, dass der TinyMCE-Editor ausschließlich Text in das Feld kopiert, müssen Sie es in einen reinen Texteditor zwischenkopieren. Ich nutze dazu unter Windows den kleinen Texteditor, den Sie unter *Programme → Zubehör → Editor* finden. Formatierte Texte aus der Zwischenablage kopiere ich dabei zuerst in den kleinen Editor, markiere sie dort erneut und füge sie dann in WordPress ein.

Bilder hochladen, einfügen und verwalten

Unterhalb des Texteingabefelds im Texteditor finden Sie die Bilderverwaltung von WordPress. Damit Sie Bilder in Beiträge einfügen können, müssen Sie in einem ersten Schritt über den Menüpunkt *Optionen → Verschiedenes* bestimmen, wie und wo die Bilder auf dem Server gespeichert werden sollen. Der Übersichtlichkeit halber bietet das Blog-System die Organisation der Uploads in monats- und jahresbasierten Ordnern an. Ich persönlich finde diese Art der Organisation jedoch zu kompliziert, da WordPress für einzelne Bilder eigene Verzeichnisse anlegt. Da Bilder bzw. Uploads mit Datum gespeichert werden, reicht in meinen Augen ein zentraler Ordner.

Egal für welche Art der Sortierung Sie sich entscheiden, für die Uploads müssen Sie die Zugriffsrechte des zuständigen Ordners auf `chmod 777` setzen. Ansonsten verweigert der Server das Hochladen von Dateien. Um z.B. sämtliche Uploads im Ordner *wp-content/uploads* zu speichern, müssen Sie die beiden Verzeichnisse *wp-content* und *uploads* auf *chmod 777* setzen. Wie man Zugriffsrechte mit Hilfe des FTP-Programms FileZilla setzt, lesen Sie im Kasten über »FileZilla« weiter oben in diesem Kapitel

Wurden die Zugriffsrechte korrekt gesetzt, können Sie im Texteditor über den *Browse*-Button auf der Festplatte Bilder suchen und mit einem Klick auf *Upload* hochladen. Geben Sie für jedes Bild auch einen Titel und eine Beschreibung ein. Diese werden benötigt, damit WordPress sie in der Datenbank der Bilderverwaltung abspeichern kann. Fügen Sie ein Bild aus der Bilderverwaltung ein, setzt WordPress den Titel des Bilds automatisch in das `alt`-Attribut des Bilds ein – mehr zum Bild-Tag lesen Sie im Abschnitt »Bilder einfügen« in Kapitel 15, *XHTML und CSS*.

Haben Sie ein Bild hochgeladen, müssen Sie es nur noch in das Textfeld einfügen. Positionieren Sie zuerst den Cursor an der gewünschten Stelle im Text. Im nächsten Schritt klicken Sie auf das gewünschte Bild, das Sie entweder über den Reiter *Durchsuchen* oder über *Alles Durchsuchen* aufrufen. Jetzt erscheint ein kleines Pop-up-Fenster, in dem Sie weitere Einstellungen vornehmen können. Soll statt des Originals ein Vorschaubild angezeigt werden, dann klicken Sie so oft auf den ersten Menüpunkt, bis *Vorschaubild benutzen* erscheint. Genauso verfahren Sie, um das Originalbild einzusetzen. Der dazugehörige Menüpunkt lautet *Das Original benutzen*.

Unterhalb der Bildformatauswahl bieten sich Ihnen drei weitere Optionen:

- *Nicht gelinkt*: Hinter das Bild wird kein Link eingefügt.
- *Zur Seite gelinkt*: Das Bild wird mit einer Webseite verlinkt, die das Original samt Beschreibung anzeigt.
- *Zum Bild gelinkt*: Das Originalbild wird direkt verlinkt und bei Klick im Browser angezeigt.

Um das Bild innerhalb des Texts einzufügen, klicken Sie zum Schluss einfach auf *Zum Editor gesendet*. WordPress fügt daraufhin das Bild in den Text ein.

Zum Schluss sei noch erwähnt, dass Sie über die Verwaltung auch Bilder löschen können. Dazu klicken Sie einfach auf das Bild und wählen den Menüpunkt *Löschen*.

§ Wer ein wenig sucht, kann in den Weiten des Internets eine Vielzahl von Bildern finden – vom Comic bis zur Familienaufnahme. Doch nicht jedes dieser Bilder darf ohne Weiteres in die eigene Webseite integriert werden. Es leuchtet sofort ein, dass an einer kunstvoll gezeichneten Figur ein Urheberrecht besteht – aber auch die unambitioniert geknipste, unterbelichtete Partyaufnahme ist nicht frei von Rechten. An ihr besteht ein Leistungsschutzrecht, das anders als das Urheberrecht nicht 70 Jahre nach dem Tod, sondern bereits 20 Jahre nach Entstehen erlischt, ansonsten aber wie ein Urheberrecht behandelt wird. Das bedeutet, dass letztlich an jedem mehr oder weniger aktuellen Bild ein Recht besteht, das die freie Nutzung sperrt. Zum Glück haben aber viele, die Bilder ins Internet einstellen, kein Interesse an dieser Sperrung und versehen ihre Bilder deshalb mit einer Lizenz zur freien Benutzung (siehe dazu auch den Abschnitt »Creative Commons-Lizenz« in Kapitel 19, *Urheberrecht*). Bevor man also ein Bild aus dem Internet in eine eigene Webseite einbaut, sollte man stets überprüfen, ob das Bild mit einer Lizenz zur freien Benutzung versehen ist. Achtung: Einige der Lizenzen, wie sie etwa bei *flickr.com* verwendet werden, gestatten jegliche Benutzung, andere nur die private, nicht aber eine gewerbliche Nutzung der Bilder.

Optionaler Auszug und benutzerdefinierte Felder

WordPress bietet die Möglichkeit, an bestimmten Stellen einen Auszug eines Artikels auszugeben, mit dem der Leser einen Vorgeschmack auf den Artikel erhält. Ob der optionale Auszug genutzt wird, hängt von der jeweiligen Designvorlage ab. Standardmäßig zeigt WordPress bei der Anzeige des optionalen Auszugs 120 Wörter an. Den Auszug können Sie aber auch separat über das Textfenster *Optionaler Auszug* beeinflussen, indem Sie einen eigenen Auszug texten. Dieser muss nicht mit dem Text im Textfeld übereinstimmen. In der Standard-Designvorlage Kubrik wird der Auszug auf der Archivseite und den Kategorienseiten angewendet.

Neben dem optionalen Auszug und den benutzerdefinierten Feldern befindet sich unter dem *Beitrag*-Feld auch eine Eingabebox mit dem Titel *Trackbacks*. Was »Trackback« bedeutet und wie Sie dieses Feld nutzen, erfahren Sie später ausführlich im Abschnitt »Trackback« in Kapitel 2, *Das Weblog vernetzen*.

Die Funktion *Benutzerdefinierte Felder* ist eine Funktion für Fortgeschrittene. Über *Benutzerdefinierte Felder* bietet Ihnen WordPress eine Möglichkeit, zusätzliche Informationen mit einem Artikel abzuspeichern. Geben Sie z.B. in Ihrem Weblog regelmäßig MP3-Tipps, möchten Sie vielleicht den Link zum MP3 noch einmal getrennt vom Artikel abspeichern. Diese zusätzlichen Metadaten können anschließend aus der Datenbank separat abgerufen werden. Um den Inhalt der benutzerdefinierten Felder auszugeben, müssen Sie jedoch selbstständig die Designvorlagen umprogrammieren und Ihren eigenen Wünschen anpassen. Wie Sie benutzerdefinierte Felder in eine eigene Designvorlage einbinden, erfahren Sie in der englischsprachigen Dokumentation von WordPress unter *http://codex.wordpress.org/Using_Custom_Fields*.

Funktionen der Seitenleiste des Texteditors

Mit den Boxen in der Seitenleiste des Texteditors verwalten Sie jeden einzelnen Artikel. Während Sie über die Box *Kategorien* einen Artikel einer oder mehreren Kategorien zuordnen können, steuern Sie über *Zeitstempel* das Datum eines Artikels. Der Zeitstempel bietet Ihnen darüber hinaus die Möglichkeit zu beeinflussen, wann ein Artikel auf Ihrem Weblog erscheint. Sie können auch ein zukünftiges Datum eintragen, damit der Artikel erst dann erscheint, wenn das Datum erreicht ist. Damit Änderungen des Zeitstempels beim Speichern des Artikels übernommen werden, müssen Sie einen Haken in die Checkbox setzen.

Über die Box *Diskussion* stellen Sie ein, ob ein Artikel kommentiert werden darf und ob die Ping-Funktion aktiviert werden soll – mehr zum Thema Ping und Trackback erfahren Sie in Kapitel 2, *Das Weblog vernetzen*. Eine wichtige Box ist *Titelform*. Mit dieser bestimmen Sie das Aussehen der URL zum Artikel, wenn im Menü *Optionen → Permalinks* nicht die Standard-Link-Option gewählt ist. Geben Sie in die *Titelform*-Box nicht selbst einen Namen für Ihre URL ein, dann generiert Ihnen WordPress selbstständig aus dem Artikeltitel eine URL. Wenn Sie die Titelform beeinflussen, achten Sie darauf, dass Sie keine Sonderzeichen nutzen, alle Wörter klein schreiben und anstelle eines Leerzeichens einen Binde- oder Unterstrich eingeben.

Den Blog-Slogan und das Datum ändern

Neben einem Namen verfügen die meisten Blogs auch über einen Slogan bzw. ein Thema. Der Slogan taucht in der Regel im Kopfzeilenbereich auf und lautet in der Standardversion ein wenig uninspiriert »Ein weiteres tolles WordPress Blog«. Um den Slogan zu ändern, klicken Sie im Backend einfach auf *Optionen*. Über diesen Menübereich verwalten Sie sämtliche Funktionen und das Verhalten Ihres Weblogs. Den Namen sowie den Slogan ändern Sie unter *Optionen → Allgemein*. Für mein Weblog *Suche & Recherche* (*www.suche-recherche.de*) nutze ich den Slogan »Professioneller Journalismus im Internet-Zeitalter«. Ihr Slogan sollte griffig sein und Ihrem Weblog-Namen erläuternd unter die Arme greifen. Er ist nützlich, damit Ihre Besucher schnell etwas über die thematische Ausrichtung Ihres Blogs erfahren.

Unterhalb des Namens und des Slogans geben Sie an, welchen Status neue Benutzer erhalten, wenn sie sich einen neuen Zugang zulegen. Je höher der Status, desto mehr Möglichkeiten erhalten Ihre Benutzer, um bei Ihrem Weblog mitzuwirken. Direkt darunter steuern Sie die Anzeige und Ausgabe des Datums. Die Uhrzeit bezieht WordPress über Ihren Server. Da jedoch die Ausgabe des Datums und der Zeit auf den eigentlichen Artikelseiten über das voreingestellte Layout für die Website gesteuert wird, ist unter Umständen eine Änderung im Backend wirkungslos.

Ein WordPress-Design auswählen

Wie überall im Leben präsentiert man sich selbst auch im Web gern individuell, d.h. mit einem Design, das sich von anderen Blogs abhebt. Für ein eigenes Design bietet WordPress so genannte *Themes*. Dabei handelt es sich um ein Paket von Dateien, das sämtliche Grafiken, Layouteinstellungen und Webseitenschablonen umfasst. Die einzelnen XHTML- und CSS-Dateien nennt man in diesem Zusammenhang *Templates*. Darunter sind Vorlagen zu verstehen, die über die Datenbank mit Inhalten gefüllt werden. In der Regel gibt es mindestens vier Standard-Templates. Das sind jeweils Templates für die Startseite, die Kategorieseiten, die einzelne Artikelseite und mögliche Spezialseiten. Ein Theme-Set kann obendrein mit weiteren Templates ausgebaut werden. Dazu gehören z.B. separate Templates für ein Kontaktformular oder eine besonders geordnete Link-Liste.

Der Stärke von Themes liegt darin, dass Sie mit einem Klick das gesamte Design Ihres Weblogs umstellen können. Dazu müssen Sie in die Theme-Verwaltung gehen, die Sie über den Menüpunkt *Themes* erreichen. Die exzellente Theme-Verwaltung wird von der weltweiten WordPress-Community begeistert unterstützt und gebraucht. Denn um ein neues Theme über das Backend zu aktivieren, muss es lediglich als eigener Ordner auf den Server hochgeladen werden. Anschließend taucht es sofort im Redaktionssystem unter dem Menüpunkt *Themes* auf und kann für das Weblog aktiviert werden.

Die deutsche Version des Kubrik-Theme aktivieren

Nach der Installation eines WordPress-Weblogs ist standardmäßig das Kubrik-Theme aktiviert. Kubrik wurde vom Webdesigner Michael Heilemann entworfen und dient mittlerweile zahlreichen Weblogs als Basis-Layout (siehe Abbildung 1-13). Die Website zum Theme finden Sie unter *www.binarybonsai.com/wordpress/kubrick/*.

Da Kubrik in seiner Originalversion für die englische Sprache ausgerichtet wurde, haben es Mathias Hundt und Olaf A. Schmitz ins Deutsche übersetzt. Die deutsche Kubrik-Version haben Sie bereits mitinstalliert, wenn Sie die deutsche WordPress-Distribution aufgesetzt haben (wie im Abschnitt »WordPress installieren« weiter oben in diesem Kapitel, beschrieben). Deshalb müssen Sie jetzt nur noch das Theme über das Backend aktivieren. Dazu rufen Sie einfach das Menü *Themes* auf und klicken auf das Theme *WordPress Standard DE-Edition*. Anschließend können

Abbildung 1-13: Auch die Website des Küchenradio-Podcasts unter www.kuechenradio.org greift auf das viel verwendete Kubrik-Layout zurück.

Sie das Ergebnis auf Ihrer Weblog-Website begutachten. Beachten Sie auf der Startseite die Ausgabe des Datums und die Überschriften in der Seitenleiste. Diese werden von WordPress jetzt auf Deutsch ausgegeben.

Neben Kubrik finden Sie im Menü *Themes* auch noch das Theme *WordPress Classic 1.5*. Es ist sehr schlicht und funktional und keine wirkliche Augenweide. Aktivieren Sie das Theme trotzdem einmal, um zu sehen, wie schnell und einfach Sie das Aussehen Ihres Blogs ändern können.

Ein neues Theme hochladen und aktivieren

Wie Sie gesehen haben, ist die Installation eines Theme kinderleicht. Sicherlich brennen Sie darauf, weitere Themes zu installieren und für Ihre Zwecke auszuprobieren. Neue Vorlagen finden Sie am leichtesten über den Theme-Browser *http://themes.wordpress.net/* und sein deutsches Gegenstück unter *www.wordpress-deutschland.org/themes/*. Allein die englische Variante bietet Ihnen mehr als 500 Themes. Da sich Themes den eigenen Ansprüchen anpassen lassen, suchen Sie sich am besten eine Vorlage heraus, die Ihnen zusagt, und bearbeiten sie später in Ihrem

Sinne. Denn mit Hilfe von CSS und dem Austauschen von Grafiken verändern Sie schnell und einfach das Aussehen Ihres Blogs. Mehr über CSS erfahren Sie in Kapitel 15, *XHTML und CSS*.

Um Ihnen die einfache Installation eines weiteren Themes vorzuführen, installieren wir nun das außergewöhnliche triSexuality-Theme von Scott Jarkoff. triSexuality wurde unter einer Creative Commons-Lizenz veröffentlicht und darf bearbeitet, vervielfältigt und sogar kommerziell genutzt werden. Das Theme laden Sie zunächst unter *www.jarkolicious.com/wordpress/themes/trisexuality/* herunter. Anschließend entpacken Sie das ZIP-Archiv auf den Desktop und öffnen Ihr FTP-Programm. Auf dem Server finden Sie sämtliche hochgeladenen Themes im WordPress-Ordner unter */wp-content/themes/*. Laden Sie nun den gesamten entpackten Ordner *triSexuality-Standard* in dieses Verzeichnis hoch.

Nach erledigtem Upload rufen Sie als Nächstes das *Themes*-Menü im Redaktionssystem auf. Das neue Theme triSexuality-Standard 0.50 sollte jetzt neben den anderen Themes aufgelistet werden. Mit einem Klick aktivieren Sie es für Ihr Weblog (siehe Abbildung 1-14). Fertig!

Abbildung 1-14: Eigenwilliges Dreispaltendesign: Die farblich und grafisch angepasste Designvorlage triSexuality im Gebrauch bei www.netzpolitik.org.

Eine Auswahl interessanter WordPress-Themes

Wenn Sie jetzt auf den Geschmack gekommen sind und herausfinden wollen, welches Theme Ihnen am meisten zusagt, dann schauen Sie sich doch einmal diese kleine aber feine Auswahl an WordPress-Vorlagen an. Alle folgenden Themes dürfen für den privaten Gebrauch kostenlos genutzt werden. Beachten Sie bei der Auswahl eines Themes immer, unter welcher Lizenz es veröffentlicht wurde. So vermeiden Sie Ärger. Noch mehr Themes finden Sie über die oben genannten Theme-Browser.

- K2 (*http://www.getk2.com/download/*): Nachfolger des Kubrik-Theme mit Kopfzeilennavigation
- Rin (*http://www.brokenkode.com/rin*): Ruhiges bläuliches Zweispaltendesign
- Blog.txt (*http://elias.horribile-dictu.de/2006/06/09/wordpress-theme-blogtxt-in-deutsch/*): Minimalistisches zweispaltiges Blog-Design ohne Grafiken (deutsche Version)
- Blix 0.9.1 (*http://www.kingcosmonaut.de/blix/*): Zweispaltiger Klassiker unter den WordPress-Templates mit integriertem PHP-Kontaktformular
- triSexuality Standard (*http://www.jarkolicious.com/wordpress/themes/trisexuality/*): Dreispaltenlayout (breit-schmal-schmal)

In diesem Kapitel:

- Blogroll
- Kommentare
- Trackback
- Ping
- Permalinks
- RSS-Feeds

KAPITEL 2

Das Weblog vernetzen

Wenn man sich mit Weblogs beschäftigt, tauchen unweigerlich immer wieder die Begriffe *Blogroll*, *Kommentarfunktion*, *Trackback*, *Ping* und *Permalinks* auf. Dabei beschreiben diese Begriffe verschiedene typische Aspekte eines Weblogs, die vor allem einer besseren Vernetzung innerhalb der Blogsphäre bzw. im Internet dienen. Im Folgenden erkläre ich Ihnen die jeweiligen Funktionen und zeige Ihnen, wie Sie diese bestmöglich für die Vernetzung in der Szene einsetzen.

Blogroll

In der Weblog-Welt ist es Usus, dass man auf den Seiten seines Weblogs eine so genannte *Blogroll* veröffentlicht. Dieser Begriff steht hierbei für eine Liste mit Links zu den eigenen Lieblingsweblogs. Eine Blogroll ist sozusagen eine Liste mit Leseempfehlungen, die Ihr Weblog mit Sites von Freunden und Bekannten verzahnt. WordPress bietet für solche Link-Listen einen eigenen Bereich in der Verwaltung, den Sie über das Menü *Links* aufrufen.

Nach der Installation verfügt Ihr Weblog bereits über eine solche Blogroll, in der Sie die Websites des deutschen WordPress-Teams finden. Die Verwaltung der Link-Listen funktioniert ähnlich wie die der Artikel. Links lassen sich neu anlegen, löschen, bearbeiten und einer eigenen Kategorie zuordnen. Die Kategorien selbst verwalten Sie über das Menü *Links → Link Kategorien*.

Um einen Link in der aktuellen Blogroll-Liste in Ihrem Sinne zu bearbeiten, klicken Sie auf *Bearbeiten*. Anschließend sehen Sie ein Bildschirm wie in Abbildung 2-1.

Ein alter Link lässt sich schnell und unkompliziert überarbeiten. Dazu verlangt WordPress lediglich vier grundlegende Angaben: URI (Internetadresse), Link-Name, Kurzbeschreibung und Kategorie. Möchten Sie die Angaben und Einord-

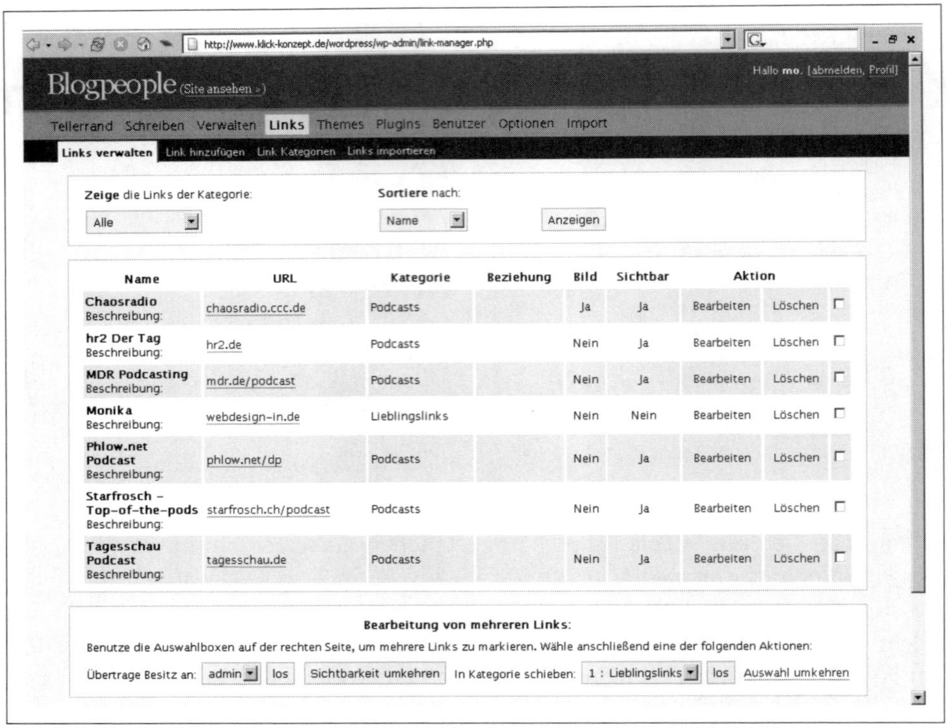

Abbildung 2-1: WordPress bietet eine eigene komfortable Verwaltung für Link-Listen nach Kategorien.

nung des Links weiter beeinflussen, ermöglicht WordPress die Verwaltung von Link-Beziehungen via XFN. XFN steht für *XHTML Friends Network* und ermöglicht es, weitere Informationen zu den verlinkten Websites zu geben. Auf diesen Punkt gehe ich hier nicht weiter ein. Wenn Sie mehr über dieses Thema erfahren möchten, sehen Sie sich einfach auf der englischsprachigen Website *http://gmpg.org/xfn/* um oder lesen Sie sich die englische WordPress-Anleitung unter *http://codex.wordpress.org/Defining_Relationships_with_XFN* durch.

Der Kasten *Erweitert* ermöglicht Ihnen dann die Verfeinerung des jeweiligen Links. Sie können jedem Link eine Bild-URL, RSS-URL, Notizen und eine Bewertung zwischen 0 und 9 zuweisen, wobei ein größerer Zahlenwert einer positiveren Bewertung entspricht. Über den Punkt *Target* legen Sie fest, ob sich bei einem Klick auf den Link ein neues Fenster öffnen soll oder nicht. Eingegebene Links können auch abgeschaltet werden. Das erreichen Sie schnell und einfach mit *Sichtbar Ja/Nein*. Wenn Sie mit den Angaben zufrieden sind, klicken Sie abschließend auf *Änderungen speichern*. Statt auf *Änderungen speichern* zu klicken, können Sie bei der Eingabe über die Tastatur auch einfach die Eingabetaste betätigen. Das Ergebnis der Link-Eingabe können Sie anschließend auf der Blog-Site betrachten.

Wie oben beschrieben, bietet WordPress eine Kategorienfunktion für Link-Listen an. Nach der Installation lautet die Kategorie zunächst *Blogroll*. Diese wollen wir im nächsten Schritt in *Lieblingslinks* umbenennen. Dazu rufen Sie das entsprechende Menü über *Links → Link Kategorien* auf und klicken auf *Bearbeiten* gleich rechts neben dem Link. Anschließend präsentiert sich Ihnen ein Bildschirm wie in Abbildung 2-2. Die Einstellungen erklären sich von selbst. Eine interessante Funktion ist *Anzeigen*. Über ein Häkchen in der Box *Bild* können Sie WordPress dazu veranlassen, anstatt eines Textlinks ein verlinktes Bild anzuzeigen. Die URL des Bilds bezieht WordPress aus den jeweiligen Angaben zum Link.

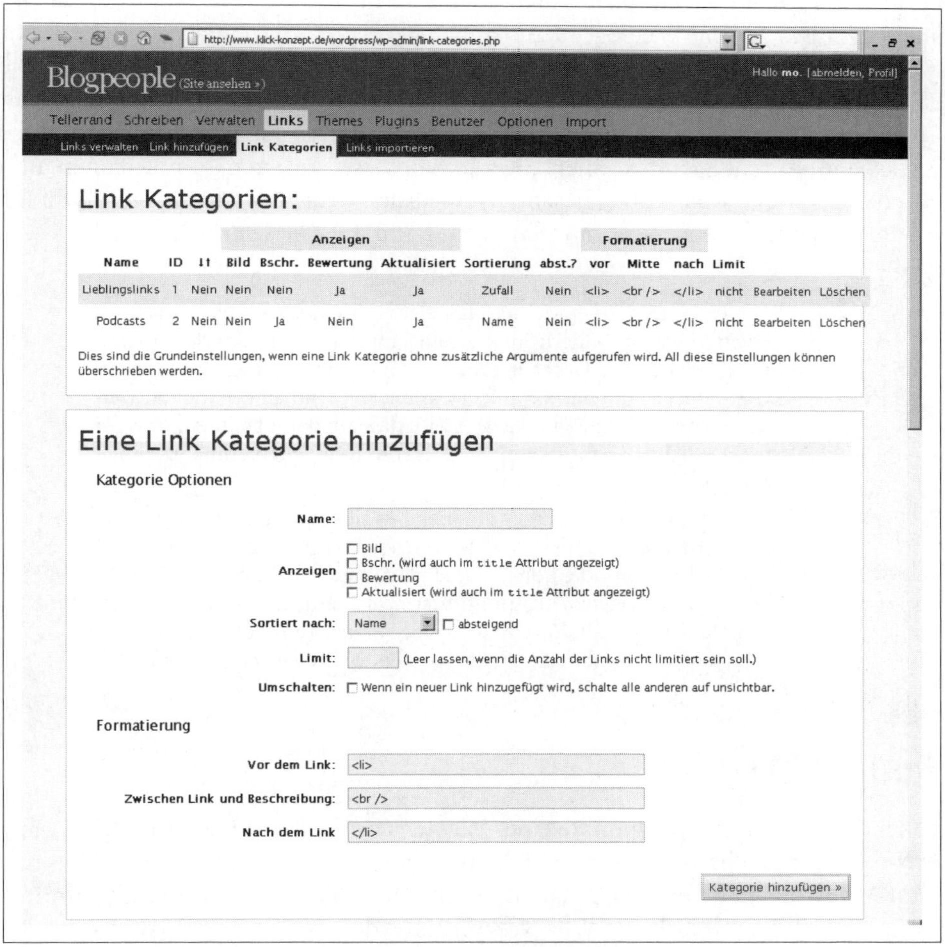

Abbildung 2-2: Verwaltung der Link-Kategorien in WordPress

Link-Listen per OPML-Datei importieren

Neben dem Eintippen einzelner Links bietet WordPress auch den Import von Link-Listen über das OPML-Protokoll. Per OPML-Liste ist es möglich, eine Link-Liste über *Links* → *Links importieren* in einem Rutsch zu importieren. Das erleichtert z.B. die Synchronisation Ihrer Blogroll mit Ihrem News-Aggregator und den Austausch besonders nützlicher Linklisten mit Freunden.

Der Import selbst geschieht über eine URL, die auf die OPML-Datei verweist, oder eine OPML-Datei, die auf Ihrem Rechner liegt. Unter *www.suche-recherche.de/downloads/* finden Sie ein paar Dateivorlagen. Um z.B. die Podcast-Liste *podcast_rss_feeds.opml* in Ihr Weblog aufzunehmen, kopieren Sie einfach den Link zur OPML-Datei in das Feld *OPML-Adresse eingeben*. Als Nächstes wählen Sie die Link-Kategorie, in die die Links einsortiert werden sollen, und klicken dann auf *Importiere OPML-Datei*. WordPress übernimmt die restliche Arbeit und sortiert die Links ein. Anschließend können Sie die Verweise sortieren, umbenennen und löschen, so wie es weiter oben beschrieben wurde. Mehr zum Thema OPML finden Sie im Abschnitt »Recherche im Internet« in Kapitel 9, *Die Online-Recherche*.

§

Wer einen Link so einrichtet, dass der verlinkte Inhalt nicht in einem neuen Fenster, sondern im eigenen Frame erscheint, verletzt damit unter Umständen Urheberrechte. Jeder Urheber (eines Texts, eines Musikstücks etc.) hat das Recht darauf, mit Namen genannt zu werden, wenn er das möchte. Man sollte deshalb darauf achten, dass für den Besucher stets erkennbar ist, von wem ein verlinkter Inhalt stammt.

Beim Einrichten eines Links empfiehlt es sich, die verlinkte Seite kurz in Augenschein zu nehmen. Sollten sich dort etwa rechtsextreme Hetzkampagnen oder sonstige rechtswidrige Inhalte befinden, kann dies zu einer eigenen Haftung führen (siehe dazu Kapitel 22, *Haftungsfragen*). Zum Glück besteht aber keine Verpflichtung, die verlinkten Seiten regelmäßig zu überprüfen, ob sie vielleicht inzwischen Rechtsverstöße enthalten.

Kommentare

Einer der Dreh- und Angelpunkte eines Weblogs ist die Kommentarfunktion. Diese erlaubt den Besuchern eine aktive Teilnahme bei der Veröffentlichung und Diskussion von Artikeln. Obendrein erhalten Sie über Kommentare oft wertvolle Informationen von Ihren Besuchern. Wer Kommentare richtig liest und auswertet, weiß, worauf die Stammleser Wert legen, welche Artikel besonders gelungen sind und ob es weiterführende Informationen zum Thema gibt. Zahlreiche Blogger nutzen einzelne Artikel, um Fragen an ihre Leser zu richten und so eine Diskussion zu entfachen. So lassen sich Weblog-Beiträge auch für kleinere Meinungsumfragen nutzen.

Weiterhin spielt die Kommentarfunktion eine große Rolle bei der Vernetzung von Weblogs untereinander, denn auch Sie können Kommentare auf anderen Weblogs hinterlassen. Üblicherweise hinterlässt man beim Kommentieren nicht nur den jeweiligen Kommentar, sondern man tippt auch seinen Namen und die eigene URL in das Kommentarformular ein. Diese Zusatzinformationen zeigen Weblogs in der Regel unter dem jeweiligen Kommentar an. Dabei wird im Allgemeinen vermieden, die E-Mail-Adresse des Kommentarschreibers zu veröffentlichen, um ihn vor unnötigem Spam zu schützen.

Und weil Weblog-Leser und Blogger selbst neugierige Wesen sind, wollen Sie in der Regel erfahren, woher der Kommentar kommt und wer ihn geschrieben hat. Da Sie selbst Ihre Weblog-URL hinterlassen haben, entdecken die Blogger so auch Ihr Weblog.

Leider gibt es auch eine Schattenseite der virtuellen Diskussionsrunden. Dazu gehören in erster Linie die Kommentar-Spammer. Diese missbrauchen die Kommentarfunktion von Weblogs, um auf Surferfang zu gehen, um Besucher auf die eigenen Websites zu lotsen. Eine weitere dunkle Seite sind Leser, die nicht diskutieren können oder wollen. Letztere – auch *Trolle* genannt – versuchen unnötige Diskussionen anzuzetteln, indem Sie den Blogger oder seine kommentierende Leserschaft beschimpfen. Oft vergreifen sich Kommentarschreiber auch im Ton – in einem solchen Fall muss man eingreifen, um einer Eskalation vorzubeugen. Außerdem sind Sie als Weblogger für die Inhalte auf Ihrer Website verantwortlich. Was Trolle sind und wie Sie diesem Schlag Mensch am besten begegnen, erfahren Sie im populären Wikipedia-Artikel unter *http://de.wikipedia.org/wiki/Troll_(Internet)*.

Angesichts dieser beiden Problemfelder wurden mittlerweile zahlreiche Verbesserungen bei der Kommentarverwaltung von WordPress vorgenommen. Dazu gehören auch zusätzliche Plugins zur Vorbeugung von Spam. Zum Thema Kommentar-Spam und Plugins erfahren Sie mehr in Kapitel 3, *Plugins nutzen*.

§ Die Haftung eines Weblog-Betreibers für fremde Kommentare beschränkt sich zunächst darauf, rechtswidrige Kommentare wie Beleidigungen, Aufrufe zu Straftaten etc. sofort zu entfernen, wenn man davon Kenntnis erlangt hat. Kenntnis hat man spätestens dann, wenn man auf eine solche Rechtsverletzung von außen hingewiesen wird, evtl. aber auch schon dann, wenn man per E-Mail automatisch über einen neuen Kommentar unterrichtet worden ist. Wer dann nicht sofort handelt und die rechtswidrigen Inhalte löscht, kann möglicherweise auch strafrechtlich verfolgt werden. Eine Pflicht zur Überwachung – etwa im Sinne einer täglichen Überprüfung sämtlicher Kommentare – besteht aber ausdrücklich nicht. Näheres hierzu im Abschnitt »Haftungsprivilegierungen für fremde Inhalte« in Kapitel 22, *Haftungsfragen*.

Die Kommentarverwaltung von WordPress finden Sie über den Menüpunkt *Verwalten → Kommentare*. Der Übersichtlichkeit halber bietet das Redaktionssystem zwei Anzeigemodi an: den normalen Anzeigemodus und den Masseneditiermodus. Während der normale Anzeigemodus den gesamten Kommentar samt Datum, Autor und IP-Adresse des Schreibers anzeigt, präsentiert der Masseneditiermodus eine reduzierte, kompaktere Sicht auf die Kommentare. Um im normalen Anzeigemodus Kommentare zu bearbeiten, klicken Sie auf die jeweiligen Links *Kommentar bearbeiten* oder *Kommentar löschen*. Da es sich beim ersten Kommentar nach der Installation um einen Blindtextkommentar handelt, können Sie diesen einfach mit einem Klick auf *Kommentar löschen* entfernen.

Allgemeine Verwaltung der Kommentarfunktion

Ob Kommentare abgegeben werden dürfen und wie ein Kommentar nach der Eingabe auf der Website von WordPress behandelt wird, bestimmen Sie über den Menüpunkt *Optionen → Diskussion*. Die jeweiligen Funktionen, die Sie über die Checkboxen ein- und ausstellen können, erklären sich dabei von selbst. WordPress greift Ihnen hier unter die Arme: Das System bietet Ihnen über die Eingabe von Spamwörtern in der Texteingabebox unterhalb des Menüpunkts *Kommentarmoderation* eine zusätzliche Hilfe. Durch die Eingabe von typischen Spam-Wörtern beschleunigt WordPress das Herausfiltern von unnützen Kommentaren. Je länger Sie mit WordPress bloggen, desto besser werden Sie ungewollte Kommentare durch ein Verfeinern der Funktionen identifizieren können.

Auch wenn es zu Anfang etwas mühselig ist, die Kommentare zu verwalten, rate ich Ihnen vom vollkommenen Abschalten der Kommentare ab. Dadurch entgehen Ihnen viel Spaß und Unterhaltung durch interessante Kommentare seitens Ihrer Leser. Denn Kommentare stärken die Leserbindung, da diese sich aktiv beteiligen können. Ein weiterer Pluspunkt von Kommentaren sind aus ihnen entstehende Diskussionen über verschiedene Weblogs. In der Blogosphäre ist es nicht unüblich, interessante und kontroverse Anmerkungen direkt zu verlinken. Das bringt Ihnen unter Umständen zusätzliche Besucher.

Trackback

Viele Blogger tauschen über einen automatischen Benachrichtigungsdienst, den *Trackback*, Informationen untereinander aus. Das sind in der Regel Reaktionen auf Beiträge sowie Kommentare. Trackback ermöglicht es Ihnen festzustellen, ob auf einen Ihrer Beiträge in einem anderen Weblog Bezug genommen wurde. Dazu werden zwischen den beteiligten Weblogs nach einem festen Protokoll Daten ausgetauscht, die die Beziehung zwischen den betreffenden Einträgen herstellen (siehe Abbildung 2-3).

Innerhalb der Weblog-Szene hat sich dabei eingebürgert, dass Trackbacks nur versendet werden, wenn im Bezug nehmenden Artikel auch ein Link auf den Ursprungsartikel enthalten ist. Man kann jedoch auch Trackbacks senden, wenn der eigene Artikel in einem inhaltlichen Zusammenhang mit einem anderen Beitrag steht. Das verstärkt die Verknüpfungen von Weblogs und ist hilfreich für Leser, die sich vertiefend mit einem Thema beschäftigen wollen.

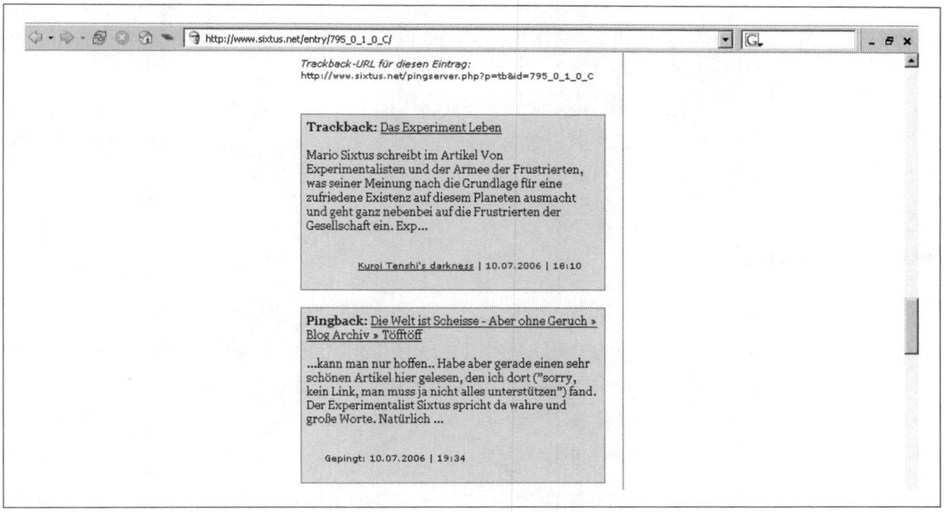

Abbildung 2-3: Trackback-Eintrag auf der Weblog-Website des Journalisten Mario Sixtus

Auch WordPress unterstützt die Trackback-Technik. Um einen Ihrer Beiträge mit einem anderen Weblog-Eintrag zu verknüpfen, setzen Sie innerhalb des Artikels einen Trackback-Link. Dabei handelt es sich um einen eigenständigen Link. Trackback-Links finden Sie in der Regel unterhalb des jeweiligen Weblog-Artikels. Diesen Link tragen Sie im Texteditor in die Eingabebox *Trackbacks* unterhalb der Funktion für das Hochladen von Bildern ein. Veröffentlichen Sie Ihren Artikel, benachrichtigt WordPress automatisch das andere Blog. Sie können jedoch nicht nur einen einzelnen Trackback schicken. Handelt es sich z.B. um eine Diskussion, die parallel auf mehreren Weblogs stattfindet, können Sie alle zugehörigen Blogs informieren. Die verschiedenen URLs müssen Sie lediglich per Leerzeichen trennen.

Ping

Ping ist eine lautmalerische Bezeichnung für das Senden eines Echosignals im Web. Mit Hilfe eines Ping sendet man ähnlich wie bei der Echoortung ein Rufzeichen an eine beliebige Internetadresse und wartet auf eine Antwort.

Dieser Service kommt zum Einsatz, wenn Sie andere Blogger auf einen neuen Artikel aufmerksam machen wollen. Darüber hinaus sollten Sie an die Weblog-Suchmaschine Technorati (*www.technorati.com*) einen Ping senden. Mit Technorati lässt sich die gesamte Blogosphäre nach Neuigkeiten und Artikeln durchsuchen.

Damit Ihr WordPress-System andere Blogger oder auch Technorati über das Erscheinen neuer Artikel informiert, müssen Sie im Menüpunkt *Optionen → Schreiben* die URL des Service angeben. Zwar schickt auch der voreingestellte Service Ping-o-Matic einen Ping an Technorati, es ist jedoch besser, die Suchmaschine ohne Umwege zu informieren, da Sie so keinen Mittelsmann benötigen. Schließlich kann es vorkommen, dass der Ping-O-Matic-Service ausfällt und dadurch Technorati nicht angepingt wird. Geben Sie also die URL *http://rpc.technorati.com/rpc/ping* in die *Update Services*-Eingabebox ein. Mehr über Technorati können Sie im Abschnitt »Recherche in der Blogosphäre« in Kapitel 9, *Die Online-Recherche*, nachlesen.

Permalinks

Als *Permalink* bezeichnet man die dauerhaft bestehende Internetadresse eines Weblog-Beitrags. Unter dieser URL findet man jederzeit – also permanent – den gesamten Beitrag inklusive aller Kommentare und Zusatzinformationen. Der Permalink des jeweiligen Weblog-Artikels ist in der Regel die URL zum Beitrag auf der Startseite oder auf den Kategorienseiten.

In den Grundeinstellungen von WordPress werden URLs für Permalinks verwendet, die Fragezeichen und Zahlen beinhalten und wie folgt aussehen: *http://www.ihre-website.de/weblog/?p=1*. Wie in Kapitel 17, *Suchmaschinenoptimierung*, ausführlich erläutert wird, sollten URLs aussagekräftig sein und Schlüsselbegriffe enthalten. Damit man als Benutzer WordPress-URLs für seine eigenen Zwecke optimieren kann, benötigt WordPress das Modul *mod_rewrite* auf Seiten des Servers. Wenn Ihre Website auf einem Apache-Server liegt, sollte dieses Modul bereits aktiv sein. Ob es Ihnen zur Verfügung steht und wie Sie es gegebenenfalls aktivieren, erfahren Sie von Ihrem Webhoster.

Damit *mod_rewrite* funktioniert, müssen Sie eine leere Datei mit dem Namen *.htaccess* im Wurzelverzeichnis von WordPress ablegen. Um eine *.htaccess*-Datei zu erzeugen, öffnen Sie einen einfachen Texteditor (keine Textverarbeitung wie z.B. Word) und speichern eine leere Datei mit dem Namen *.htaccess* ab. Achten Sie darauf, dass die Datei keine Dateiendung wie z.B. *.txt* besitzt und dass sie mit einem Punkt beginnt. Starten Sie jetzt Ihr FTP-Programm und laden Sie die *.htaccess*-Datei in das Wurzelverzeichnis von WordPress hoch.

Im nächsten Schritt müssen Sie nur noch die Zugriffsrechte der *.htaccess*-Datei auf `CHMOD 666` setzen (siehe Abbildung 2-4). Um Schreibrechte von Dateien in FileZilla über den *chmod*-Befehl zu ändern, markieren Sie die Dateien und klicken dann die rechte Maustaste. Aus dem Kontextmenü wählen Sie den Menüpunkt *Dateiattri-*

bute und können diese dann anschließend im Pop-up-Fenster entsprechend ändern. Die Schreibrechte von Verzeichnissen und mehreren Dateien kann man gleichzeitig verändern.

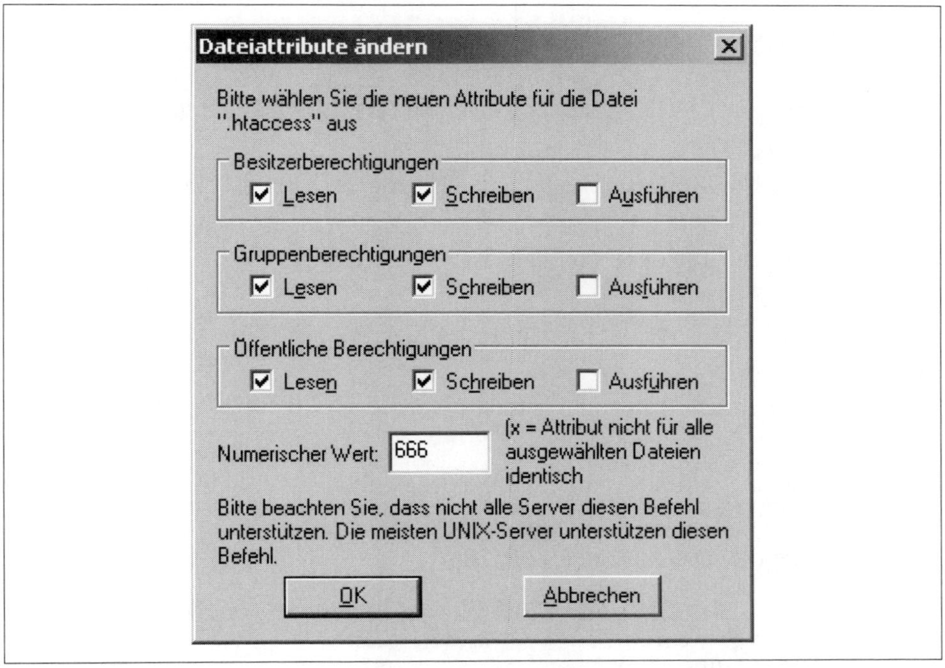

Abbildung 2-4: Um mit FileZilla die Zugriffsrechte einer Datei zu verändern, markieren Sie die Datei mit der linken Maustaste und rufen über die rechte den Menüpunkt Dateiattribute auf.

Jetzt können Sie über *Optionen* → *Permalinks* das Aussehen der URLs anpassen, und zwar über das Eingabefeld *Benutzerdefinierte Struktur*. Dort konfigurieren Sie Ihr individuelles URL-Design mit Hilfe von Platzhaltervariablen, die Sie nach Belieben zu einer eigenständigen URL kombinieren können.

Um möglichst suchmaschinenfreundliche Links zu erzeugen, benutzen Sie am besten die Variable `%postname%`. Diese Variable können Sie individuell bei der Eingabe eines Artikels über die Seitenbox *Titelform* beeinflussen und damit wichtige Schlüsselbegriffe innerhalb der URL unterbringen. Neben `%postname%` gibt auch `%category%` eine sinnvolle Auskunft über den Inhalt des jeweiligen Dokuments. Wenn Sie in Ihrem Weblog z.B. einen Artikel zum Thema Webdesign schreiben und den Artikel in die entsprechende Rubrik *webdesign* einordnen, würde sich bei der Variablenkombination `/%category%-kategorie/%postname%.php` die folgende sinnvolle URL ergeben: *http://www.website.de/webdesign-kategorie/topstyle-css-editor.php*.

Wie Sie in diesem obigen Beispiel sehen, lassen sich bei Bedarf neben Bindestrich und Schrägstrich auch Wörter (hier `category`) sowie Dateiendungen (hier `.php`) unterbringen. Sie können jedoch weggelassen werden, um die URL so kurz wie möglich zu gestalten. Zur Verfügung stehen die folgenden Platzhaltervariablen, die Sie nach Belieben miteinander kombinieren können:

`%year%`
: bezeichnet das Jahr der Erstellung des Artikels mit vier Ziffern (z.B. 2005)

`%monthnum%`
: bezeichnet den Monat der Erstellung des Artikels (z.B. 06)

`%day%`
: bezeichnet den Tag der Erstellung des Artikels (z.B. 10)

`%hour%`
: bezeichnet die Stunde der Erstellung des Artikels (z.B. 07)

`%minute%`
: bezeichnet die Minute der Erstellung des Artikels (z.B. 28)

`%second%`
: bezeichnet die Sekunde der Erstellung des Artikels (z.B. 55)

`%post_id%`
: bezeichnet die ID des Artikels (z.B. 186)

`%postname%`
: bezeichnet die angepasste Version des Beitragstitels (z.B. »1-jahr-muenchen« statt »1 Jahr München«)

`%author%`
: bezeichnet die angepasste Version des Autorennamens

`%category%`
: bezeichnet die angepasste Version der Kategorie;Unterkategorien erscheinen automatisch als eigene Variable.

`%category%` funktioniert nicht mit dem *mod_rewrite* einer Apache-Version vor Version 2. Sollte Ihr Server Apache 1 benutzen, müssen Sie auf `%category%` verzichten.

Damit eine korrekte Adressierung des Artikels garantiert ist, müssen Sie bei der Erstellung eigener Permalinks darauf achten, dass Sie die Variablen `%postname%` oder `%post_id%` verwenden, damit in jedem Fall eine individuelle URL für den Artikel erzeugt wird. So generieren Sie eine URL wie *http://www.website.de/news-1-hallo-welt* mit `/%category%-%post_id%-%postname%` und eine URL wie *http://www.website.de/2005/08/04/hallowelt/* mit `/%year%/%monthnum%/%day%/%postname%/`.

Damit WordPress die neuen suchmaschinenfreundlichen URLs in die *.htaccess*-Datei schreibt, müssen Sie nach der Konfiguration auf den Button *Permalink Struktur aktualisieren* klicken. Anschließend sollten Sie auf Ihrer Weblog-Seite überprüfen, ob die neue Link-Struktur funktioniert.

Im zweiten Feld Kategorie-Basis im Untermenü *Permalinks* können Sie die Links zu den Kategorienseiten des Weblogs beeinflussen. Bleibt das Feld leer, ergänzt WordPress Links auf die Kategorienseiten automatisch mit *category*. Wünschen Sie z.B. eine deutsche Version, weil Ihr Weblog sich ausschließlich an deutschsprachige Leser wendet, dann können Sie in das Feld `rubrik` eingeben. Ein Link auf die Rubrik Biografie würde dann so aussehen: *http://www.website.de/rubrik/biografie/*.

WordPress-Lesezeichen

Angenommen, Sie lesen gerade einen Beitrag auf einer fremden Website und möchten einen Kommentar zum Artikel schreiben und gleichzeitig ein Zitat des Artikels einfügen. Oder Sie entdecken gerade ein neues Weblog, das Sie in die Link-Liste Ihres Blog mitaufnehmen wollen. Statt nun in einem neuen Browserfenster Ihr Redaktionssystem aufzurufen und die Informationen über Copy & Paste hinüberzukopieren, können Sie Ihr Weblog auch einfach über ein WordPress-Lesezeichen mit Inhalten oder Links füttern. Solche Lesezeichen funktionieren per JavaScript und rufen nach erfolgtem Klick den Texteditor von WordPress auf. Wurde im Ausgangfenster Text markiert, kopiert das Lesezeichen diesen samt Link direkt zur Webseite in den Editor. Nach einem Klick auf *Speichern* oder *Veröffentlichen* führt Sie WordPress wieder zur Ursprungswebseite zurück.

Ein WordPress-Lesezeichen für neue Beiträge erzeugen Sie schnell und einfach, indem Sie den Link Blog das bei - Weblogname unter Menüpunkt *Schreiben → Beitrag schreiben* in die Link-Leiste Ihres Browsers ziehen (siehe Abbildung 2-5).

Im Gegensatz zum Lesezeichen für Beiträge öffnet das Lesezeichen für Links ein eigenes Pop-up-Fenster. In dieses kopiert das Lesezeichen den Link und übernimmt für den Linknamen den Titel des Ursprungdokuments. Um das Lesezeichen in die Browserleiste zu ziehen, suchen Sie den Menüpunkt *Links → Links Hinzufügen* auf und ziehen den Link *Verlinke das* in die Browserleiste.

→

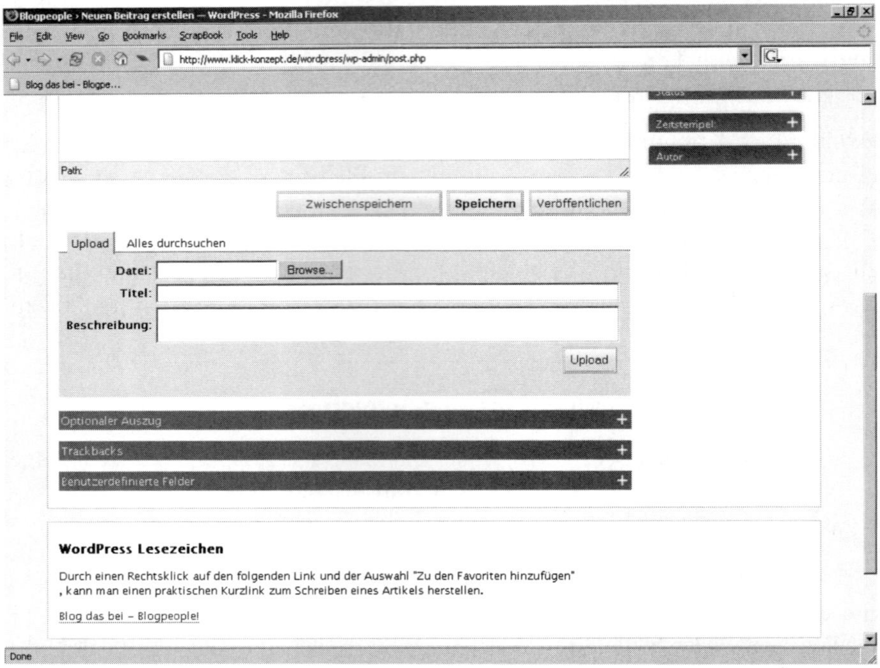

Abbildung 2-5: Um ein WordPress-Lesezeichen anzulegen, ziehen Sie den Link unten auf der Seite mit gedrückter linker Maustaste einfach in die Browserleiste unterhalb des Adressfelds.

RSS-Feeds

Wer bloggt, möchte gelesen werden. Natürlich kann man seinen Freunden und Bekannten vom eigenen Blog berichten, aber sicherlich möchten Sie mehr Leser erreichen. Vielleicht interessieren sich auch wenige Menschen aus Ihrem Bekanntenkreis für Ihr Sachthema. Das Wunderbare am Bloggen ist, dass es im Netz Menschen mit ähnlichen Interessen gibt – egal, wie spezialisiert sie sind. Diese müssen Sie »nur noch« erreichen. Doch das ist eigentlich nicht so schwer, es erfordert nur Mühe, Geduld und ein wenig technisches und psychologisches Geschick.

RSS-Verzeichnisse benachrichtigen

Jedes moderne Weblog verfügt über einen eigenen RSS-Feed. WordPress erzeugt diese Feeds automatisch. RSS ist ein auf XML beruhendes Dateiformat für die Verbreitung (neudeutsch »Syndizierung«) von Webinhalten. In Form der RSS-Feeds veröffentlichen Webmaster die Schlagzeilen ihrer Seiten in einheitlicher, maschinenlesbarer Form. Mit speziellen Programmen, den so genannten News-Aggregatoren oder Feed-Readern können Surfer die RSS-Dateien aus dem Internet herunterladen und lesen (siehe dazu den Abschnitt »Recherche im Internet« in Kapitel 9, *Die Online-Recherche*). Mit Hilfe von News-Aggregatoren behält man komfortabel seine Lieblingsweblogs im Auge, verpasst keinen Beitrag und muss nicht jedes Mal mehrere Weblogs absurfen, um neue Artikel zu finden.

Einen RSS-Feed können Nutzer von News-Aggregatoren auf zweierlei Weise abonnieren: Entweder sie suchen den Link auf Ihrem Weblog oder sie finden ihn in einem der zahlreichen RSS-Verzeichnisse wie z.B. *www.rss-verzeichnis.de* oder *www.rss-scout.de*. Damit auch Ihr RSS-Feed in den Verzeichnissen auftaucht, müssen Sie den Feed selbst anmelden.

Den Link zu Ihrem RSS-Feed finden Sie im Standardlayout in der Fußzeile Ihres Weblogs. Neben dem normalen RSS-Feed für die Einträge finden Sie auch einen RSS-Feed für die Kommentare.

Bei so gut wie allen Verzeichnissen ist die Anmeldung kostenlos. Damit Ihr Weblog an den richtigen Stellen mit aufgelistet wird, empfehle ich Ihnen das Erstellen einer prägnanten Kurzbeschreibung über das Themenfeld Ihres Blogs bzw. eine Darstellung, worum es sich bei Ihrem Weblog dreht. Es lohnt sich wirklich, Zeit in diesen Text zu investieren, da Sie ihn immer wieder nutzen können. Achten Sie bei der Erstellung darauf, dass Sie interessante Schlüsselwörter der Themen ihres Blogs in die Beschreibung mit aufnehmen. Suchen Besucher von RSS-Verzeichnissen nicht nur über die Verschlagwortung neue Weblogs, sondern auch über die normale Suchfunktion, durchsucht der Service auch die jeweilige Beschreibung.

Je kürzer, prägnanter und auf den Punkt getextet, desto besser. Beschränken Sie sich beim Schreiben auf eine Zeichenanzahl von 500 bis 1.000 Zeichen inklusive Leerzeichen. Fügen Sie diese Beschreibung in Ihrem WordPress-Weblog unter *Optionen → Allgemein* ein. Dadurch ersetzen Sie leider den Slogan Ihres Weblogs. WordPress bietet leider kein eigenes Feld für eine Weblog-Beschreibung. Deswegen müssen Sie sich entscheiden, ob Sie einem Slogan oder einer Beschreibung den Vorrang geben. Entscheiden Sie sich für Letzteres, müssen Sie die Beschreibung bei den meisten WordPress-Themes ausblenden, weil sie sonst in der Kopfzeile auftaucht. Dafür gibt es zwei Möglichkeiten: Entweder Sie modifizieren das Template *header.php* des aktuellen Theme oder Sie nutzen CSS, um die Beschreibung auszublenden.

Wenn Sie das Template ändern, können Sie entweder die Zeile mit dem WordPress-Befehl `<?php bloginfo('description'); ?>` ganz löschen, oder Sie ersetzen den Befehl einfach durch Ihren Weblog-Slogan. Dieser taucht nach dem Speichern des Header-Templates auf allen Seiten auf.

Möchten Sie die Beschreibung per CSS ausblenden – in diesem Fall wird Sie weiterhin im Quellcode auftauchen –, öffnen Sie einfach die CSS-Datei. Im Kubrik-Template wurde der Beschreibung die CSS-Klasse `.description` zugewiesen. Dieser übergeben wir nun die Eigenschaft `text-indent: -999em;`. Ersetzen Sie einfach die alten Eigenschaften der Klasse `.description` in der CSS-Datei *styles.css* des Kubrik-Themes durch folgenden Code:

```
#headerimg .description {
    font-size: 1.2em;
    text-align: center;
    text-indent: -999em;
    }
```

Was CSS ist und wie Sie HTML-Dateien mit CSS editieren, erfahren Sie in Kapitel 15, *XHTML und CSS*.

Liegt Ihnen die fertige Beschreibung vor, können Sie sich daran machen, Ihr Weblog bei den Diensten zu registrieren. Das geht schnell, Sie müssen nur die URL Ihres RSS-Feeds per Copy & Paste. Die URL finden sie beim Kubrik-Standard-Theme ganz unten in der Fußzeile. Normalerweise folgt die URL diesem Schema:

```
http://www.website.de/wordpress-ordner/feed/
```

In manchen Fällen kann es sein, dass Sie nur den RSS-Feed einer bestimmten Kategorie Ihres Weblogs anmelden möchten, z.B. den Feed der Podcast-Kategorie mit der ID 1. Diesen rufen Sie einfach über die folgende URL-Struktur auf:

```
http://www.website.de/wordpress-ordner/?cat=1&feed=rss2
```

Wenn Sie Permalinks aktiviert haben, sieht die URL verständlicher aus, nämlich so:

```
http://www.website.de/wordpress-ordner/category/podcast/feed/
```

Haben Sie alle Daten zusammen, klappern Sie am besten die RSS-Verzeichnisse eines nach dem anderen ab und melden dort Ihre RSS-Feeds an. Wie so ein Anmeldeformular aussieht, sehen Sie in Abbildung 2-6 Wenn Sie neben Ihrem Weblog auch einen Podcast betreiben, können Sie auf gleiche Weise verfahren und diesen zusätzlich in den Podcast-Verzeichnissen anmelden.

Deutsche und internationale RSS-Verzeichnisse

Deutsche RSS-Verzeichnisse

http://www.rss-verzeichnis.de

http://www.rss-scout.de

http://www.rss-nachrichten.de

Englische RSS-Verzeichnisse

http://www.newsisfree.com

http://www.syndic8.com

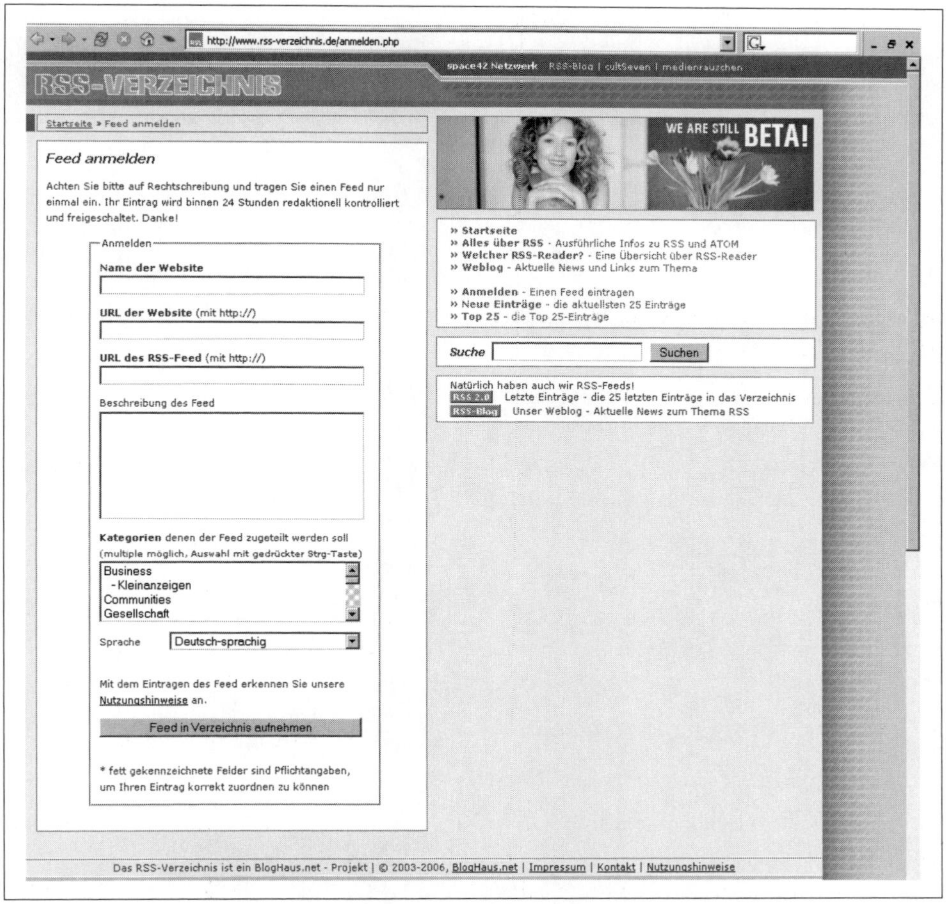

Abbildung 2-6: Unter www.rss-verzeichnis.de finden Sie zahlreiche RSS-Feeds für Ihren News-Aggregator. Sie können natürlich auch Ihren eigenen Weblog-Feed anmelden.

In diesem Kapitel:

- Korrekte Umlaute mit o42-clean-umlauts
- Kommentar-Spam mit Askismet und Spam Karma 2 bekämpfen
- Datensicherung mit dem Plugin WP-DB Backup
- Subscribe to Comments 2.0
- Kontaktformulare mit WP-ContactForm
- Serverbelastung senken mit WP-Cache 2.0
- Beiträge verschlagworten mit Ultimate Tag Warrior 3
- PHP-Befehle in Beiträgen platzieren mit PHP Exec
- Podcasts mit PodPress integrieren

KAPITEL 3

Plugins nutzen

Für WordPress finden Sie allerlei Plugins zu jedem nur erdenklichen Thema. Plugins sind kleine Zusatzprogramme, die die Funktionalität des Redaktionssystem ausbauen. Ob Sie Lesestatistiken für Ihre Artikel brauchen, einen Wetterbericht auf die Website setzen oder den Schreibkomfort Ihres WordPress-Editors erweitern wollen – die WordPress-Programmierergemeinde bietet eine große Auswahl an Erweiterungen. Neue Plugins für Ihr Blog finden Sie in der *WordPress Plugins Database* unter *http://www.wp-plugins.net*, im WordPress-Wiki unter *http://codex.wordpress.org/Plugins* oder unter *http://doku.wordpress.de/Ressourcen/Plugins* mit deutschen Kurzbeschreibungen.

Welche Plugins bereits für Ihr installiertes WordPress zur Verfügung stehen, können Sie im Redaktionssystem über den Menüpunkt *Plugins* nachschauen. Hier aktivieren und deaktivieren Sie Plugins. Um ein neues Plugin zu installieren, müssen Sie lediglich das entpackte Archiv des Plugins als Verzeichnis oder das einzelne PHP-Skript in den Ordner *plugins* hochladen. Den Ordner *plugins* finden Sie im WordPress-Verzeichnis *wp-content*.

Jedes installierte und aktivierte Plugin erzeugt eine weitere Belastung für den Server, z.B. durch erhöhte Datenbankabfragen. Das kann unter Umständen die Leistungskraft Ihres WordPress-Systems mit steigendem Traffic zu Lasten der Geschwindigkeit beeinflussen. Nach der Installation eines neuen Plugins sollten Sie daher testen, ob sich an der Geschwindigkeit des Seitenaufbaus etwas verändert hat.

Im Folgenden stelle ich Ihnen eine Auswahl hilfreicher Plugins vor, mit denen Sie die Arbeit mit Ihrem Blog erleichtern und die Funktionen auf der Blog-Site erweitern können.

Korrekte Umlaute mit o42-clean-umlauts

Wenn Sie die Einträge Ihres Weblogs in deutscher Sprache schreiben, hilft Ihnen das *o42-clean-umlauts*-Plugin bei der Konvertierung der deutschen Umlaute. Denn spätestens, wenn Umlaute im Titel eines Artikels vorkommen, fängt WordPress an zu stolpern. Da der Titel eines Beitrags als Grundlage für den Permalink des Artikels dient, wandelt WordPress Umlaute, die in URLs nicht möglich sind, um. Leider konvertiert WordPress die Umlaute nicht korrekt. Aus einem Titel wie »Übertragung« generiert das Redaktionssystem einen Permalink, der »ubertragung« lautet. Verständlicher wäre ein Permalink, bei dem statt des »ü« ein »ue« zur Anwendung kommt: »uebertragung«.

Das *o42-clean-umlauts*-Plugin korrigiert diesen Missstand. Es konvertiert Umlaute in Artikeln, Kommentaren und Feeds korrekt. Das Plugin ist in der deutschen WordPress-Distribution bereits inbegriffen. Anonsten finden Sie es unter *http://otaku42.de/2005/06/30/plugin-o42-clean-umlauts/*. Sie müssen es über das Redaktionssystem nur noch aktivieren.

Kommentar-Spam mit Askismet und Spam Karma 2 bekämpfen

Kommentar-Spam kann wirklich nervig werden und viel Zeit rauben. Um Spam in Kommentaren vorzubeugen, bieten sich zwei Möglichkeiten: *Askismet* und *Spam Karma 2*. Obendrein gibt es noch ein drittes Plugin namens *Spam Karma 2 Akismet Plugin*, das beide Plugins miteinander kombiniert.

Akismet

Bei einer Neuinstallation von WordPress wird das Akismet-Plugin von Haus aus mitgeliefert. Akismet wacht wirksam über die Kommentare, die per Kommentarfunktion oder Trackback an Ihr Weblog geschickt werden. Akismet ist für den privaten Gebrauch kostenlos. Das Besondere an Akismet ist, dass der Service auf einem zentralen Server bereitgestellt wird. Wird in Ihrem Weblog ein neuer Kommentar eingegeben, wird dieser automatisch vom Service markiert, wenn es sich um Spam handelt. Kommt trotzdem ein Spam-Eintrag durch, kann dieser von Ihnen manuell gekennzeichnet und gelöscht werden, und Akismet »lernt« dadurch. Akismet funktioniert vor allem deswegen so einwandfrei, weil mehr als 100.000 Blogs den Service nutzen und kontinuierlich verfeinern. Nach der Aktivierung ist der Service sofort einsatzbereit. Einziger Nachteil dieses Plugins ist die Tatsache, dass Sie einen externen Service nutzen, der auf einem anderen Server liegt. Ob und wie Akismet die von Ihnen übertragenen Daten speichert, bleibt unbekannt.

Zur Aktivierung des Plugins ist ein kostenloser API-Key erforderlich. Diesen erhalten Sie in einer zweiten E-Mail nach der Anmeldung und Bestätigung eines Accounts. Einen Account erstellen Sie über *http://wordpress.com/api-keys/*. Den Akismet-API-Key kopieren Sie nach der Aktivierung des Plugins einfach in die Eingabemaske unter *Plugins → Akismet Konfiguration* (siehe Abbildung 3-1). Verwenden Sie den Akismet-API-Schlüssel nur einmal. Er dient der Aktivierung und Authentifizierung Ihres Akismet-Plugins. Wenn Sie sich ein weiteres WordPress-Weblog zulegen, erstellen Sie sich einfach einen weiteren API-Schlüssel. Mehr Informationen zum Plugin finden Sie unter *www.akismet.com*.

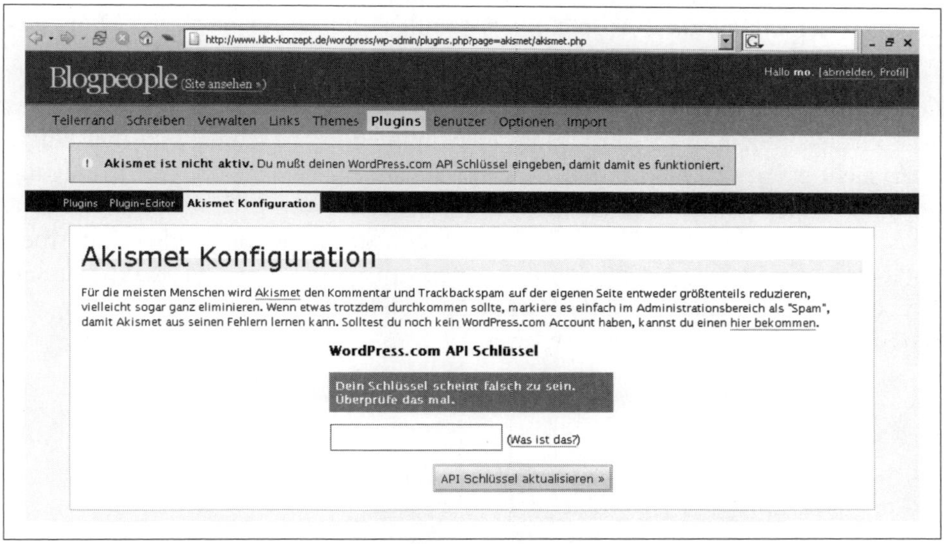

Abbildung 3-1: Das Akismet-Plugin hilft beim Filtern von Kommentar-Spam und benötigt dazu lediglich einen kostenlosen API-Schlüssel.

Spam Karma 2

Um das Spam Karma 2-Plugin zu nutzen, benötigen Sie keinerlei API-Key. Das Plugin verrichtet seine Arbeit ausschließlich auf Ihrem Webspace und wird von Ihnen justiert und gepflegt. Derzeit liegt Spam Karma in der Version 2.2 final r3 vor. Sie können es unter *www.unknowngenius.com/blog/wordpress/spam-karma/* herunterladen. Glücklicherweise gibt es für dieses umfangreiche Plugin auch eine deutsche Sprachdatei, die Sie unter *http://wp-plugins.net/sk2/l10n/sk2-de_DE.mo* herunterladen können. Die komplette Anleitung des Spam Karma 2-Plugins finden Sie unter *www.wp-plugins.net/wiki/index.php?title=SK2*.

Spam Karma 2 verwalten Sie nach der Installation über den Menüpunkt *Verwalten → Spam Karma 2*. Dabei erklären sich sämtliche Menüpunkte von selbst. Die erweiterten Optionen der einzelnen Menüpunkte blenden Sie über den am Ende der

Webseite befindlichen Button *Erweiterte Optionen anzeigen* ein. Besonders wirkungsvoll ist der Menüpunkt *Captcha Test*. Die Verwendung von Captchas wehrt fast alle Spam-Roboter ab und wird nur dann aktiv, wenn die vordefinierten Regeln des Plugins einen Kommentar als möglichen Spam erachten.

Spam Karma 2 Akismet

Wenn Sie sowohl Akismet als auch Spam Karma 2 einsetzen wollen, sollten Sie das Plugin Spam Karma 2 Akismet von Sebastian Herp zusätzlich in Ihren Plugin-Ordner installieren. Laden Sie dazu das Skript, das Sie unter *www.sebbi.de/archives/2006/01/31/spam-karma-2-akismet-plugin/* finden, einfach in das Verzeichnis *wp-content/plugins/SK2/sk2_plugins* hoch.

Das Plugin muss nicht extra über die Admin-Oberfläche aktiviert werden, weil es sich selbstständig in das Spam Karma 2-Plugin integriert. Auch das Akismet-Plugin muss nicht extra aktiviert werden. Den API-Schlüssel geben Sie über die Konfigurationseite von Spam Karma 2 unter *Verwalten → Spam Karma 2 → Allgemeine Einstellungen* ein (siehe Abbildung 3-2). Daraufhin übernimmt das Plugin seine Arbeit und befragt zusätzlich zu den Filterfunktionen von Spam Karma 2 den Akismet-Service, ob es sich bei einem Kommentar um Spam handelt.

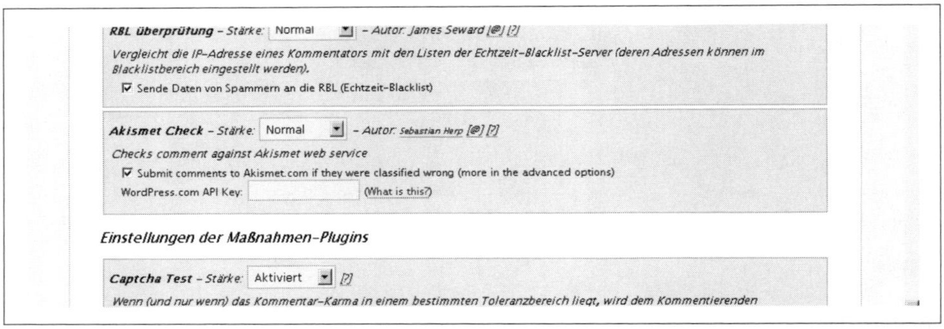

Abbildung 3-2: Das Beste aus beiden Welten: Das Plugin Spam Karma 2 Akismet kombiniert die Spam-Killer Spam Karma 2 und Akismet. Dazu muss lediglich im Feld WordPress.com API Key der API-Schlüssel eingegeben werden.

Datensicherung mit dem Plugin WP-DB Backup

Von Zeit zu Zeit empfiehlt sich eine Sicherung der Datenbank. Damit diese möglichst schnell und unkompliziert von der Hand geht, wurde das WP-DB Backup-Plugin von Skippy entwickelt. Das Plugin erlaubt Ihnen die direkte Datensicherung der Datenbank aus WordPress heraus und macht die Sicherung über die Admin-Oberfläche Ihres Webhosters überflüssig. Um die Datenbank zu sichern, aktivieren Sie das Plugin über das Redaktionssystem und rufen die Datensicherung über das

Menü *Verwalten → Datensicherung* auf. Das Plugin listet Ihnen nun sämtliche Datentabellen der mit WordPress verbundenen Datenbank auf. Sollten sich weitere Daten innerhalb der Datenbank befinden, werden diese rechts gesondert angezeigt. Wenn Sie diese zusätzlich sichern wollen, markieren Sie einfach die Checkbox der jeweiligen Datentabelle. Im nächsten Schritt können Sie sich entscheiden, ob Sie die Daten auf dem Server speichern, auf Ihren Computer herunterladen oder an eine E-Mail-Adresse schicken wollen.

Ein letzter Klick auf den Button *Datensicherung!* setzt den Prozess in Gang. Später können Sie das Plugin auf Wunsch wieder deinstallieren.

Subscribe to Comments 2.0

Blog-Leser, die gern kommentieren, sind in der Regel daran interessiert, immer über die aktuellen Vorgänge informiert zu sein. Um Diskussionen auf Ihrem Weblog in Schwung zu halten, sollten Sie das komfortable und vielseitige *Subscribe to Comments 2.0*-Plugin in Erwägung ziehen. Das Plugin informiert Kommentarschreiber, wenn weitere Kommentare von anderen Autoren zu einem diskutierten Artikel geschrieben wurden (siehe Abbildung 3-3). Dadurch erhalten Sie die Möglichkeit, auf andere Kommentare zu reagieren, und verlieren nicht den Faden einer Diskussion. Für die Verwaltung der Abonnements bietet *Subscribe to Comments 2.0* obendrein einen eigenen Kommentarmanager. Auf Wunsch kann das Plugin auch so konfiguriert werden, dass selbst Leser, die keinen Kommentar geschrieben haben, eine Diskussion per E-Mail verfolgen können.

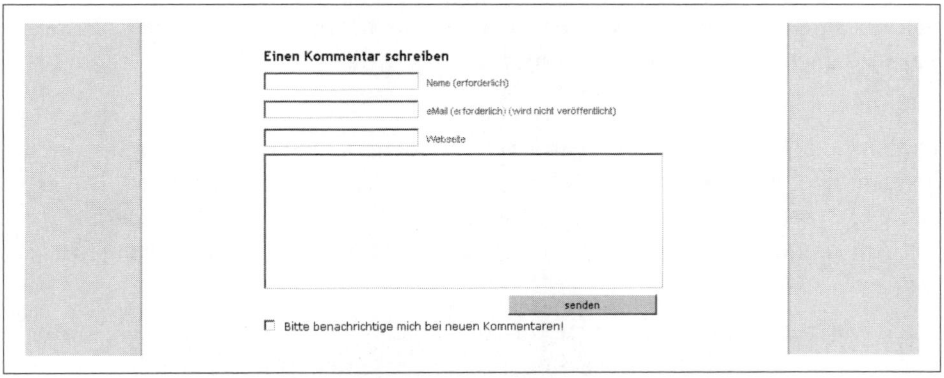

Abbildung 3-3: Mit dem Plugin Subscribe to Comments 2.0 können Ihre Besucher Kommentare bestimmter Artikel abonnieren und dadurch immer auf dem neuesten Stand bleiben.

Um das *Subscribe to Comments 2.0*-Plugin zu installieren, gehen Sie am besten wie folgt vor: Laden Sie das ZIP-Archiv des Plugins unter *www.txfx.net/code/wordpress/subscribe-to-comments/* herunter. Entpacken Sie es und laden Sie das gesamte Verzeichnis *subscribe-to-comments.php* in das WordPress-Verzeichnis unter */wp-con-*

tent/plugins/ hoch. Kopieren Sie *wp-subscription-manager.php* in Ihr WordPress-Wurzelverzeichnis (das Verzeichnis, in dem sich auch die *wp-config.php*-Datei befindet). Aktivieren Sie das Plugin im Redaktionssystem unter dem Menüpunkt *Plugins*. Wenn Ihr WordPress-Theme kein *comment_form*-Häkchen hat oder wenn Sie manuell die Checkbox platzieren wollen, dann positionieren Sie in den Templates den folgenden Befehl: `<?php show_subscription_checkbox(); ?>`. Wenn Sie möchten, dass auch Besucher Kommentarbenachrichtungen erhalten können, die selbst nicht kommentiert haben, dann platzieren Sie in dem jeweiligen Template den Befehl `<?php show_manual_subscription_form(); ?>`. Hierbei muss der Befehl außerhalb des Kommentarformulars gesetzt werden, am besten direkt hinter dem Schluss-Tag des Formulars, das mit `</form>` endet. Wenn Sie eine deutsche Version von Subscribe to Comments 2.0 nutzen wollen, laden Sie die Sprachdatei, die Sie unter *http://dev.wp-plugins.org/wiki/SubscribeToComments* herunterladen können, in das Plugin-Verzeichnis unter */wp-content/plugins/* hoch.

Weitere Informationen zum Plugin finden Sie im Plugin-Wiki unter *http://dev.wp-plugins.org/wiki/SubscribeToComments*.

Kontaktformulare mit WP-ContactForm

Man sollte das Veröffentlichen der eigenen E-Mail-Adresse auf einer Website möglichst vermeiden, da diese in kürzester Zeit von den Sammelrobotern der Spammer herausgefiltert wird, um die E-Mail-Adresse anschließend mit Spam vollmüllen zu können. Damit die Besucher trotzdem eine Möglichkeit erhalten, Rückmeldung zu geben, bietet sich die Verwendung des Plugins *Contact Form* an. Das Plugin ermöglich es, innerhalb eines Artikels ein neues Kontaktformular einzubauen. Nötig ist dazu lediglich der folgende Code innerhalb des Artikels:

```
<!--contact form-->
```

Diesen Code können Sie außerdem– wenn Sie den Texteditor TinyMCE benutzen – bequem über einen Klick auf das Icon mit den zwei Männchen einfügen. Die aktuelle englischsprachige Version des Plugins finden Sie unter *www.ryanduff.net/projects/wp-contactform/*, die deutschsprachige Version unter *www.johannesries.de/webwork/contactform/*.

Nach der Installation und Aktivierung brauchen Sie lediglich die jeweiligen Rückmeldungen des Kontaktformulars bei Fehleingabe oder erfolgreichem Versand einzustellen. Rufen Sie dazu im Backend einfach das Kontaktformular über *Optionen → Contact Form* bzw. *Optionen → Kontaktformular* auf. Das Formular können Sie jetzt in sämtlichen Beiträgen einbauen oder auf einer gesonderten Spezialseite anbieten.

Serverbelastung senken mit WP-Cache 2.0

Unter Umständen nimmt der Traffic auf einer Website enorm zu. Das passiert z.B., wenn ein bekanntes Weblog auf einen Ihrer Artikel verweist oder die Besucheranzahl stetig steigt. Da WordPress eine Seite bei jedem Aufruf dynamisch erzeugt, erzeugt jede angeforderte Webseite eine gewisse Serverlast. Denn im Gegensatz zu einer statischen Webseite werden sämtliche Aufgaben vom Server jedes Mal erneut bearbeitet und die Informationen für jedes Webdokument von der Datenbank angefordert.

Sollten die Abrufe Ihrer Weblog-Webseiten stetig zunehmen oder sich die Seiten auf einem langsamen Server befinden, dann empfiehlt sich das *WP-Cache 2.0*-Plugin. Dieses speichert auf dem Webspace eine lokale Kopie der Webseiten und dämpft so die Serverbelastung, da die eingestellten Dokumente nicht jedes Mal neu zusammengesetzt werden müssen. Welche Webseiten Ihres Blogs statisch generiert werden sollen und wie lange sie im Zwischenspeicher vorgehalten werden sollen, lässt sich in den Einstellungen von *WP-Cache 2.0* festlegen.

Um das Plugin zu installieren, führen Sie folgende Schritte aus: Laden Sie das Plugin unter *http://mnm.uib.es/gallir/wp-cache-2/* herunter, entpacken Sie das Archiv und laden Sie den Plugin-Ordner in Ihr *wp-content/plugins/*-Verzeichnis hoch. Wenn Sie für Ihre Beiträge die GZIP-Kompression eingeschaltet haben, schalten Sie sie unter *Optionen* → *Lesen* aus. Aktivieren Sie das Plugin im *Plugins*-Menü. Rufen Sie das Menü *Optionen* → *WP-Cache* auf. Das Plugin versucht nun, sämtliche Einstellungen automatisch vorzunehmen, und leitet Sie durch den Prozess. Sollten Fehlermeldungen auftreten, müssen Sie eventuell Schreibrechte von Ordnern und Dateien ändern.

Erscheint nach der Aktivierung über *Optionen* → *WP-Cache* eine Fehlermeldung wie in Abbildung 3-4, dann ersetzen Sie die letzte Zeile der Datei *wp-config.php* durch die folgenden zwei Zeilen:

```
define('WP_CACHE', true);
?>
```

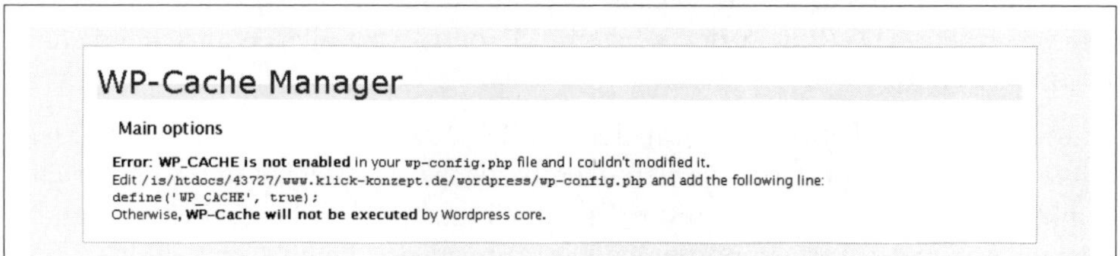

Abbildung 3-4: Erscheint nach der Aktivierung des WP-Cache-Plugins eine Fehlermeldung wie diese, muss die WordPress-Konfigurationsdatei ergänzt werden.

Rufen Sie jetzt erneut das Menü *Optionen → WP-Cache* auf. Die Voreinstellungen des Plugins können Sie wie vorgeschlagen übernehmen. Mit einem Klick auf *Enable it* aktivieren Sie das Caching Ihrer Artikel.

Beiträge verschlagworten mit Ultimate Tag Warrior 3

Das Plugin *The Ultimate Tag Warrior* (kurz: UTW) wurde von Christine Dabies programmiert, um Artikel leichter mit individuellen Schlüsselbegriffen, so genannten Tags, zu versehen und diese separat abzuspeichern. Das Tagging von Artikeln bietet Ihnen und Ihren Lesern einen Mehrwert, da die Informationen eines Artikels durch Schlagwörter auf einen Blick erkennbar werden. Tags bringen neben Kategorien noch mehr Ordnung in eine Sammlung von Artikeln. Denn statt die Anzahl der Kategorien unnötig aufzublasen, verwenden Sie besser mehrere Schlüsselbegriffe.

Die Tags lassen sich mit Hilfe des Plugins unterhalb von Beiträgen auf den Weblog-Seiten anzeigen. Je nach Konfiguration des Plugins führen die verlinkten Tags auf eine eigene Tag-Archivseite, auf der sämtliche Artikel zum gleichen Schlagwort auftauchen, oder sie leiten den Surfer zu einem der beliebten Tagging-Services. Jedes Tag lässt sich einzeln über einen eigenen RSS/Atom-Feed abonnieren.

Wird das UTW-Plugin kontinuierlich mit Tags gefüttert, können Sie sich die Tags in einer Tag-Wolke (Erklärung siehe weiter unten) oder einer grafischen Präsentation anzeigen lassen. Weiterhin können Sie UTW mit Services wie del.icio.us, Flickr und Technorati verknüpfen. Dadurch können Sie unter Umständen den Besucherstrom auf Ihre Website vergrößern, und Sie erleichtern z.B. Ihren Lesern das Bookmarken eines Ihrer Artikel über del.icio.us.

Das UTW-Plugin finden Sie unter *www.neato.co.nz/ultimate-tag-warrior/*. Nach der üblichen Installation listet Ihnen das *Plugins*-Menü drei neue Plugins auf:

- Ultimate Tag Warrior 3: Das Haupt-Plugin
- Ultimate Tag Warrior: Tag Archive 1.0: Optionales Plugin, um eine Archivseite auf Basis der Tags zu generieren
- Ultimate Tag Warrior 1.3 Legacy: Plugin, das für die Kompaitibilität mit dem veralteten UTW-Plugin der Version 1.3 sorgt; wird aller Wahrscheinlichkeit nicht benötigt

Um nach der Installation das Verhalten von UTW zu steuern, rufen Sie das Menü *Optionen → Tags* auf. Über die Benutzeroberfläche des Plugins unter dem Menüpunkt *Manage Tags* lassen sich Ihre Tags auch nachträglich bearbeiten und umbenennen und neue Tags importieren. Die Autorin des Plugins empfiehlt vor der Nutzung des Managers je nach Aktion eine Sicherung der Datenbank. Diese können Sie leicht über das oben besprochene *WP-DB Backup-Plugin*-Plugin vornehmen. Eine ausführliche Anleitung zu sämtlichen Optionen finden Sie unter *http:// www.neato.co.nz/wp-content/plugins/UltimateTagWarrior/ultimate-tag-warrior-help. html*.

Artikel mit Tags auszeichnen

Damit Sie neue Artikel mit eigenen Schlüsselwörtern versehen können, positioniert das UTW-Plugin ein neues Eingabefeld unterhalb des Artikelfelds (siehe Abbildung 3-5). Weiterhin listet Ihnen das Plugin bereits vergebene Tags auf, die Sie per Klick schnell und unkompliziert für den aktuellen Artikel übernehmen können. Über die beiden Schaltflächen *Get Keyword Suggestions from Tagyu* bzw. *Get Keyword Suggestions from Yahoo* können Sie sich weitere Vorschläge von Tagyu und Yahoo machen lassen. Diese fügen Sie Ihren Schlüsselwörtern einfach per Klick hinzu.

Abbildung 3-5: Ultimate Tag Warrior hilft Ihnen dabei, Artikel mit Schlagworten zu versehen. Über die beiden Services von Tagyu und Yahoo holt sich das Plugin weitere Vorschläge.

PHP-Befehle in Beiträgen platzieren mit PHP Exec

Nicht nur für Webmaster und Frickler ist das Plugin *PHP Exec* interessant. Die aktuelle Version des Plugins finden Sie unter *www.soeren-weber.net/post/2005/08/ 18/50/*. Um das Plugin im Backend zu installieren, müssen Sie es lediglich in den Plugin-Ordner verschieben.

PHP Exec erlaubt das Eingeben von PHP-Befehlen innerhalb der Textbox eines Artikels. So lassen sich mit Hilfe von PHP Exec nicht nur eigene Skripte ausführen, sondern Sie können auch Textbausteine über den PHP-Include-Befehl einsetzen, die Sie öfter für eigene Beiträge verwenden. Hilfreich ist das z.B. bei Infoboxen. Schreiben Sie regelmäßig Artikel zu einem Thema, wie z.B. zur Suchmaschinenoptimierung, können Sie in einer externen Datei sämtliche Links mit allen Artikeln sammeln. In den jeweiligen Beiträgen rufen Sie dann die Box über den PHP-Include-Befehl auf. Erscheint ein neuer Artikel, ergänzen Sie lediglich die Datei, hier *infobox.html*, und in allen Artikel, die die Box aufrufen, taucht stets die aktuellste Version mit allen bisher geschriebenen Artikeln auf. Dadurch ersparen Sie sich eine Menge Zeit und vernetzen die einzelnen Artikel untereinander. Den PHP-Include-Befehl rufen Sie wie folgt auf:

```
<?php include('http://www.website.de/wordpress/infobox.html'); ?>
```

Oder überprüfen Sie doch einmal die PHP-Einstellungen Ihres Servers. Das geschieht mit dem folgenden Befehl:

```
<?php
phpinfo();
?>
```

Sollten Sie sich für das *PHP Exec*-Plugin entscheiden, schalten Sie am besten den WYSIWYG-Editor über das Menü *Benutzer* aus, denn er erschwert die Eingabe von PHP-Befehlen.

Podcasts mit PodPress integrieren

Wer mit WordPress einen eigenen Podcast betreiben möchte, kommt am PodPress-Plugin nicht vorbei. Denn PodPress unterstützt Podcaster mit einer Reihe praktischer Funktionen. Dazu gehört nicht nur ein eigener Flash-Player, den Sie farblich gestalten können, sondern auch ein RSS-Tuning, damit Ihr Podcast iTunes-tauglich wird. Ferner bietet Ihnen das Plugin Download-Statistiken, die Ihnen anzeigen, wie oft ein Podcast gehört und runtergeladen wurde. PodPress finden Sie zum Download unter *www.mightyseek.com/podpress/*, die Anleitung unter *www.podcasterswiki.com/index.php?title=PodPress_Documentation* und eine englischsprachige Video-Anleitung unter *www.mightyseek.com/podpress-tutorial/*.

PodPress konfigurieren

Nach der Installation und Aktivierung von PodPress erreichen Sie die Einstellungen des Plugins über das Hauptmenü. Dort sehen Sie einen neuen Menüpunkt namens *PodPress*. Dieser bietet Ihnen vier Untermenüpunkte:

- Unter *Feed/iTunes Settings* können Sie die Einstellungen und Verwaltung Ihres Podcast-Feeds für iTunes vornehmen
- Über *General Settings* regeln Sie die Haupteinstellungen des Plugins

- *Player Settings* ist für die Gestaltung des Flash-Players für das Audiostreaming auf der Website zuständig
- Unter *Stats* finden Sie Statistiken zu den einzelnen MP3-Dateien des Podcasts (wird optional angezeigt)

Im Untermenü *Feed/iTunes Settings* konfigurieren Sie Ihren RSS-Feed. Während Sie auf der linken Seite Angaben für einen iTunes-tauglichen Feed machen, geben Sie auf der rechten Seite die Standardeingaben für einen RSS2-Feed an. Bis auf die beiden Punkte *iTunes:FeedID* und *RSS Category* erklären sich die Einstellungen von selbst. Wie Sie die iTunes-Feed-ID erhalten, lesen Sie weiter unten unter »Ein Abonnement-Link für iTunes«. Die Eingabe im Feld *RSS Category* schreibt PodPress automatisch in Ihren Podcast-Feed.

Anzumerken ist zu den Settings lediglich, dass sich PodPress bei den Standardeinstellungen für *Blog/Podcast title* und *Blog Description* beim Titel Ihres Blogs und der dazugehörigen Beschreibung bedient. Nehmen Sie in diesen Feldern Veränderungen vor, dann überschreiben Sie damit den Blog-Titel und das Blog-Thema Ihres Weblogs, die Sie auch über das Menü *Optionen → Allgemein* verwalten können.

General Settings

Über *PodPress → General Settings* steuern Sie das Verhalten von PodPress. Über *Media File Locations* geben Sie an, wo PodPress nach MP3-Dateien suchen soll. Das Plugin bietet nämlich keine eigenständige Upload-Funktion an. Deshalb müssen Sie MP3-Dateien eigenständig über Ihr FTP-Programm hochladen. Im Feld *URI of media files directory* geben Sie die jeweilige Adresse an, unter der Sie die Dateien lagern, z.B. *http://www.website.de/wordpress/wp-content/uploads*. Während der erste Pfad notwendig ist, ist die Eingabe eines Pfades für *Local path to media files directory* optional. Liegen die MP3-Dateien auf Ihrem Server, so geben Sie hier den Server-Pfad an. Die Eingabe einer korrekten URL in diesem Feld beschleunigt das Auslesen der MP3s gewaltig und kommt Ihnen später beim MP3-Import im Texteditor zugute.

Über den Menüpunkt *Download Statistics* aktivieren Sie die Statistikfunktion von PodPress. Wenn Sie einen Haken in die Checkbox setzen, erscheint nach einem Klick auf den *Update Options*-Button am Ende der Seite ein weiterer PodPress-Menüpunkt: *Stats*. *Stats* gibt Ihnen je nach Konfiguration Auskunft über die Anzahl der Downloads und die Anzahl der abgespielten MP3s.

PodPress erlaubt neben dem Publizieren eines öffentlichen Podcasts auch einen Podcast für Mitglieder. Diesen so genannten *Premium Content* können Sie ausschließlich registrierten Hörern zugänglich machen. Leider ist diese Funktion zur Zeit noch schlecht dokumentiert. Auch wenn sie interessant ist, verhindert sie trotzdem nicht den Download der MP3-Dateien, da diese stets über eine statische URL zu erreichen sind. Dadurch können registrierte Besucher den Link weitergeben, so dass andere den geschützten Bereich umgehen können.

Über den Punkt *Post Content* konfigurieren Sie schließlich, wie PodPress Ihren Podcast innerhalb eines Artikels anzeigt (siehe Abbildung 3-6). Für normales Podcasting können Sie die beiden Punkte *Audio Comments* und *TorrentCasting* deaktiviert lassen. Vielleicht möchten Sie noch den PodPress-Hinweis in der Fußzeile Ihres Weblogs entfernen. Das können Sie einfach über die Checkbox *Show PodPress footer*.

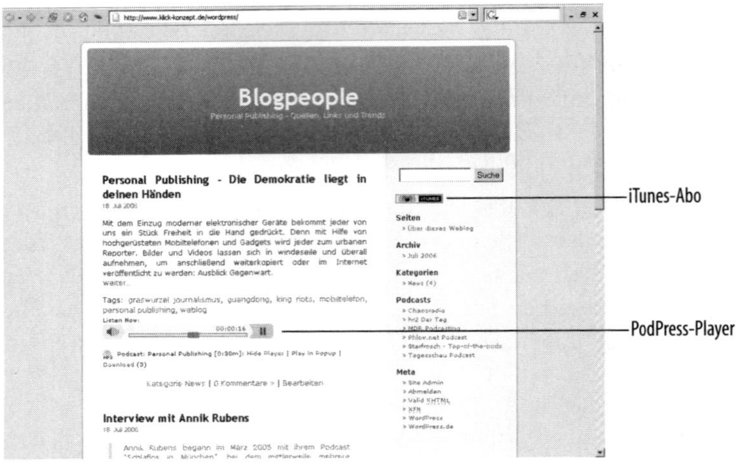

Abbildung 3-6: Das PodPress-Plugin bietet sämtliche wünschenswerte Funktionen für Podcaster: einen Flash-Player für das Weblog, ein iTunes-RSS-Tuning und eine Eingabeunterstützung für den Texteditor.

Abonnement-Links für iTunes

Um einen Abonnement-Link zu iTunes auf Ihre Website zu setzen, wie in Abbildung 3-6 zu sehen ist, benötigen Sie die iTunes-Feed-ID. Diese müssen Sie in den PodPress-Optionen eingeben. Die Feed-ID erhalten Sie von iTunes, wenn Ihr Podcast vom Service akzeptiert wurde. Dazu öffnen Sie einfach das iTunes-Programm, geben den Namen Ihres Podcasts in das Suchfeld rechts oben ein und wählen anschließend Ihren Podcast aus. Klicken Sie jetzt unter Windows mit der rechten Maustaste auf Ihr Podcast-Logo und kopieren Sie den Link zur URL in den Zwischenspeicher. Benutzen Sie iTunes auf einem Mac, klicken Sie auf das Logo, während Sie die Control-Taste gedrückt halten. Kopieren Sie dann die URL in einen Editor. Die URL sollte der folgenden ähneln:

```
http://phobos.apple.com/WebObjects/MZStore.woa/wa/viewPodcast?id=158975186
```

Die Feed-ID-Nummer des Links lautet in diesem Fall: 158975186. Um einen Abo-Link Ihres Podcasts für iTunes auf Ihre Website zu setzen, benötigen Sie nur noch folgenden Code:

```
<?php podPress_iTunesLink(); ?>
```

Diesen platzieren Sie in einem der Templates Ihres aktuellen Theme. In den meisten Fällen eignet sich dazu das *sidebar.php*-Template.

Player-Einstellungen und Statistiken

Über die *Player Settings* gestalten Sie das Design des integrierten Flash-Players, der Ihre Podcasts direkt auf der Website hörbar macht (siehe Abbildung 3-6). Die Oberfläche für die Gestaltung ist denkbar einfach und erklärt sich von selbst. Damit die Farben gespeichert werden, klicken Sie einfach auf den *Update Options*-Button. Sind Sie mit der Farbauswahl nicht zufrieden, können Sie das Originaldesign über den Button *Reset Colors to Defaults* wiederherstellen.

Der einzige Menüpunkt, der keinerlei Änderungen zulässt, ist *Stats*. Hier werden die verlinkten Mediendateien samt Ihrer Statistiken aufgeführt. *Stats* bietet Ihnen einen exzellenten Überblick über die Beliebtheit der einzelnen Podcasts.

Einen Podcast mit PodPress publizieren

Um Ihren neuesten Podcast per PodPress zu veröffentlichen, müssen Sie zuerst das MP3 über ein FTP-Programm in den unter *PodPress → General Settings* angegebenen Ordner hochladen. Anschließend legen Sie über *Schreiben* einen neuen Artikel an. Geben Sie dem Artikel einen Titel und tippen Sie eine Kurzbeschreibung ein. Im nächsten Schritt klicken Sie auf den Button *Add Media File* unterhalb der Texteingabebox. PodPress klappt daraufhin ein Menü aus, über das Sie dem Artikel verschiedene Mediendateien hinzufügen können.

Öffnen Sie jetzt das Ausklappmenü *Location*. PodPress bietet Ihnen nun optional die Eingabe einer URL zur jeweiligen Mediendatei an und listet darunter die Dateien auf, die es im Ordner findet, den Sie über *PodPress → General Settings* ausgewählt haben. Wählen Sie das MP3 Ihres Podcasts und geben Sie dem Podcast anschließend einen Titel über das Feld *Title (Optional)*. Um Ihnen Zeit zu ersparen, bietet Ihnen das Plugin eine Auto-Detect-Funktion an, um die Länge des MP3s in Bytes sowie die Spieldauer auszulesen. Diese Funktion aktivieren Sie über die beiden gleichnamigen Buttons. Je nachdem, wo die MP3s liegen, kann es eine Weile dauern, bis PodPress die Daten ausgelesen hat. Liegen die MP3s auf Ihrem Server und haben Sie über *PodPress → General Settings* einen lokalen Pfad angegeben, sollte das Auslesen zügig vonstatten gehen. Klicken Sie nun auf den *Veröffentlichen*-Button, um den Eintrag online zu stellen. Auf Ihrem Weblog sollte nun der Podcast samt Artikel angezeigt werden.

> Wenn Sie den *Show*-Button klicken, während Sie einem Beitrag ein neues MP3 hinzufügen, zeigt Ihnen PodPress die Meta-Informationen des MP3s an. Die Daten aus den so genannten MP3-ID-Tags können Sie über den Link *Copy contents to Post details* Ihrem Artikel hinzufügen.

In diesem Kapitel:

- Bilder von Flickr nutzen
- Videos von YouTube einbinden
- Links mit del.icio.us verwalten
- Die Blog-Suchmaschine Technorati nutzen

KAPITEL 4

Web 2.0-Extras

Web 2.0 ist als Schlagwort bei Bloggern seit mehr als einem Jahr in aller Munde. Denn Web 2.0 ist ein Prädikat für Internetanwendungen, die den Benutzer in den Mittelpunkt rücken und sich gleichzeitig seine eingegebenen Daten zunutze machen. Web 2.0-Software kann jeder über einen Browser steuern, weil die Programme und Services auf Webservern installiert sind und über den Browser bedient werden. Es gibt eine fast unüberschaubare Menge an Web 2.0-Anwendungen, und es kommen ständig neue hinzu. In diesem Abschnitt stelle ich Ihnen einige ausgewählte Anwendungen vor und erkläre Ihnen, wie Sie sie für Ihr Weblog nutzen können. Wenn Sie tiefer in die Materie eintauchen wollen, empfehle ich Ihnen den exzellenten Artikel von Tim O'Reilly, der den Begriff geprägt hat, indem er die erste Web-2.0-Konferenz veranstaltet hat. Seinen Artikel »What Is Web 2.0?« können Sie im Original unter *www.oreillynet.com/lpt/a/6228* oder in der deutschen Version unter *http://www.oreilly.de/artikel/web20_trans.html* nachlesen. Außerdem empfehle ich Ihnen das exzellente englischsprachige Weblog *www.readwriteweb.com*. Read/Write-Web beschreibt zahlreiche Web-Services und nimmt sie genau unter die Lupe.

Bilder von Flickr nutzen

Flickr.com ist einer der größten visuellen Spielplätze im Internet. Der kostenfreie Service erlaubt Mitgliedern das Hochladen von Fotos und Bildern. Sie entscheiden dabei, ob die Bilder der ganzen Welt oder nur Ihren Freunden zugänglich sind. Monatlich erlaubt Flickr bei einem Gratiskonto das Hochladen von insgesamt 20 MByte an Bildern. Dabei lassen sich Fotos thematisch in Form von Alben gruppieren und in Ihr Weblog einbinden. Für die Organisation der Bilder benötigen Sie keinerlei Software, da Flickr Ihnen für das Sortieren den *Organizr* zur Verfügung stellt.

Der Organizr braucht nicht installiert zu werden, da es sich um eine komfortable Flash-Anwendung handelt, die innerhalb des Browsers funktioniert.

Sicherlich fragen Sie sich jetzt, warum Sie Flickr benutzen sollten, wenn Sie schon eigenen Webspace besitzen, um Bilder hochzuladen? Flickr bietet Ihnen zahlreiche Community-Funktionen, die das Kommentieren Ihrer Bilder, das Vernetzen mit anderen Fotografen und das Taggen von Bildern erlauben. Außerdem lassen sich die Fotoalben wunderbar in Form einer Flash-Diashow in Weblogs einbauen bzw. über ein Pop-up-Fenster aufrufen. Besonders amüsant ist die Möglichkeit, Kommentare direkt im Bild unterzubringen. Laden Sie z.B. ein Gruppenbild Ihres letzten Urlaubs hoch, können Sie das Foto anschließend kommentieren, indem Sie einfach die Gesichter auswählen und zur jeweiligen Person eine Beschreibung eintippen. Fährt ein Besucher beim Betrachten des Bildes mit der Maus über den jeweiligen Bereich, erhält er Zusatzinformationen, die ihm in einem kleinen eingeblendeten Fenster angezeigt werden. Obendrein sparen Sie natürlich eigenen Webspace, den Sie so für andere Zwecke nutzen können.

Ein Flickr-Konto einrichten

Damit Sie sich einen kostenlosen Flickr-Account anlegen können, benötigen Sie zuerst eine eigene Yahoo!-ID. Um sich zu registrieren, klicken Sie auf der Startseite *www.flickr.com* auf den Button *Sign Up*. Anschließend müssen Sie abermals auf *Sign Up* für eine eigene Yahoo!-ID klicken. Danach präsentiert sich Ihnen ein Bildschirm wie in Abbildung 4-1 zu sehen ist. Geben Sie dort die angeforderten Daten ein.

Möchten Sie auf Flickr einen anderen Benutzernamen anzeigen lassen als Ihre Yahoo!-ID, geben Sie im nächsten Schritt den gewünschten Namen ein. Wenn Sie sich erfolgreich einen Flickr-Namen ausgesucht haben, klicken Sie anschließend auf den Link *Upload your first photo*, um Ihre ersten Bilder hochzuladen.

Wählen Sie nun über den *Browse*-Button Bilder von Ihrer Festplatte aus. Sie können maximal sechs Bilder nacheinander hochladen. Geben Sie im Feld *Add tags for ALL these images* die Schlagwörter oder Tags ein, unter denen Sie die Bilder ablegen wollen. Die Tags helfen Ihnen beim Organisieren der Bilder. Das ermöglicht eine thematische Sortierung und hilft Ihnen später bei der Übersicht. Die Tags können Sie auch später noch editieren, umbenennen und erweitern. Bevor Sie den Upload starten, können Sie noch entscheiden, wer Ihre Bilder sehen darf. Bevorzugen Sie, dass nur Ihre Freunde die Bilder zu Gesicht bekommen, machen Sie ein Häkchen für die Gruppe *Friends* oder *Family*. Starten Sie nun das Hochladen der Bilder über den *Upload*-Button (siehe Abbildung 4-2).

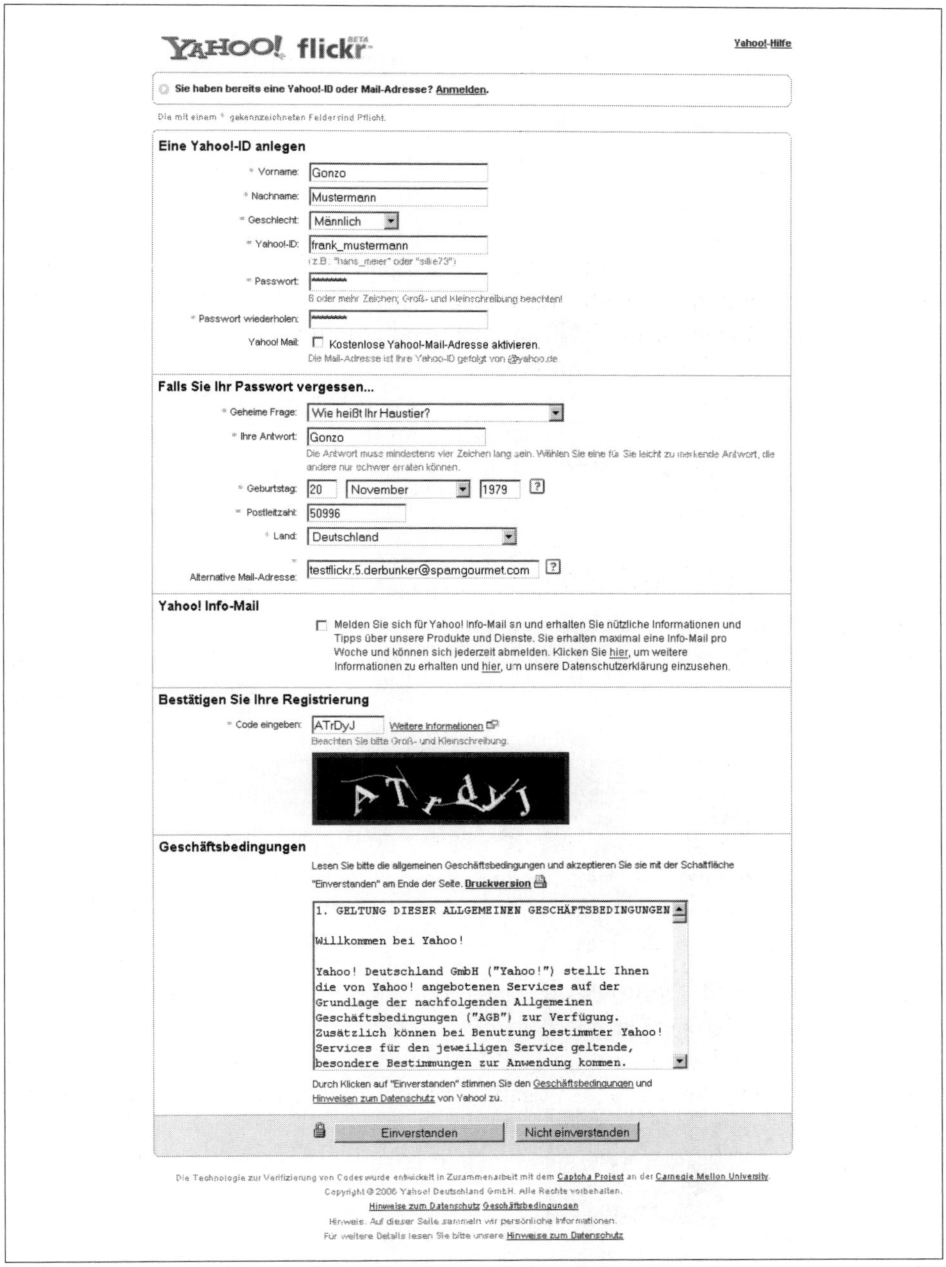

Abbildung 4-1: Um den Bilder-Service flickr.com zu nutzen, müssen Sie sich zuerst einen eigenen Yahoo!-Account anlegen.

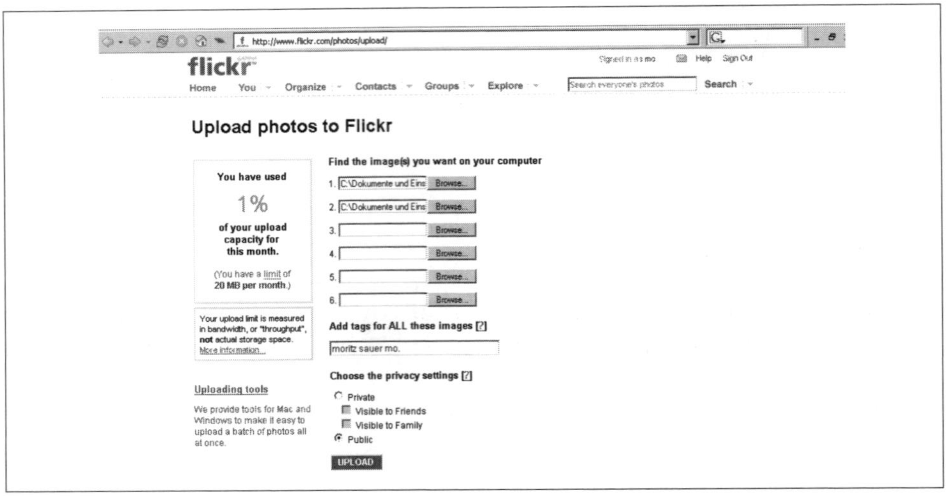

Abbildung 4-2: *Mit Flickr können Sie in einem Rutsch Bilder hochladen, taggen und administrieren.*

Schließen Sie nicht Ihren Browser, solange der Upload läuft. War das Hochladen Ihrer Bilder erfolgreich, präsentiert sich Ihnen ein Bildschirm wie in Abbildung 4-3. Jetzt können Sie den Titel, die Beschreibung und die Tags (Schlagworte) für jedes einzelne Bild nachbearbeiten. Ein abschließender Klick auf den *Save*-Button übernimmt die Bilder in Ihr Flickr-Archiv.

Abbildung 4-3: *Nach dem Upload von Bildern können der Titel (Title), die Beschreibung (Description) und die Schlüsselbegriffe (Tags) für jedes Bild bearbeitet werden.*

Flickr-Bilder verwalten

Flickr bietet Ihnen zahlreiche Funktionen. Diese rufen Sie über Ihre Flickr-Startseite auf, zu der Sie nach dem Login gelangen (siehe Abbildung 4-4). Über *You* verwalten Sie sämtliche Bilder und Ihr Profil und laden neue Bilder hoch. Über *Organise* verwalten Sie Ihre Fotos und gelangen zum Organizr. Über *Contacts* nehmen Sie Verbindung mit anderen Flickr-Benutzern auf und verknüpfen sich zu Freundeszirkeln. Um den Titel, die Beschreibung und die Tags eines Bilds nachträglich zu bearbeiten, reicht ein Klick auf den angezeigten Titel, die Beschreibung oder die Tags. Zur individuellen Bearbeitung eines Bilds gelangen Sie, indem Sie auf das Bild klicken. In der Einzelansicht bieten sich Ihnen Funktionen wie z.B. einzelne Notizen auf das Bild zu setzen oder eines Ihrer Bilder in Ihr Weblog zu übernehmen. Letzteres geschieht über das Icon *Blog This*. Wurde noch kein Bild über die Funktion gebloggt, müssen Sie zuerst Flickr für Ihr Blog konfigurieren. Dies geschieht schnell und einfach, indem Sie die Schritte befolgen, die Ihnen der Service vorgibt. Wichtig ist hierbei nur zu wissen, wie die URL zu der API-Schnittstelle Ihres Weblogs lautet. Die Datei heißt *xmlrpc.php* und liegt im obersten WordPress-Verzeichnis. Die URL sieht dabei so aus:

```
http://www.webseite.de/wordpress-ordner/xmlrpc.php
```

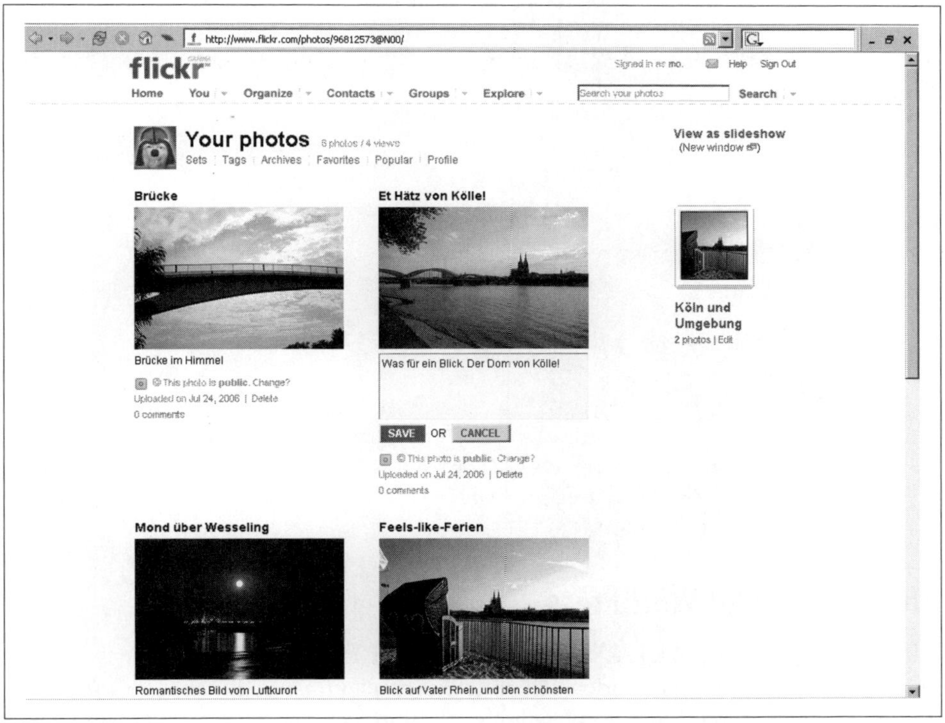

Abbildung 4-4: Die individuelle Flickr-Startseite bietet Ihnen zahlreiche Funktionen von RSS über die Bilderverwaltung bis hin zu den neuesten Kommentaren.

Fotos mit dem Organizr sortieren

Mit der Flash-Anwendung Organizr lassen sich komfortabel Ihre Bilder für Alben und Slideshows verwalten. Der Organizr hilft Ihnen dabei, neue Alben zu erstellen, in denen Sie Ihre Bilder nach eigenen Vorlieben sortieren können. Die Drag & Drop-Anwendung rufen Sie über *Organize* auf. Wie Sie in Abbildung 4-5 sehen, lassen sich Bilder einfach verwalten. Dazu müssen Sie lediglich ein Bild aus Ihrem Fundus mit der Maus in das große Hauptfenster ziehen. Um schnell Fotos zu finden, greift der Organizr Ihnen unter die Arme und lässt Sie Bilder nach Datum, Titel, Beschreibung und Tags durchsuchen.

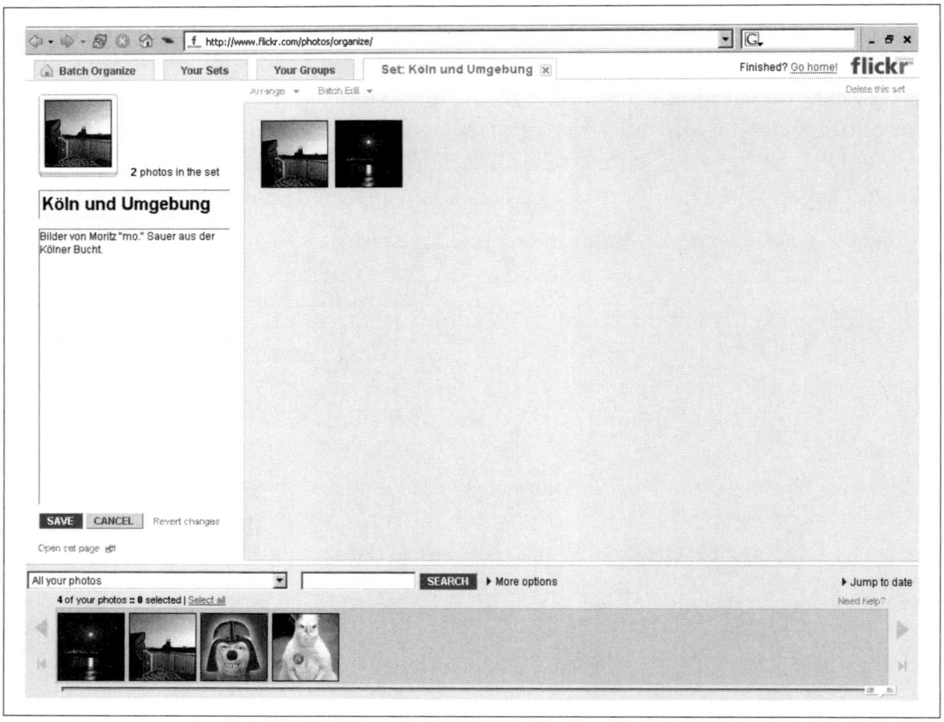

Abbildung 4-5: Mit dem Organizr von Flickr verwalten Sie Ihre Bilder und Fotoalben einfach über den Browser. Ziehen Sie dazu per Drag & Drop die Bilder aus der Auswahl unten in den rechten Bildschirmbereich.

Flickr-Plugin für WordPress

Mit Hilfe des Plugins flickrRSS können Sie leicht Flickr-Bilder auf Ihrem Weblog präsentieren. Das Plugin finden Sie unter *www.eightface.com/wordpress/flickrrss/*. Wie bei allen anderen Plugins geht die Installation leicht von der Hand. Dazu gehen Sie wie folgt vor:

Laden Sie das Skript *flickrrss.php* in Ihr WordPress-Plugin-Verzeichnis hoch. Wenn Sie die Bilder auf Ihrem Webspace zwischenspeichern wollen, legen Sie ein neues Verzeichnis an und setzen Sie das Verzeichnis auf `chmod 777`. Aktivieren Sie das Plugin im Backend. Konfigurieren Sie die Einstellungen über *Optionen → flickrRSS*. Fügen Sie den Plugin-Befehl `<?php get_flickrrss(); ?>` in eines Ihrer Templates ein.

Damit das Plugin korrekt funktioniert, müssen Sie in den Optionen Ihre Flickr-User-ID angeben. Diese finden Sie heraus, indem Sie auf den Link *idGettr* im Menü *Optionen → flickrRSS* rechts neben dem Menüpunkt *User ID* klicken. Im folgenden Bildschirm müssen Sie Ihre Photostreamaddresse von Flickr eingeben. Diese finden Sie rechts auf der Homepage Ihres Flickr-Accounts unter *View as Slideshow*. Kopieren Sie einfach den Link zur Slideshow in das Eingabefeld und klicken Sie anschließend auf *Find*. *idGettr* gibt Ihnen dann Ihre ID aus, die Sie wiederum in die Plugin-Optionen einfügen. Über *Display* legen Sie anschließend fest, wie viele Bilder in welchem Format angezeigt werden sollen.

Wenn Sie Gebrauch von der Caching-Funktion des Plugins machen möchten, weisen Sie das Plugin unter *Cache Settings* an, in welchem Verzeichnis flickrRSS die Bilder ablegen soll. Diese Funktion beschleunigt den Aufbau Ihrer Website, da beim Laden der Bilder nicht auf den Flickr-Service zugegriffen werden muss.

Damit flickrRSS funktioniert, müssen Sie zum Schluss nur noch den Plugin-Befehl `<?php get_flickrrss(); ?>` in einem Ihrer Templates platzieren. Gewöhnlich nutzen Blogger dafür die Seitenleiste. Das dazugehörige Template heißt in der Regel *sidebar.php*. Um z.B. flickrRSS in das deutsche Kubrik-Template einzubauen, öffnen Sie die Datei *sidebar.php* mit einem einfachen Texteditor. Die Datei finden Sie im Order *wordpress/wp-content/themes/default_de/*. Fügen Sie den Plugin-Befehl `<?php get_flickrrss(); ?>` wie im Beispiel unten aufgeführt direkt nach dem Aufruf der Suchfunktion ein. Das installierte Plugin sieht dann beim Kubrik-Design wie in Abbildung 4-6 aus.

```
<div id="sidebar">
<ul>
    <li>
    <?php include (TEMPLATEPATH . '/searchform.php'); ?>
    </li>
<?php get_flickrrss(); ?>
```

Videos von YouTube einbinden

YouTube ist die weltweit größte und beliebteste Video-Community. Der Service ermöglicht das Hochladen eigener Videodateien, die anschließend entweder auf *www.youtube.com* angesehen oder mit Hilfe eines Flash-Players in die eigene Website integriert werden können. Um die eigenen Videoclips zum Laufen zu bringen, brauchen Sie lediglich einen kostenlosen YouTube-Account. Auf diesen Account laden Sie anschließend Ihre Videoclips hoch. Die Clips konvertiert YouTube im

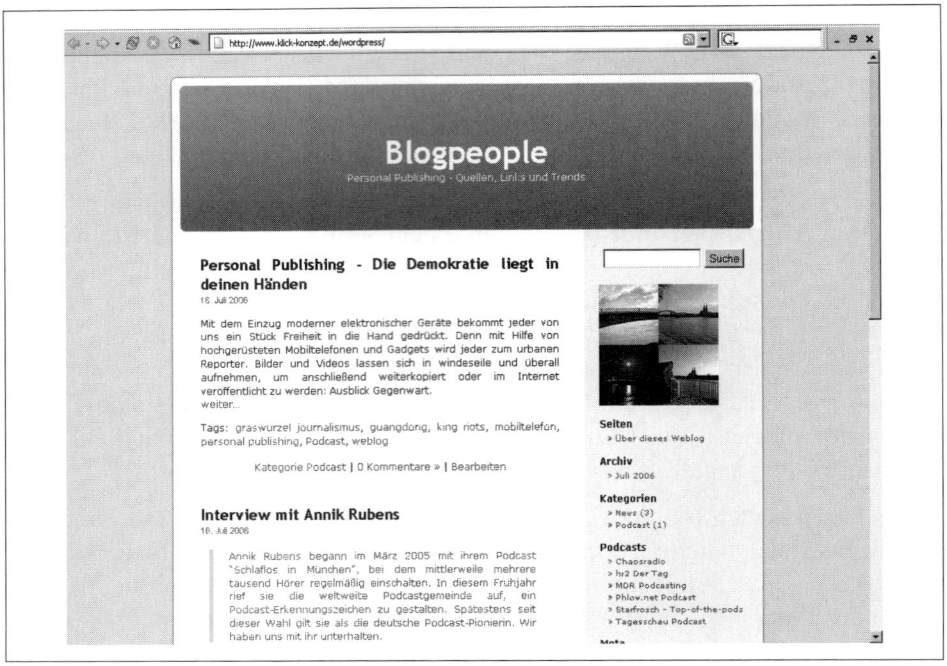

Abbildung 4-6: Das flickrRSS-Plugin baut die Bilder Ihres Flickr-Accounts selbstständig ein. Klicken Ihre Besucher auf eines der Bilder, gelangen Sie auf Ihre Flickr-Website.

nächsten Schritt automatisch, um diese über den werkseigenen Flash-Videoplayer abspielen zu können. Den jeweiligen HTML-Code für den Flash-Film finden Sie dabei immer auf der Webseite des fertigen Videoclips. Über simples Copy & Paste bauen Sie den Clip dann auf Ihrer Webseite ein oder kopieren ihn einfach in einen neuen Blog-Beitrag. Neben eigenen Videoclips können Sie sich auch am gesamten Videomaterial von YouTube bedienen, also auch fremde Videoclips auf Ihrem Weblog einbinden und zeigen.

§ Wie schon beim Einbinden fremder Bilder in eine Website gilt auch hier: Erst überprüfen, ob die Videoclips mit einer CC-Lizenz oder einer vergleichbaren Lizenz zur freien Benutzung versehen sind und ob sich die beabsichtigte Nutzung im Rahmen der Erlaubnis hält. Bei YouTube ist das allerdings fast immer der Fall. Näheres zum Urheberrecht finden Sie in Kapitel 19, *Urheberrecht*.

Videos hochladen

Um einen Videoclip hochladen zu können, muss er im Format AVI, MOV oder MPG vorliegen. Das sind die gebräuchlichsten Formate, die sicherlich auch von Ihrem Mobiltelefon oder Ihrer Digitalkamera unterstützt werden. Um ein Video auf der eigenen Seite zu veröffentlichen, gehen Sie wie folgt vor:

Um sich einen eigenen YouTube-Account zuzulegen, besuchen Sie die Website unter *www.youtube.com*. Klicken Sie anschließend rechts oben auf dem Bildschirm auf *Sign Up*. Geben Sie die erforderlichen Daten in die Felder ein. Um mit YouTube durchstarten zu können, brauchen Sie lediglich eine funktionierende E-Mail-Adresse. Haben Sie alle Felder ausgefüllt, klicken Sie im nächsten Schritt auf den *Sign Up*-Button. Nach der erfolgreichen Anmeldung präsentiert sich Ihnen die Benutzeroberfläche von YouTube. Klicken Sie nun auf Ihren Benutzernamen rechts oben. Bevor Sie Ihren ersten Videoclip hochladen können, müssen Sie noch den Link der YouTube-E-Mail aufrufen, um den eigenen Account zu bestätigen. Klicken Sie dann auf *Upload*. Im nächsten Schritt geben Sie Ihrem Clip einen Titel, eine Beschreibung und dazu passende Tags. Sortieren Sie den Clip in eine Kategorie ein und klicken Sie anschließend auf *Continue*. Suchen Sie Ihren Videoclip über *Browse* auf der Festplatte und starten Sie das Hochladen über den *Upload Video*-Button. Nach dem Upload übergibt Ihnen YouTube den HTML-Code. Diesen brauchen Sie nur noch in Ihre Webseite einzubauen, und der Videoclip kann von allen Besuchern gestartet werden.

Links mit del.icio.us verwalten

Der Favoritenmanager del.icio.us ist im wahrsten Sinne des Wortes delikat. Zwar sieht del.icio.us auf den ersten Blick recht unscheinbar aus, doch hinter dem Web 2.0-Service steckt eine Menge hilfreicher Werkzeuge. Allein die Tatsache, dass Sie mit del.icio.us jederzeit und überall Zugriff auf Ihre Lieblingslinks haben, ist schon hilfreich. Darüber hinaus lassen sich mit Gleichgesinnten Links tauschen, interessante Links recherchieren und per JavaScript so genannte Tag-Rolls in die eigene Website einbinden. Denn Links werden bei del.icio.us mit Tags verschlagwortet. Das unterstützt den Benutzer bei der Orientierung und der Suche und ermöglicht gleichzeitig das Austauschen von Links zu bestimmten Themen.

Tag-Rolls und Tag-Wolken

del.icio.us erlaubt das Einbinden der gesammelten Favoriten auf der eigenen Website. Das geschieht unkompliziert mit Hilfe eines JavaScripts. Dabei stehen zwei Varianten zur Verfügung: eine simple vertikale Liste mit den Links und eine so genannte *Tag-Wolke*. Die Tag-Wolke besteht dabei aus allen vergebenen Tags Ihres Accounts. Innerhalb der Wolke sind die Tags unterschiedlich groß, um zu zeigen, welche Tags Sie besonders oft für Links benutzt haben. In Abbildung 4-7 sehen Sie links eine solche Tag-Wolke, die ich in einen Eintrag meines Blogs eingebaut habe.

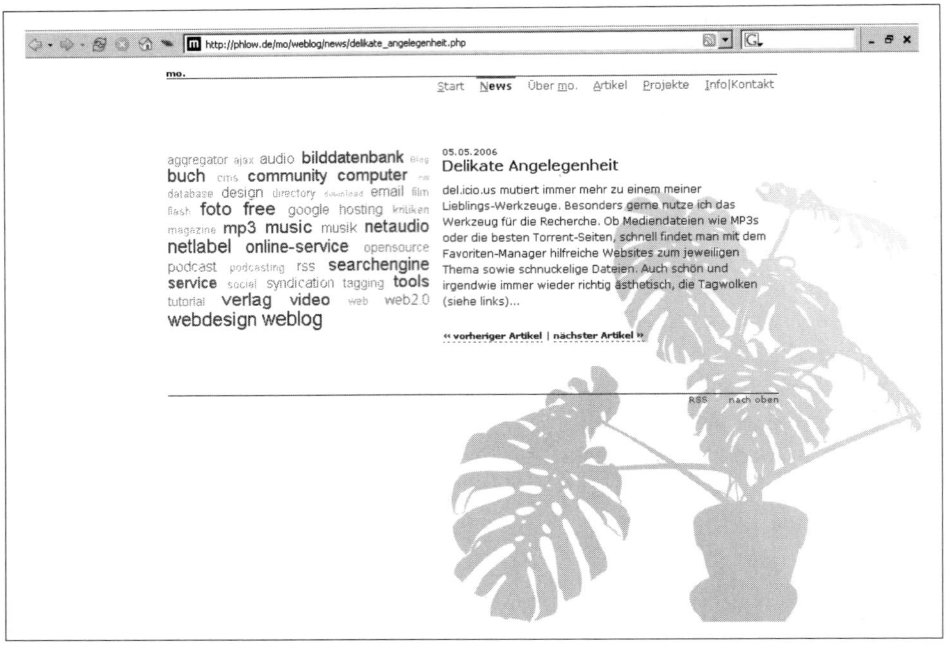

Abbildung 4-7: Ästhetisch und hilfreich: Der Favoritenmanager del.icio.us erlaubt das Einbinden von Tag-Wolken auf den Seiten des eigenen Weblogs per JavaScript.

Einen del.icio.us-Account anlegen

Wie bei allen Web 2.0-Diensten ist auch ein del.icio.us-Konto kostenlos. Ein eigenes Konto legen Sie sich unkompliziert in vier Schritten an:

Besuchen Sie die Website. Diese finden Sie unter der etwas ungewöhnlichen Adresse *http://del.icio.us/*. Um sich ein eigenes Konto anzulegen, reicht ein Klick auf *Register* oben rechts auf der Startseite.

Für einen eigenen Account benötigen Sie neben einem Benutzernamen lediglich Ihren Namen und eine funktionstüchtige E-Mail-Adresse. An diese Adresse schickt Ihnen del.icio.us eine Bestätigungs-E-Mail mit einem Link, den Sie für das Aktivieren Ihres neuen Kontos anklicken müssen. Um die Registrierung abzuschließen, müssen Sie noch die Zahlen und Buchstaben eingeben, die Sie im Captcha-Bild oberhalb des Felds *Please type these letters* sehen.

del.icio.us bietet Ihnen für das Pflegen Ihrer Favoriten entweder *Bookmarklets* oder eine Firefox-Extension. Ein Bookmarklet – auch Favelet genannt – ist ein kleines JavaScript, das als Favorit abgespeichert wird und so im Browser Verwendung findet. Das del.icio.us-Bookmarklet ziehen Sie am besten direkt in Ihre Linkleiste, damit Sie es jederzeit anwählen können, wenn Sie eine neue Website in Ihren del. icio.us-Account abspeichern wollen.

Nach erfolgreichem Abschluss der drei Schritte müssen Sie nur noch den Bestätigungslink der del.icio.us-E-Mail aufrufen. Ihre persönliche del.icio.us-Webseite können Sie nun über *http://del.icio.us/Ihr_Name* aufrufen oder über das abgespeicherte Bookmarklet.

Hilfreich beim Einbau von del.icio.us-Tag-Listen oder -Wolken ist die Tatsache, dass neu hinzugefügte Links automatisch auch auf Ihrer Website angezeigt werden. Um eine Tag-Roll zu erstellen, tippen Sie die folgende URL in die Adresszeile Ihres Browsers: *http://del.icio.us/help/tagrolls*. Damit der JavaScript-Generator funktioniert, müssen Sie eingeloggt sein. Spielen Sie so lange mit den Parametern herum, bis Sie mit dem Aussehen Ihrer Tag-Roll bzw. Tag-Wolke zufrieden sind. Kopieren Sie im nächsten Schritt den Code, den Sie im Feld *Copy and paste this code into your hypertext* finden, in Ihren Blog-Eintrag.

Wenn Sie z.B. eine Tag-Wolke auf allen Webseiten Ihres Blogs anzeigen lassen wollen, fügen Sie den Code in eines Ihrer Templates ein. Wie schon öfter erwähnt, eignet sich dafür besonders die Seitenleiste mit dem dazugehörigen *sidebar.php*-Template. Öffnen Sie dazu einfach das Template in einem Texteditor und platzieren Sie das Skript an der gewünschten Stelle.

Die Blog-Suchmaschine Technorati nutzen

Technorati.com ist die derzeit größte und bekannteste Suchmaschine, die Weblogs in Echtzeit auf dem Radar hat. Die Suchmaschine bietet zahlreiche Dienste und Suchfunktionen, um die Blogosphäre im Auge zu behalten. Sie als Blogger profitieren nicht nur von den Suchfunktionen, sondern können obendrein Ihr Weblog ankurbeln, indem Sie Technorati anpingen (siehe dazu den Abschnitt »Ping« in Kapitel *Das Weblog vernetzen*) und sich obendrein einen eigenen kostenlosen Account zulegen, um Ihr Weblog offiziell bei Technorati anzumelden.

Damit gehen Sie sicher, dass Ihre Einträge in der Suchmaschine gelistet werden und neugierige Leser auch auf Ihr Weblog stoßen. Um Ihr Weblog offiziell anzulegen, benötigen Sie ein eigenes Konto. Das legen Sie sich einfach über *www.technorati.com/signup/* an. Nachdem Sie Ihr eigenes Profil angelegt haben, müssen Sie Ihr Weblog anmelden. Klicken Sie dazu in der rechten Seitenleiste auf *Your Blogs*. Auf der folgenden Webseite suchen Sie das Feld *Claim a blog!*, und geben die URL zu Ihrem Weblog ein und klicken anschließend auf *Begin Claim*. Alternativ können Sie auch im Browser die URL *http://technorati.com/account/blogs/* aufrufen.

Als Nächstes verlangt Technorati von Ihnen das Platzieren eines Technorati-JavaScripts auf Ihrer Website. Dieses bauen Sie am besten in der Seitenleiste oder Fußzeile ein. Öffnen Sie dazu entweder das *footer.php*- oder *sidebar.php*-Template Ihres aktuellen Theme. Kopieren den Code in das Template und speichern Sie es ab. Öffnen Sie jetzt wieder das Browserfenster von Technorati und klicken Sie auf *Claim*

Blog Now. Der Technorati-Service checkt nun Ihr Weblog. Wurde das Skript gefunden, leitet Technorati Sie zur nächsten Webseite, auf der Sie eine Kurzbeschreibung Ihres Blogs, die Sprache und die wichtigsten Schlüsselbegriffe eingeben können (siehe Abbildung 4-8).

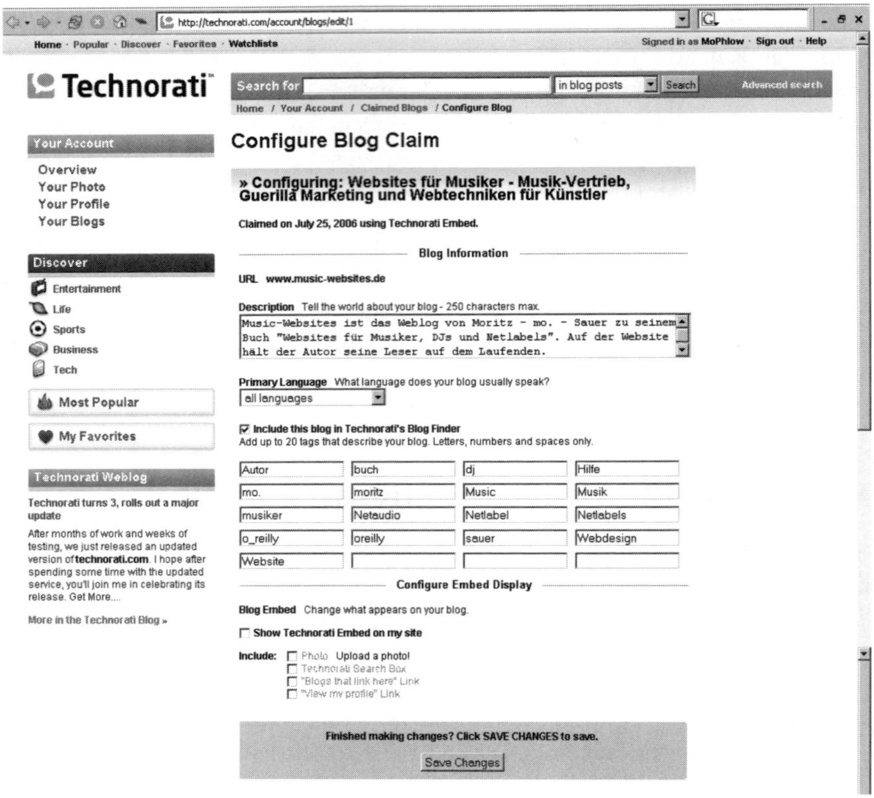

Abbildung 4-8: Melden Sie Ihr Weblog auf Technorati an. Das katapultiert Ihr Blog direkt in die große Welt der Blogosphäre.

Über *Show Technorati Embed on my site* steuern Sie die Anzeigefunktion des Technorati-JavaScripts. Wählen Sie die Funktionen, die das Skript in Ihr Weblog einbinden soll. Wurden alle Einstellungen vorgenommen, schließen Sie die Anmeldung mit einem letzten Klick auf *Save Changes* ab.

Artikel mit Technorati-Tags versehen

Eine weitere Möglichkeit, sich mit Technorati und der Blogosphäre zu vernetzen, ist der Einsatz von Technorati-Tags. Weiter oben, habe ich Ihnen bereits das WordPress-Plugin Ultimate Tag Warrior vorgestellt. Bei der richtigen Konfiguration generiert UTW Technorati-Tags automatisch aus Ihren mit dem Artikel abgespeicherten Schlüsselwörtern. Dazu müssen Sie über *Options* → *Tags* → *Configuration* entweder im Ausklappmenü *Primary Content Tags* oder *Secondary Content Tags* einen der Menüpunkte bezüglich Technorati wählen, z.B. *technoraticommalist*.

Trotzdem möchte ich Ihnen an dieser Stelle noch kurz die Syntax für Technorati-Tag-Links erläutern. Möchten Sie also einen Artikel mit einem Tag versehen, muss dieses lediglich per HTML-Befehl verlinkt werden. Wichtig bei der Verlinkung ist neben dem Link das Attribut `rel="tagname"`. Es teilt Technorati mit, dass es sich bei diesem Link um einen Tag-Link handelt. Wollen Sie z.B. Ihren Beitrag mit dem Begriff »Podcast« taggen, setzen Sie unter Ihren Beitrag einfach den folgenden Link:

```
<a href="http://technorati.com/tag/podcast" rel="tag">Podcast</a>
```

Möchten Sie zwei zusammenhängende Begriffe verschlagworten, dann verlangt Technorati ein Pluszeichen. So geben Sie an, dass es sich um eine Verkettung der beiden Begriffe handelt. Bei dem Tag für *Customer Service* sähe das wie folgt aus:

```
<a href="http://technorati.com/tag/Customer+Service" rel="tag">Customer Service</a>
```

Natürlich können Sie einen Beitrag auch mit mehreren Tags versehen. Das ist sogar sinnvoll. Setzen Sie einfach einen Link nach dem anderen. Vielleicht schreiben Sie vor die Tags noch »Technorati-Tags:« und lassen die Link-Liste folgen. Dadurch wissen Ihre Leser Bescheid und werden nicht von den Links verwirrt.

An dieser Stelle könnte ich nun weiter fortfahren und Ihnen zahlreiche Beispiele, Plugins und Services nennen, um das eigene Weblog noch besser und noch mehr auszubauen. So könnten Sie unter jedem Eintrag Abo-Links für Online-Reader wie Bloglines setzen. Oder Sie bauen mit Hilfe von *www.xiti.com* oder *www.blogcounter.de* einen Zähler ein, um genauere Daten über Ihre Leser und Seitenaufrufe zu bekommen, oder, oder, oder ... Die Möglichkeiten, die das Web Ihnen bietet, sind nahezu unendlich. Ich kann Ihnen nur empfehlen, sich auf anderen Blogs einmal umzuschauen. Zahlreiche Blogger stellen Anleitungen zum Ausbau der Funktionen von Weblogs, die sie selbst nutzen, zur Verfügung. Wenn Sie Spaß am Blog-Tuning haben, dann probieren Sie neue Services und Plugins einfach mal aus.

Teil 2: Podcasting

In diesem Kapitel:

- Geeignete Themen
- Das richtige Format

KAPITEL 5

Was ist Podcasting?

Podcasts sind Telenovelas für's Ohr.

Larissa Vassilian *aka* Annik Rubens

Ganz ähnlich wie der Beriff »Weblog« ist auch »Podcast« eine Wortneuschöpfung: Dieses Kunstwort setzt sich aus den Wörtern »iPod«, dem MP3-Player von Apple, und »broadcast«, dem englischen Wort für Sendung, zusammen. Podcasting gilt für viele als die neue Generation des Radios, denn man könnte es als eine Art zeitversetztes Radiohören bezeichnen. Beim Podcasting werden Sendungen nicht live übertragen, sondern sie liegen zum Download auf einem Server abrufbereit bereit. Auf diese Weise lassen sich einzelne Sendungen (auch *Episoden* genannt) problemlos downloaden und auf einen MP3-Player übertragen, so dass man sie immer In der Regel wird für Podcasts die MP3-Technik benutzt.

Der Vorteil gegenüber dem Radio liegt auf der Hand: Einen Podcast kann man nach dem Download nach Belieben vor- und zurückspulen oder einfach abbrechen, um zur nächsten Folge zu springen. Ein weiterer Vorteil ist die Tatsache, dass ein Podcast zu einem selbst bestimmten Zeitpunkt angehört werden kann – so oft man möchte. Dieser flexiblere Umgang unterscheidet Podcasting vom normalen Radio. Besonders wertvoll ist die Eigenschaft, dass man bei normalen Podcasts im Archiv zurückwandern kann. Gefällt einem z.B. die aktuelle Folge von »Schlaflos in München«, kann man sich auch die bereits zurückliegenden Beiträge anhören. Ein weiterer Vorteil gegenüber dem Radio bilden Nischensendungen. Wo im alltäglichen Radio Nachrichten aus Subkulturen und kleinen Szenen fehlen, ermöglichen Podcasts die Berichterstattung selbst aus den kleinsten Nischen. Kein Wunder also, dass man in der immer größer werdenden Podcast-Welt so gut wie jedes Thema findet.

Ein Podcast selbst ist dabei nichts anderes als ein RSS-Feed der Version 2.0. RSS ist ein auf XML basierendes Dateiformat für die Verbreitung von Webinhalten, auch »Syndication« oder auf Neudeutsch »Syndizierung« genannt. In der Regel transportieren RSS-Feeds Newsticker-Daten wie Artikelüberschrift, Anreißer und Link zum gesamten Artikel. Feeds werden meistens von News-Aggregatoren ausgelesen und für den Leser visuell aufbereitet (siehe Abbildung 5-1). RSS-Feeds lassen sich aber auch als Newsticker in die eigene Website einbauen. Zahlreiche Online-Services nutzen diese Möglichkeiten und bieten ihren Benutzern einen Service an, der RSS-Feeds in Form von Webseiten im Browser anzeigt. Mehr über News-Aggregatoren erfahren Sie im Abschnitt »Recherche im Internet« in Kapitel 9, *Die Online-Recherche*.

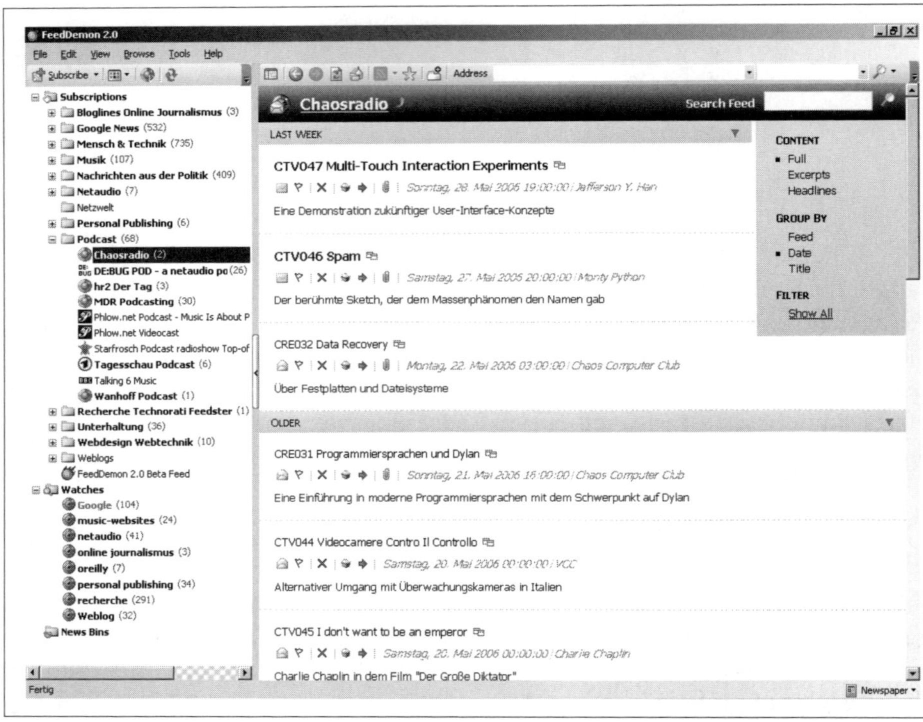

Abbildung 5-1: RSS-Feeds werden von News-Aggregatoren ausgelesen und leserlich aufbereitet – hier vom News-Aggregator FeedDemon.

Damit ein Podcast funktioniert, macht man sich das `<enclosure>`-Tag zunutze, das Dave Winer in seiner RSS 2.0-Spezifikation integriert hat. Mit Hilfe des `<enclosure>`-Tags können RSS-Feeds zusätzliche Links zu Medientypen wie Audiodaten, Videodaten oder Ähnlichem mitliefern. Auch wenn Podcasts in der Regel Links zu Audiodaten liefern, könnte ein Podcast z.B. auch als Abonnement für Videoclips dienen. In einem solchen Fall bezeichnet man dann den ursprünglichen Podcast als »Videocast«.

§ Der Begriff »Abonnement« im Zusammenhang mit Podcasts ist zuweilen etwas missverständlich. Natürlich handelt es sich hier nicht um ein Dauerschuldverhältnis wie etwa bei einem Zeitschriftenabonnement, das zu immer wiederkehrenden Zahlungen verpflichtet und mit einer bestimmten Frist gekündigt werden muss. Wer einen Podcast abonniert, erhält damit automatisch neue Episoden, schließt aber keinen Vertrag.

Um einen Podcast zu empfangen, benötigt der Benutzer eine Podcatcher-Software. Diese wertet den abonnierten RSS-Feed aus und lädt auf Wunsch automatisch die darin verlinkte Mediendatei aus dem Internet herunter. Die meisten Podcatcher greifen Besitzern von iPods unter die Arme und importieren die Audiodateien gleich nach iTunes, von wo aus sie auf den iPod kopiert werden können. Wie Sie einen Podcatcher installieren und nutzen, erfahren Sie im Abschnitt »Den eigenen Podcast per Podcatcher testen« in Kapitel 8, *Podcats verbreiten*.

Wie die meisten Weblog-Systeme generiert auch WordPress automatisch RSS-Feeds. WordPress eignet sich darum hervorragend dazu, eigene Podcasts zu veröffentlichen, da das Redaktionssystem den Benutzer unterstützt.

Podcasting eignet sich für die verschiedensten Zwecke. Die meisten Podcaster nutzen diese Technologie, um eigene Audiobeiträge zu produzieren und online zu verbreiten. Andere nutzen Podcasts für den reinen Vertrieb von MP3- oder anderen Mediendateien. So bietet z.B. der Schweizer Ur-Podcaster Markus Koller unter *www.starfrosch.ch* zahlreiche Podcast-Abos an, die legale Musik-Downloads nach Genres sortieren. Neben der eigenen Podcast-Sendung nutzt der Schweizer die Technik, um seinen Abonnenten Musik frei Haus zu liefern. Die Musik selbst stammt dabei meist von Netlabels, die die Werke ihrer Künstler frei zum Download anbieten. Die Starfrosch-Website versteht sich dabei als redaktioneller Filter.

Geeignete Themen

Die Anzahl möglicher Themen für einen Podcast ist unendlich. Vielleicht wussten Sie schon beim Kauf dieses Buchs, dass Sie einen Podcast zu einem bestimmten Thema ins Netz stellen wollen. Wenn Sie noch nicht so genau wissen, womit Sie sich in Ihrem Podcast beschäftigen wollen, sollten Sie sich vor Aufnahmebeginn ein paar Gedanken dazu machen. Selbstverständlich können Sie auch einfach drauflos reden und aus Ihrem Alltag berichten. Generell hilft jedoch eine thematische Ausrichtung bei der Produktion eines Podcasts. Dadurch konzentriert sich der Fokus auf ein Themengebiet und bietet einen Leitfaden für die Sendung(en). Ideen für das Format, die Recherche und die jeweiligen Hauptthemen der Sendung kommen dann oft von allein.

Als Themen eignen sich für einen Podcast vor allem die eigenen Fachgebiete und Hobbies, weil Sie sich in diesen Bereichen auskennen und kompetent sind. Das schlägt sich dann *wahrscheinlich* auch in einem spannenden Podcast nieder. Außerdem können Sie davon ausgehen, dass, wenn Sie etwas interessant finden, sich für eine solche Sendung auch Zuhörer finden. Sollten Sie immer noch ein wenig unschlüssig sein, lassen Sie sich am besten vom Radio oder Fernsehen inspirieren. Vielleicht gibt es ein Themenfeld, das Sie in einem anderen Licht darstellen möchten. Oder Sie hören sich einfach mal ein paar bereits im Netz wartende Podcasts an.

Das richtige Format

Das Format ist der unsichtbare Rahmen eines Podcasts. Wie man von Zeitungen einen bestimmten Aufbau eines Artikels mit Überschrift, Anreißer und Zwischenüberschriften gewöhnt ist, so erwartet man auch beim Radiohören gewisse Muster. Sie leiten uns durch die Sendung und bereiten uns auf die Elemente vor, die als Nächstes kommen. Allein durch den gewohnten Ablauf einer Sendung wissen oder ahnen Hörer, was sie erwartet. Dafür ist das Arrangement des Materials zuständig.

Die Tagesschau

Die Tagesschau ist ihrem Sendeformat seit Jahrzehnten treu. Im Vorspann zeigt eine Uhr die letzten Sekunden vor dem Start der Sendung, dann ertönt Punkt 20 Uhr der Gong, und der Nachrichtensprecher begrüßt uns sachlich und freundlich. Darauf folgen die Nachrichten nach Wichtigkeit geordnet, um nach ungefähr 14 Minuten vom Wetterbericht beendet zu werden. Nach dem Wetterbericht folgt zum Schluss die obligatorische Abmoderation. In dieser erwähnt der Sprecher noch kurz die Inhalte der später folgenden Tagesthemen-Sendung, und die Tagesschau endet mit der typischen »Taa-Taa-Taa-Taaaa«-Soundsignatur. Den Podcast der Tagesschau finden Sie übrigens unter *www.tagesschau.de/podcast/*.

Gerade, wenn sich ein Podcast mit heterogenen Themen beschäftigt, lässt sich mit Hilfe wiederkehrender Elemente Struktur in die Sendungen bringen. Ein gutes Beispiel dafür ist der Spreeblick-Podcast von Johnny Haeusler, den er selbst so charakterisiert: »Der Spreeblick-Podcast ist ziemlich anarchistisch, es passiert, was passiert, kaum geplant und selten großartig editiert. Es gibt ab und zu Themen, die man sich vorher als Stichpunkte aufgeschrieben hat, aber das ist das Höchstmaß an Planung.« Trotz aller Anarchie präsentiert sich dieser Podcast in einem gewohnten Radiogewand mit Anfangsmelodie, Einleitung, Hauptteil und Schluss. Außerdem bietet der Spreeblick-Podcast fast in jeder Folge ein Musikquiz zum Mitmachen und wird so durch die regelmäßig auftauchenden Elemente strukturiert.

Die Länge einer Episode

Wenn Sie sich Fragen zum Format stellen, sollten Sie sich auch die Frage der Dauer stellen. Im normalen Radio trauen die Stationen ihren Hörern nicht wirklich viel zu. Beiträge sind in der Regel nicht länger als 2 bis 5 Minuten. Diese Begrenzung liegt an der angeblich kurzen Aufmerksamkeitsspanne der Zuhörer. Gewiss, bei langatmigen Durststrecken schalten die Zuhörer auf Durchzug, aber wenn sie gefordert werden, bleiben Sie sicherlich länger am Ball. Podcasts selbst haben in der Regel eine Länge von 5 bis 60 Minuten, wobei längere Podcasts oft mit Musik aufgelockert werden.

Überlegen Sie sich also, ob Sie die Episoden Ihres Podcasts auf eine einheitliche Länge bringen wollen. Bereits eine solche formale Struktur hilft Ihren Hörern beim Erfassen der Sendung. Anhand einer »genormten« Zeitspanne können sie sich innerlich darauf einstellen, wie lang der Podcast dauert und wann er zu Ende ist.

> Wenn Sie planen, wie lang Ihr Podcast etwa werden soll, müssen Sie sich überlegen, wie viel Zeit Sie in die Produktion der Sendungen stecken können und wollen. Je länger Ihre Show dauert, desto mehr Zeit benötigen Sie für die Vor- und Nachbearbeitung.

Soundsignaturen – Intro, Outro und Einspieler

Zur Strukturierung einer Episode eignen sich auch so genannte *Soundsignaturen*. Damit sind Sound- oder Musikschnipsel gemeint, die immer wieder in Ihren Sendungen vorkommen. Besonders beliebt sind Intros und Outros, mit denen Episoden eröffnet bzw. beendet werden. Oft handelt es sich dabei um ein musikalisches Thema und das Nennen des Namens der Sendung. Dabei verwenden Podcasts sowohl für Intro als auch Outro das gleiche musikalische Thema, bei dem nur die An- und Abmoderation verschieden ist. Beim Intro Ihres Podcasts empfiehlt es sich, neben dem Namen auch das Thema der Sendung zu nennen. Das Intro bindet Ihre Hörer und macht sie neugierig. Dabei funktioniert das Intro ähnlich wie eine gute Überschrift plus Anreißer. Beim Outro sollten Sie sich für das Zuhören beim Publikum bedanken, Ihre Email für Feedback nennen und auch noch einmal die Adresse Ihrer Website. Neugierige neue Hörer finden dadurch Anschluss und können sich alte Sendungen von Ihrer Website nachträglich herunterladen.

Zahlreiche Podcaster nennen auch das Datum und die Nummer ihres Podcasts. Veröffentlichen Sie einen Podcast, der länger als fünf Minuten ist, lohnt sich auch eine kleine Inhaltsangabe, die eine Übersicht über die Themen der kommenden Sendung bietet. Beenden Sie Ihren Podcast mit einem Outro, nennen Sie am besten noch einmal den Namen des Podcasts, damit er sich im Gedächtnis des Hörers einbrennt. Dieses so genannte »Branding« hilft beim Aufbau einer eigenen Podcast-Marke.

Soundsignaturen können auch innerhalb eines Podcasts eingesetzt werden und bspw. den Wechsel zu einem neuen Aspekt oder einem anderen Thema ankündigen. Auch Interviews lassen sich gut mit ihnen strukturieren: Wird eine neue Frage gestellt oder ein neuer Themenkomplex angeschnitten, so setzt man mit einer Soundsignatur einen hörbaren Punkt. Gleichzeitig kündigt man den Wechsel an und hilft dadurch dem Hörer beim Verfolgen des Interviews.

Um Ihren Podcast aus der Masse herauszuheben, entwickeln Sie am besten eigene Elemente, die dazu dienen, Ihrer Show das gewisse Etwas zu geben. Neben eigenen Einspielern, kann das unter anderem ein einprägsamer Slogan sein. So lautet z.B. der Slogan des »digital Phlow«-Podcasts, den ich gemeinsam mit Marcel Kamps 2005 gestartet habe »Hören, Fühlen, Runterladen!« Doch nicht nur Soundsignaturen und Einspieler grenzen einen Podcast von anderen ab, sondern auch Elemente wie Ratespiele oder eine spezielle Themenrubrik. Je kreativer Sie den Podcast gestalten, desto begeisterter werden Ihre Hörer sein.

Probieren Sie es aus

Nachdem Sie sich ein paar Gedanken über Ihren Podcast gemacht haben, sollten Sie sich einfach an Ihrer ersten Podcast-Episode versuchen. Oft kommen einem gute Ideen erst in den Sinn, nachdem man einen Podcast aufgenommen und ins Netz gestellt hat. Da kann es auch vorkommen, dass Sie nach Ihrer dritten Episode das Konzept vollkommen über Bord werfen und noch einmal von vorn anfangen. Das Prinzip »Versuch macht klug« ist in diesem Fall sehr hilfreich. Bemühen Sie sich nicht darum, alles von Beginn an perfekt zu moderieren und aufzunehmen. Schließlich soll die Produktion des eigenen Podcasts Spaß machen, und glücklicherweise sitzt Ihnen kein Intendant im Nacken – der Programmchef sind Sie.

Manchmal helfen Ihnen bei der Verbesserung und thematischen Ausrichtung auch Ihre Zuhörer. Darum koppeln Sie einen Podcast am besten mit einem Weblog. Mit Hilfe der Kommentarfunktion können Ihnen die Zuhörer Rückmeldung hinterlassen. Außerdem unterstützt Sie ein Weblog-Redaktionssystem beim Pflegen der Inhalte und nimmt Ihnen Arbeit ab. Das in diesem Buch vorgestellte Weblog-System WordPress eignet sich hervorragend dafür.

Versuchen Sie, bei der Aufnahme möglichst natürlich und locker zu bleiben. Sprechen Sie in das Mikrofon, wie Sie sonst sprechen. Richtig gut wird ein Podcast unter anderem dann, wenn er nicht gekünstelt oder gestelzt klingt. Versuchen Sie vielleicht schon beim ersten Mal, ein wenig langsamer als sonst zu sprechen. Das erhöht die Verständlichkeit.

Wenn Sie Sprechfehler machen, ignorieren Sie sie einfach und sprechen die jeweiligen Worte und Sätze erneut. Vermeiden Sie es, sich bei solchen Gelegenheiten zu entschuldigen. Das lenkt die Aufmerksamkeit nur noch mehr auf die jeweiligen Versprecher. Meistens haben Ihre Zuhörer den Sprechfehler schon drei Sätze später wieder vergessen, wenn sie gespannt Ihren Ausführungen folgen. Haben Sie für Ihre erste Sendung sogar ein Manuskript verfasst, das Sie im Podcast vorlesen, können Sie nach Sprechfehlern eine kurze Pause machen und danach den ganzen Satz wiederholen. Mit Hilfe des Audio-Editors können Sie nachträglich sämtliche Versprecher herausschneiden.

In diesem Kapitel:

- Ein geeigneter Raum für die Aufnahme
- Eine solide Soundkarte
- Das richtige Mikrofon
- Equipment für Fortgeschrittene
- Verkabelung
- Audio-Editoren
- Webspace

KAPITEL 6

Was man für einen Podcast braucht

Um einen Podcast zu fabrizieren, braucht man nicht viel. Neben dem obligatorischen Computer mit Soundkarte für die Aufnahme ist ein Mikrofon notwendig. Dabei kann es sich auch um ein preiswertes Headset handeln. Außerdem brauchen Sie einen geeigneten Audio-Editor, der Sie bei der Aufnahme und dem Erstellen der MP3-Dateien unterstützt. Im Podcast-Bereich hat sich im Besonderen der frei erhältliche Open Source-Editor Audacity durchgesetzt. Dieses Programm, das für Windows, Mac und Linux erhältlich ist, ermöglicht nicht nur die einfache Aufnahme, sondern auch das Schneiden und Arrangieren einer Sendung auf mehreren Spuren. Audacity bewerkstelligt obendrein den direkten Export der Aufnahme als MP3-Datei. Somit benötigen Sie noch nicht einmal einen MP3-Enkodierer. Zum Schluss brauchen Sie nur noch Webspace, um den Podcast samt RSS-Feed online zur Verfügung zu stellen.

Für die Aufnahme und die Produktion eines Podcasts spielen somit die folgenden Elemente eine wichtige Rolle (siehe auch Abbildung 6-1).

Ein geeigneter Raum für die Aufnahme

Bei der Wahl des geeigneten Raums für die Aufnahme eines Podcasts gilt: Je weniger Hall und Nebengeräusche, desto besser. Denn ein klarer Klang ohne Hall und Rauschen erhöht den Hörgenuss und hat keine ablenkenden Elemente. Bei einer guten und klaren Aufnahme können Sie den Podcast bei Bedarf durch Effekte und Hall weiter veredeln. Achten Sie deswegen darauf, dass sich im Raum keine Geräte wie Kühlschränke befinden und dass die Fenster geschlossen und alle potenziellen Störquellen ausgeschaltet sind.

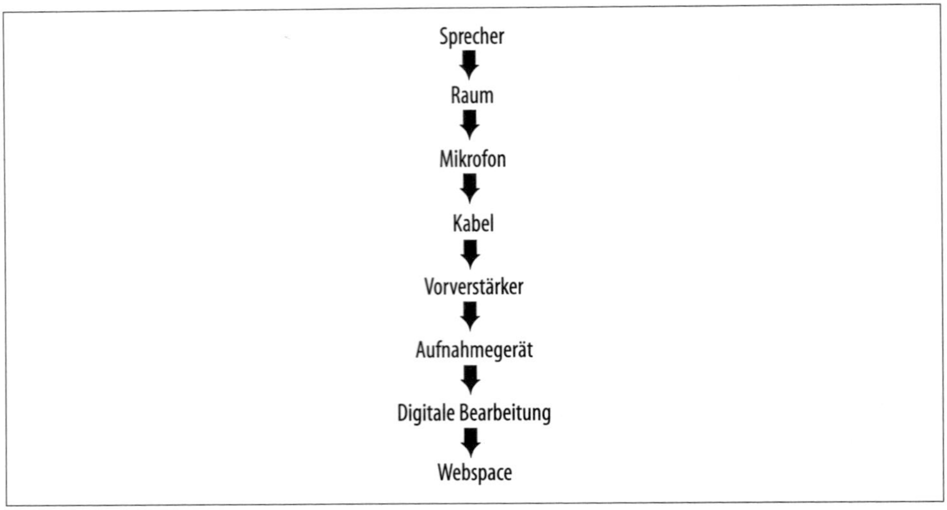

Abbildung 6-1: Elemente bei der Aufnahme eines Podcasts

In der Regel bilden Schlaf- oder Wohnzimmer die besten Aufnahmeräume. Denn hier befinden sich weiche Oberflächen wie Schall schluckende Polstermöbel, Decken, Teppiche und Bücherregale. Generell eignen sich Räume mit harten Oberflächen wie Fliesen oder Steinfussböden weniger, da sie durch die Reflexionen die Raumakustik stark beeinflussen. Sind Sie sich nicht sicher, welcher Ihrer Räume sich am besten eignet, machen Sie einfach ein paar Probeaufnahmen, um die Hallverhältnisse herauszufinden.

Sie können aber auch aktiv auf die Akustik Einfluss nehmen, indem Sie Garderobenständer oder aufgehängte Wolldecken um den Aufnahmeplatz herum platzieren. Wer es besonders professionell mag, der besorgt sich Akustik-Schaumstoffmatten. Diese Waffelplatten bietet z.B. die Firma illbruck acoustic unter *www.illbruck-acoustic.de*. Da es sich dabei um professionelles Material handelt, ist die Anschaffung nicht ganz billig.

Eine solide Soundkarte

Mittlerweile verfügt fast jeder Computer über eine Soundkarte. Standardmäßig werden Rechner heute mit zwei Line-Eingängen und einem Line-Ausgang ausgestattet. Bei den zwei Audioeingängen handelt es sich im besten Fall um einen Line-Eingang und einen eigenen Mikrofoneingang. Wie Sie im Abschnitt »Das richtige Mikrofon« weiter unten in diesem Kapitel erfahren werden, ist ein gesonderter Mikrofoneingang wichtig, da die Mikrofone meist einen zusätzlichen Vorverstärker benötigen. Leider sind die meisten Mikrofoneingänge bei On-board-Soundkarten nicht von guter Qualität. Besser ist es, die Mikrofonaufnahme per Line-Eingang aufzunehmen.

Line-Eingang und -Ausgang werden oft auch als *Line-in* bzw. *Line-out* bezeichnet. Bei Computern handelt es sich bei der Steckverbindung für Audiosignale in der Regel um einen Eingang für Miniklinkenstecker, wie Sie sie von tragbaren MP3-Playern für den Kopfhöreranschluss kennen. Externe Soundkarten benutzen oft die größere Version der Klinkenstecker. Weiterhin kommt auch die Steckverbindung Cinch zum Einsatz. Je nach Sachlage müssen Sie gegebenenfalls Adapter für Steckverbindungen im Fachhandel kaufen, um Ihre Geräte miteinander zu verbinden.

Da es sich bei internen Soundkarten in der Regel nicht um HiFi-Soundkarten handelt, sollten Sie sich, wenn Sie Podcasting ernsthaft und dauerhaft betreiben wollen, fragen, ob Sie nicht in eine interne oder externe Soundkarte mit mehreren Kanälen und besserer Aufnahmequalität investieren sollten. Mehrere Aufnahmekanäle erlauben Ihnen das gleichzeitige Einspielen weiterer Klangquellen, so dass Sie bspw. CD- oder LP-Tracks als Hintergrundsound einsetzen können. Oder wenn Sie eine Sendung mit mehreren Sprechern aufnehmen, können Sie jedem Sprecher ein Mikrofon zur Verfügung stellen und ihn so auf einer eigenen Tonspur aufnehmen. Das verbessert die Qualität der Aufnahme deutlich.

Die Aufnahme mit Kopfhörern abhören

Während der Aufnahme hören Sie diese am besten über Kopfhörer mit. Dadurch verhindern Sie eine Rückkopplung des Mikrofons und vermeiden eine unnötige Soundkulisse. Außerdem hören Sie direkt das Gesamtergebnis und bemerken, wenn nicht aufgenommen wird. Denn in einem solchen Fall bleiben die Kopfhörer still.

Wenn Sie ein Headset für die Aufnahme benutzen, ist ihr Line-Ausgang sicherlich für die Kopfhörer des Sets reserviert. Besonders eignen sich für Aufnahmen so genannte geschlossene Kopfhörer. Geschlossene Kopfhörer lassen kaum Schall nach außen dringen, der vom Mikrofon aufgenommen werden könnte. Für geschlossene Kopfhörer sollten Sie sich in Musikfachgeschäften einmal in der DJ-Abteilung umschauen. Die preiswertesten geschlossenen Kopfhörer gibt es schon ab 20 Euro. Achten Sie bei der Wahl eines Kopfhörers neben einem guten Klang auch auf einen angenehmen Tragekomfort. Schließlich haben Sie den Kopfhörer während der ganzen Sendung auf.

Als DJ habe ich mich vor Jahren für den heute ca. 150 Euro teuren Sennheiser Kopfhörer HD 25 entschieden (siehe Abbildung 6-2). Neben einer robusten Konstruktion und einer geschlossenen Bauweise, die sehr gut die Außengeräusche abdämmt, versorgt mich der Kopfhörer seit Jahren mit satten Bässen und einem exzellenten Frequenzumfang. Einziger Nachteil des Klassikers unter den Kopfhörern ist gleichzeitig sein Vorteil: Der HD 25 drückt die Hörer ordentlich auf die Ohren, um den Schall zu isolieren. Dadurch vermindert sich der Tragekomfort. Praktisch sind dafür jedoch die seitlich wegklappbaren Bügel.

Abbildung 6-2: Exzellenter Klang, wenig Umgebungsgeräusche: Der geschlossene Sennheiser Kopfhörer HD 25 eignet sich nicht nur für DJs, sondern auch für die Aufnahme eines Podcasts.

Das richtige Mikrofon

Um einen wohlklingenden Podcast zu produzieren, ist von der Verwendung eines Headsets abzuraten. Headsets sind zwar praktisch fürs Podcasting unterwegs, aber sie rauschen stark und die Mikrofone nehmen nur ein beschränktes Klangspektrum auf, da sie für die Internettelefonie konzipiert wurden. Kein Wunder also, dass Aufnahmen mit Headsets in der Regel »wie aus der Dose« klingen. Für die ersten Schritte und einen ersten Probe-Podcast reicht dieses preiswerte System jedoch aus.

Sind Sie sich sicher, dass Sie fortan richtig podcasten wollen, empfiehlt sich für die Aufnahme von Sprache und Geräuschen die Anschaffung eines leistungsfähigen Mikrofons. Für den Mikrofoneinsatz bei Podcasts kommen vor allem zwei Mikrofontypen wegen ihrer nierenförmigen Richtcharakteristik in Frage: dynamische Mikrofone und Kondensatormikrofone. Diese Mikrofone sind für den Schall von vorn empfindlicher als für den von hinten.

Dynamische Mikrofone

Dynamische Mikrofone finden hauptsächlich im Live-Bereich Anwendung. Dieser robuste Mikrofontyp eignet sich für den Außeneinsatz, weil er eine rauere Behandlung verkraftet. Außerdem sind dynamische Mikrofone nicht so schallempfindlich wie Kondensatormikrofone und eignen sich daher besser für den Einsatz in einer lauten Umgebung, wie z.B. auf Konzertbühnen oder für die Moderation einer Podiumsdiskussion. Dynamische Mikrofone erhalten Sie im Fachhandel bereits ab 60 Euro.

Kondensatormikrofone

Im Gegensatz zu dynamischen Mikrofonen greifen Toningenieure im Studio meist auf die empfindlicheren Kondensatormikrofone zurück. Kondensatormikrofone folgen feinen Änderungen des Schalldrucks und liefern neben einem lauteren Output einen breiteren und differenzierteren Klang. Angesichts der Empfindlichkeit solcher Mikrofone gehen diese auch schneller kaputt, wenn man sie fallen lässt. Darum kaufen Sie zusätzlich zu einem Kondensatormikrofon am besten direkt einen Ständer. Die Halterung für das Kondensatormikrofon, auch »Spinne« genannt, liefern die meisten Hersteller zusammen mit dem Mikrofon. Die Spinne wird dann an das Stativ geschraubt.

Damit Kondensatormikrofone funktionieren, benötigen sie eine eigene Phantomspeisung. Diese wird entweder über ein Mischpult oder einen Mikrofonvorverstärker geliefert oder ist schon im Mikrofon eingebaut (das dann zum Betrieb eine Batterie benötigt). Da das Signal von Mikrofonen generell recht schwach ist, werden Sie einen externen Vorverstärker oder ein Mischpult benötigen (siehe dazu den Abschnitt »Equipment für Fortgeschrittene« weiter unten in diesem Kapitel). Ordentliche Kondensatormikrofone erhalten Sie bereits ab 25 Euro. Möchten Sie lieber auf namhafte Hersteller zurückgreifen, dann probieren Sie doch das AKG C1000S. Zahlreiche Journalisten schwören darauf.

Neben normalen Mikrofonen gibt es auch USB-Mikrofone, die man direkt an den eigenen PC anschließen kann. USB-Mikrofone gibt es hierbei entweder als dynmisches Mikrofon oder als Kondensatormikrofon. Diese Art von Mikrofonen haben jedoch einen grundsätzlichen Nachteil: Ihnen fehlt die Möglichkeit zum Vorhören. Außerdem lassen sich solche Mikrofone nicht an ein externes Mischpult anschließen. Zwei solche Mikrofone bietet die Firma Samson Audio an. Neben dem dynamischen Q1U für ca. 50 Euro bietet die Firma auch ein Kondensatormikrofon für ca. 80 Euro, das C01U.

Mikrofonständer für freie Hände

Wenn Sie öfter podcasten und an Stelle eines Headsets ein separates Mikrofon nutzen, kommen Sie um die Anschaffung eines Mikrofonständers nicht herum. Der hat gleich zwei Vorteile: Auf der einen Seite müssen Sie nicht während der gesamten Aufnahme das Mikrofon in der Hand halten und zweitens reduzieren sich bei einem fest installierten Mikrofon Nebengeräusche. Diese entstehen unweigerlich, wenn Sie das Mikrofon während der ganzen Session in der Hand halten. Kleine, einfache Tischstative gibt es im Fachhandel bereits ab 15 Euro. Vielleicht entscheiden Sie sich aber auch für einen noblen gefederten Mikrofonarm, der Ihnen freien Blick auf Ihre Notizen gewährt. Wie bei allen technischen Geräten herrscht auch hier ein großes Angebot, das lediglich durch Ihren Geldbeutel begrenzt wird.

Poppschutz und Reflektionsfilter

Gegen die so genannten *Plosive* wie das P ist kein Mikrofon gewappnet. Um diese Laute in ihrer Wirkung zu reduzieren, hilft Ihnen am besten ein Poppschutz (auch Poppfilter oder Poppkiller genannt). Dieser besteht in der Regel aus einem aufgesetzten Schaumstofffilter oder einem ringförmigen Rahmen, der mit einem Nylongewebe bespannt ist. Um sich einen Poppschutz gegen unerwünschte Laute zuzulegen, gibt es zwei Möglichkeiten. Entweder Sie basteln sich selbst einen oder Sie kaufen einen im Fachhandel. Preiswerte Poppfilter mit schwenkbarem Schwanenhals plus Klemme gibt es schon ab 25 Euro. Gehören Sie eher zu den Tüftlern, sollten Sie sich einmal die beiden Bastelanleitungen unter *www.jakeludington.com/project_studio/20050321_build_your_own_microphone_pop_screen.html* und *www.deansabatino.com/2005/08/21/67* anschauen. Die Anleitungen zeigen Ihnen, wie Sie für ein paar Euro einen eigenen Poppschutz basteln.

Noch edlere Aufnahmen zaubern Sie mit einem Reflektionsfilter, der die Raumeinflüsse bei Mikrofonaufnahmen stark reduziert. Den transportablen Schallabsorbierer können Sie auch unterwegs benutzen, um einen reduzierten Raumklang und eine trockene Stimmaufnahme zu erreichen. Beim Einsatz wird der Reflektionsfilter wie eine Wand hinter dem Mikrofon positioniert. Der Reflektionsfilter ist überall dann besonders wertvoll, wenn es sich nicht um einen perfekten Aufnahmeraum handelt. Einen solchen anschraubbaren Filter bietet die Firma SE. Leider ist die Anschaffung mit ca. 290 Euro nicht gerade preiswert.

Equipment für Fortgeschrittene

Für den Spreeblick-Podcast kommt ein portabler MP3-Rekorder von M-Audio zum Einsatz, der viel zu teuer ist und über ein furchtbares Interface verfügt, aber gute Qualität liefert. Geschnitten wird in Garageband auf dem Mac. Mehr braucht man nicht. Auch mit einem billigen MP3-Player, der ein eingebautes Mikro hat, kann man podcasten, und kostenlose Schnittprogramme gibt es auf jedem Betriebssystem.

Johnny Haeusler von *www.spreeblick.de*

Wen das Podcasting-Fieber gepackt hat, der kommt um die Anschaffung einer guten Soundkarte, eines Mischpults und eines externen Aufnahmegeräts für Außenaufnahmen wie bspw. Interviews nicht herum. Auch hier gibt es wieder zahlreiche mögliche Setups, die sich preislich und qualitativ stark unterscheiden.

Soundkarten

Wie bereits erwähnt, können Sie mit einer hochwertigen Soundkarte eine deutlich bessere Aufnahmequalität erreichen. Beliebt unter den externen Soundkarten ist die US-122 von Tascam. Die mit einem USB-Interface ausgestattete Soundkarte bietet sehr gut klingende Mikrofonverstärker mit Phantomspeisung, zwei Line-in-Eingänge sowie einen Kopfhörerausgang. Die Phantomspeisung, die bei Mischpulten eingebaut ist, benötigen Sie für den Einsatz von Kondensatormikrofonen. Sie versorgt das Kondensatormikrofon mit der nötigen Stromspannung für die Aufnahme. Der Input lässt sich direkt per Drehregler regulieren. Obendrein bietet die US-122 jeweils MIDI in und out. Das ermöglicht das Einbinden eines MIDI-Controllers, der weitere Software wie virtuelle DJ-Mixer oder eine Mischsoftware wie Live von Ableton ansteuert. Die Karte kostet ca. 160 Euro.

Mischpulte

Da Mikrofone generell einen schwachen Output haben, muss das Signal verstärkt werden, damit es in ausreichend lauter Qualität am Line-Eingang der Soundkarte ankommt. Dafür benötigen Sie einen Vorverstärker, den Sie als kleines externes Gerät kaufen können, oder Sie benutzen ein Mischpult, das mit Mikrofoneingängen und somit auch einem eigenen Mikrofonverstärker ausgestattet ist. Der Vorteil eines Mischpults ist, dass Sie zusätzlich das Mikrofonsignal mit einem Equalizer bearbeiten können. Dadurch verbessern Sie die Aufnahme bereits im Vorfeld über das direkte »Tuning« des Signals. Je nach Größe bietet ein Mischpult auch mehrere Mikrofoneingänge. Nehmen Sie einen Podcast mit zwei Mikrofonen auf, so benötigen Sie bei einem Mischpult mit mehreren Kanälen keinen weiteren externen Vorverstärker.

Auch bei Mischpulten gibt es zahlreiche Möglichkeiten und Modelle. An Stelle einer Soundkarte können Sie sich auch ein externes FireWire-Mischpult kaufen, das die Soundkarte ersetzt. So bietet die Firma Phonic mit dem Helixboard 12 FW für ca. 360 Euro ein Mischpult an, das neben vier Mikrofoneingängen zwei Stereo-Line-Eingänge für weitere Soundquellen bietet. Ein ähnliches, jedoch höherwertiges und dementsprechend teureres Mischpult bietet die amerikanische Firma Mackie mit dem Onyx 1220 (siehe Abbildung 6-3). Das Mischpult (ca. 550 Euro) lässt sich mit Hilfe einer FireWire-Karte aufrüsten, um an den PC oder Mac angeschlossen zu werden. Die FireWire-Karte kostet ca. 450 Euro. Neben mehr Kanälen bietet das Mischpult im Gegensatz zum Helixboard 12 FW richtige Schieberegler.

Abbildung 6-3: Ersatz für die Soundkarte bieten Ihnen FireWire-Mischpulte wie das Onyx 1220 von Mackie, die mit einem exzellenten Klang und vielfältigen technischen Möglichkeiten bestechen.

Die Anschaffung eines solchen Mischpults ist aber nicht notwendig, wenn Sie allein Podcasting betreiben. Um externe Klangquellen und ein Mikrofon aufzunehmen, reicht in der Regel auch ein kleiner DJ-Mixer. An diesen können Sie nicht nur Mikrofon und CD-Spieler anschließen, sondern auch Plattenspieler, die einen eigenen Phono-Eingang benötigen. Einen Kreikanal-DJ-Mixer mit Mikrofoneingang wie bspw. den Numark DM 2050 erhalten Sie schon ab 100 Euro. Bedenken Sie dabei jedoch, das solche Billig-Mixer in der Klangqualität mit einem der oben vorgestellten FireWire-Mischpulte nicht mithalten können.

Weniger komfortabel aber durchaus brauchbar sind die beiden Minimischpulte XENYX 502 von Behringer und Mix.50 von Tapco/Mackie. Die beiden Geräte sind baugleich und kosten zwischen 45 und 55 Euro. Sie haben einen Mikrofon- sowie zwei weitere Stereo-Eingänge. Für das Mikrofon steht ein Equalizer für die Höhen und Tiefen zur Verfügung. Brauchen Sie mehr Eingänge, so bietet die Mischpultserie von Tapco/Mackie weitere Modelle mit mehr Eingängen und Funktionen.

Externe Aufnahmegeräte

Bei Aufnahmen eines Podcasts kann der eigene Computer durch das Rauschen des Lüfters eine deutliche Störquelle sein, die eliminiert werden muss. Dafür gibt es zwei Möglichkeiten: Entweder Sie sorgen dafür, dass Ihr Computer gar nicht oder wenig zu hören ist (indem Sie ihn in einen anderen Raum verfrachten oder ihm einen ultraleisen Lüfter verpassen), oder Sie nehmen Ihren Podcast fern von Ihrem Rechner mit einem Minidisc- oder MP3-Recorder auf. Der Nachteil bei einer Minidisc-Aufnahme liegt auf der Hand: Nach der Aufnahme, muss diese erst noch in den Computer überspielt werden. Das Überspielen dauert dabei noch einmal genauso lang wie die eigentliche Podcast-Aufnahme. Dafür jedoch dürfte die Qualität hervorragend sein.

Komfortabler ist die Arbeit mit einem MP3-Recorder. Nach der Aufnahme muss diese nur noch auf den Rechner gezogen werden. Wenn bei der Aufnahme eines Podcasts ein MP3-Recorder zum Einsatz kommt, muss das Signal in der höchstmöglichen Qualität aufgenommen werden – im besten Fall sogar in einem verlustfreien Format, das das Signal nicht komprimiert (z.B. WAV). Denn der Komfort eines MP3-Recorders ist gleichzeitig sein Nachteil: Soll die Aufnahme nachträglich bearbeitet werden, muss aus einem bereits komprimierten MP3 eine WAV-Datei erstellt werden. Nach der Bearbeitung wird das Signal dann erneut komprimiert.

Behalten Sie immer im Hinterkopf, dass beim Erstellen einer MP3-Datei zwangsweise Daten verloren gehen, da es sich um eine verlustbehaftete Kompression handelt. Wird ein Signal, das in seiner ursprünglichen Form als unkomprimiertes WAV vorlag, als MP3 enkodiert und danach wieder dekodiert, gehen definitiv Daten, sprich Soundqualität, verloren. Um diesem Verlust entgegenzuwirken, sollten Sie darum die höchste mögliche Aufnahmequalität verwenden.

Abgesehen von den erwähnten möglichen Nachteilen ist aber ein Aspekt bei Minidisc- und MP3-Recordern unschlagbar: die Möglichkeit des Außeneinsatzes. Je nach Format Ihres Podcasts wollen Sie vielleicht auch Interviews mit anderen Menschen machen. Weiterhin können Sie mit Hilfe eines kleinen externen Geräts auch Außengeräusche für die Untermalung Ihres Podcasts aufnehmen. Achten Sie bei der Anschaffung eines externen Geräts darauf, dass es einen eigenen oder umschaltbaren Mikrofoneingang mit internem Vorverstärker bietet. Ansonsten wird Ihr Mikrofonsignal nicht hörbar sein. Besitzen Sie bereits einen Rekorder, der jedoch nur über einen Line-Eingang verfügt, kommen Sie um die Anschaffung eines kleinen Vorverstärkers nicht herum.

Verkabelung

Vor der ersten Aufnahme müssen Sie natürlich Ihre Geräte verkabeln. Die Verkabelung gestaltet sich unterschiedlich schwierig, je nachdem welches Equipment Sie verwenden. Es empfiehlt sich, bei der Verkabelung systematisch vorzugehen. Arbeiten Sie z.B. mit einem Mikrofon, einem Mischpult und einem Kopfhörer, sollten Sie als Erstes die Sound-Quelle (in diesem Fall das Mikrofon) mit dem ausgeschalteten Mischpult verbinden. Achten Sie darauf, dass alle Regler auf null gestellt sind. Anschließend stecken Sie die Kopfhörer in die richtige Eingangsbuchse des Mischpults und setzen sie auf. Schalten Sie das Mikrofon und das Mischpult an und sprechen Sie in das Mikrofon. Ziehen Sie die jeweiligen Lautstärkeregler für den Mikrofonkanal und die Kopfhörerlautstärke langsam hoch. Achten Sie dabei darauf, ob die Pegelanzeige ausschlägt. Funktioniert alles und Sie können sich über die Kopfhörer hören, verbinden Sie in einem letzten Schritt das Mischpult mit dem Line-Eingang der Soundkarte. Um eine unnötige Rückkopplung zu vermeiden, lassen Sie am besten die Lautsprecherboxen ausgeschaltet. Öffnen Sie anschließend Ihre Audiosoftware – in unserem Falle Audacity – und überprüfen Sie über die Recording-Funktion, ob das Signal am Computer ankommt.

Für die Verkabelung von Kondensatormikrofonen sollten Sie unbedingt darauf achten, ein dreiadriges (auch *symmetrisch* genanntes) XLR-Kabel zu verwenden. Nur symmetrische Verbindungen versorgen diesen Mikrofontyp mit der nötigen Betriebsspannung bzw. Phantomspeisung. Dynamische Mikrofone brauchen zwar keine Betriebsspannung, aber symmetrische Zuleitungen sind bei allen Mikrofon-Typen üblich, da sie optimale Aufnahmen ermöglichen und die Mikrofone auf diesen Kabeltyp ausgelegt sind.

Haben Sie sämtliche Geräte richtig mit der Soundkarte verkabelt, kann es losgehen. Damit die Aufnahme gelingt, sollten alle erforderlichen Lautstärkeregler des Computers auf das Maximum gezogen werden. Bei einem Windows-Betriebssystem klickt man dafür in der Taskleiste auf das Lautsprechersymbol. In Audacity müssen Sie anschließend noch den Eingangspegel für die Aufnahme aussteuern. Damit die Sprachaufnahme nicht verzerrt klingt, muss sie ausgepegelt werden. Das bewerkstelligen Sie mit Hilfe der oberen Schieberegler (siehe Abbildung 6-4). Um die optimalen Einstellungen zu erreichen (die abhängig von Soundkarte und Mikrofon sind), sollten mehrere »Takes« aufgenommen werden. Achten Sie darauf, dass die Pegelanzeige nicht in den roten Bereich kommt.

Drücken Sie nun auf den Aufnahmeknopf in der Menüleiste und starten Sie die Aufnahme (siehe Abbildung 6-4). Die Aufnahme beenden Sie abschließend mit die Stopptaste. Während der Aufnahme sollte eine Wellenform unterhalb der Menüleiste stetig wachsen und die Pegelanzeige je nach Sprechlautstärke ausschlagen. Haben Sie Ihren ersten Podcast aufgenommen, können Sie ihn im nächsten Schritt mit Hilfe von Audacity bearbeiten und fertig stellen.

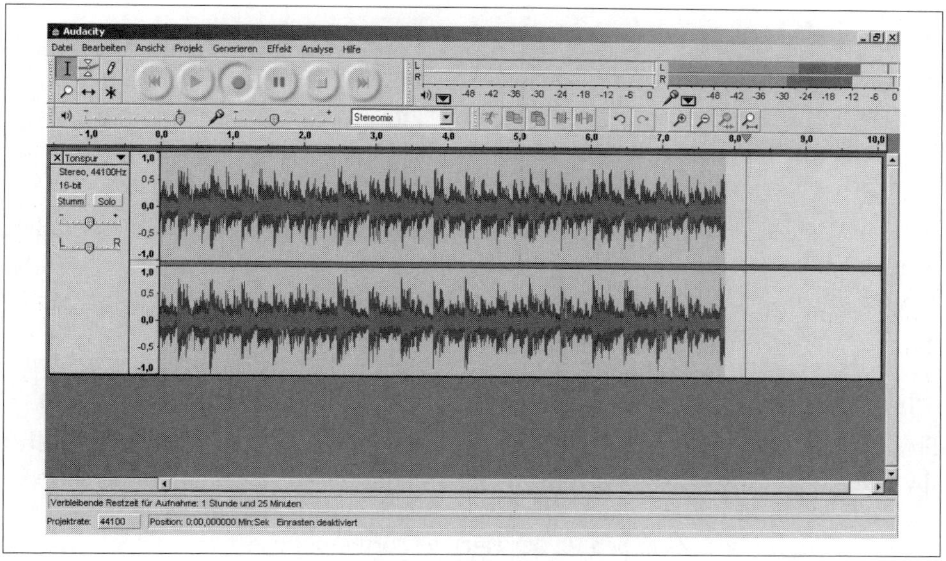

Abbildung 6-4: Mit Hilfe der Pegelanzeige oben links und der Schieberegler links unterhalb des Aufnahmeknopfes stellen Sie die Lautstärke der Aufnahme ein.

Audio-Editoren

Damit Sie eine Aufnahme bearbeiten können, brauchen Sie einen Audio-Editor. Er ermöglicht Ihnen das Schneiden, Arrangieren und Verfeinern einer Aufnahme. Generell reicht dafür ein einfacher Editor, der das Schneiden und Einfügen von Sounddaten beherrscht. Wenn Sie mit einem Mac arbeiten, sollten Sie sich einmal das mitgelieferte Programm Garageband anschauen. Podcaster wie Johnny Haeusler von Spreeblick greifen auf das Programm zurück, um ihren Podcast zu bearbeiten.

In diesem Buch stelle ich Ihnen ausführlich den Audio-Editor *Audacity* vor, weil er als Open Source Software frei im Netz zum Download vorliegt, unter Podcastern einen guten Ruf genießt und auf den wichtigen Plattformen Linux, Windows und Macintosh läuft.

Weitere gute Audio-Editoren sind z.B. Cool Edit, Sound Forge, WaveLab (Essential), Magix Music Maker oder Samplitude. Einen guten Überblick über die aktuellen Preise und Produkte bieten Ihnen zahlreiche Magazine wie *keyboards*, *Keys* oder das *Beat Magazin*.

Sollten Sie sich für den Kauf einer Soundkarte entscheiden, wie z.B. der hier vorgestellten US-122 von Tascam, dann werfen Sie auch ein Auge auf die Gratishäppchen: Oft wird der Kauf von Hardware mit einer beigelegten Software belohnt. Standardmäßig erhalten Käufer einer US-122 zusätzlich den sehr praktischen Audio-Editor Cubase LE von Steinberg.

Webspace

Ist der Podcast fertig aufgenommen, geschnitten und benannt, muss er nur noch im Internet auf einem Server abgelegt werden, damit Ihre Zuhörer ihn herunterladen können. Zum Glück sind die Kosten für Webspace und Traffic heutzutage moderat. Trotzdem gibt es einige Punkte zu bedenken.

Bei der Wahl des Webspace sollten Sie unbedingt darauf achten, wie viel GByte Traffic im Paket Ihres Webhosters inbegriffen sind. Achten Sie darauf, dass der Hoster Ihnen die Möglichkeit bietet, dass bei einem bestimmten Limit der Traffic automatisch gestoppt wird. Ein Überschreiten des im Hosting-Paket inbegriffenen Traffic kann schnell teuer werden. Zahlreiche Webhoster veranschlagen unverschämte Aufpreise, wenn das vereinbarte Traffic-Limit überschritten wird.

Steigenden Traffic muss man als Podcaster unbedingt mit einberechnen. Wächst die Fangemeinde, wächst mit ihr der Traffic. Im Gegensatz zu einfachen Webseiten mit XHTML und Bildern katapultieren MP3-Downloads Sie schnell an das Limit des erlaubten Traffic. Zum Schutz des eigenen Portemonnaies ist eine Benachrichtigungsfunktion per E-Mail oder eine Traffic-Sperre hilfreich. Professionelle Webhoster bieten Ihnen solche Funktionen.

Neben dem Traffic-Limit spielt auch der Speicherplatz für die MP3s eine wichtige Rolle. Mit dem Online-Werkzeug *mp3calc* (*www.waxy.org/projects/mp3calc/*) können Sie berechnen, wie viel Sendezeit Ihnen für Ihren Podcast je nach Stärke der MP3-Kompression und Menge an Speicherplatz bleibt (siehe Abbildung 6-5).

Abbildung 6-5: Das kleine Online-Werkzeug mp3calc berechnet die mögliche Sendezeit anhand von Webspace-Größe und Stärke der MP3-Kompression.

In diesem Kapitel:

- Audacity installieren und konfigurieren
- Podcasts mit Audacity editieren
- Quellen für freie Sounds und Musikstücke
- MP3s erstellen und benennen

KAPITEL 7

Podcasts aufnehmen, schneiden und editieren

Haben Sie alle Vorbereitungen getroffen, kann es endlich mit der ersten Aufnahme losgehen. Dazu stelle ich Ihnen den beliebten Audio-Editor Audacity in der Version 1.2.4b vor. Audacity ist ein freier, kostenloser, leicht zu bedienender Audio-Editor und -Rekorder für Windows, Mac OS X und Linux. Die Software können Sie unter *http://audacity.sourceforge.net/* herunterladen. Nach der Aufnahme und Bearbeitung können Sie obendrein mit Audacity und dem LAME-Codec in einem Rutsch die MP3s für den Podcast erstellen. Somit brauchen Sie für die Aufnahme Ihres Podcasts nur ein Programm: Audacity.

Audacity installieren und konfigurieren

Bei der Installation von Audacity werden Sie durch einen Setup-Wizard unterstützt. Folgen Sie einfach der Anleitung und starten Sie Ihren Rechner gegebenenfalls neu. Nach der Installation von Audacity müssen Sie es für die Wiedergabe und Aufnahme über die Soundkarte einstellen. Dazu öffnen Sie die Einstellungen über *Bearbeiten → Einstellungen* und klicken auf den Reiter *Audio E/A*. Wählen Sie für die Wiedergabe und Aufnahme die Soundkarte aus, mit der Sie aufnehmen wollen (siehe Abbildung 7-1). Anschließend wählen Sie den Reiter *Dateiformate*, um das Audioformat auszuwählen, mit dem Sie arbeiten wollen. Auf Windows-Rechnern sollte das das WAV-Format sein, da es Ihr Aufnahmematerial unkomprimiert abspeichert (siehe Abbildung 7-2). Klicken Sie abschließend auf *OK*, um die Einstellungen zu übernehmen.

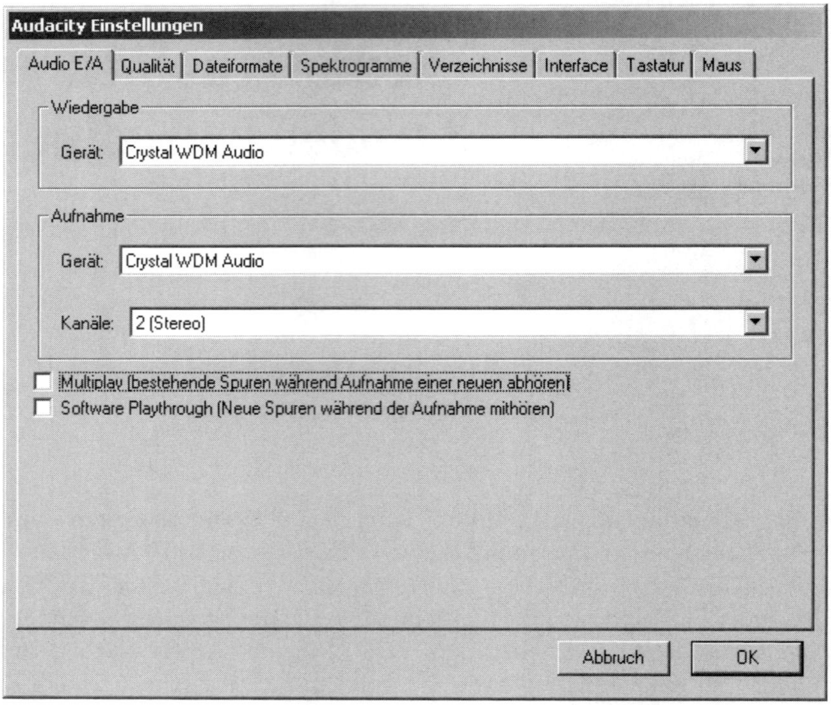

Abbildung 7-1: Damit Audacity richtig aufnimmt, muss zuerst die Soundkarte gewählt werden.

Audacity für den MP3-Export ausrüsten

Damit Sie nach der Produktion ein MP3 für Ihren Podcast erstellen können, brauchen Sie noch den passenden Codec. Ein Codec ist ein Algorithmus zum Komprimieren (CO) und Dekomprimieren (DEC) von Multimediadateien. Für das Erstellen von MP3s nutzt Audacity den freien LAME Codec. Dieser wird aus Copyright-Gründen leider nicht mitgeliefert und muss nachträglich installiert werden. Den LAME-Codec können Sie unter *http://mitiok.cjb.net/* herunterladen. Entpacken Sie anschließend die heruntergeladene ZIP-Datei und kopieren Sie lediglich die Datei *lame_enc.dll* in das Wurzelverzeichnis von Audacity. Öffnen Sie nun ein weiteres Mal den Reiter *Dateiformate* über *Bearbeiten → Einstellungen → Dateiformate*. Damit Audacity weiß, wo der Codec zu finden ist, klicken Sie auf den Button *Suche Bibliothek* und suchen anschließend die Datei *lame_enc.dll* auf Ihrer Festplatte (siehe Abbildung 7-2). Über das Feld *Bitrate* stellen Sie die Qualität des zu exportierenden MP3s ein. Handelt es sich bei Ihrem Podcast lediglich um einen Podcast mit Sprache, genügt eine Bitrate von 64 Kbps. Möchten Sie jedoch Musik verwenden, dann arbeiten Sie für einen gefälligeren Klang besser mit einer Bitrate von 128 Kbps. Diese Einstellungen können Sie jederzeit ändern.

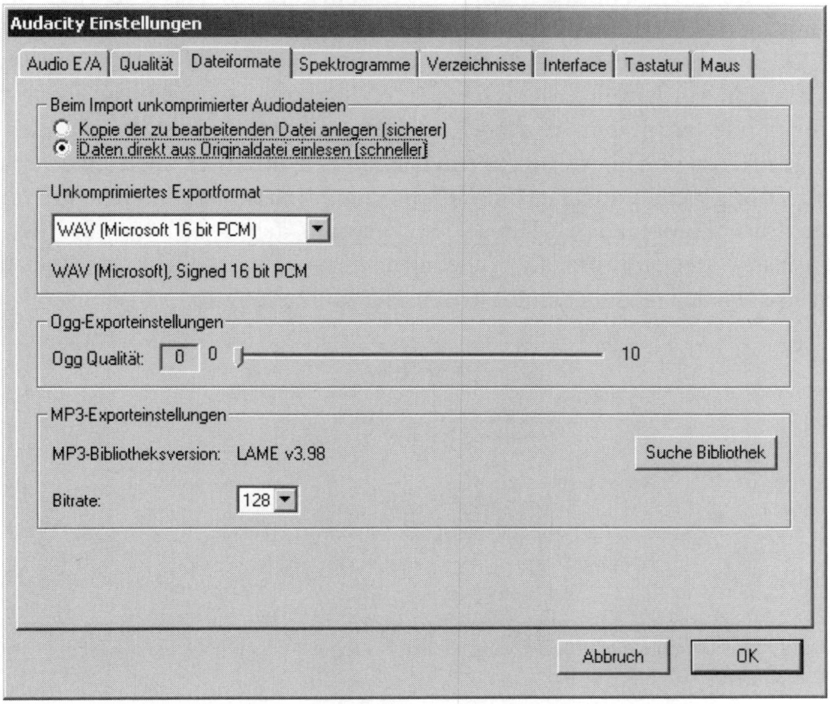

Abbildung 7-2: Die Aufnahmen speichert man auf Windows-Rechnern am besten verlustlos im WAV-Format ab.

Podcasts mit Audacity editieren

Das Bearbeiten von Podcasts mit Audacity ist einfach. Je besser Ihre Aufnahme ist, desto weniger abschließende Bearbeitungsschritte sind nötig. Nehmen wir als Beispiel einen 15-minütigen Interview-Podcast. Dieser bekommt im letzten Produktionsschritt noch Intro sowie Outro verpasst. Vorher optimieren wir jedoch die Aufnahme, indem wir sie normalisieren und anschließend durch den internen Kompressor jagen.

Audiodateien mit dem Kompressor bearbeiten und normalisieren

Tonspuren öffnet man in Audacity über *Datei* → *Öffnen*. Damit Sie jederzeit auf die Originalaufnahme zurückgreifen können, bearbeiten Sie am besten immer nur eine Kopie. Werden Audiodaten aus Versehen gelöscht oder verzerren Effekte das Signal, dann können Sie jederzeit von vorn beginnen. Darum öffnen wir im ersten Schritt unser Interview und speichern es über *Datei* → *Projekt speichern unter* als neues Projekt ab.

Möchten Sie eine Aufnahme zurechtschneiden, benutzen Sie das Auswahlwerkzeug mit dem Doppel-T, das Sie in der Werkzeugleiste oben links finden (siehe Abbildung 7-3). Um einen Bereich wegzuschneiden, markiert man mit Hilfe des Auswahlwerkzeugs einfach den jeweiligen Bereich der Wellenform. Anschließend drückt man STRG + X oder wählt den Schnittbefehl über *Bearbeiten → Schnitt*. Wer gleich die Wellenform vorn und hinten beschneiden möchte, markiert den Bereich der Wellenform, der übrig bleiben soll. Um die Wellenform nun zu trimmen, drückt man entweder die Tastenkombination STRG + T oder wählt den Befehl über *Bearbeiten → Trimmen* aus. Audacity kürzt die Wellenform nun zurecht und schneidet sowohl den linken als auch den rechten Bereich jenseits der Markierung ab.

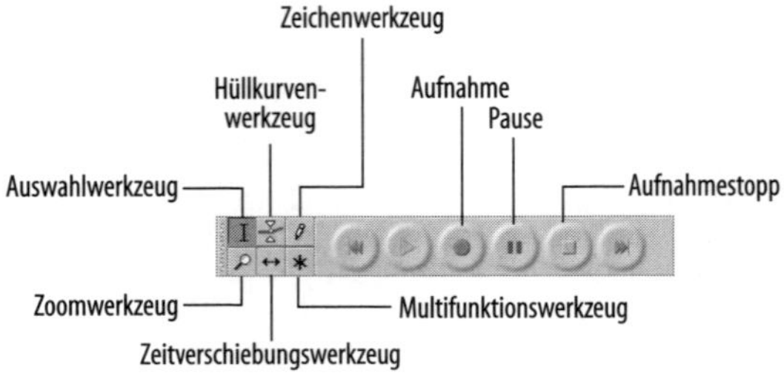

Abbildung 7-3: Mit den Kontrollwerkzeugen starten, stoppen und bearbeiten Sie Ihre Aufnahmen.

Bei dem Interview löschen wir die Stille am Anfang und am Ende. Wurde die Wellenform passend zurechtgeschnitten, wird sie im nächsten Schritt normalisiert. Beim Normalisieren von Musik wird die eigentliche Musikdatei zwar »manipuliert«, es handelt sich dabei aber nicht um einen Effekt, der das Signal verfremdet. Beim Normalisieren wird lediglich die Lautstärke der Datei so weit angehoben, dass die höchste Pegelspitze die Maximalgrenze von 0 dB erreicht.

Im Audiobereich geht man immer von einem Maximalpegel als Referenzpunkt aus. Dieser wird als 0 dB bezeichnet. Daher befinden sich digitale Audiodaten immer in einem Bereich zwischen -8 dB und 0 dB. Bei einer Überschreitung dieses Pegels werden die zu hohen Pegelspitzen gnadenlos abgeschnitten, wodurch grausige Verzerrungen entstehen. Darum sollten Sie vor dem Normalisieren unbedingt noch einmal überprüfen, ob die Datei tatsächlich normalisiert werden muss. Schauen Sie dazu im Editor nach, ob die höchste Pegelspitze etwa 0 dB erreicht. Wenn ja, überspringen Sie das Normalisieren einfach, da dabei Rundungsfehler entstehen, die sich als hörbares Rauschen manifestieren können.

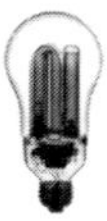

Die DA-Wandler vieler billiger Soundkarten übersteuern bereits unter 0 dB. Daher wird von Tontechnikern üblicherweise nicht auf 0 dB, sondern auf -0,2 dB oder -0,3 dB normalisiert. Das ist jedoch leider mit Audacity nicht möglich.

Missverständlicherweise übernimmt der Normalisierungsbefehl bei Audacity diese Arbeit nicht vollständig, denn er hebt und senkt die Musikdatei lediglich auf eine Spitzenamplitude von -3 dB an oder ab. Damit wir unser Signal trotzdem bis zur optimalen Grenze anheben, benutzen wir den Effekt »Verstärken«. Die DA-Wandler vieler billiger Soundkarten übersteuern ein Signal bereits unter 0 dB. Daher wird von Tontechnikern üblicherweise nicht auf 0 dB, sondern auf -0,2 dB oder -0,3 dB normalisiert. Um das Interview anzuheben, markieren Sie die gesamte Wellenform über STRG + A oder über das Menü *Bearbeiten* → *Auswählen* → *Alles*. Anschließend wählen Sie den Befehl *Verstärken*. Diesen finden Sie über das Menü *Effekt* → *Verstärken*. Tragen Sie im Feld *Neue Spitzenamplitude* `-0,3 dB` ein und lassen Sie den Effekt mit einem Klick auf *OK* ackern (siehe Abbildung 7-4).

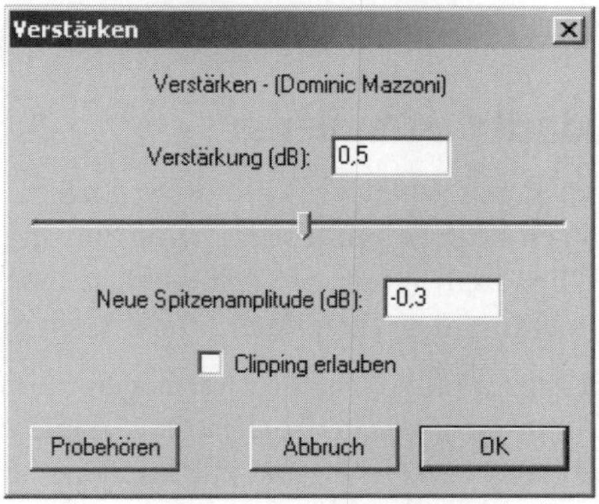

Abbildung 7-4: Um das Signal insgesamt auf einen maximalen Pegel anzuheben, benutzt man bei Audacity den Effekt Verstärken.

Wurde das Signal angehoben, kann es im nächsten Schritt noch ein weiteres Mal lauter gemacht werden. Dazu benutzt man einen Kompressor. Ein Kompressor bearbeitet das Signal und komprimiert den Dynamikverlauf. Das bedeutet, dass leise Signale je nach Einstellungen des Kompressors verstärkt werden. Mit Hilfe eines Kompressors heben Sie somit leise Passagen an. Diese treten in einem Interview z.B. dann auf, wenn der Sprecher in seiner Lautstärke variiert oder im Lauf der Zeit verschieden weit vom Mikrofon entfernt ist. Insgesamt trägt ein mit Bedacht benutzter Kompressor somit zu einem angenehmeren Hörgenuss bei. Typische einstellbare Parameter eines Kompressors sind:

- Threshold (Schwellenwert)
- Ratio (Kompressionsverhältnis)
- Attack (Ansprechzeit)
- Release (Nachklingzeit)

Während der Threshold bestimmt, ab welchem Signalpegel der Kompressor das Signal bearbeitet, stellen Sie mit Ratio das Kompressionsverhältnis ein. Mit Attack definieren Sie die Zeitspanne zwischen Überschreiten des Threshold-Pegels und der maximalen Komprimierung. Die günstigste Attack-Zeit hängt stark von dem zu bearbeitenden Signal ab und wird meist sehr kurz gewählt, und zwar im Bereich von 20 bis 50 Millisekunden. Mit der Release-Zeit stellen Sie schließlich ein, wie schnell die Komprimierung wieder zurückgenommen wird, nachdem der Threshold-Pegel unterschritten wurde.

Gute Ergebnisse mit dem Kompressor von Audacity erhalten Sie mit den voreingestellten Werten *Threshold -12dB* und *Ratio 1:2*. Trotzdem lohnt sich das Experimentieren in vielen Fällen, weil jede Aufnahme unterschiedlich ausfällt und unterschiedlich stark komprimiert werden muss. Den Kompressor rufen Sie in Audacity über *Effekt → Kompressor* auf. Speichern Sie anschließend das Interview ab.

Tonspuren mit Audacity arrangieren

In einem letzten Schritt fügen wir noch das vorproduzierte Intro und Outro ein. Damit jeder Podcast gleich beginnt und endet, fügen Sie am besten immer das gleiche Intro und Outro. Obendrein sparen Sie Zeit, weil Sie einen einmal produzierten Vor- oder Nachspann nicht immer wieder neu produzieren müssen.

Um neue Sounds einzufügen, öffnen Sie den jeweiligen Sound und markieren ihn, um ihn anschließend in den Zwischenspeicher zu kopieren. Schließen Sie den Sound und kehren Sie dann zum Interview zurück. Über *Bearbeiten → Einfügen* bzw. STRG + V fügen Sie den Sound ein. Mit dem Zeitverschiebungswerkzeug, dem Doppelpfeil, können Sie die Signale der verschiedenen Spuren zeitlich verschieben und neu arrangieren (siehe Abbildung 7-5). Damit ein Podcast glatt wirkt und die Elemente sanft ineinander übergehen, schieben Sie die Spuren so, dass sie sich leicht überlappen. Um den Lautstärkeverlauf einer Tonspur zu beeinflussen, können Sie mit dem Hüllkurvenwerkzeug den Pegel editieren. Dieses Werkzeug ermöglicht somit Fade-Ins und Fade-Outs sowie feine Übergänge. Sind Sie mit dem Arrangement zufrieden, speichern Sie die Produktion ab, dann können Sie sie anschließend als MP3 exportieren. Mehr zum MP3-Export erfahren Sie später im Abschnitt »MP3s erstellen und benennen«.

Internetquellen und Tutorials

Audacity – Download und Anleitungen
http://audacity.sourceforge.net
http://audacity.sourceforge.net

How To: Save Skype voicemail as an .mp3
www.kevintwodotoh.com/2005/02/26/kevin10/how-to-save-skype-voicemail-as-an-mp3.html

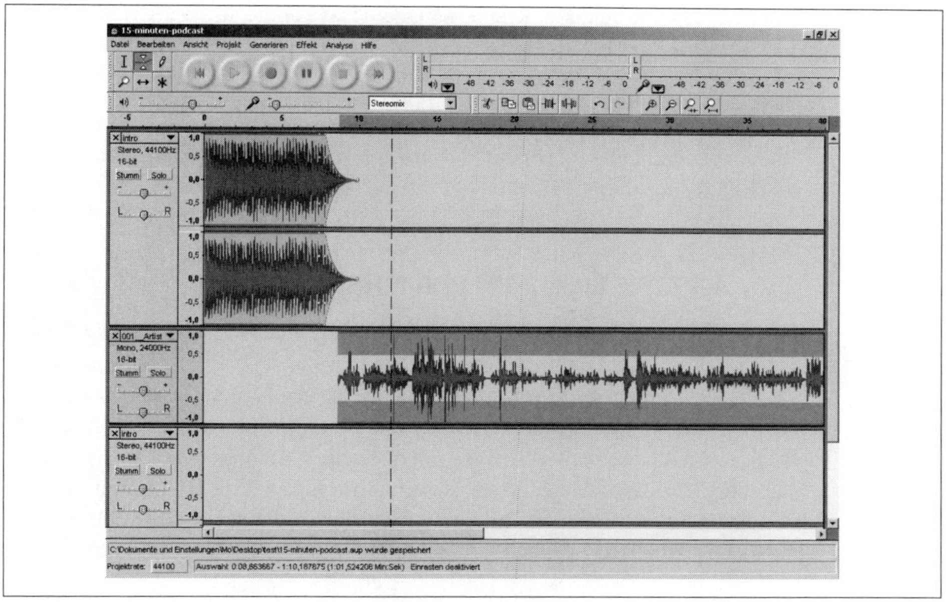

Abbildung 7-5: Podcast-Postproduktion: Audacity erlaubt das komfortable Einfügen und Arrangieren von Klangelementen auf mehreren Spuren.

Informationen über Musikkompression

http://www.soundonsound.com/sos/may00/articles/mp3.htm
http://swpat.ffii.org/pikta/xrani/mpeg/index.en.html
http://www.datacompression.info/Audio.shtml
http://www.softsynth.com/links/compression.html

Quellen für freie Sounds und Musikstücke

Um den eigenen Podcast aufzupeppen, braucht man Musik und Sounds. Wer selbst Musikproduzent ist, hat es gut. Solange man keine Kompositionen, Ausschnitte (Samples) oder Aufnahmen fremder Produzenten und Künstler nutzt und kein GEMA-Mitglied ist, darf man seinen Podcast mit den eigenen Musikproduktionen vertonen. Der Vorteil liegt dabei auf der Hand: Man kann seinen Podcast im Internet anbieten, weil man sämtliche Rechte an seinem Inhalt besitzt.

§ An Musikstücken hat in der Regel der Komponist die Urheberrechte und der Interpret Leistungsschutzrechte. Ohne ihre Einwilligung darf das Stück daher nicht im Internet verbreitet werden. Insbesondere Musikstücke, deren Verwertung die GEMA wahrnimmt, dürfen nicht ohne Weiteres verwendet werden. Näheres dazu erfahren Sie in Kapitel 19, *Urheberrecht*.

Herkömmliche Musik unterliegt hingegen Copyright-Bestimmungen, und geistiges Eigentum ist per Gesetz geschützt. Darum beachten Sie immer, dass Sie keinerlei Rechte verletzen. Das könnte als finanzieller Boomerang nach Schadensersatzklage gegen Sie unschön enden. Glücklicherweise gibt es aber Ausnahmen: Musik, die für den eigenen Podcast ohne finanziellen Aufwand und Rechteklärung genutzt werden darf, nennt man *Podsafe Music*. Der Kunstbegriff *Podsafe* bezeichnet dabei sämtliche Werke von Texten bis hin zu Audiodateien, die für den eigenen Podcast kostenlos benutzt werden dürfen.

Creative Commons und Podsafe Music

Um Künstlern eine eigene Rechteverwaltung für ihre Werke an die Hand zu geben, wurde 2002 die Initiative *Creative Commons* unter der Schirmherrschaft des Copyright-Experten Lawrence Lessig gegründet. Dabei handelt es sich um einfach handhabbare Lizenzen, die Künstler selbst zusammenstellen und so den rechtlichen Rahmen für die Nutzung ihrer Kunstwerke schaffen. Während Künstler auf der einen Seite unkompliziert ihre Werke mit einer Lizenz ihrer Wahl ausstatten können, profitieren auf der anderen Seite Zuhörer und Leser, weil auch sie schnell und einfach herausfinden können, was sie mit dem jeweiligen Werk machen und wie sie es weiternutzen dürfen.

Die Creative Commons-Lizenz (CC) gibt es mittlerweile in zahlreichen maßgeschneiderten Länderversionen, eine deutsche Version gibt es natürlich auch. Die Lizenzen orientieren sich an einem Dreischichtenmodell, das sich aus einer allgemein verständlichen Darstellung der Lizenz, einer für Anwälte gedachten, langen Erläuterung sowie einer maschinenlesbaren Version zusammensetzt. Durch diesen Ansatz soll es möglich sein, den Austausch von Rechten an Inhalten in verschiedenen Projekten ohne Anwälte automatisch abzuwickeln.

Creative Commons-Lizenzen bieten nicht nur Musikern, sondern auch Autoren, Fotografen und Filmemachern die Möglichkeit, sich für ihre Werke eigene Nutzungslizenzen zusammenzustellen. Die zusammenklickbaren Lizenzen werden mittlerweile von vielen Netlabels und ihren Künstlern genutzt. So lassen sich Lizenzen zusammenstellen, die z.B. das Sampling und das Kopieren der Musik erlauben, aber die kommerzielle Nutzung ohne Einwilligung des Künstlers untersagen.

Entscheidet sich ein Künstler, sein Werk unter einer Creative Commons-Lizenz zu veröffentlichen, so versieht er das Werk selbst mit einer Kennung bzw. einem Link zur jeweiligen Lizenz, die Interessierten weiterführende Informationen bietet. Innerhalb der ID-Tags kann gleich eine Lizenz für die Verwendung der Musik mittransportiert werden. Da jede Lizenz eine eigene URL besitzt, reicht ein Hinweis plus Link, um den Zuhörer mit den jeweiligen Copyright-Informationen zu versorgen. Auf diese Weise kann man z.B. MP3s mit Hilfe der ID-Tags mit einem Link auf die jeweilige Lizenz versehen – weiterführende Informationen zum Thema ID-Tags lesen Sie im Abschnitt »Hilfreiche Zusatzinformationen: Die MP3-ID-Tags«. So sehen Sie z.B. in Abbildung 7-6 die Lizenz mit der URL *http://creativecommons.org/licenses/by/2.0/de*. Die Lizenzen und weiterführende Informationen finden Sie unter *www.creativecommons.org*.

→

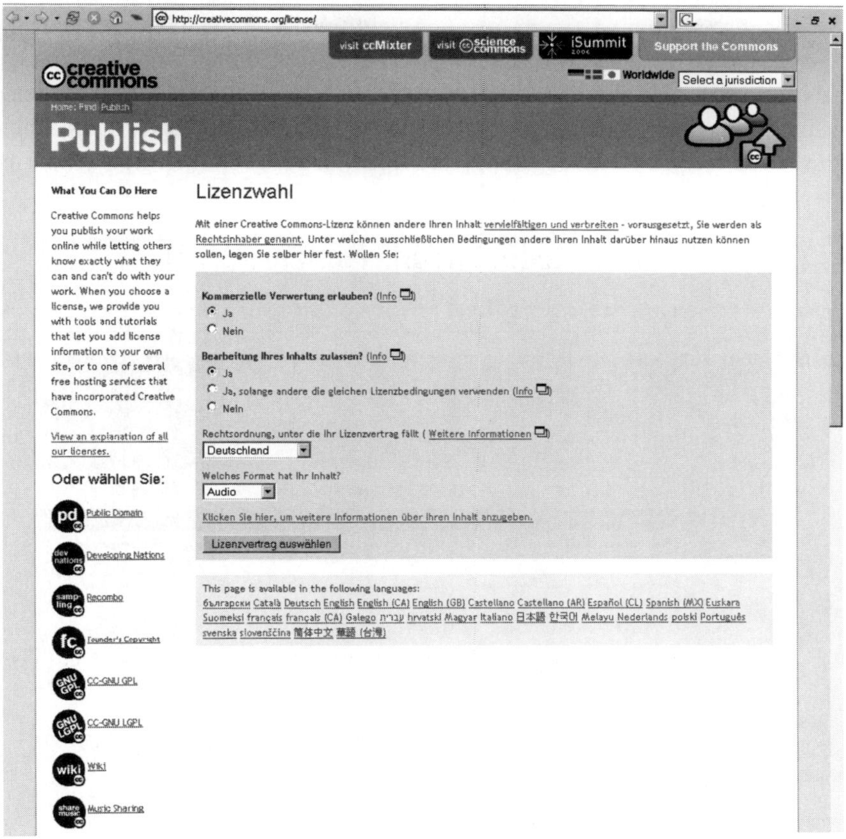

Abbildung 7-6: Der Creative Commons-Lizenzgenerator hilft Ihnen bei der Erstellung einer geeigneten Lizenz für Ihren Podcast.

Selbstverständlich können Sie auch Ihren eigenen Podcast unter einer CC-Lizenz veröffentlichen. Um eine geeignete Lizenz auszusuchen, benutzen Sie am besten den CC-Lizenzgenerator unter *www.creativecommons.org/license/* und klicken sich Ihre Wunsch-CC-Lizenz zusammen (siehe Abbildung 7-7). Mehr über die rechtliche Seite der Creative Commons-Lizenzen erfahren Sie im Abschnitt »Verwertungsrechte« in Kapitel 19, *Urheberrecht*.

Archive.org: Netlabel-Musik für den eigenen Podcast

Auf der Website von *Archive.org* findet man großartige Inhalte, die frei für den Download verfügbar sind. Neben alten Filmen und Texten finden Sie hier auch tausende von Musikstücken zahlreicher Netlabels. In der Regel können Sie sämtliche

Netlabel-Musik, die Sie unter *www.archive.org/details/netlabels* finden, in Ihrem Podcast abspielen. Archive.org erlaubt nämlich nur das Hochladen von Musik, die auch weiterverbreitet werden darf. Einige Musikproduzenten erlauben sogar das Editieren und Sampeln ihrer Musikproduktionen. Das gibt Ihnen die Möglichkeit, Musikstücke zu bearbeiten, um sie für eigene Soundsignaturen zurechtzuschneiden und zu verwenden. Um Audiomaterial zu finden, das Sie verändern dürfen, müssen Sie den folgenden Suchbefehl in die Suchmaske eingeben:

```
collection:(netlabels) AND /metadata/licenseurl:("http://creativecommons.org/
licenses/by-nc/2.0/") AND mediatype:audio
```

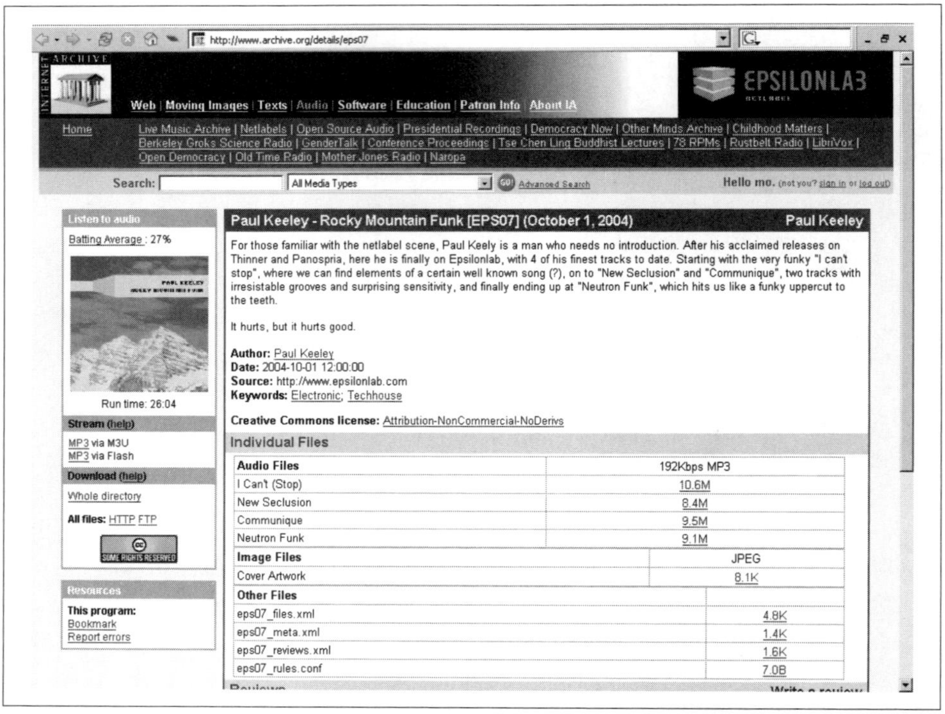

Abbildung 7-7: Veröffentlicht unter einer CC-Lizenz: Die House-Musik von Paul Keeley des Epsilonlab-Netlabels kann für den eigenen Podcast von archive.org heruntergeladen und benutzt werden.

Mit Yahoo! und Google nach CC-Material suchen

Eine weitere Möglichkeit, CC-lizensierte Musik zu finden, bieten die beiden Suchriesen Yahoo! und Google. Über die erweiterte Suche lassen sich Websites finden, die Mediendateien unter einer CC-Lizenz anbieten. Die jeweilige Suchfunktion finden Sie unter *http://search.yahoo.com/web/advanced* bzw. *http://www.google.com/advanced_search* (siehe auch Abbildung 7-8).

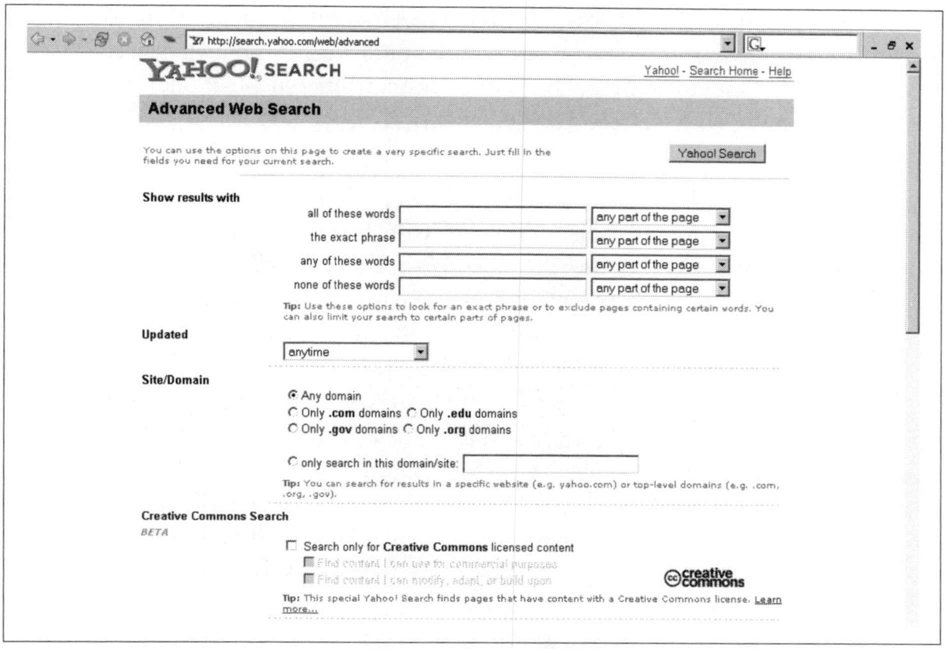

Abbildung 7-8: Freie nutzbare Musik für Ihren Podcast finden Sie über die erweiterte Suche von Google und Yahoo! (hier abgebildet).

Weiterführende Internetquellen

www.archive.org/details/netlabels
Im Internetarchiv unter archive.org finden Sie tausende Musikstücke, die unter einer Creative Commons-Lizenz veröffentlicht wurden.

www.ccmixter.org
Auf ccMixter findet man Remix-Projekte und Samples, die frei für die eigene Verwendung zu Verfügung gestellt werden.

http://wiki.creativecommons.org/Welcome_To_The_Podcasting_Legal_Guide

http://mirrors.creativecommons.org/Podcasting_Legal_Guide.pdf
Englischsprachige Anleitung, wie man legal ohne Rechteverletzung einen Podcast betreibt.

MP3s erstellen und benennen

Wenn Sie Ihren Podcast aufgenommen und bearbeitet haben, müssen Sie nur noch eine MP3-Datei erzeugen, die Sie im Web veröffentlichen können. Gute freie Werkzeuge zur MP3-Erstellung gibt es genügend. In der Regel ist das Enkodieren von MP3s mittlerweile auch mit jedem Audio-Editor möglich. Auch Audacity verfügt über einen solchen MP3-Export, den Sie im Abschnitt »Audacity für den MP3-Export ausrüsten« weiter oben in diesem Kapitel bereits kennen gelernt haben. Benötigen Sie dennoch ein MP3-Programm, dann probieren Sie unter Windows einmal RazorLame aus. Den einfach zu bedienenden Enkodierer finden Sie unter *www.dors.de/razorlame/*.

Um Ihren fertig produzierten Podcast im letzten Schritt als MP3 zu exportieren, müssen Sie sich nur noch für die Stärke der Kompression entscheiden. Die Einstellungen dazu können Sie über das Menü *Bearbeiten → Einstellungen → Dateiformate* jederzeit vornehmen. Je höher Sie die Qualität einstellen, desto mehr Speicherplatz verbraucht ein MP3. Außerdem erhöht sich mit der Größe des MP3s auch der jeweilige Traffic, und damit die Download-Dauer des Podcasts auf Seiten der Zuhörer. Podcasts mit reiner Sprache werden meist mit 64 Kbps in Mono komprimiert. Der Hessische Rundfunk geht dabei sogar noch einen Schritt weiter und komprimiert seinen HR2-Podcast »Der Tag« mit mageren 32 Kbps. Eine derartig hohe Kompression vermatscht bei einem Musik-Podcast sämtlichen Genuss. Spielen Sie in Ihrer Sendung Musik ab, dann sollten Sie eine Qualität ab 128 Kbps in Stereo in Betracht ziehen. Dadurch vergrößern sich die MP3s natürlich immens, doch die CD- nahe Qualität wird Ihre Zuhörer freuen.

Als Beispiel soll uns der fiktive Interview-Podcast dienen. Um den gesprochenen Podcast als Mono-MP3 mit 64 Kbps zu enkodieren, klicken Sie in Audacity auf den schwarzen Pfeil nach unten in der Statusanzeige des Soundkanals, klappen das Menü aus und wählen *Stereotonspur Aufteilen* (siehe Abbildung 7-9).

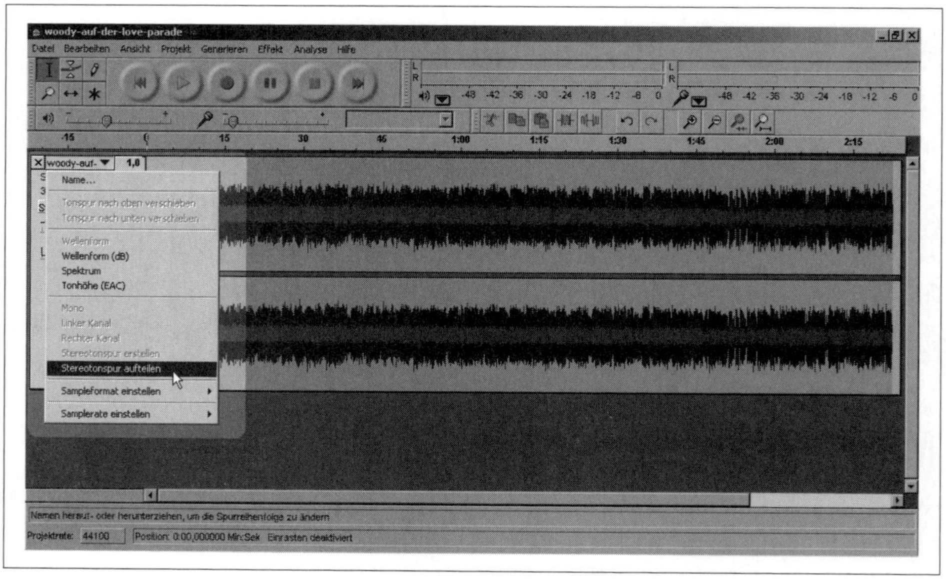

Abbildung 7-9: Stereo-Tonspuren lassen sich in Audacity über die Statusanzeige der jeweiligen Spur aufteilen.

Im nächsten Schritt löschen Sie eine der Tonspuren, indem Sie in der Statusanzeige auf das X klicken. Rufen Sie ein weiteres Mal das Menü auf und wählen Sie diesmal *Mono*. Wenn Sie jetzt die Wellenform abspielen, sollte Sie links und rechts zu hören sein. Für den Export wählen Sie im Menü *Datei* → *Exportieren als MP3* und tippen einen Dateinamen für das MP3 ein. Nach einem Klick auf *Speichern* öffnet sich ein Fenster für die Eingabe der MP3-ID-Tags (siehe Abbildung 7-10). Füllen Sie die Felder gewissenhaft aus, denn die Metadaten werden später in MP3-Playern auf Software- und Hardwareseite angezeigt. Ein letzter Klick auf *OK* startet den MP3-Export.

Abbildung 7-10: Wird ein MP3 per Audacity exportiert, kann man es in einem Rutsch mit wichtigen Zusatzinformationen, den MP3-ID-Tags, versehen.

Aussagekräftige Dateinamen für MP3s

Podcasts werden entweder automatisch per Podcatcher oder manuell heruntergeladen. Manchmal bleiben aus Zeitgründen Episoden erst einmal auf der Festplatte liegen und werden für späteres Anhören gestapelt. Damit Ihre MP3-Datei aus dem Wust der Downloads hervorsticht und der neue Besitzer schnell erkennt, worum es sich bei dem MP3 handelt, empfehle ich Ihnen, den Dateien aussagekräftige Namen mit maximal 64 Zeichen zu geben. Der Name könnte sich aus folgenden Bestandteile zusammensetzen:

- ID für Ihren Podcast (z.B. »15mip« für 15-Minuten-Interview-Podcast)
- Titel der Sendung (z.B. Interview mit Markus Koller)
- Nummer der Folge (z.B. 3)

- Datum der Produktion (z.B. 25.5.2006)
- MP3-Format des Podcasts (z.B. HiFi oder LoFi-Version)

Die Datei könnte also z.B. wie folgt heißen:

15mip_folge_3-interview-markus-koller_lofi.mp3

Oder etwa so:

15mip_060525_interview-markus-koller_hifi.mp3

Wenn Sie auf die Benennung der beiden MP3s geachtet haben, haben Sie sicherlich bemerkt, dass im Dateinamen keine Leerzeichen und auch keine Sonderzeichen vorkommen. Generell sollten Sie Unterstriche einem Leerzeichen vorziehen, denn das minimiert die Probleme beim Upload und Download einer Datei. Auch wenn man im Internet ein Leerzeichen in einer verlinkten Datei durch »%20« ersetzen kann, ist das einerseits mühselig und sieht andererseits in der Status- und Adressenanzeige unschön und unübersichtlich aus. Einen Unterstrich erzeugen Sie, indem Sie Umschalt + Minus drücken.

Noch wichtiger ist es, auf Sonderzeichen wie Umlaute oder , ; # ' [ ] ( ) ! " § $ % & zu verzichten. Beschränken Sie sich auf Punkt, Unterstrich und Bindestrich und auf die englischen Buchstaben auf der Tastatur. Wenn Sie Sonderzeichen wie ein Ö, ein Ç oder ein ß benutzen, laufen Sie Gefahr, dass die Dateinamen im Browser Ihrer Hörer nicht korrekt angezeigt werden oder dass es beim Download der MP3-Datei zu Schwierigkeiten komm.

Außerdem sollten Sie die Dateien besser nur mit Kleinbuchstaben beschriften. Eine Datei mit Großbuchstaben lässt sich zwar visuell besser erfassen, durch die Kleinschreibung minimieren Sie jedoch Fehler bei der Verlinkung auf der eigenen Website, weil auch Links »case-sensitive« sind. Das bedeutet, dass der Server bei der Anforderung penibel auch auf die Groß- und Kleinschreibung verlinkter Dokumente achtet und in keiner Weise fehlertolerant ist. Wenn die Datei *musik-song.mp3* angefordert wird (bspw. über den Link `<a href="http://website.de/musik-song.mp3">mp3</a>`, sie jedoch als *Musik-Song.mp3* auf dem Server liegt, erhält der Besucher eine Fehlermeldung. Der Verzicht auf Groß-/Kleinschreibung erleichtert den Webmaster-Alltag, da nie die Frage der Schreibweise aufkommt – es wird einfach alles kleingeschrieben.

Hilfreiche Zusatzinformationen: Die MP3-ID-Tags

Neben einem aussagekräftigen Dateinamen lassen sich MP3s mit Zusatzinformationen ausstatten, die in der Datei mit abgespeichert werden. Diese Metadaten nennt man MP3-ID-Tags. Zahlreiche MP3-Player nutzen sie, um weitere Informationen im Display anzuzeigen wie z.B. Titel, Album oder Musikstil. Obendrein erlauben MP3-Player das Sortieren der MP3s nach Genres, Alben oder Künstlern. Bei der Sortierung greifen sämtliche Player auf die MP3-ID-Tags zurück. Blöd, wenn sie nicht vorhanden sind.

§ In den MP3-ID-Tags lassen sich neben dem Titel auch weitere Informationen wie die Adresse der Podcast-Webseite oder auch Anbieterdaten wie Name und Adresse unterbringen. Damit lassen sich die gesetzlich vorgebenen Impressumspflichten erfüllen. Man muss jedoch darauf achten, dass man diese Informationen auch in die Felder einträgt, die anschließend ein handelsüblicher MP3-Player anzeigt. Dies sind etwa die Felder *Titel*, *Interpret* und *Album* – Informationen, die unter *Kommentar* stehen, werden in der Regel nicht angezeigt. Näheres hierzu finden Sie im Abschnitt »Impressumspflichten« in Kapitel 18, *Medienrecht*.

Um die Tags unter Windows zu editieren, reicht ein Klick mit der rechten Maustaste auf die Datei. Im Kontextmenü wählen Sie anschließend den Unterpunkt *Eigenschaften* und dann den Reiter *Dateiinfo*. Im Fenster klicken Sie als nächstes auf *Erweitert*. In der nun folgenden Ansicht lassen sich die Tags bearbeiten und mit einem Klick auf *OK* abspeichern.

Komfortabler bearbeiten Sie MP3-ID-Tags mit Programmen wie iTunes oder WinAmp. Professionelle Werkzeuge zur Bearbeitung und Verwaltung von vielen MP3s auf einmal gibt es im Internet viele. Ein besonders gutes Freeware-Programm ist *Mp3tag* von Florian Heidenreich. Dieses Windows-Programm finden Sie unter *www.mp3tag.de* zum kostenlosen Download. Mp3tag ermöglicht das Taggen von MP3s in Form von Stapelverarbeitungen, hilft bei der Formatierung der Dateinamen und wartet mit einer Unmenge an hilfreichen Zusatzfunktionen auf.

In diesem Kapitel:

- RSS 2.0-Feeds
- Mit WordPress einen Podcast-Feed erstellen
- Die Podcast-Vorhörfunktion
- Den eigenen Podcast per Podcatcher testen
- Den Podcast in Podcast-Verzeichnissen anmelden

KAPITEL 8

Podcasts verbreiten

Nachdem Sie Ihren Podcast produziert haben, müssen Sie den Podcast-Feed für Abonnenten erstellen, den Podcast auf den Server hochladen und – sofern Sie möchten – eine Vorhörfunktion in Ihre Website einbauen. Das ist schnell und umkompliziert gelöst. Los geht's!

RSS 2.0-Feeds

Der Ursprung von Podcasts liegt beim RSS 2.0-Format, denn mit dem Ticker-Format lassen sich Podcasts hervorragend als Abonnement vertreiben bzw. »broadcasten«. Dabei wird die RSS-Datei – auch »Feed« genannt – mit Hilfe eines Podcatcher-Programms abonniert. Der Podcatcher überprüft beim Start die jeweiligen Tickerdateien auf neue Podcasts, die er dann automatisch herunterlädt.

Damit auch Sie von der Technik profitieren und Ihre Zuhörer automatisch mit einer neuen Folge Ihres Podcasts beliefern können, benötigen Sie eine eigene RSS-Datei. Diese lässt sich leicht mit einem einfachen Texteditor erstellen.

Wenn Ihnen das Erstellen eines eigenen Podcast-Feeds zu mühselig ist, dann schauen Sie sich das WordPress-Plugin PodPress an. PodPress übernimmt für Sie automatisch die Erstellung des RSS-Feeds, bietet einen integrierten Flash-Player zum Abspielen der Podcasts auf der Website und erstellt im Gegensatz zum RSS 2.0-Feed von WordPress einen iTunes-tauglichen Feed. Eine Anleitung zum Plugin finden Sie im Abschnitt »Podcasts mit PodPress integrieren« in Kapitel 3, *Plugins nutzen.*

Im folgenden Abschnitt erfahren Sie, wie ein RSS-Feed grundsätzlich aufgebaut ist und was seine einzelnen Elemente bewirken. Wenn Sie sich weniger für die technischen Details interessieren, können Sie zum Abschnitt »Mit WordPress einen RSS-Feed erstellen« weiter unten in diesem Kapitel blättern.

Architektur eines RSS 2.0-Feeds

RSS beruht auf der Ausschreibungssprache XML, die nach einem logischen und einheitlichen Code aufgebaut ist. Darum können RSS-Dateien plattformübergreifend von den verschiedensten Programmen genutzt werden. Ob Betriebsoberflächen wie Linux, Windows oder Mac OS oder Skriptsprachen wie PHP, Perl oder Python – durch den einheitlichen und logischen Aufbau einer XML-Datei können sämtliche Programme und Sprachen diese Dateien nutzen, auswerten und weiterverarbeiten. Um den Aufbau einer XML-Datei zu verstehen, muss man sich dankenswerterweise nicht erst mit der XML-Sprache und -Syntax auseinander setzen. XML erklärt sich mit ein wenig Logik fast von selbst.

> Wie Sie RSS für die eigene Recherche und einen exzellenten News-Überblick nutzen und was RSS-News-Aggregatoren sind, erfahren Sie im Abschnitt »Recherche im Internet« in Kapitel 9, *Die Online-Recherche*.

Zwar gibt es mehrere RSS-Protokolle, aber nur RSS 2.0 kommt für Podcasting zum Einsatz. Die wichtigste Voraussetzung bei einer RSS-XML-Datei ist, dass alle Datenelemente korrekt mit Anfangs- und End-Tags eingeklammert werden.

```
<tag>Inhalt</tag>
```

Ähnlich wie bei XHTML gibt es auch Ausnahmen in Form von »leeren« Tags, die nicht geschlossen werden müssen. Diese müssen jedoch unbedingt mit einem » />« enden. Zum Beispiel so:

```
<tag link="http://link.de" />
```

Werden diese Regeln nicht beachtet, brechen die XML-Interpreter – die Podcatcher – den Vorgang des Auslesens und die Verarbeitung einfach ab. In dieser Hinsicht sind XML-Anwendungen pingeliger als jeder Browser.

Eine RSS-Datei funktioniert wie ein Container, in dem Schachteln mit verschiedenen Informationen gestapelt werden. Jede Schachtel (`Item`) erhält dabei ihr eigenes Etikett mit Namen (`title`), Beschreibung (`description`), Herkunftsort (`link`) und Datum (`pubDate`). Der RSS-Feed Version 2.0 aus Beispiel 8-1 beinhaltet zwei Items.

Beispiel 8-1: Ein RSS-Feed der Version 2.0 mit zwei Items

```
<?xml version="1.0" encoding="utf-8"?>
<rss version="2.0">
  <channel>
    <title>Titel des Podcast-RSS-Feeds</title>
    <link>http://www.website.de/</link>
    <description>Inhaltsbeschreibung des Podcast-RSS-Feeds</description>
```

Beispiel 8-1: Ein RSS-Feed der Version 2.0 mit zwei Items (Fortsetzung)

```
    <copyright>Copyright 2005</copyright>
    <lastBuildDate>Datum des letzten Updates</lastBuildDate>

    <item>
    <title>Titel des Items</title>
    <description>Beschreibung des Items</description>
    <link>http://www.link.de/item.html</link>
    <pubDate>Datum des Items</pubDate>
    </item>

    <item>
    <title>Titel des nächsten Items</title>
    <description>Beschreibung des nächsten Items</description>
    <link>http://www.link.de/item2.html</link>
    <pubDate>Datum des Items</pubDate>
    </item>

  </channel>
</rss>
```

Auch der RSS-Feed selbst erhält ein Etikett, die Channel-Description, mit seiner Herkunft und einer Definition seines Inhalts. Wie bei den Items sollte auch ein Channel über einen Titel, eine Beschreibung und einen Link zur dazugehörigen Website verfügen. Diese Meta-Informationen, die dem RSS-Feed seine Identität geben, werden von den News-Aggregatoren ausgelesen und dem Benutzer dargestellt. In Abbildung 8-1 sehen Sie, wie das Podcasting-Portal *www.podcast.de* die Informationen des Phlow-Podcasts auswertet und die sechs Folgen mit Titel ausliest und darstellt.

Da das `<rss>`-Tag sämtliche Daten enthält, bezeichnet man es auch als Root- oder Top-Level-Element. In der Regel transportiert ein Nachrichten-Feed maximal 15 Items und hat nur einen Channel, der alle Items inklusive der eigenen Beschreibung umschließt. Im Endeffekt bestimmen jedoch Sie, wie viele Items transportiert und weitergegeben werden sollen. Wächst die Anzahl Ihrer Sendungen, so kann Ihr Feed kontinuierlich mitwachsen. Neue RSS-Abonnenten erhalten dadurch auch die ersten Episoden Ihres Podcasts, auch wenn sie erst später auf Sie aufmerksam geworden sind. Mit der Anzahl der Items wächst natürlich auch die Dateigröße. Wird ein Feed häufig von anderen Applikationen abgerufen, kann das eventuell ein hohes Verkehrsaufkommen auf der eigenen Site mit sich bringen. Behalten Sie also die Größe und das Traffic-Barometer Ihres Webhosting-Services im Auge.

Innerhalb von XML-Tags dürfen Sie auch XHTML-Tags verwenden. Das macht besonders bei der Beschreibung (`description`) des jeweiligen Items Sinn, um z.B. ein Bild einzufügen. Dieses wird dann gemeinsam mit dem Text in einem News-Aggregator angezeigt. Die XHTML-Tags müssen, wie die XML-Tags selbst, immer mit einem Start- und End-Tag geklammert werden oder bei einem »leeren« Tag mit » `/>`« enden:

```
<img src="http://website.de/bild.jpg" />
```

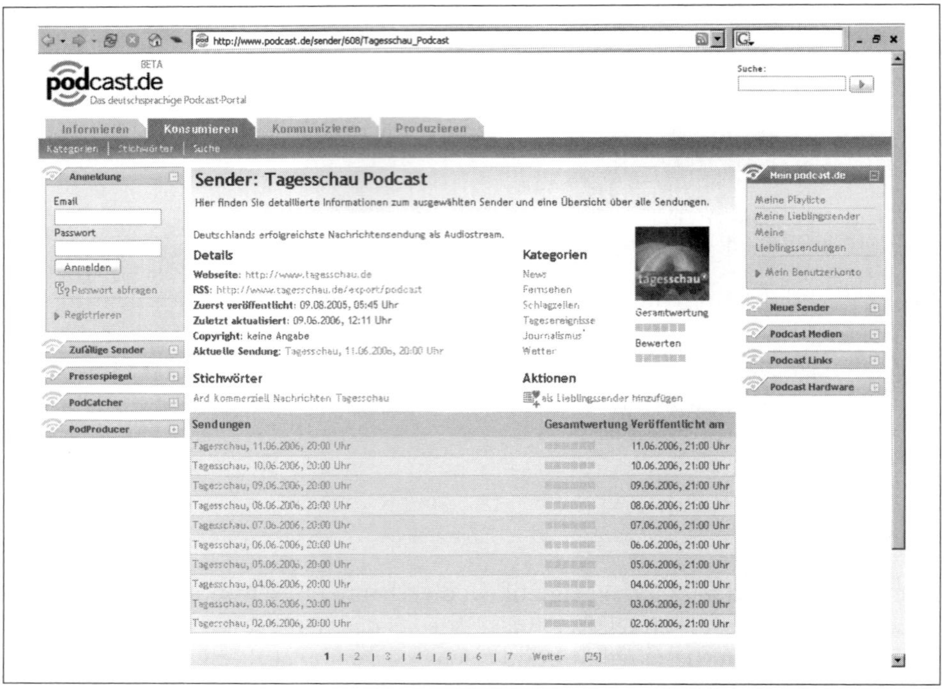

Abbildung 8-1: Das Portal www.podcast.de liest die Informationen der RSS-Podcast-Feeds aus und stellt die Informationen übersichtlich dar.

Je nach RSS-Version können die Items auch weitere Informationen wie Copyright (`copyright`) und Veröffentlichungsdatum des Channels (`pubDate`), ein Bild für den Channel (`image`) und Anderes mittransportieren. Eine exakte technische Beschreibung aller RSS 2.0-Features finden Sie unter *http://blogs.law.harvard.edu/tech/rss*.

Ein Beispiel-Feed

Weil Beispiele am anschaulichsten sind, bauen wir nun einen RSS-Feed für unseren 15-Minuten-Interview-Podcast, der sich auf interessante Webdesigner und Programmierer konzentriert. Weiter nehmen wir an, dass bereits vier Podcasts zum Download vorliegen. Die grobe Struktur des Feeds sieht dann wie folgt aus und liegt im UTF-8-Zeichenformat vor, wie Sie in der ersten Zeile erkennen können:

```
<?xml version="1.0" encoding="utf-8"?>
<rss version="2.0">
  <channel>
    <item></item>
    <item></item>
    <item></item>
    <item></item>
  </channel>
</rss>
```

Damit unser Feed eine Identität bekommt, kümmern wir uns als Erstes um die Channel-Description. Für diese kommen die Elemente `<ttl>`, `<title>`, `<link>`, `<description>`, `<copyright>`, `<image>` und `<lastBuildDate>` zum Einsatz. Das erste Element, das `<ttl>`-Tag, gibt in Minuten an, wie oft der Podcast erneuert bzw. erweitert wird. Diese Angabe merken sich die Podcast-Verzeichnisse. Geben Sie an dieser Stelle keine allzu kleine Minutenanzahl an, weil das unnötig Ihren Traffic durch das andauernde Abrufen des Feeds in die Höhe schraubt.

Im `<title>`-Element geben wir den Namen des Podcasts an, und mit dem `<link>`-Element wird der Ursprungsort des Feeds benannt. Im `<description>`-Element wird der Inhalt des Podasts beschrieben. Das nachfolgende Element `<lastBuildDate>` enthält dann das Datum, an dem unser Feed zuletzt aktualisiert wurde. Damit das Datum von News-Aggregatoren korrekt verarbeitet wird, muss es im *RFC-822 date-time*-Format vorliegen. Eine ausführliche Beschreibung des *RFC-822 date-time*-Formates finden Sie in englischer Sprache unter *www.feedvalidator.org/docs/error/InvalidRFC2822Date.html*. Das bedeutet, dass sämtliche Angaben in englischer Sprache diesem Muster folgen: Name des Tages (Abkürzung), Datum des Tages, Monatsname, Jahreszahl, Uhrzeit und GMT (Greenwich Mean Time). Der Code sieht dann aus wie in Beispiel 8-2.

Beispiel 8-2: Ein Beispiel-Feed für den 15-Minuten-Interview-Podcast

```
<ttl>240</ttl>
<title>Der 15-Minuten-Interview-Podcast</title>
<link>http://www.der15minutenpodcast.de</link>
<description>Der 15-Minuten-Interview-
Podcast stellt jede Woche einen neuen Webdesigner oder Programmierer vor.
 Die Interviews führt Diana Trundelberg.</description>
<copyright>Copyright 2006</copyright>
<lastBuildDate>Tue, 05 Sep 2006 12:16:28 GMT</lastBuildDate>
<image>
    <url>http://www.der15minutenpodcast.de/logo.gif</url>
    <title>15-Minuten-Interview-Podcast-Logo</title>
    <link>http://www.der15minutenpodcast.de</link>
    <width>144</width>
    <height>144</height>
</image>
```

Das einzige Element des obigen Codes, das noch nicht erläutert wurde, ist `<image>`. Das `<image>`-Element ermöglicht Ihnen die Beigabe eines eigenen Logos für Ihren Podcast. Zahlreiche Aggregatoren oder Websites wie z.B. *www.podcast.de* lesen die URL zum Logo aus und zeigen das Logo gemeinsam mit der URL Ihres Feeds an. Dadurch heben Sie Ihren Podcast auf solchen Seiten optisch hervor.

Für das `<image>`-Element kommen folgende zusätzliche Elemente zum Einsatz:

- `<url>` gibt die URL zum Logo des Podcasts im GIF-, JPEG- or PNG-Format an
- `<title>` beschreibt, was in der Datei *logo.gif* zu sehen ist; dieser Text ist als Tooltipp zu sehen, wenn man mit der Maus auf das Logo zeigt

- <link> gibt die URL zur Website des Podcasts an
- <width> legt die Bildbreite fest (optionale Angabe); Maximalwert: 144 Pixel
- <height> legt die Bildhöhe fest (optionale Angabe); Maximalwert: 400 Pixel

Anschließend folgen die Container mit den vier Items, also unseren vier Podcasts. Um Platz zu sparen, gebe ich hier exemplarisch nur ein Item an:

```
<item>
<title>15-Minuten-Interview mit Markus Koller</title>
<description>In unserem 15-Minuten-Interiew berichtet Markus Koller vom Re-
Design seines Schweizer Podcast-Portals www.starfrosch.ch</description>
<link>http://www.der15minutenpodcast.de/podcast/folge-2.html</link>
<guid>http://www.der15minutenpodcast.de/podcast/folge-2.html</guid>
<pubDate>Tue, 05 Apr 2006 12:16:28 GMT</pubDate>
</item>
```

Bis auf <guid> kennen Sie alle Elemente schon. Das <guid>-Element beinhaltet einen permanenten Link zur Webseite des jeweiligen Items. Diese Angabe ermöglicht Aggregatoren, den Artikel nicht doppelt aufzulisten, selbst wenn im Item Änderungen vorgenommen wurden. In der Regel unterscheidet sich der Inhalt von <guid> und <link> nicht voneinander. Die Angabe des <guid>-Tags wird jedoch empfohlen.

Damit unser Beispiel-Feed funktioniert, muss jedem Item das <enclosure>-Element hinzugefügt werden. Da es sich um ein »leeres« Element handelt, muss es mit /> geschlossen werden. Innerhalb des <enclosure>-Elements sorgen drei Attribute dafür, dass ein Podcatcher die MP3-Datei findet und herunterlädt. Das wichtigste Attribut ist url, da es den absoluten Link zur Mediendatei beinhaltet. Dabei können theoretisch auch andere Dokumente wie z.B. PDFs oder Videodateien verlinkt werden, denn das <enclosure>-Tag wurde als Platzhalter für jegliche Mediendatei ins Leben gerufen. Beim Verlinken der MP3-Datei müssen Sie unbedingt darauf achten, dass der direkte Link auf die Datei nicht mit *ftp://* beginnt. Podcatcher können in der Regel MP3s nicht herunterladen, wenn diese auf FTP-Servern liegen.

Mit dem Attribut length übergeben Sie dem Podcatcher die eigentliche Größe der Mediendatei. Diese wird in Bytes angegeben. Um unter Windows die Größe eines MP3s in Byte zu erfahren, klicken Sie auf die Datei mit der rechten Maustaste und wählen anschließend *Eigenschaften*. Den Zahlenwert können Sie dann in Ihren Podcast eintragen. Der Podcatcher wiederum wertet die Information aus und zeigt dem Benutzer die Größe des Downloads an. Mit type deklarieren Sie abschließend, um welches Format es sich bei der Mediendatei handelt. Da Sie ein MP3 verlinken, geben Sie das Attribut audio/mpeg an. Das komplette Item samt <enclosure>-Tag sieht dann so aus:

```
<item>
<title>15-Minuten-Interview mit Markus Koller</title>
<description>In unserem 15-Minuten-Interiew berichtet Markus Koller vom Re-
Design seines Schweizer Podcast-Portals www.starfrosch.ch</description>
<link>http://www.der15minutenpodcast.de/podcast/folge-2.html</link>
```

```
<pubDate>Tue, 05 Apr 2006 12:16:28 GMT</pubDate>
<enclosure url="http://www.der15minutenpodcast.de/podcast/folge-2.
mp3" length="4435523" type="audio/mpeg" />
</item>
```

Den Feed beenden und schließen wir, indem wir unsere Items mit </channel> einklammern und den gesamten Feed mit </rss> abschließen.

```
</channel>
</rss>
```

Überprüfen Sie nach dem Upload eines RSS-Feeds seine Validität. Dazu bietet sich der Feed-Validator an, den Sie unter *www.feedvalidator.org* finden.

Den Feed für iTunes optimieren

Damit ein Podcast von so vielen Zuhörern wie möglich abonniert werden kann, lohnt es sich, den Podcast für iTunes von Apple tauglich zu machen. Dazu müssen Sie Ihren RSS-Feed um einige zusätzliche Tags ergänzen. Apple selbst hat die Technik einfach modifiziert und nach eigenem Geschmack auf den werkseigenen MP3-Player iPod und auf die Software iTunes zugeschnitten.

Wenn Sie mit WordPress arbeiten, können Sie das kostenlose Plugin iPodCatter von Garrick van Buren nutzen, um Ihren Podcast für iTunes zu optimieren. iPodCatter unterstützt Sie bei der Erstellung und Erweiterung Ihres Podcast-Feeds. Das Plugin und die Anleitung finden Sie unter *www.garrickvanburen.com/wordpress-plugins/wpipodcatter/*.

Damit Sie Ihren RSS-Feed über iTunes anmelden können, ist eine leichte Bearbeitung des Feeds notwendig. Als Erstes müssen Sie das <rss>-Tag des iTunes-Feeds um die entsprechende Document Type Definition (DTD) ergänzen. Was genau darunter zu verstehen ist, erfahren Sie im Abschnitt »Doctype und Namespace« in Kapitel 15, *XHTML und CSS*. Vorerst reicht es, wenn Sie die folgende Code-Zeile abtippen und in Ihren RSS-Feed aufnehmen:

```
<rss xmlns:itunes="http://www.itunes.com/dtds/podcast-1.0.dtd" version="2.0">
```

Im nächsten Schritt ergänzen Sie dann die Informationen des Channels mit den in Tabelle 8-1 zu sehenden Tags. Ein Beispiel für einen vollständigen iTunes-Feed finden Sie am Ende dieses Abschnitts.

Tabelle 8-1: Die verschiedenen iTunes-Tags des RSS-Kopfbereichs

iTunes-Tag	Inhalt	Beschreibung
<language>	de	Sprache des Podcasts
<itunes:explicit>	no/yes	Verwendung von vulgärer Sprache
<itunes:subtitle>	Text	Untertitel oder Slogan des Podcasts

Tabelle 8-1: Die verschiedenen iTunes-Tags des RSS-Kopfbereichs (Fortsetzung)

iTunes-Tag	Inhalt	Beschreibung
`<itunes:author>`	`Text`	Autor des Podcasts
`<itunes:summary>`	`Text`	kurze Zusammenfassung des Inhalts
`<itunes:owner>`	`Tags`	Autoren-Tag, das die beiden Tags **`<itunes:name>`** und **`<itunes:email>`** umschließt
`<itunes:name>`	`Text`	Angabe des Autors
`<itunes:email>`	`E-Mail-Adresse`	Angabe einer E-Mail-Adresse
`<itunes:image href=" " />`	`URL`	URL für das Podcast-Logo, z.B. **`<itunes:image href="http://www.der15minutenpodcast.de/logo.gif" />`**
`<itunes:category text="Kategorie">`	`Text`	Kategorie des Tags

Die meisten Tags erklären sich von selbst. Besonderes Augenmerk gilt dem `<itunes:category>`-Tag. Eine Auflistung der möglichen Kategorien und Subkategorien sowie die Spezifikation eines iTunes-Podcasts finden Sie unter *www.apple.com/de/itunes/podcasts/techspecs.html*. Einen iTunes-Podcast können Sie in maximal drei Kategorien einordnen. Hat eine Hauptkategorie, in unserem Falle *Technology* und *Arts & Entertainment*, Subkategorien, werden die `<itunes:category>`-Tags ineinander verschachtelt (siehe Beispiel 8-1). Benutzen Sie in Ihrem Podcast vulgäre Sprache und/oder ist er nicht für Kinder und Jugendliche geeignet, dann ändern Sie das `<itunes:explicit>`-Tag und tippen yes ein.

Auch die Items wurden von Apple mit einigen Tags erweitert, die Sie in Tabelle 8-2 sehen:

Tabelle 8-2: Die verschiedenen iTunes-Tags des RSS-Kopfbereichs

iTunes-Tag	Inhalt	Beschreibung
`<itunes:author>`	`Text`	Autor der Folge
`<itunes:subtitle>`	`Text`	Untertitel der Folge
`<itunes:summary>`	`Text`	Kurze Zusammenfassung der Folge
`<itunes:duration>`	`Zeitangabe`	Länge in Minuten (z.B.: 7:04)
`<itunes:keywords>`	`Text`	Schlüsselbegriffe zur Folge
`<itunes:email>`	`E-Mail-Adresse`	Angabe einer E-Mail-Adresse

Wichtig ist das Tag `<itunes:keywords>`. In dem Tag können Sie Schlüsselwörter für den jeweiligen Podcast unterbringen. Über die maximale Anzahl schweigt sich die iTunes-Spezifikation leider aus. Der vollständige iTunes-Podcast-Feed sieht aus wie in Beispiel 8-3 zu sehen. Sie können ihn unter *www.suche-recherche.de/downloads/* herunterladen.

Beispiel 8-3: Ein vollständiger, für iTunes optimierter Beispiel-Feed

```
<?xml version="1.0" encoding="utf-8"?>
<rss xmlns:itunes="http://www.itunes.com/dtds/podcast-1.0.dtd" version="2.0">
<channel>
<ttl>60</ttl>
<title>Der 15-Minuten-Interview-Podcast</title>
<link>http://www.der15minutenpodcast.de</link>
<description>Der 15-Minuten-Interview-
Podcast stellt jede Woche einen neuen Webdesigner oder Programmierer vor.
 Die Interviews führt Diana Trundelberg.</description>
<copyright>Copyright 2006</copyright>
<lastBuildDate>Tue, 05 Sep 2005 12:16:28 GMT</lastBuildDate>
<image>
<url>http://www.der15minutenpodcast.de/logo.gif</url>
<title>15-Minuten-Interview-Podcast-Logo</title>
<link>http://www.der15minutenpodcast.de</link>
<width>144</width>
<height>144</height>
</image>

<language>de</language>
<itunes:explicit>no</itunes:explicit>
<itunes:subtitle>Knackige und aufregende Interviews mit Webdesignern!</itunes:subtitle>
<itunes:author>Diana Trundelberg</itunes:author>
<itunes:summary>Der 15-Minuten-Interview-
Podcast stellt jede Woche einen neuen Webdesigner oder Programmierer vor.
 Die Interviews führt Diana Trundelberg.</itunes:summary>
<itunes:owner>
<itunes:name>Diana Trundelberg</itunes:name>
<itunes:email>diana@der15minutenpodcast.de</itunes:email>
</itunes:owner>
<itunes:image href="http://www.der15minutenpodcast.de/logo.gif" />
<itunes:category text="Technology">
<itunes:category text="Information Technology"/>
</itunes:category>
<itunes:category text="Arts &amp; Entertainment">
<itunes:category text="Design"/>
</itunes:category>

<item>
<title>15-Minuten-Interview mit Markus Koller</title>
<description>In unserem 15-Minuten-Interiew berichtet Markus Koller vom Re-
Design seines Schweizer Podcast-Portals www.starfrosch.ch</description>
<link>http://www.der15minutenpodcast.de/podcast/folge-2.html</link>
<guid>http://www.der15minutenpodcast.de/podcast/folge-2.html</guid>
<pubDate>Tue, 05 Apr 2006 12:16:28 GMT</pubDate>
<enclosure url="http://www.der15minutenpodcast.de/podcast/folge-2.
mp3" length="4435523" type="audio/mpeg" />

<itunes:author>Diana Trundelberg</itunes:author>
<itunes:subtitle>Interview mit Markus Koller</itunes:subtitle>
```

Beispiel 8-3: Ein vollständiger, für iTunes optimierter Beispiel-Feed (Fortsetzung)

```
<itunes:summary>In unserem 15-Minuten-Interiew berichtet Markus Koller vom Re-
Design seines Schweizer Podcast-Portals www.starfrosch.ch.</itunes:summary>
<itunes:duration>7:04</itunes:duration>
<itunes:keywords>podcasting, podcast, interview, webdesign</itunes:keywords>
</item>

</channel>
</rss>
```

Internetquellen zur Feed-Optimierung für iTunes

www.apple.com/de/itunes/podcasts/

www.apple.com/de/itunes/podcasts/faq.html

www.apple.com/de/itunes/podcasts/techspecs.html

Mit WordPress einen Podcast-Feed erstellen

Es gibt nichts Einfacheres, als mit WordPress einen eigenen Podcast-Feed zu erstellen, weil das Weblog-System selbstständig das für Podcasts wichtige <enclosure>-Tag in den Feed einfügt. Um einen eigenen Podcast-Feed zu erstellen, müssen Sie lediglich die folgenden Schritte vornehmen: Erstellen Sie zunächst eine neue Kategorie mit dem Namen »Podcast«. Legen Sie dann einen neuen Artikel an, indem Sie auf *Schreiben* klicken. Geben Sie dem Artikel einen aussagekräftigen Titel und kopieren Sie den absoluten Link zur MP3-Datei in das Feld *Beitrag*. Veröffentlichen Sie den Beitrag, und WordPress übernimmt den Rest.

> Achten Sie darauf, dass der Link mit *http://* beginnt, da MP3s auf FTP-Servern von Podcatchern in der Regel nicht aufgerufen werden können.

Der Link zur MP3-Datei befindet sich nun im <enclosure>-Tag des Podcast-Feeds. Den Podcast-Feed finden Sie unter der URL *www.website.de/wordpress/feed*. Da dies der allgemeine RSS 2.0-Feed mit allen Weblog-Einträgen ist, möchten Sie vielleicht einen gesonderten Feed anbieten, der nur Ihre Podcasts beinhaltet. Auch das ist mit WordPress möglich. Innerhalb der URL müssen Sie WordPress lediglich anweisen, einen Feed für eine spezielle Rubrik zu erstellen – in diesem Fall unsere Podcast-Rubrik. Die URL lautet dann *www.website.de/wordpress/feed/?category_name=Podcast*.

Die Podcast-Vorhörfunktion

Neben einem Podcast-Feed sollten Sie auf jeden Fall auch eine Vorhörfunktion plus Link zum direkten Download auf Ihrer Website anbieten. Für das so genannte Audio-Streaming, also das kontinuierliche Übertragen von Audiodaten, stehen Ihnen zahlreiche Möglichkeiten zur Verfügung. Da Ihr Podcast bereits als MP3-Datei vorliegt, empfehle ich Ihnen zwei Lösungen: entweder das M3U-Format zu nutzen oder die MP3s mit Flash abzuspielen. Beide Formate können Sie ohne große Probleme erstellen und anbieten. Außerdem brauchen Sie das MP3 nicht zu konvertieren, was Ihnen eine Menge Arbeit erspart.

Streaming mit M3U-Playlists

Eine M3U-Datei ist eine Playlist in Form einer einfachen Textdatei, die Sie mit jedem Texteditor anlegen und editieren können. In der Textdatei selbst werden die direkten Links zu MP3-Dateien abgelegt, damit diese gestreamt werden können. Ob die Dateien auf Ihrem Rechner liegen oder im Internet, ist erst einmal egal. Hauptsache, das Abspielprogramm kann die Datei aufrufen. Streaming per M3U-Datei unterstützen alle relevanten Programme wie z.B. Windows Media Player, iTunes oder Winamp. Die Programme können über das M3U-Format MP3s direkt empfangen und abspielen.

> Mit Hilfe von Winamp lassen sich komfortabel eigene Playlists generieren und abspeichern. Das funktioniert auch mit URLs von MP3-Dateien im Internet.

Damit eine M3U-Datei im Internet funktioniert, müssen sowohl die Playlist-Datei als auch die zugehörigen MP3s im Internet vorliegen. Die *M3U*-Datei selbst ist wie folgt aufgebaut und kann eigenhändig eingetippt werden:

```
#EXTM3U
#EXTINF:221,Flummi Podcast - Ausgabe 1
http://www.website.de/mp3/flummi-podcast-nr-1.mp3
#EXTINF:473,Flummi Podcast - Ausgabe 2
http://www.website.de/mp3/flummi-podcast-nr-2.mp3
#EXTINF:264,Flummi Podcast - Ausgabe 3
http://www.website.de/mp3/flummi-podcast-nr-3.mp3
```

Jede M3U-Playlist startet in der ersten Zeile mit der Deklaration `#EXTM3U`. Dadurch bekommt die Player-Software mit, um welches Playlist-Format es sich handelt. Die darauf folgenden Zeilen bilden dann immer ein Paar. Die erste Zeile beginnt mit `#EXTINF:` und bietet Metainformationen zur Dauer des MP3s in Sekunden und den jeweiligen Titel. In der zweiten Zeile folgt dann der absolute oder relative Pfad, der auf das MP3 verweist. In unserem Fall wäre das ein direkter Link auf ein MP3 im Internet. Ein solches Doppelpaar könnte dann wie folgt aussehen:

```
#EXTINF:422,Flummi Podcast - Ausgabe 5
http://www.website.de/mp3/flummi-podcast-nr-5.mp3
```

Damit Besucher nun in den Genuss des Streams kommen, müssen Sie auf Ihrer Website nur noch einen Link auf die M3U-Datei setzen, nachdem Sie sie hochgeladen haben. Klickt ein Surfer auf diesen Link, sollte sich im Normalfall der per Systemsteuerung festgelegte Musik-Player öffnen und die Playlist starten und streamen. Um Missverständnissen auf Empfängerseite vorzubeugen, ist ein aussagekräftiger Link, der auf ein kommendes Streaming hinweist, empfehlenswert. Der Link könnte z.B. so aussehen:

```
<a href="http://www.website.de/podcast-playlist.m3u">Podcast-
Stream per m3u starten! (Modem-optimiert)</a>
```

Flash-Audio-Streaming mit Netaudio Simplay

Netaudio Simplay ist der einfachste Weg, mit Hilfe von Flash ein MP3 im Internet abzuspielen. Dazu benötigen Sie lediglich das Abspielmodul *simplay_player.swf*. Um den Komfort von Netaudio Simplay zu erhöhen, wird zum Abspielmodul auch ein Reglermodul namens *simplay_control.swf* mitgeliefert. Mit Hilfe des Reglermoduls kann der Besucher auf der Website die Lautstärke beeinflussen sowie die Musikwiedergabe stoppen und starten. Werden auf einer Webseite mehrere Abspielmodule benutzt, muss das Reglermodul miteingebaut werden. Da es sich bei jedem Abspielmodul um eine eigene Flash-Datei handelt, wird das Reglermodul benötigt, um die einzelnen Komponenten untereinander zu koordinieren. In Aktion tritt das Reglermodul vor allem dann, wenn gleichzeitig zu einem laufenden Audio-Streaming ein zweiter Stream gestartet wird. Das Reglermodul greift in einem solchen Moment ein und stoppt die Wiedergabe des gerade laufenden MP3s und startet den neuen Stream. Dadurch spielen nie gleichzeitig mehrere Streams.

Ein besonders hilfreiches Feature von Netaudio Simplay ist das so genannte *Skinning*. Es erlaubt Ihnen, die Buttons und Grafiken des Players selbst zu gestalten und auf das Aussehen Ihrer Website zuzuschneiden. Das ist mit Hilfe einer XML-Steuerdatei möglich, auf die Netaudio Simplay zurückgreift. Die XML-Steuerdatei verknüpft die Grafiken für die Schaltflächen mit dem Flash-Player.

Um Netaudio Simplay zu installieren, entpacken Sie einfach das ZIP, das Sie unter *http://phlow.de/netaudio-player/simplay/* kostenlos herunterladen können. Laden Sie den Ordner *simplay* anschließend auf Ihren Server hoch. Rufen Sie das Verzeichnis unter *www.ihre-website.de/simplay/* auf. Da in der *index.html*-Datei bereits Netaudio-Musik verlinkt ist, sollte sich das Audio-Streaming per Klick auf einen der jeweiligen Play-Buttons starten lassen.

Aufbau und Funktionen von Netaudio Simplay

Netaudio Simplay besteht aus den zwei Flash-Komponenten *simplay_player.swf* und *simplay_control.swf* sowie den dazugehörigen XML-Dateien. Möchten Sie auf einer Webseite nur ein MP3 abspielen, so genügt der Einsatz des *simplay_player.swf*-Moduls. Das Steuern der Lautstärke direkt auf der Website ist dem Besucher dann jedoch nicht möglich.

Um ein MP3 abzuspielen, muss lediglich die MP3-Datei aufgerufen werden. Dabei kann die Datei über eine URL oder mit dem Dateinamen verlinkt werden. Entscheiden Sie sich für Letzteres, muss die MP3-Datei im selben Ordner wie Simplay liegen. Der Code lautet dann bei einem MP3 namens *musik.mp3* wie folgt:

```
simplay_player.swf?audiofile=musik.mp3
```

Möchten Sie ein MP3 per URL verlinken, das unter *http://www.website.de/mp3/musik.mp3* zu finden ist, dann geben Sie einfach diesen Code ein:

```
simplay_player.swf?audiofile=http://www.website.de/mp3/musik.mp3
```

Um die beiden Flash-Komponenten in Ihre eigenen Webseiten integrieren können, müssen Sie die Code-Schnipsel aus Beispiel 8-4 und 8-5 in Ihre XHTML-Seite einbauen. Den Code platzieren Sie an der Stelle, an der der Player im Layout angezeigt werden soll. Wenn Sie WordPress nutzen, können Sie die Code-Schnipsel auch direkt in das Textfeld eines Eintrages kopieren. Dazu müssen Sie jedoch den Editor TinyMCE in Ihrem Benutzerprofil ausschalten, da er den Code-Schnipsel nicht anzeigt. Entfernen Sie darüberhinaus alle Zeilenumbrüche des Codes, da WordPress sonst automatisch das XHTML-Tag `<br/>` für einen Zeilenumbruch einfügt.

Beispiel 8-4: So integrieren Sie die Flash-Komponenten simplay_player.swf und simplay_control.swf in Ihre Website

```
<object classid="clsid:D27CDB6E-AE6D-11cf-96B8-444553540000" codebase="http://download.
macromedia.com/pub/shockwave/cabs/flash/swflash.
cab#version=6,0,29,0" width="200" height="20">

<param name="movie" value="simplay_player.swf?audiofile= musik.mp3?">
<param name="quality" value="high">
<embed src="simplay_player.swf?audiofile= musik.mp3" quality="high" pluginspage="http:/
/www.macromedia.com/go/getflashplayer" type="application/x-shockwave-
flash" width="200" height="20"></embed>

</object>
```

Beachten Sie, dass *simplay_player.swf* jeweils zweimal aufgerufen werden muss, nämlich im `<param>`-Tag über das Attribut `value` und im `<embed>`-Tag über das Attribut `scr`. Um das *simplay_control.swf*-Modul einzusetzen, benötigen Sie den Code aus Beispiel 8-5.

Beispiel 8-5: So setzen Sie das Modul simplay_control.swf ein.

```
<object classid="clsid:D27CDB6E-AE6D-11cf-96B8-444553540000" codebase="http://download.
macromedia.com/pub/shockwave/cabs/flash/swflash.
cab#version=6,0,29,0" width="200" height="20">

<param name="movie" value="simplay_control.swf">
<param name="quality" value="high">
<embed src="simplay_control.swf" quality="high" pluginspage="http://www.macromedia.com/
go/getflashplayer" type="application/x-shockwave-flash" width="200" height="20"></
embed>

</object>
```

Auch hier müssen Sie darauf achten, dass der Pfad zur Datei *simplay_control.swf* zweimal vorkommt.

controlconfig.xml und playerconfig.xml: Konfiguration von Simplay

Über die beiden Dateien *controlconfig.xml* und *playerconfig.xml* konfigurieren Sie das Abspiel- und das Controller-Modul von Simplay. In beiden Dateien finden Sie das Attribut `GUIfile`. `GUIfile` gibt den relativen Pfad zur Skinning-Datei *skin.xml* an. Wenn Sie die Verzeichnisstruktur der ZIP-Datei beibehalten, benötigen Sie keine Bearbeitung dieses Attributs. Hilfreich ist dagegen das `<audiofiles>`-Tag, über das Sie einen relativen Pfad zu den auf dem Server liegenden MP3s angeben können. Geben Sie hier einen Pfad an, muss dieser nicht im Quellcode des `<object>`-Tags auftauchen. Rufen Sie über die Datei *simplay_player.swf* jedoch MP3s über eine absolute URL auf, muss das Attribut path des `<audiofiles>`-Tag leer sein, wie im folgenden Beispiel:

```
<?xml version='1.0' encoding='UTF-8'?>
<config>
    <GUIfile path="simplay/skins/skin.xml"/>
    <audiofiles path=""/>
</config>
```

Ändern Sie die Datei nur, wenn Sie die eigentlichen Dateien in anderen Ordnern unterbringen wollen. Achten Sie darauf, dass sie die XML-Datei im UTF-8-Format abspeichern, ansonsten kommt es zu Problemen.

Skinning: Ein eigenes Design für Netaudio Simplay

Damit Netaudio Simplay zu jeder Website passt, kann man den Player nach seinen eigenen Wünschen gestalten. Dabei greift der Player auf die Datei *skin.xml* zu. Dort verlinken Sie die JPG-Grafiken, die der Player für die angezeigten Buttons und den Hintergrund benutzt. Außerdem können Sie die Position, Größe und Farbe des Streaming-Balkens bestimmen. Innerhalb von *skin.xml* kommen folgende Tags zum Einsatz:

- `background` beinhaltet den Link zum Hintergrundbild
- `playbutton` beinhaltet die Links für den Abspielknopf
- `up_pic`: Grafik für den Normalmodus
- `over_pic`: Grafik, wenn der Mauszeiger über den Knopf fährt
- `down_pic`: Grafik, wenn der Button geklickt wird
- `x`: Koordinate für die x-Position
- `y`: Koordinate für die y-Position
- `pausebutton` beinhaltet die Links für den Pauseknopf
- `up_pic`: Grafik für den Normalmodus
- `over_pic`: Grafik, wenn der Mauszeiger über den Knopf fährt
- `down_pic`: Grafik, wenn der Button geklickt wird
- `x`: Koordinate für die x-Position
- `y`: Koordinate für die y-Position
- `statusbar` beinhaltet die Parameter für die Gestaltung des Streaming-Balkens
- `backcolor`: Hintergrundfarbe
- `streamcolor`: Statusfarbe für den erfolgten Download der MP3-Datei
- `poscolor`: Postionsfarbe der bereits abgespielten MP3-Datei
- `x`: Koordinate für die x-Position
- `y`: Koordinate für die y-Position
- `w`: Breite des Streaming-Balkens
- `h`: Breite des Streaming-Balkens

Die gesamte *skin.xml*-Datei ist dann aufgebaut, wie in Beispiel 8-6 zu sehen.

Beispiel 8-6: Passen Sie Netaudio Simplay über die Datei skin.xml an das Design Ihrer Website an.

```
<?xml version='1.0' encoding='UTF-8'?>
<GUI>
<background back_pic="simplay/skins/background.jpg"/>
<controls>

<playbutton up_pic="simplay/skins/play_up.jpg" over_pic="simplay /skins/play_over.
jpg" down_pic="simplay/skins/play_down.jpg" x="2" y="2"/>

<pausebutton up_pic="simplay/skins/pause_up.jpg" over_pic="simplay/skins/pause_over.
jpg" down_pic="simplay/skins/pause_down.jpg" x="2" y="2"/>

<statusbar backcolor="DDDDDD" streamcolor="CCCCEE" poscolor="9999FF" x="24" y="6" w="17
0" h="10"/>

</controls>
</GUI>
```

Nicht ganz so komplex ist die *skin.xml*-Datei des Controllers aufgebaut, weil dieser weniger Grafiken benötigt. Um einen eigenen Player zu bauen, müssen Sie mit Hilfe eines Bildbearbeitungsprogramms nur noch eigene Grafiken entwerfen und in das *skins*-Verzeichnis hochladen. Anschließend öffnen Sie *skin.xml* und verlinken die JPG-Bilder und geben Ihre jeweilige Größe an.

Play Tagger: MP3s mit del.icio.us abspielen

Einfacher und weniger individuell lassen sich MP3s mit dem Play Tagger von del. ioci.us abspielen. Der Play Tagger funktioniert im Gegensatz zu Netaudio Simplay mit JavaScript. Dieses platzieren Sie zwischen den `<head>`-Tags Ihrer Website. Der Code lautet wie folgt:

```
<script type="text/javascript" src="http://del.icio.us/js/playtagger"></script>
```

Wurde das Script mit der Website geladen, durchsucht es den Quellcode nach Links zu MP3-Dateien. Werden eine oder mehrere Dateien gefunden, verwandelt das Skript den einfachen Link in einen kleinen Flash-Player um (siehe Abbildung 8-2). Besucher Ihrer Website können mit diesem Player direkt das MP3 auf Ihrer Website anhören. In der Praxis bedeutet das, dass Sie einfach einen Link zu Ihrem Podcast im Eintragsfeld Ihres Weblogs platzieren. Zum Beispiel so:

```
<a href="http://www.website.de/mp3/flummi-podcast-nr-1.mp3
">MP3, 10:19, 4,7 MB</a>
```

Abbildung 8-2: Ein Link zu einem MP3 genügt: Das Play Tagger-JavaScript verwandelt den Link automatisch in einen Flash-Player.

Wird die Seite aufgerufen, lädt der Browser das Play Tagger-Script von der del.icio. us-Website nach und verwandelt den einfachen Link in ein abspielbares MP3. Die Technik hat zwei Knackpunkte: Einerseits werden für das Audio-Streaming Java-

Script und Flash benötigt, und andererseits kann es auf der Website zu Verzögerungen kommen. Liefert die Website von del.icio.us das Script nicht aus, kann Ihr Podcast nicht abgespielt werden. Leider schweigt sich die Hilfe von del.icio.us darüber aus, ob man das Script samt Flash-Player auch auf dem eigenen Webspace ablegen darf.

Den eigenen Podcast per Podcatcher testen

Auch wenn Sie Ihren RSS-Feed wie empfohlen mit dem Feed Validator überprüft haben, empfiehlt sich ein abschließender Test mit einem Podcatcher. Denn der Feed Validator überprüft nicht, ob der Link zum MP3 richtig gesetzt wurde und ob das MP3 per Podcatcher downloadbar ist. Um den Feed mit einem Podcatcher zu überprüfen, brauchen Sie ein geeignetes Programm. Arbeiten Sie mit Windows, so können Sie unter anderem den RSS-Reader mit Podcatcher-Funktion namens Feed-Demon testen, der im Abschnitt »Recherche im Internet« in Kapitel 9, *Die Online-Recherche*, vorgestellt wird. Neben diesem kostenpflichtigen Aggregator gibt es aber auch jede Menge frei erhältliche Podcatcher. Durchgesetzt hat sich hier vor allem Juice (siehe Abbildung 8-3).

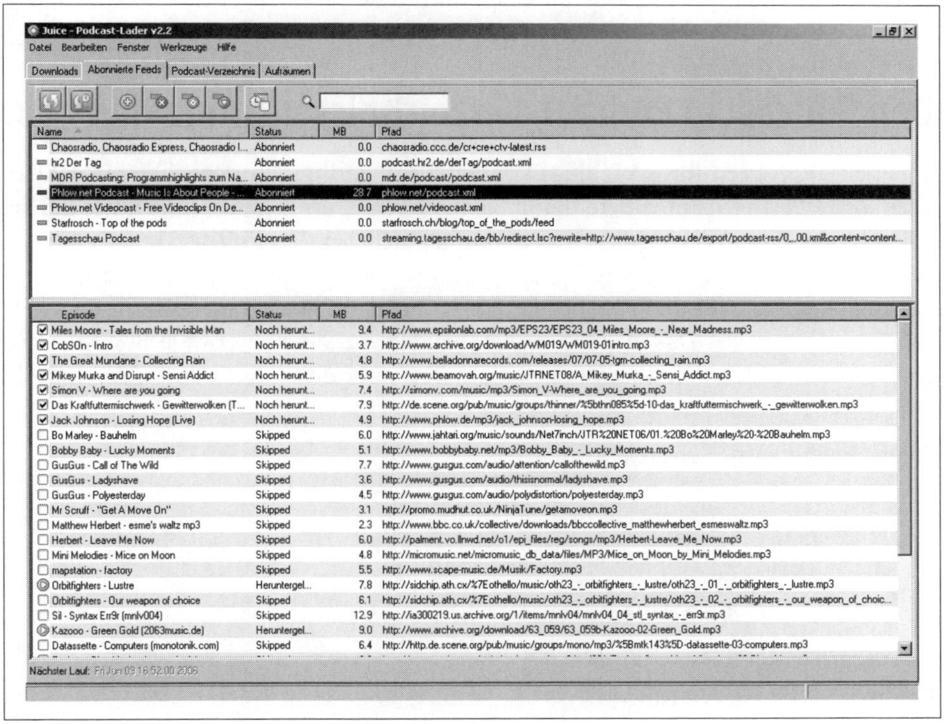

Abbildung 8-3: Juice gehört zu den beliebtesten Podcatchern.

Juice ist ein Open Source-Podcatcher, der für Windows, Mac OS X und Linux in 15 Sprachen vorliegt. Das Programm finden Sie unter *http://juicereceiver.sourceforge.net/* zum freien Download. Nach der Installation können Sie Ihren Podcast über das Menü *Werkzeuge → Hinzufügen Feed...* oder über den grünen Plus-Button in der Menüleiste unter *Abonnierte Feeds* hinzufügen. Dafür brauchen Sie nichts weiter als die URL des Feeds. Wurde der Podcatcher nicht in deutscher Sprache gestartet, so stellen Sie die Sprache unkompliziert über *Tools → Select Language* ein.

Wenn Sie gleich mehrere Podcasts abonnieren wollen, finden Sie unter *www.phlow.de/blogpeople/downloads/* eine kleine, aber feine Auswahl an Feeds. Laden Sie dort die OPML-Datei *podcast_rss_feeds.opml* herunter und importieren Sie die Liste über das Menü *Datei → Feeds aus OPML importieren*. Was eine OPML-Liste ist, erfahren Sie im Abschnitt »Recherche im Internet« in Kapitel 9, *Die Online-Recherche*.

Startet Juice nach der Eingabe der URL nicht automatisch den Download des MP3s, dann helfen Sie dem Programm auf die Sprünge, indem Sie die Taste F6 drücken. Alternativ können Sie die Catch-Up-Funktion über das Menü *Werkzeuge → Nur letzten Eintrag laden* starten. Nach Aufruf lädt die Funktion dann jeweils den ersten Podcast eines abonnierten Feeds herunter.

Den Podcast in Podcast-Verzeichnissen anmelden

Wie beim RSS-Feed Ihres Weblogs können Sie auch Ihren Podcast-Feed in zahlreichen Verzeichnissen anmelden, damit Sie neue Hörer erreichen. Ähnlich wie bei der Anmeldung Ihres Weblog-Feeds können Sie auch bei den Podcast-Verzeichnissen eine eigene Beschreibung des Podcasts unterbringen. Hierfür gelten die gleichen Überlegungen wie für den RSS-Feed Ihres Weblogs (siehe dazu den Abschnitt »RSS-Feeds« in Kapitel 2, *Das Weblog vernetzen*). Haben Sie eine griffige Beschreibung geschrieben, melden Sie Ihren Podcast am besten in den folgenden Verzeichnissen an:

Deutsche Podcast-Websites

www.podcast.de

www.ipodder.de

www.podster.de

http://wiki.podcast.de/Hauptseite

http://wiki.podcast.de/Rechtliches

Englische Podcast-Websites

www.castregister.com

www.downloadradio.org

http://audio.weblogs.com

http://theovernightscape.com/newtimeradio

www.ipodder.org

www.podcastalley.com

www.podcastcentral.com

www.podcastdirectory.com

www.podcast.net

www.podcastpickle.com

www.podshow.com

Internet-Quellen und Buchtipps

Buchtipps

Podcasting. Das Buch zum Audiobloggen von Annik Rubens
O'Reilly 2006, ISBN 3-89721-459-8

Podcasting Hacks - Tips and Tools for Blogging Out Loud von Jack Herrington
O'Reilly 2005, ISBN 0-596-10066-3

Podcasting Pocket Guide von Kirk McElhearn, Richard Giles, Jack D. Herrington
O'Reilly 2006, ISBN 0-596-10230-5

Online-Werkzeuge zum Thema RSS

RSS-Code-Generator
www.webdevtips.com/webdevtips/codegen/rss.shtml

RSS-Validator
www.feedvalidator.org

RSS-Feed-Generator-Programm
www.softwaregarden.com/products/listgarden/

Weiterführende Informationen und Skripten

RSS 2.0-Spezifikation (englisch)
http://blogs.law.harvard.edu/tech/rss

RSS mit PHP einbauen - MagpieRSS
http://magpierss.sourceforge.net

Podcast-Software und Podcatcher

Juice – Windows, Mac OS X, Linux
http://juicereceiver.sourceforge.net

doppler – Windows, Pocket PC/ Windows Mobile
www.dopplerradio.net

Nimiq – Windows
www.nimiq.nl

jPodder – Windows, Mac OS X, Linux
www.jpodder.com

Teil 3: Online-Journalismus

In diesem Kapitel:

- Journalistische Sorgfaltspflicht
- Recherche im Internet
- Recherche in der Blogosphäre
- Die Zukunft der Online-Recherche

KAPITEL 9

Die Online-Recherche

Gesprochene und geschriebene Beiträge mögen auf den ersten Blick unterschiedlich sein, aber es gibt eine ganze Menge Gemeinsamkeiten zwischen ihnen. Wie Sie schon in den vorangegangenen Kapiteln gelesen haben, ist das Fundament eines guten Beitrags die Vorbereitung. Das gilt sowohl für Weblogs als auch für Podcasts. Denn ob Sie sich für ein ausformuliertes Manuskript entscheiden, das Sie während der Sendung vorlesen, oder ob Sie frei anhand Ihrer Notizen moderieren – die Struktur der Sendung sollte vor Beginn der Aufnahme in den Grundzügen feststehen. Das erleichtert es Ihnen, sich während der Aufnahme voll auf das Sprechen zu konzentrieren, darüber aber keine wichtigen Informationen zu vergessen oder beim Sprechen den Faden zu verlieren. Auch Weblog-Artikel wollen gut strukturiert sein. Auch hier überlegen Sie sich im Vorfeld, welche Form der Artikel etwa haben soll, mit welcher Information Sie eröffnen wollen oder welche Aspekte Sie besonders hervorheben möchten.

Die Grundlage für jeden guten Beitrag bildet die vorherige Recherche. Um interessante Artikel zu schreiben und fundierte Podcasts zu produzieren, benötigen Sie gut recherchierte Hintergrundinformationen. Suchmaschinen, RSS und Recherchewerkzeuge wie GoogleAlert greifen Ihnen dabei hilfreich unter die Arme. Deswegen widme ich mich zu Anfang dieses Kapitels ausführlich modernen wirkungsvollen Recherchewerkzeugen. Gleichzeitig erhalten Sie eine Fülle an Tipps, um Informationen aufzuspüren und zu filtern. Außerdem zeige ich Ihnen, wie Sie Nachrichten über Ihre Lieblingsthemen und Fachgebiete mit News-Aggregatoren in Echtzeit auf dem Radar behalten.

Die Recherche steht am Anfang jedes journalistischen Beitrags und beinhaltet die systematische Beantwortung aller zentralen Fragen zu einem bestimmten Thema. Wenn Sie beim Verfassen eines Beitrags bemerken, dass Ihnen selbst noch Stellen unklar sind, sollten Sie weiterforschen und nach eindeutigeren Fakten, Tatsachen und Informationen recherchieren. Erst wenn Sie alle sieben W-Fragen (Wer? Was? Wann? Wo? Wie? Warum? Woher?) in Ihrem Beitrag beantworten können, können Sie davon ausgehen, dass Sie genug recherchiert haben. Darum ist die Recherche eine ständige Herausforderung, der man sich stellen muss. Wer auf die Recherche verzichtet, nimmt seine Arbeit als Journalist nicht ernst.

Neben solidem Handwerkszeug ist vor allem ein bestehendes Netzwerk hilfreich bei der Recherche. Experten, Kollegen oder Bekannte können oft mit weiterführenden Tipps und Informationen weiterhelfen. Wer sich über ein Netzwerk mit Gleichgesinnten und Interessierten verzahnt, erfährt Hintergründe und erhält kontinuierlich neue Informationen. Machen Sie dabei nicht den Fehler und halten Sie recherchierte Informationen in Gesprächen mit Kollegen und Experten zurück. Wer in Diskussionen eigene Informationen weitergibt, bereichert andere und erhält im nächsten Schritt selbst wieder wertvolle Neuigkeiten.

Auch wenn in vielen Büchern die Internetrecherche immer noch als unsicher gilt, wächst mit jedem Tag das digitale globale Gedächtnis. Nachrichtenarchive wachsen zu einem immer großartigeren Informations-Pool für eine fundierte Recherche heran. Neben den Websites großer Fernsehsender bieten Zeitungen und Zeitschriften eine hervorragende Quelle bei der Suche nach Informationen. In einigen Fällen ist die Suche im Archiv kostenpflichtig, die Gebühren sind aber durchaus tragbar. Angereichert mit immer mehr Fachberichten, wissenschaftlichen Dossiers und Bibliografien bilden auch Websites großer Universitäten weltweit einen hervorragenden Ausganspunkt für die Recherche. Für eine erste Orientierung ist auch die digitale Enzyklopädie Wikipedia (*www.wikipedia.org*) hilfreich, die Artikel zu nahezu jedem Themengebiet aufweist. Als Quelle eignet sich nur bedingt, da jeder Internetuser Beiträge verfassen und online stellen kann. Dennoch sind die Informationen von sehr guter Qualität und können mit den großen traditionellen Enzyklopädien durchaus mithalten. Schließlich hilft auch eine gut sortierte Linkliste, die Sie auf einer seriösen Website finden, um neue Themen, aktuelle Trends und Nachrichten zu entdecken.

Diese Tatsachen und Informationswelten schließen jedoch nicht die Offline-Recherche aus. Am Telefon oder im direkten Gespräch ergeben sich zahlreiche Fakten, die Sie so im Netz nie finden würden. Ganz gleich, ob Sie Experten, Künstler, Pressevertreter, Betroffene eines Ereignisses oder andere Menschen bei einer Recherche befragen – in Interviews ergeben sich oft detailliertere und hilfreichere Informationen als aus einer reinen Internetrecherche. Auf diese Weise erhalten Sie auch Kommentare und Zitate, die Ihren Beitrag bunter, facettenreicher und lebendiger werden lassen.

In diesem Buch beschäftige ich mich ausschließlich modernen Recherchetechniken im Internet. Die Behandlung der klassischen journalistischen Recherchewege wäre zu umfangreich, um sie auf wenigen Seiten abzuhandeln. Wenn Sie sich stärker mit den Offline-Recherchemöglichkeiten auseinandersetzen wollen, finden Sie eine Liste mit Literaturempfehlungen am Ende dieses Kapitels.

Journalistische Sorgfaltspflicht

Wenn man Texte verfasst, recherchiert und mit Menschen Interviews führt, stößt man früher oder später auf Informationen, die sich als falsch oder missverständlich erweisen. Besonders in der Blogosphäre sind Gerüchte, Mutmaßungen und (gegenseitige) Verdächtigungen weit verbreitet. Kein Wunder also, dass die Blogger-Gemeinde den Beinamen »Ritter der Schwafelrunde« erhalten hat.

Wer in seinen Beiträgen schlecht recherchiertes Material verbreitet, verstößt gegen ein wichtiges Grundprinzip des Journalismus, das Berufsethos. Darüber hinaus gehören journalistische Sorgfaltspflichten aber auch zu den rechtlichen Anforderungen an Medienmacher, so dass bei Nichtbefolgen zivil- und strafrechtliche Folgen drohen. Mehr hierzu finden Sie im Abschnitt »Presserechtliche Sorgfaltspflichten« in Kapitel 18, *Medienrecht*. Mit schlampigen Recherchen oder leichtfertig verbreiteten Behauptungen können ganze Existenzen (ob privater oder unternehmerischer Art) innerhalb kürzester Zeit Schaden nehmen und schlimmstenfalls sogar zerstört werden. Vor solchen Folgen schützt nur eine sorgfältige Recherche der verbreiteten Informationen.

Ganz besondere Vorsicht ist dann geboten, wenn es sich beim Informationsmaterial nicht um gesicherte Tatsachen, sondern um einen bloßen Verdacht handelt. Es gelten dann die strengen Regeln der Verdachtsberichterstattung, die erhöhte Anforderungen an Sorgfalt und Fairness des Journalisten stellen. Mehr hierzu finden Sie im Abschnitt »Presserechtliche Sorgfaltspflichten« in Kapitel 18, *Medienrecht*.

Recherche im Internet

Das Internet ist eine hervorragende Quelle, wenn es darum geht, Informationen zu sammeln und zu vertiefen. Insbesondere dann, wenn es um allgemeine Themen geht, eignen sich Suchmaschinen am besten für den Einstieg in die Recherche. Mit einem Marktanteil von mehr als 80% ist Google die unbestrittene Nummer Eins im Suchmaschinenwettbewerb. Der Datenkrake bietet zahlreiche Suchwerkzeuge für die Text-, Bild- und Mediensuche. Trotzdem gibt es mehr als nur Google, denn andere Suchriesen wie Yahoo! oder MSN haben ganz ähnliche Dienste im Angebot. Auf der Jagd nach dem einzigartigen Suchalgorithmus benutzen die Suchmaschinen verschiedene, aber oft auch ähnliche Techniken. Eine Recherche auf Google erzielt nicht dieselben Ergebnisse wie eine Suche auf Yahoo!. Darum sollten Sie bei der Recherche auf verschiedene Services zugreifen, um einen guten Überblick zu erhalten. Wichtig ist in erster Linie, sich darüber klar zu werden, was man eigentlich sucht. Denn für zahlreiche Themen gibt es auch verschiedene Wege. Suchen Sie z.B. Topthemen der Weblog-Szene weltweit, so ist die Google-Suche nicht die erste Wahl. Hier wären die spezialisierten Services von Technorati oder Feedster ein sinnvollerer Anlaufpunkt. Oder möchten Sie sich vielleicht einen Überblick über

Online-Musikmagazine verschaffen? Auch hier wäre die Suchmaske der Suchriesen zu vermeiden. Denn von Redakteuren erstellte Webkataloge wie *www.dmoz.org* bieten in einem solchen Fall eine größere und besser strukturierte Übersicht. Oder Sie bewegen sich eine Ebene höher und konsultieren die Meta-Suchmaschinen, die gleich mehrere Suchanfragen an verschiedene Maschinen starten und ein eigenes Ergebnis daraus erzielen.

In diesem Kapitel lernen Sie, für die verschiedenen Anfragen unterschiedliche Techniken anzuwenden. Versuchen Sie, sich vor Ihrer Suche immer kurz zu fragen: Welcher Service bringt mir für meine Recherche die nützlichsten Antworten?

Mit Suchmaschinen suchen

In die Suchmaske von Google lassen sich nicht nur Wörter eingeben, sondern Sie können sie bspw. auch als Taschenrechner nutzen. Oder geben Sie doch einfach mal die folgende Suchanfrage ein: ISBN 3832179054. Die Ergebnisse sollten Sie zum wunderbaren Buch *Hard-boiled Wonderland und das Ende der Welt* von Haruki Murakami (Dumont Literatur und Kunst Verlag) führen. Noch ein weiteres erstaunliches Ergebnis erhalten Sie bei dem folgenden Suchbefehl (der jedoch nur unter *www.google.com* funktioniert): Die Anfrage `from berlin to helsinki` öffnet unterhalb der Suchmaske eine weitere Maske, in der Sie den Zeitpunkt des Abflugs (Departing) und des Rückflugs (Returning) bestimmen können, um anschließend über einen der aufgelisteten Reiseveranstalter ein Angebot zu erhalten.

Alle drei Beispiele verdeutlichen, dass die Suchmaske einer Suchmaschine viel mehr ermöglicht als das bloße Eingeben von Suchbegriffen. Denn sämtliche Maschinen ermöglichen die Verfeinerung bzw. das Eingrenzen der Ergebnisse mit Hilfe von Befehlen und Operanden. Mit diesen lassen sich Begriffe verknüpfen und ausschließen, nur bestimmte Dokumenttypen anzeigen, auf Wunsch nur eine Domain durchsuchen, und, und, und ...

Sie können die Operanden bei der Erforschung des Webs auch sinnvoll untereinander kombinieren, um gezielt Dateien, Texte, Bilder, Anleitungen, Nachrichten, Artikel oder Sounds zu finden. Möchten Sie z.B. das Musikstück »I can't stop« von Paul Keeley aus dem Internet als MP3 herunterladen, eignet sich der folgende Suchbefehl bei Yahoo! sowie Google:

```
site:epsilonlab.com "paul keeley" "i can't stop" mp3
```

Um Operanden wie in diesem Beispiel erfolgreich zu kombinieren, muss man als Inhaltsfahnder erst einmal die möglichen Befehle kennen. Glücklicherweise ähneln sich diese bei den unterschiedlichen Suchmaschinen, und man ist nicht immer genötigt, für jede Suchmaschine neue Kommandos zu lernen. Im Folgenden möchte ich Sie mit den üblichen Befehlen vertraut machen, die beim Wühlen im globalen Datenberg äußerst hilfreich sein können.

Die Suchoperanden AND, OR und NOT

Wenn Sie sich auf die Suche begeben, erreichen Sie die besten Ergebnisse oft, indem Sie rückwärts vorgehen. Geben Sie bei Ihrer ersten Suchanfrage so viele Suchwörter wie möglich an, aber mindestens drei, wodurch Sie die Anzahl der Suchergebnisse um einiges reduzieren. Sollte die Suchmaschine keinerlei Dokument(e) mit den jeweiligen Begriffen finden, löschen Sie einen Begriff Ihrer Suchkette, der nicht so wichtig ist, und versuchen es erneut. So pirschen Sie sich langsam an gute Ergebnisse heran.

Bei der Suche hat immer derjenige den größten Erfolg, der nach spezialisierten Inhalten sucht. Für nicht so häufig verwendete Begriffe lassen sich schneller Ergebnisse erzielen als für herkömmliche. Mit Hilfe von Operanden kann man jedoch seine Suche verfeinern. Zu den gängigsten Operanden gehören AND, OR und NOT. Bei der Sucheingabe gibt man die Begriffe jeweils in Großbuchstaben ein.

Der Operand AND (»und«) wird von Suchmaschinen dabei automatisch zwischen eingegebenen Suchbegriffen eingefügt. Werden in der Suchmaske drei Begriffe eingegeben, werden diese miteinander verknüpft und die jeweilige Suchmaschine sucht Dokumente, in denen diese Begriffe auftauchen. An Stelle von AND können Sie die Suche aber auch durch ein OR (»oder«) ergänzen. Sinnvoll ist der OR-Operand z.B., um gleichzeitig nach der Singular- und der Pluralform eines Worts zu suchen. Dadurch vergrößern Sie den Radius der Suche. Im Gegensatz dazu schließen Sie mit dem NOT-Operanden (»nicht«) Begriffe von der Suche aus. Recherchieren Sie z.B. über einen Star und wollen sämtliche Seiten mit den Begriffen *Sex* und *Porn* ausschließen, so hilft Ihnen NOT. Um NOT in Suchmaschinen wie Google, Yahoo!, MSN oder Ask.com nutzen, reicht ein Minuszeichen vor dem jeweiligen Begriff:

```
pamela anderson -sex -porn
```

Ein weiterer hilfreicher Befehl bei der Suche sind Anführungsstriche. Suchen Sie nach einem Zitat oder einem genauen Wortlaut, dann setzen Sie alles in Anführungsstriche. Wer behauptete noch »Gott würfelt nicht!«? Fragen Sie einfach die Suchmaschinen:

```
"gott würfelt nicht!"
```

Hilfreich sind die Anführungszeichen auch bei der Suche nach Plagiaten. Dazu geben Sie einfach einen prägnanten Satz oder eine Wortfolge aus einem Ihrer Artikel mit Anführungszeichen in die Suchmaske ein. Erhalten Sie ein Ergebnis, wurden Sie entweder zitiert oder ein Teil Ihrer Arbeit kopiert.

> Eine interessante Suchmaschine für die Jagd auf Plagiate ist *www.copyscape.com*. Copyscape vergleicht eine Webseite anhand ihrer URL auf Wunsch mit dem eigenen Index. Findet die Suchmaschine Übereinstimmungen mit anderen Webseiten, werden diese aufgelistet. Ein Klick auf die Suchergebnisse führt auf eine Analyse-Webseite, auf der Copyscape die kopierten Passagen markiert und angibt, wie viele Wörter übernommen wurden.

Stoppwörter wieder hinzufügen

Generell ignorieren Suchmaschinen allgemeine Begriffe wie *und*, *oder*, *der*, *die*, *das* und so weiter, die von Google »Stoppwörter« genannt werden; auch Zahlen, Angaben wie *http* oder Domain-Endungen wie *.de* gehören dazu. Normalerweise helfen diese Wörter nicht wirklich bei der Suche und werden aus der Sucheingabe herausgefiltert. Zahlen können aber in Produkt-, Firmen- oder Filmnamen eine wichtige Rolle spielen. Um bei Google Stoppwörter zur Suche wieder hinzuzufügen, benutzt man das Pluszeichen. Um z.B. nach Einträgen zu *Indiana Jones II* zu suchen, geben Sie folgenden Befehl ein:

```
Indiana Jones +II
```

Die Suche weiter spezialisieren

Yahoo! und Google bieten die Möglichkeit einer Verfeinerung der Suche, die Sie über den Link *Erweiterte Suche* erreichen. MSN verfügt sogar über einen Suchassistenten, der sich unterhalb der Suchmaske ausklappen lässt (siehe Abbildung 9-1). Anders als die beiden anderen Suchdienste bietet der MSN-Suchassistent eine weitere interessante Funktion: Wenn Sie im Assistenten auf *Ergebnisreihenfolge* klicken, öffnet Ihnen die MSN-Hilfe eine Benutzeroberfläche mit drei Schiebebalken. Mit den Schiebebalken können Sie den Schwerpunkt auf verschiedene Faktoren legen, um bei derselben Suche unterschiedliche Ergebnissätze zu erzielen:

- *Kürzlich aktualisiert*: Gewichtung von Websites nach aktualisiertem Stand
- *Häufig besucht*: Gewichtung von Websites nach Anzahl der Verlinkungen
- *Ungefähre Übereinstimmung*: Gewichtung auf die Übereinstimmung zwischen den genauen Suchbegriffen und den Ergebnissen (hebt die Gewichtung der ersten beiden Regler auf)

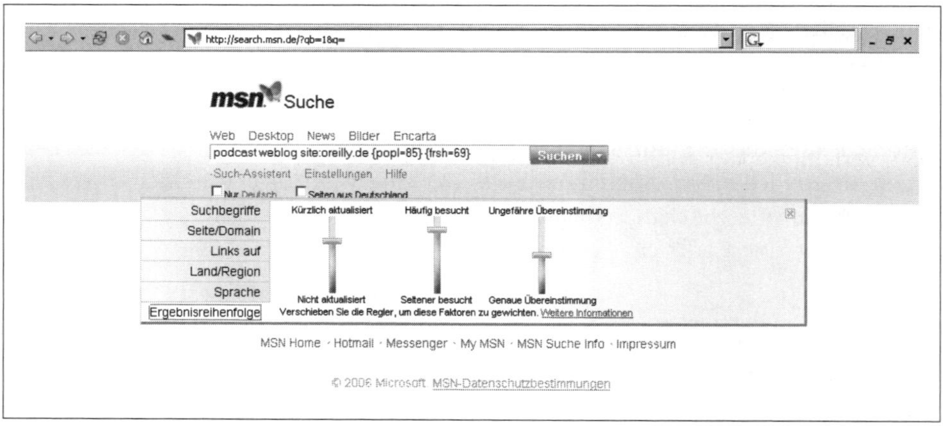

Abbildung 9-1: Um die Suche weiter zu verfeinern, bietet die MSN-Suche einen ausklappbaren Suchassistenten direkt unterhalb der Suchmaske.

Gezielt einzelne Websites durchsuchen

Meistens landet man auf Websites, weil man explizit nach Informationen zu einem bestimmten Thema sucht und in der augesuchten Website eine gute Informationsquelle vermutet. Oder man hat von einem Artikel eines Webauftritts gehört hat und möchte nachlesen, was genau darin besprochen wurde. In beiden Fällen nutzt man wenn möglich zunächst die angebotene Suchfunktion der jeweiligen Site. Leider gelangt man mit diesem Vorgehen in vielen Fällen nicht ans Ziel, weil die Suchfunktion sich nicht genug spezifizieren lässt oder sie einfach nicht gut funktioniert. In diesem Fall ist man gut beraten, auf Google, Yahoo! oder MSN zurückzugreifen. Denn da die Suchmaschinen meist die pfiffigsten Suchalgorithmen nutzen, bieten sie in der Regel auch bessere Ergebnisse als die eigentliche Suche einer Website, so komisch das klingen mag.

Um mit Google und Yahoo! eine einzige Website zu durchsuchen, gibt man in die Suchmaske zusätzlich zu neben den Suchbegriffen auch den Befehlsstring `site:website.de` ein. Als Beispiel soll uns in diesem Fall der Kölner Stadt-Anzeiger dienen. Im August 2004 wurde dort ein Artikel über das Netlabel *ideology.de* veröffentlicht. Als einer der beteiligten Gesprächspartner wollte ich mir den Onlineartikel für mein Archiv abspeichern. Doch die Anfrage mit dem Suchwort »ideology« ergab am 12.2.2005 über die Suchmaske des Kölner Stadt-Anzeigers kein Ergebnis. Selbst nachdem die Suche angewiesen worden war, »im kompletten Online-Archiv« zu suchen. Die Google- und die Yahoo!-Suche fanden mit dem Befehl `ideology site:ksta.de` den gewünschten Link und noch weitere Links zu verwandten Artikeln, die in der Zeitung über das Netlabel erschienen waren.

Hilfreich sind die Suchbefehle auch bei der gezielten Suche nach bestimmten Dateitypen. So erlauben die Maschinen das gezielte Durchsuchen von PDF-Dateien, die Einzug in den Index gefunden haben. Suchen Sie z.B. eine Anleitung zum Thema Podcast in Form eines PDFs, können Sie mit dem folgenden Befehl sämtliche (X)HTML-Seiten ausschließen und nur nach dem PDF forschen:

```
podcast anleitung filetype:pdf
```

Eine Übersicht über die Befehle, mit denen Sie Ihre Suche auf Google, Yahoo! und MSN verfeinern oder spezifizieren können, finden Sie in Tabelle 9-1.

Tabelle 9-1: Suchfunktionen

Suche ...	Google *www.google.de*	Yahoo! *http://de.search.yahoo.com/*	MSN *http://search.msn.de*
... auf eine Domain beschränken	site:www.domain.de	site:www.domain.de	site:www.domain.de
... nach bestimmten Dokumentenformaten	filetype:pdf	(über die erweiterte Suche möglich)	filetype:pdf

Tabelle 9-1: Suchfunktionen (Fortsetzung)

Suche ...	Google *www.google.de*	Yahoo! *http://de.search.yahoo.com/*	MSN *http://search.msn.de*
..., um Wörter übersetzen zu lassen. Geben Sie dazu das zu übersetzende Wort (hier: happy) und anschließend die Ausgangssprache gefolgt von der Zielsprache in die Suchmaske ein.	`happy englisch-deutsch`	-	-
..., um nach Begriffsdefinitionen zu suchen. Geben Sie dazu den Befehl `definiere` gefolgt von dem Begriff (hier: XML) ein.	`definiere XML`	-	-
... nach Webseiten, die auf eine bestimmte Domain verlinken	link:www.domain.de	link:http://www.domain.de	link:www.domain.de
... nach bestimmten Dokumenten aus dem Index	-	url:http://domain.de (*http://* muss mit angegeben werden)	-
... in bestimmten Teilen einer Webseite	inurl:journalismus (Suche in URL) intitle:journalismus (Suche im Titel)	inurl:journalismus (Suche in URL) intitle:journalismus (Suche im Titel)	inurl:journalismus (Suche in URL) intitle:journalismus (Suche im Titel) inanchor:journalismus (Suche im Anchor) inbody:journalismus (Suche im Text)
... nach Webseiten mit einem festgelegten Dateityp	-	-	Techno contains:mp3
... nach Websites einer bestimmten IP-Adresse	-	-	ip:80.237.132.69

Finden, was gelöscht wurde

Das Internet ist ständig in Bewegung. Inhalte werden online gestellt, verschoben und wieder gelöscht. Sicherlich sind Sie auch schon oft auf veraltete Links der Suchmaschinen gestoßen und Google & Co. haben Sie in eine 404-Not-Found-Webseite geschubst. Manchmal sind die Inhalte bereits gelöschter Webseiten trotzdem noch vorhanden, und zwar nicht auf dem ursprünglichen Server, wo man Sie eigentlich vermutet, sondern als Kopie auf den Webservern der Suchmaschinen. Diese Kopien finden Sie im so genannten *Cache* (»Speicher«) (siehe Abbildung 9-2). Der offenbart manchmal wahre Schätze. Hilfreich kann der Cache auch sein, wenn Sie aus Versehen einen eigenen Weblog-Beitrag löschen. Handelt es sich um einen älteren Beitrag, finden Sie diesen sicherlich noch bei den Datensammlern.

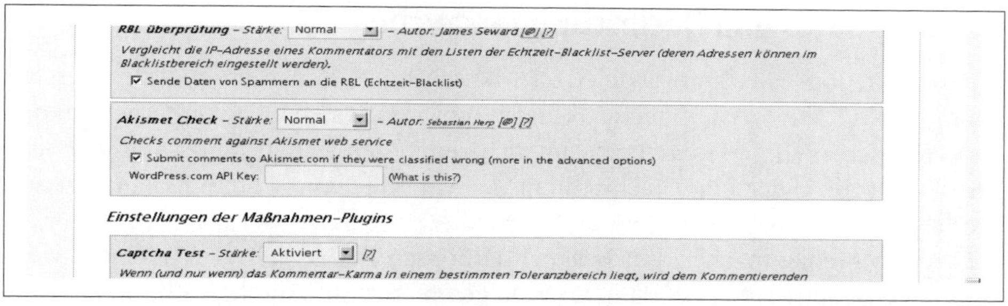

Abbildung 9-2: Verlorene Schätze heben: Inhalte gelöschter Seiten findet man oft noch über den Link Cache (hier bei Google).

Eine originelle Website ist die der WayBackMachine unter *www.archive.org/web/web.php*. Sie erlaubt Ihnen, nach alten Websites zu suchen. Dabei haben die Betreiber die WayBackMachine so programmiert, dass zu verschiedenen Kalenderdaten ein Abbild gespeichert wurde. Das ermöglicht unter anderem zu beobachten, wie sich Websites in Design und Aufmachung über die Jahre verändert haben. In Abbildung 9-3 sehen Sie eine Übersicht der gespeicherten Abbilder von *spiegel.de*. Leider sind diese Abbilder oft nicht vollständig, wenn die WayBackMachine CSS-Dateien und Layout-Grafiken nicht mitgespeichert hat. Nichtsdestotrotz lassen sich anhand der gespeicherten Daten Recherchen zu längst verloren geglaubten Websites anstellen.

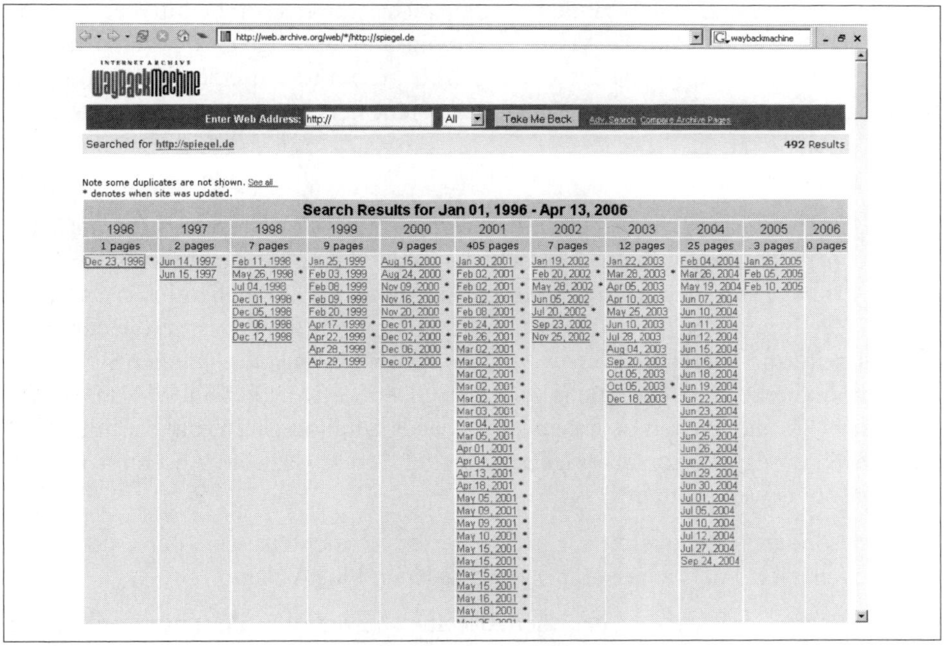

Abbildung 9-3: Archive.org ist ein ehrgeiziges Projekt: Webinhalte sollen wie in einer Bibliothek archiviert werden. Über die WayBackMachine findet man zahlreiche aus dem Netz verschwundene Webseiten.

News-Updates und Nachrichtenrecherche

Als Blogger, Journalist und neugieriger Mensch möchte man am Ball des Geschehens bleiben. Kein Medium bietet aktuellere Informationen als das Internet. Zu den herkömmlichen »Big Media«-Portalen ergänzen in den letzten Jahren immer häufiger Blogger die allgemeine Nachrichtenlage. Mit Hilfe von Mobilfunkkameras und MoBlogging liefern private Blogger bei Medienereignissen oft schneller Bilder als die großen Medienmacher. Ein Beispiel dafür sind Fotos, die von Passanten während des Attentats am 7.7.2005 in London geschossen und direkt ins Internet hochgeladen wurden. Zeitnah und intensiv sind auch die persönlichen Berichte aus Krisenregionen wie die des berühmten Irak-Bloggers Salam Pax.

Vor allem spezialisierte Weblogs mit bestimmten Themen bieten oft genauere und tiefer gehende Informationen als Artikel in den großen Zeitungen und Magazinen. Betrieben werden diese Themen-Weblogs meist von Fachleuten und Spezialisten, die sich einem besonderen oder ausgefallenen Thema verpflichtet fühlen. Häufig haben diese Blogger mit ihrem Spezialgebiet auch beruflich zu tun.

Wie aber behält man die Übersicht angesichts dieser Datenflut? Wo findet man relevante Websites für die eigene Recherche? Und gibt es Werkzeuge, die einem das Sichten und Wühlen im Datenberg erleichtern? Die letzte Frage ist einfach zu beantworten: Ja, es gibt geignete Werkzeuge. Im Folgenden stelle ich Ihnen ein paar wichtige Dienste und Anlaufpunkte für die Nachrichtenrecherche im Web vor und stelle Ihnen anschließend die Verwendung eines News-Aggregators vor. Letzterer hilft Ihnen, sich eine eigene News-Zeitschrift zusammenzusetzen, die Ihre Lieblingsthemen im Auge behält – in Echtzeit, versteht sich.

Yahoo! Nachrichten

Nach Angaben von Yahoo! liefert das eigene News-Portal unter *http://de.news.yahoo.com* Nachrichteninhalte von mehr als zwölf Nachrichtenpartnern in 13 Kategorien. Dabei greift die Nachrichtensuche auf über 7.000 Quellen in 35 Sprachen zurück. Die Ergebnisseite der Yahoo!-Nachrichtensuche lehnt sich an die der Suchergebnisseite an. Über *http://de.search.yahoo.com/news/advanced* können Sie wie bei der Yahoo!-Suche die News-Suche verfeinern. Der Service von Yahoo!-Nachrichten ermöglicht es, die Suchergebnisse als RSS-Feeds zu abonnieren, um sie mit einem eigenen News-Aggregator im Auge zu behalten (mehr dazu im Abschnitt »News-Aggregatoren« weiter unten).

Einen besonderen Blick verdient die erweiterte Nachrichtensuche, denn sie erlaubt das Suchen nach Nachrichten unter verschiedenen Blickwinkeln:

- Eingrenzen auf Artikel, die innerhalb eines bestimmten Zeitraums erschienen sind
- Suchen von Artikeln eines bestimmten Anbieters

- Suchen von Artikeln aus einer bestimmten Region
- Beschränken auf Artikel in einer oder mehreren bestimmten Sprachen

Google News

Auf seinem Newsportal unter *http://news.google.de* veröffentlicht Google nicht eigene Neuigkeiten, sondern überlässt die hauptsächliche Arbeit seinen Computeralgorithmen und Suchrobotern. Die Nachrichten aus über 700 deutschsprachigen Quellen werden dabei zusammengesucht und vom Computer mit Hilfe komplizierter Programme geordnet. Laut Google werden die relevantesten Artikel zuerst anzeigt. Mit einem Aktualisierungsintervall von 15 Minuten und seinem vollautomatischen Service ist das Nachrichtenportal derzeit einzigartig im Web.

Mittlerweile bietet Google News auch RSS- und Atom-Feeds an. Wie Yahoo! bietet auch Google News eine Funktion für personalisierte Nachrichten, mit deren Hilfe Sie Ihre eigene Version von Google News aufbauen können. Im Vergleich zur Nachrichtensuche von Yahoo! schneidet Google auch hier schlechter ab, da Yahoo! eine umfassendere Suche mit mehr Funktionen anbietet.

Google Alerts

Mit dem E-Mail-Service *Google Alerts*, den Sie unter *www.google.com/alerts* finden, können Sie sich eigene E-Mail-Benachrichtigungen zusammenstellen. Dabei lassen sich beliebig viele Ticker zu verschiedenen Themen erstellen. Tauchen die jeweiligen Schlüsselbegriffe Ihrer Suchanfrage in einem von Google überwachten Nachrichtenkanal auf, informiert Sie der Service umgehend mit einem E-Mail-Alert und schickt Ihnen eine E-Mail mit Links zu den Artikeln.

Dieser Dienst eignet sich hervorragend, um über das Auftauchen bestimmter Themen informiert zu werden. Das Thema spielt dabei keine Rolle. Möchten Sie über neuen Klatsch und Tratsch über einen bestimmten Prominenten auf dem Laufenden gehalten werden oder bei spezifischen Themen aus Wissenschaft, Politik und Kultur am Ball des Geschehens bleiben – die Google Alerts bieten eine bequeme Benachrichtung. Schade ist nur, dass Google dem Benutzer nicht die Möglichkeit an die Hand gibt, an Stelle von E-Mails per RSS benachrichtigt zu werden. Sollten Sie also zahlreiche Google Alerts erstellen, lohnt sich innerhalb Ihres E-Mail-Programms eine Regel, die die Benachrichtigungen automatisch in einen eigenen Ordner schiebt. Dadurch bewahren Sie sich die Übersicht.

Den Überblick über sämtliche Google Alerts behalten Sie über die einheitliche Verwaltungsübersicht von Google selbst. Dafür benötigen Sie lediglich einen eigenen Google-Account, über den Sie das Benutzer-Interface ansteuern können. Es lassen sich aber auch in Windeseile neue Alerts erstellen, indem Sie einfach *www.google.com/alerts* ansteuern und über die Eingabemaske einen neuen Ticker erstellen. Weiterhin lassen sich die einzelnen Alerts auch schnell über die Benachrichtigungs-E-Mails selbst löschen oder bearbeiten (siehe Abbildung 9-4).

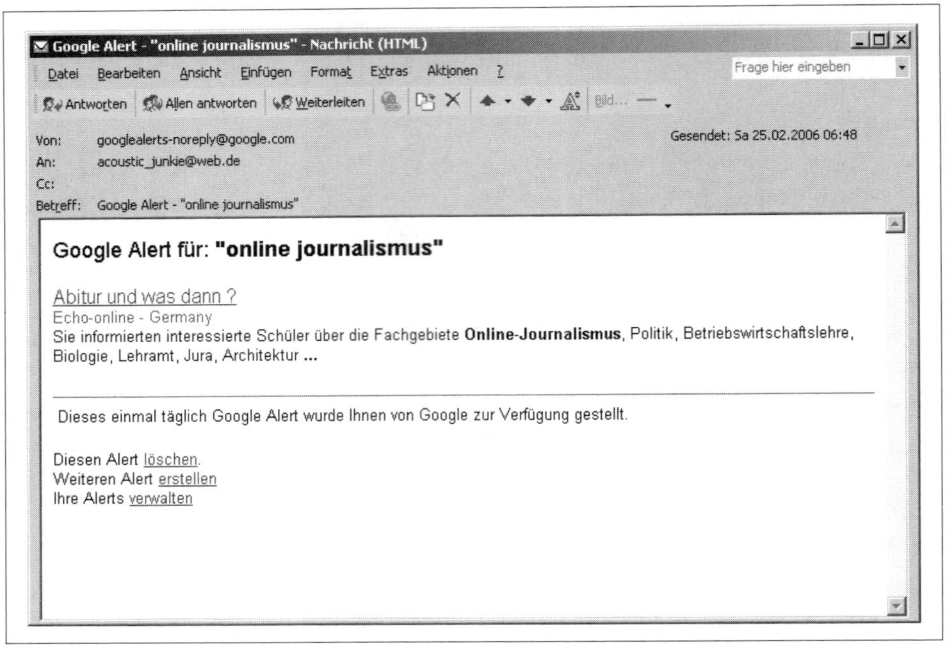

Abbildung 9-4: Mit dem E-Mail-Service Google Alerts informiert Sie Google, wenn Suchbegriffe in Nachrichtenquellen auftauchen.

Wenn Sie einen neuen Google Alert erstellen, können Sie neben der Häufigkeit der jeweiligen Benachrichtigungen (täglich, direkt oder wöchentlich) auch einen Typ festlegen. Dabei stehen Ihnen die folgenden Typen zur Verfügung:

- News: Sie erhalten eine E-Mail, sobald ein neuer Artikel mit Ihrem Suchbegriff unter den ersten zehn Ergebnissen in Google News auftaucht.
- Web: Sie erhalten eine E-Mail, wenn neue Webseiten zu Ihrer Suchanfrage unter den ersten 20 Ergebnissen in der Google-Suche erscheint.
- News & Web: Sie erhalten eine E-Mail, sobald ein neuer Artikel mit Ihrem Suchbegriff unter den ersten zehn Ergebnissen in Google News oder neue Webseiten zu Ihrer Suchanfrage unter den ersten 20 Ergebnissen in der Google-Suche erscheinen.
- Groups: Sie erhalten eine E-Mail, sobald der Suchbegriff innerhalb einer Google Group auftaucht.

Mailinglisten

Eine wunderbare Möglichkeit, um während der Recherche Antworten zu erhalten, ist der Besuch in Foren oder Newsgroups zum jeweiligen Thema. Hier finden Sie die richtigen Fachleute – und oft einen ganzen Haufen davon. In den meisten Newsgroups können Sie darüber hinaus selbst Fragen stellen, die häufig innerhalb kürzester Zeit kompetent beantwortet werden. Ob es sich um internetspezifische Themen dreht, die neuesten Gerüchte und Tatsachen aus der Star Trek-Welt oder um die beste Hilfe rund um Astrologie – die Vielfalt der Foren und Newsgroups ist fast unendlich groß. Beachten Sie auf jeden Fall die Netiquette, wenn Sie Fragen stellen. Unter *www.usenetverwaltung.org/netiquette/* sowie *www.lugbz.org/documents/smart-questions_de.html* finden Sie zwei hilfreiche Leitfäden, wie man Fragen präzise formuliert und mit anderen Forumsteilnehmern nett umgeht. Werden übliche Höflichkeitsregeln nicht beachtet, können Sie davon ausgehen, dass Sie keinerlei Antwort erhalten oder sich einen schlechten Namen machen.

URLs, Personen und Adressen recherchieren

Das Internet bietet vielfältige Möglichkeiten für die Recherche. Wichtig ist dabei die Pflege der eigenen Favoriten. Die folgenden Links sind als Anregung gedacht. Eine große Auswahl an Links zum Thema Suchmaschinen, Verzeichnisse und andere Nachschlagewerke finden Sie im stets aktuellen Verzeichnis des c't Magazins unter *www.heise.de/ct/tipsundtricks/*.

Whois-Recherche: Internetadressenrecherche

Es kommt vor, dass man bei seiner Recherche auf eine Website trifft, deren Anbieter man nicht kennt. Um Näheres über die besuchte Website und ihren Besitzer zu erfahren, konsultiert man am besten die Internetadressen-Registrare. Für deutsche Websites ist das die DENIC, die Sie unter *www.denic.de* finden; für internationale Domains mit Endungen wie .com, .coop, .edu, .info, .int, .museum, .net oder .org finden Sie unter *www.internic.com/whois.html* weitere Auskünfte. Bessere und ausführlichere Informationen für Domains auf der ganzen Welt erhalten Sie unter *www.domaintools.com*.

Personen- und Adressenrecherche

Die komfortabelste Methode, um an Adressen und Personen hinter Telefonnummern zu kommen, ist die lokale Suche von Yahoo! unter *http://de.search.yahoo.com/yp*. Unter *www.teleauskunft.de* finden Sie auch die Gelben Seiten und das Telefonbuch. Die richtige Postleitzahl erfährt man bei der Post unter *www.postdirekt.de/plz_suche/*.

Gute Startpunkte für die Newsgroup-Recherche sind Yahoo! Groups (*http://groups.yahoo.com/*), Google Groups (*http://groups.google.de/*) und Domeus (*http://www.domeus.de*). Wundern Sie sich nicht, dass wieder die Suchriesen mit von der Partie sind. Yahoo! hat im Jahr 2000 die bis dahin unabhängige Firma Egroups gekauft und sich damit eine der beliebtesten Newsgroup-Services einverleibt.

News-Aggregatoren

Wenn es darum geht, Online-Nachrichten in Echtzeit im Fokus zu behalten, ist die RSS unschlagbar: Mit Hilfe von RSS-Feeds samt geeigneter Software, die die Tickermeldungen visuell übersichtlich aufbereitet, bleibt man als Nachrichtenfreak jederzeit auf dem Laufenden. Die Software, mit deren Hilfe Sie hunderte von RSS-Feeds nach neuen News und Fakten durchforsten können, bezeichnet man in der Regel als *News-Aggregator* oder *Feedreader*. Dabei lassen sich die Feedreader in zwei Gruppen unterteilen: Online-Services und Desktop-Programme. Ein nicht zu unterschätzender Vorteil von News-Aggregatoren ist die Zeitersparnis. Anstatt z.B. die Politiknachrichten von sieben Websites wie *tagesschau.de*, *heute.de*, *focus.msn.de*, *ftd.de*, *netzeitung.de*, *stern.de* und *spiegel.de* abzusurfen, reicht in einem Newsreader ein Klick. Daraufhin grast der Reader die jeweiligen Feeds ab und stellt sie Ihnen übersichtlich und ohne Werbung chronologisch sortiert dar. Neue und ungelesene Nachrichten hebt der Feedreader – wie in einem E-Mail-Programm – zur besseren Orientierung voneinander ab.

Während Sie einen Online-Service von jedem Rechner mit Internetzugang aus über einen Browser konsultieren können, müssen die Desktop-Programme zuvor auf dem eigenen Computer installiert werden. Beide Systeme haben Ihre Vor- und Nachteile. Auf einen Online-Service können Sie überall auf der Welt von jedem beliebigen Rechner aus zugreifen. Ein Desktop-Programm dagegen ermöglicht eine Vielzahl von Funktionen und agiert in der Regel schneller, lässt sich individueller an die eigenen Bedürfnisse anpassen und bietet meist die Möglichkeit, Nachrichten und Artikel zu archivieren.

Am besten ist die Kombination beider Welten für einen individuellen Nachrichtenüberblick zu Hause und unterwegs. Da es mittlerweile zahlreiche – oft kostenfreie – Aggregatoren online wie offline gibt, fällt die Entscheidung schwer, welches Werkzeug den eigenen Anforderungen am besten gerecht wird. Am Ende dieses Kapitels finden Sie eine Auswahl an aktuellen beliebten Werkzeugen. Vorstellen werde ich Ihnen jedoch hauptsächlich die beiden anerkannten und oft genutzten News-Aggregatoren *bloglines.com* und *FeedDemon*. Beide RSS-Reader lassen sich nämlich kombinieren und gleichen dann die abonnierten Feeds miteinander ab. Außerdem können Sie mit dem FeedDemon von Nick Bradbury Ihre Podcasts verwalten und automatisch downloaden lassen. Somit eignet sich FeedDemon zugleich als Podcatcher und macht die Installation einer weiteren Podcatching-Software überflüssig. Ein weiterer Pluspunkt ist bei beiden Tools, dass die Benutzeroberfläche auch auf Deutsch vorliegt.

Der Online-Service von Bloglines

Damit Sie den Online-Service von Bloglines nutzen können, benötigen Sie einen Zugang. Den erhalten Sie, indem Sie sich kostenlos unter *www.bloglines.com/regis-*

ter registrieren. Dafür benötigen Sie lediglich eine funktionstüchtige E-Mail-Adresse. Anschließend wählen Sie noch Ihre Zeitzone und die Sprache für die Benutzerführung, in unserem Fall Deutsch.

Nach der Registrierung erhalten Sie eine E-Mail, in der Sie über den dort enthaltenen Link das neue Konto bestätigen. Mit einem Mausklick landen Sie auf einer Webseite, auf der Sie direkt RSS-Feeds abonnieren können. Diesen Bildschirm überspringen wir an dieser Stelle und landen direkt auf einer Webseite mit einer Suchmaske für einzelne Links zu RSS-Feeds. Sollten Sie keine URL eines RSS-Tickers zur Hand haben, tragen Sie doch einfach mal den bekannten Computer-Newsticker von heise.de ein: *www.heise.de/newsticker/heise.rdf*. Im nächsten Bildschirm bestimmen Sie dann nur noch, wie der Feed behandelt werden soll. Fürs Erste sind vor allem die beiden Punkte *Verzeichnis* und *Präferenzen anzeigen* wichtig. Die anderen Punkte können Sie vorerst ignorieren und in ihren Standardeinstellungen belassen.

Während Sie über *Verzeichnis* den Feed in eine eigene Kategorie einordnen können, bestimmen Sie mit *Präferenzen anzeigen* wie viel vom Feed auf der Benutzeroberfläche dargestellt werden soll. Für den Anfang empfehle ich Ihnen die Voreinstellung *Standard*. Sie zeigt den Feed genau so an, wie er ist. Da einige Websites jedoch auch RSS-Feeds anbieten, die den gesamten Artikel mitliefern, bietet Bloglines die Möglichkeit, entweder nur den Titel oder – wenn vorhanden – eine Zusammenfassung anzuzeigen. Egal, wofür Sie sich entscheiden, Sie können jederzeit die Eigenschaften eines Feeds bearbeiten. Wenn Sie sich entschieden haben, brauchen Sie nur noch auf den *Abonnieren*-Button zu klicken und landen anschließend auf Ihrer Bloglines-Arbeitsfläche.

Die Bloglines-Arbeitsfläche ist zweigeteilt (siehe Abbildung 9-5). Auf der linken Seite befindet sich die Kontrolloberfläche, und auf der rechten werden die Informationen angezeigt, wie z.B. Feeds, das Weblog oder die gespeicherten RSS-Feeds. Die Kontrolloberfläche ist wiederum in drei Hauptbereiche unterteilt:

- *Meine Feeds*: Verwaltung und Anzeige der Feeds und ihrer Kategorien
- *Mein Blog*: Verwaltung des integrierten Bloglines-Weblogs
- *Clippings*: Ablage für gespeicherte Feeds

Zwar lässt sich mit Bloglines auch ein Weblog öffentlich und privat führen, diesen Punkt werde ich an dieser Stelle aber übergehen und Ihnen kurz den Bloglines-News-Aggregator von *Meine Feeds* und die Ablage namens *Clippings vorstellen.*

Da das Sammeln von einzelnen Feeds recht mühsam ist, nutzen wir an dieser Stelle die Möglichkeit, gleich eine ganze Liste von Feeds zu abonnieren. Das geschieht über den Import einer OPML-Datei. OPML ist ein XML-Dokument, das dem Austausch von strukturierten Informationen dient. Das OPML-Format eignet sich hervorragend dazu, eine Vielzahl von Feeds in einem Rutsch zu abonnieren oder eine

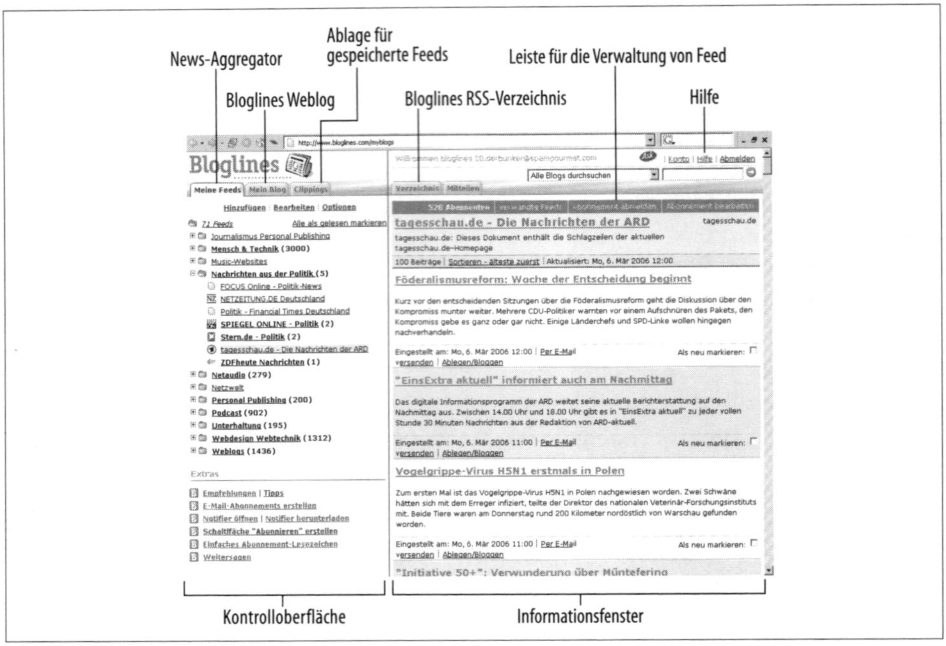

Abbildung 9-5: RSS-News-Aggregator: Mit Bloglines.com verwalten, lesen und archivieren Sie RSS-Feeds und haben zahlreiche Newsticker im Blick.

Sicherheitskopie der bereits abonnierten Feeds über einen Export zu machen – eine nicht zu unterschätzende Funktion, die auch dann hilft, wenn man den News-Aggregator wechseln möchte. Darum unterstützen mittlerweile zahlreiche Services und Reader das Format und ermöglichen somit den Austausch und das Bündeln themenbezogener RSS-Feeds zwischen unterschiedlichen Services.

Der Import von neuen RSS-Favoriten wird Ihnen somit um einiges erleichtert. Als Beispiel habe ich Ihnen – ich hoffe, Sie mögen Musik – eine Vielzahl von Newstickern von Musikmagazinen in einer OPML-Datei abgespeichert. Sie finden sie unter *www.suche-recherche.de/downloads/musik-rss-feeds.opml.*

Um diese Datei zu importieren, müssen Sie sie leider erst auf Ihrem eigenen Rechner abspeichern, da die URL über Bloglines nicht direkt aufgerufen werden kann. Am leichtesten gelingt Ihnen das, indem Sie in der Adresszeile Ihres Browsers *www.suche-recherche.de/downloads/* eintippen. Anschließend können Sie den Feed über einen Klick auf die *rechte Maustaste abspeichern, indem Sie im sich daraufhin öffnenden Kontextmenü auf Speichern unter* klicken. Öffnen Sie nun Ihren Bloglines-Account und klicken Sie auf *Meine Feeds*. Unterhalb des Karteikärtchens sehen Sie nun drei Links: *Hinzufügen*, *Bearbeiten* und *Optionen*. Den OPML-Import finden Sie unter *Bearbeiten* und dann ganz unten bei den Extras: *Abonnements importieren*.

Nach einem Klick auf *Abonnements importieren* öffnet sich rechts eine Eingabemaske. Mit dem Button *Browse* können Sie jetzt die OPML-Datei auf Ihrer Festplatte suchen und öffnen. Bloglines zeigt Ihnen bei erfolgreichem Import sämtliche Feeds an. Um zum News-Aggregator zurückzukehren, klicken Sie einfach auf *Meine Feeds*.

Feeds mit Bloglines verwalten und abonnieren

Damit Sie den Überblick über Ihre Abos behalten, sortieren Sie Ihre Feeds am besten in Kategorien ein. Um ein neues Verzeichnis für die importierten Musik-Feeds anzulegen, klicken Sie wieder auf *Bearbeiten*. Erstellen Sie ein neues Verzeichnis, indem Sie auf *Neue Ordner* klicken, und ziehen Sie anschließend per Drag & Drop einfach die gewünschten Feeds in den oder die Ordner. Vergessen Sie anschließend nicht, auf *Fertig* direkt unter *Bearbeiten* zu klicken, ansonsten gehen Ihre Einstellungen verloren.

Da Bloglines auch ein RSS-Verzeichnis anbietet, ist es möglich, neue Feeds über das Verzeichnis zu suchen und zu den eigenen Feeds hinzuzufügen. Das Verzeichnis rufen Sie dabei über die Karteikarte *Verzeichnis* im rechten Fenster auf. Ein Klick auf *Feed-Verzeichnis* öffnet eine neue Seite mit einer Suchmaske. Da in unseren Musik-Feeds noch ein Feed der Zeitschrift Musikwoche fehlt, lassen wir Bloglines nach dem Feed suchen. Geben Sie also *Musikwoche* ein und klicken dann bei den aufgelisteten Lins auf den, den Sie abonnieren wollen. Die kommende Eingabemaske kennen Sie bereits: In ihr konfigurieren Sie den Feed und können ihn im Musik-Feed-Verzeichnis ablegen.

Während man durch das Internet streift, stößt man hier und da auf ein Weblog oder Magazin, das einen interessanten RSS-Newsticker anbietet. Um solche RSS-Feeds einfach und ohne Umstände zu abonnieren, bietet sich ein Bloglines-Lesezeichen an. Diese Lesezeichen, auch Bookmarklets genannt, lassen sich als kleine Schaltflächen in der Navigationsleiste Ihres Browsers platzieren. Im Gegensatz zu normalen Favoriten bestehen Bookmarklets nicht aus einem einzigen Link, sondern führen Javascript-Code aus und ermöglichen somit komplexere Funktionen. Das Bookmarklet von Bloglines unterstützt Sie beim schnellen Abonnieren eines Feeds und extrahiert diesen aus der jeweiligen Website. Dazu reicht ein einfacher Klick auf das Lesezeichen. RSS-Feeds erkennt man häufig an Symbolen, wie Sie sie in Abbildung 9-6 sehen können.

Um das Bloglines-Bookmarklet in Ihrer Link-Leiste zu installieren, müssen Sie den Karteireiter *Meine Feeds* angewählt haben. Am unteren Bildschirmrand des linken Fensters finden Sie die Extras. Hinter dem Link *Einfaches Abonnement-Lesezeichen* befinden sich die Bookmarklets für die verschiedenen Browser. Klicken Sie nun mit der linken Maustaste auf die Schaltfläche und halten Sie die Maustaste gedrückt. Ziehen Sie jetzt einfach den Link in die obere Leiste. Eine andere Möglichkeit besteht darin, das Bookmarklet über die rechte Maustaste und das Kontextmenü den eigenen Favoriten bzw. Lesezeichen hinzuzufügen.

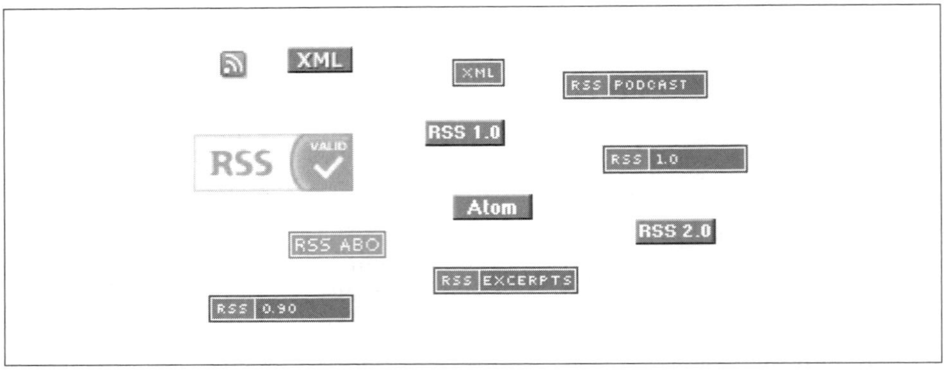

Abbildung 9-6: Links zu RSS-Newstickern erkennt man häufig an bestimmten Symbolen und Icons.

Feeds mit Bloglines archivieren

Zum Schluss möchte ich Sie noch auf den Reiter *Clippings* aufmerksam machen. Die Clippings-Funktion greift einem beim Durchwühlen der Feeds hilfreich unter die Arme, denn mit Hilfe der Clippings können Sie die Artikel erst einmal markieren und speichern, die Sie später in Ruhe lesen möchten. Ein Clipping beherbergt jedoch nur den Inhalt, den der RSS-Feed anbietet, und nicht den eigentlichen Artikel. Dadurch variiert der Inhalt jedes Clippings je nachdem, wie viel Inhalt über den jeweiligen RSS-Feed transportiert wird.

Um eine Schlagzeile mitsamt ihrem Inhalt zu konservieren, reicht ein Klick auf *Clip/Blog This* bzw. *Ablegen/Bloggen*. Dieser Link befindet sich im rechten Fenster unter jeder Nachricht. Im sich öffnenden Pop-up können Sie sich noch weitere Notizen machen und sie über *Speichern nach* im Clip-Verzeichnis ablegen. Es gibt noch viele weitere Funktionen bei Bloglines. Probieren Sie den Service einfach aus, er wird täglich weiterentwickelt. Um eine Übersicht über die zahlreichen Funktionen zu erhalten, lohnt sich ein Blick in die Hilfe.

Der News-Aggregator FeedDemon

Die Apple-Nutzer unter Ihnen werden es mir hoffentlich verzeihen, dass ich an dieser Stelle nur die Windows-Software FeedDemon vorstelle. Wer RSS-Ticker auf einem Mac beobachten möchte, dem empfehle ich die Newsreader *Shrook* und *NetNewsWire*. Beide Werkzeuge unterstützen den Download von Podcasts. Ein Pluspunkt bei Shrook ist, dass das Programm seit April 2006 Freeware ist und auch der dazugehörige Online-Service kostenlos ist. Shrook lässt sich nämlich per Internet synchronisieren. Das bedeutet, dass die Software auf verschiedenen Maschinen Ihre RSS-Abos über das Internet abgleicht und zusätzlich auch in einem Browser auf Abruf bereit steht. Dafür ist lediglich ein eigenes Benutzerkonto notwendig.

Zurück zu FeedDemon: Das Programm ist in einer 20-Tage-Probeversion erhältlich und kostet derzeit 29.95 US $. Wie für Desktop-Newsreader üblich, ist der Arbeitsbereich in drei Teile aufgeteilt (siehe Abbildung 9-7):

- *Channel-Leiste*: Funktionsleiste, die Feeds nach Gruppen sortiert, Feedinhalte nach Suchwörtern sortiert oder Nachrichten im Newsbin zum Speichern ablegen lässt
- *RSS-Leiste*: Anzeigefenster, das den ausgewählten RSS-Feed anzeigt
- *Browser*: Anzeigefenster für das Gruppenjournal oder einen ausgewählten Artikel

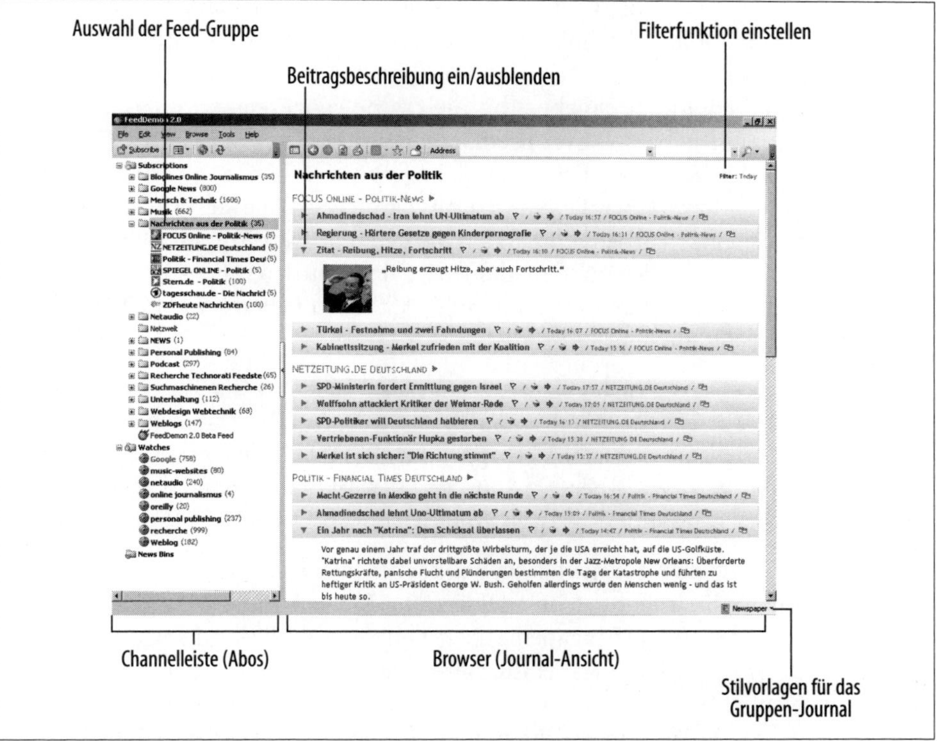

Abbildung 9-7: Die Benutzeroberfläche des News-Aggregators FeedDemon besteht aus drei Arbeitsbereichen: Channel-Leiste, RSS-Leiste und Browser.

Je nach Wunsch können Sie im FeedDemon über das Menü *Ansicht → Browser-Position* die Fenstereinteilung beeinflussen. Um komfortabel die Nachrichten im Browser anzusehen, können Sie zusätzlich mit Hilfe der Taste F11 das Browserfenster vergrößern oder verkleinern, indem Sie die Ansicht des RSS-Feeds aus- oder einblenden.

Während der Installation hat FeedDemon Ihnen bereits eine Liste von RSS-Feeds angeboten, aus der Sie mindestens eine Gruppe abonnieren mussten. Um Ihnen die mühsame Arbeit des RSS-Feed-Sammelns zu ersparen, sollten Sie einmal den OPML-Import ausprobieren.

Damit Sie z.B. ganz leicht eine Vielzahl deutscher News-Feeds zum Thema Politik abonnieren können, habe ich der Einfachheit halber eine kleine Liste von Feeds als OPML-Datei unter *www.suche-recherche.de/downloads/politik-rss-feeds.opml* für Sie abgelegt. Um die Feeds zu importieren, müssen Sie lediglich diesen Link über das Menü *Datei → OPML-Datei importieren* aufrufen. Anschließend führt ein Wizard Sie durch die nötigen Schritte, um für die Feeds eine neue Gruppe anlegen. Diese können Sie danach über die Channel-Leiste aufrufen. Dazu klappen Sie entweder im Verzeichnisbaum auf der linken Seite des Bildschirms das Menü (siehe Abbildung 9-7), aus oder Sie klicken mit dem Mauszeiger mehrmals auf den blauen, nach links zeigenden Pfeil direkt daneben, bis die Gruppe angezeigt wird. Sobald Sie die Gruppe ausgewählt haben, startet FeedDemon ein Update und lädt die Feeds aus dem Web. Wählen Sie einen Feed aus, dann wird er in der RSS-Leiste angezeigt. Das Programm sortiert dabei die News nach Datum und markiert die bereits angeschauten Artikel einer vorherigen Session als gelesen. Den Anreißer eines Artikels können Sie über einen Klick auf den kleinen Pfeil im mittleren Fenster ein- und ausblenden. Beachten Sie dabei, dass nicht jeder RSS-Feed neben seinen Überschriften auch einen Anreißer anbietet.

Interessiert Sie eine Nachricht, dann klicken Sie einfach in der RSS-Leiste auf die Schlagzeile, um den dazugehörigen Anreißer zu lesen. Dieser erscheint dann im rechten Browserfenster. Bei einem Doppelklick öffnet der Newsreader direkt die Webseite des Artikels. Wie oben erwähnt, vergrößern oder verkleinern Sie mit Hilfe der Taste F11 das Browserfenster zum komfortableren Lesen.

Eine gute Funktion, um Nachrichten schnell nach Themen zu durchsuchen, ist der Filter. Diesen können Sie über das Icon oder über das Menü *Ansicht → Zeige Filter-Leiste* ein- und ausblenden. In die Eingabemaske geben Sie anschließend einen Suchbegriff ein, und nach Drücken der Eingabetaste werden alle Artikel aussortiert, die den Suchbegriff nicht enthalten. Wählen Sie einen anderen Feed aus, wird auch dieser nach dem jeweiligen Stichwort durchsucht und nur passende Nachrichten angezeigt.

Weitaus komfortabler als der normale Filter sind die *Beobachter* (auch *Watches* genannt). Mit Hilfe der Watches lassen sich zahlreiche Filter festlegen, die sämtliche Feeds nach den Schlüsselbegriffen durchsuchen. Haben Sie z.B. 400 Feeds im Abo, möchten aber nur spezielle Themen im Auge behalten, ermöglichen die Beobachter ein gezieltes Scannen, das Ihnen jede Menge Zeit sparen hilft. Für jeden Beobachter lassen sich, ähnlich wie bei Suchmaschinen, Begriffe kombinieren sowie die Suche auf Titel und/oder Anreißer einschränken oder ausdehnen (siehe Abbildung 9-8). So entwischt Ihnen keine Schlagzeile zu einem bestimmten Thema, und Sie behalten die Übersicht selbst bei über hundert Nachrichten-Feeds.

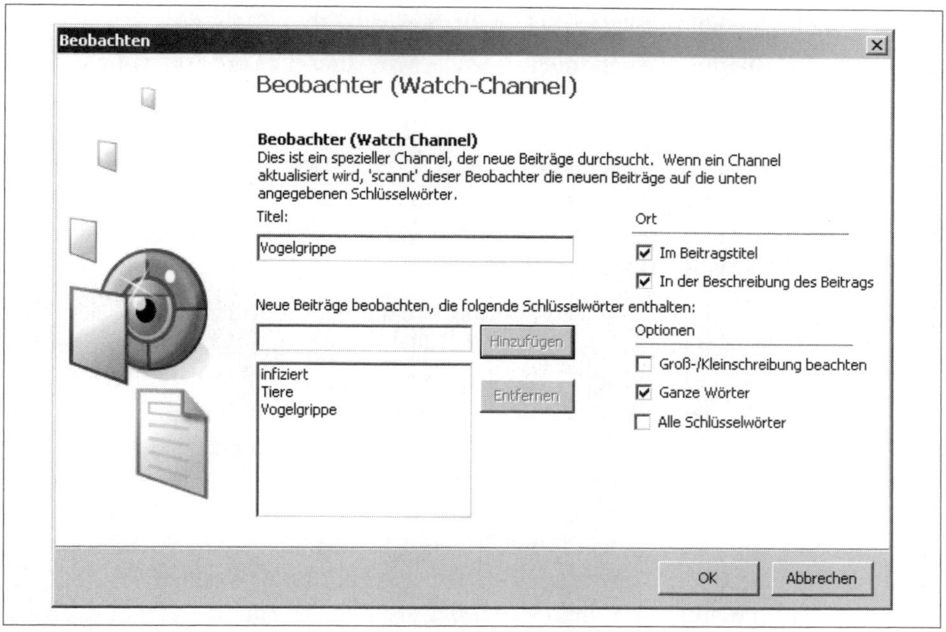

Abbildung 9-8: Intelligentes Filtern von Nachrichten-Feeds mit Beobachtern spart Zeit bei der Recherche und lässt Sie die Entwicklung von Themen im Auge behalten.

Das Gruppenjournal

Neben dem Filtern bietet FeedDemon eine weitere sehr hilfreiche Funktion: das Gruppenjournal, das Sie automatisch für jede Gruppe aufrufen können; es wird im rechten Browserfenster angezeigt. Das Gruppenjournal ermöglicht auf eine andere Art und Weise das schnelle Durchsuchen nach aktuellen Schlagzeilen einer Gruppe. Wählen Sie dazu die importierte Liste der Politik-Feeds an. Um das Gruppenjournal aufzurufen, klicken Sie entweder ganz oben auf den Button *Gruppenjournal* in der linken Leiste oder benutzen die Tastenkombination STRG + Umschalt + P.

Benutzer, die an Stelle der Maus lieber Tastaturkürzel zur schnelleren Navigation benutzen, können sich FeedDemon für die eigenen Wünsche einrichten. Über das Menü *Tools → Tastaturkürzel* können Sie eigene Tastenkombinationen festlegen, um Programmbefehle auszuführen.

Da das Gruppenjournal auf einem Stylesheet basiert, lässt sich das Aussehen schnell ändern. Dazu bringt der News-Aggregator gleich eine Vielzahl von Stilvorgaben mit. Die Vorgaben wechseln Sie, indem Sie im Browserbereich das Menü *Style* für die verschiedenen Stylesheets ausklappen. Besonders praktisch ist das Stylesheet *Expando*. Expando ermöglicht das Ein- und Ausklappen der Anreißer über einen Klick auf das Plussymbol.

Podcasts mit FeedDemon automatisch herunterladen

FeedDemon verfügt über einen integrierten Downloader für Podcasts namens *Feedstation*. Hier lassen sich die Mediendateien – das müssen nicht immer MP3s sein – stapeln und automatisiert herunterladen. Die Feedstation öffnen Sie über das Menü *Tools → Feedstation öffnen*. Beim ersten Aufruf des Downloaders beschwert er sich und verlangt die Angabe eines Ordners, in dem er die Dateien nach dem Download ablegen soll. Haben Sie erfolgreich ein Verzeichnis für Ihre Downloads ausgesucht, können Sie die Downloads starten.

Dazu rufen Sie einen Podcast-Feed auf und klicken auf die Klammer, die den Link zur angehängten Mediendatei symbolisiert (siehe Abbildung 9-9). Die Klammer finden Sie entweder in der mittleren RSS-Feed-Leiste rechts neben dem Titel oder in der Journalansicht, wenn Sie einen Beitrag ausgewählt haben. Sollten Sie noch keinen Podcast abonniert haben, dann probieren Sie doch einfach den Podcast der Tagesschau aus: *www.tagesschau.de/export/podcast*. Diesen abonnieren Sie, indem Sie das Menü *Datei → Neu → Neuer Channel* anwählen oder direkt STRG + N drücken. Geben Sie über den Wizard die URL ein und sortieren Sie den Feed anschließend in eine Gruppe ein, z.B. in unsere Gruppe Politik. Sie können für Podcasts eine neue Gruppe anlegen, indem Sie *Datei → Neu → Neue Gruppe* auswählen, oder mit der Tastenkombination STRG + Umschalt + N. Wählen Sie anschließend den Podcast-Feed aus, und nach einem Klick auf die Klammer sollte sich automatisch die Feedstation öffnen und der Download beginnen.

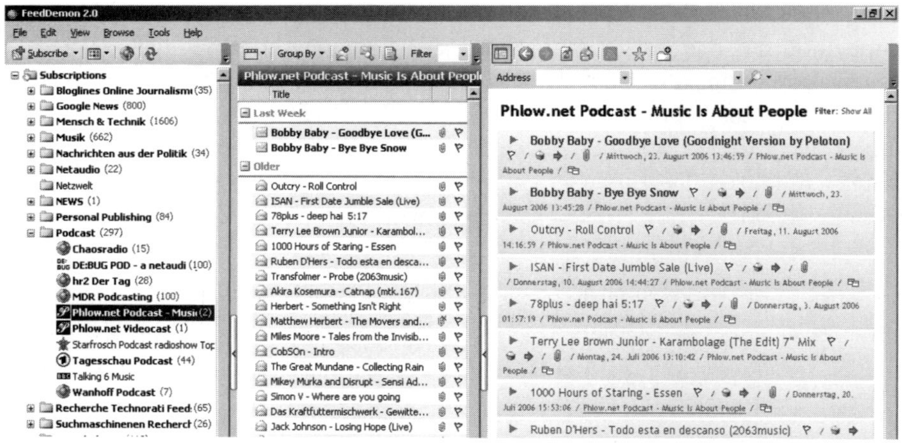

Abbildung 9-9: Die Büroklammer signalisiert, dass dem Feed eine Mediendatei angehängt ist. Den Podcast laden Sie manuell mit einem Klick oder auf Wunsch automatisiert herunter.

Podcasts lassen sich aber auch automatisch ohne Klick auf die Klammer herunterladen. Dazu müssen Sie die Eigenschaften des jeweiligen Podcasts nur konfigurieren. Für jeden Feed lassen sich nämlich individuelle Eigenschaften wie Aktualisierung oder Anzeigeformat einstellen. Das Menü für die Eigenschaften öffnen Sie, indem Sie in der linken Leiste mit der rechten Maustaste auf den gewünschten Feed bzw. Podcast klicken und anschließend im Kontextmenü *Eigenschaften* wählen. Klicken Sie auf die Karteikarte *Fortgeschritten* und setzen Sie ein Häkchen bei *Anlagen automatisch downloaden*. Neue Podcasts werden bei der nächsten Aktualisierung über die Feedstation selbstständig in ein eigenes Unterverzeichnis mit dem Namen des Podcasts heruntergeladen. Das Unterverzeichnis finden Sie im bereits über die Feedstation angegebenen Hauptverzeichnis für Downloads.

Bloggen mit FeedDemon

Als Weblogger werden Sie sich sicherlich freuen, dass Sie direkt aus FeedDemon Ihr Weblog befeuern können. Dazu brauchen Sie aber noch eine weitere Software. Empfehlenswert ist dafür die frei nutzbare Freeware *w. loggar* von Marcelo L. L. Cabral. w.bloggar fungiert als Editor zwischen Ihnen und Ihrem Blog und bietet neben dem komfortablen Editieren von Beiträgen die Möglichkeit, diese auf der eigenen Festplatte zu speichern. Das Werkzeug unterstützt zahlreiche Blog-Systeme wie z.B. WordPress, Movable Type, Nucleus, Blogger.com oder pMachine.

Um einen Artikel aus FeedDemon heraus per w.bloggar zu bloggen, muss die Software zunächst installiert werden. Das Desktop-Programm für Windows finden Sie unter *www.bloggar.com* zum Download. Möchten Sie nun einen Beitrag bloggen, wählen Sie den gewünschten Artikel in der mittleren RSS-Leiste aus und öffnen mit der rechten Maustaste das Kontextmenü; dort wählen Sie *Diesen Beitrag bloggen → w.bloggar* oder Sie drücken die Tastenkombination STRG + Umschalt + B. FeedDemon öffnet daraufhin selbstständig w.bloggar und fügt einen Link zum Beitrag und den dazugehörigen Anreißer – wenn vorhanden – in das Textfeld ein.

Bloglines und FeedDemon miteinander verzahnen

Wer seine Feeds nicht nur zu Hause, sondern überall lesen und trotzdem den Komfort eines Desktop-Programms genießen möchte, dem empfiehlt es sich, FeedDemon und Bloglines miteinander zu synchronisieren. Dazu müssen Sie über *Datei → Neu → Neue synchronisierte Channel-Gruppe* Ihre Benutzerdaten für Bloglines angeben. Diese bestehen aus Ihrem Login-Namen sowie dem dazugehörigen Passwort. Über eine API (siehe dazu auch den Kasten) korrespondiert dann der Desktop-Reader mit dem Online-Service und zeigt Ihnen sämtliche über Bloglines abonnierten Feeds an. Diese lassen sich auch nach Kategorien anzeigen, sofern Sie die Feeds Ihres Bloglines-Accounts sortiert haben. Einerseits können Sie sämtliche Feeds von Bloglines in einem Kanal bündeln, andererseits lassen sich auch mehrere synchronisierte Bloglines-Channel-Gruppen erstellen. Haben Sie zahlreiche Feeds im Abo, behalten Sie mit der zweiten Methode die bessere Übersicht.

Was ist eine API?

Eine API ist eine Schnittstelle für den Austausch von Informationen. API steht für »application programming interface« und ermöglicht die Kommunikation zwischen verschiedenen Betriebs- oder Softwaresystemen. So ist z.B. eine API notwendig, um den Datenaustausch zwischen einem Mobiltelefon und einem Weblog zu ermöglichen. Dank einem festgelegten Protokoll »verstehen« sich die beiden Anwendungen, und der Benutzer kann sein Weblog per Funk aktualisieren.

FeedDemon unterstützt auch das kontinuierliche Pflegen der Bloglines-Abonnements. Sie lassen sich wie beim Erstellen einer neuen Bloglines-Channel-Gruppe mit Hilfe des Wizards überprüfen. Haben Sie z.B. bei Bloglines einen neuen RSS-Feed in der Kategorie »Online-Journalismus« eingefügt, möchten Sie sicherlich den gleichen Feed auch in FeedDemon zur Verfügung haben. Wählen Sie dazu in FeedDemon die gewünschte Kategorie aus und klicken Sie danach auf den Button *Neuer Channel* direkt neben dem Bloglines-Icon in der mittleren Leiste. Der Wizard verbindet sich mit dem Online-Service und überprüft, ob neue Feeds abonniert wurden, und listet diese gegebenenfalls auf. Jetzt müssen Sie nur noch bestimmen, wo der Feed einsortiert werden soll.

Deutsche RSS-Verzeichnisse

www.rss-verzeichnis.de

www.rss-scout.de

www.rss-nachrichten.de

http://de.scienceport.org (Verzeichnis mit RSS-Feeds aus der Wissenschaft)

Internationale RSS-Verzeichnisse

www.syndic8.com

RSS-Reader/News-Aggregatoren

Feeddemon – englischer, kostenpflichtiger News-Aggregator
www.feeddemon.com

Feedreader – deutschsprachiger freier News-Aggregator für Windows
www.feedreader.com

NewsGator - Plug-In für Outlook ab der Version 2000
www.newsgator.com

Awasu – englischsprachiger News-Aggregator für Windows (kostenlos/advanced/professional)

www.awasu.com

Shrook – englischsprachiger, kostenloser Mac OS X-News-Aggregator

www.utsire.com/shrook/

Vienna 2.0 – englischsprachiger, freier RSS/Atom-Newsreader für Mac OSX

www.opencommunity.co.uk/vienna2.html

Liferea – englischsprachiger Open Source-News-Aggregator für Linux

http://liferea.sourceforge.net

Bloglines – Online-News-Aggregator

www.bloglines.com

NewsIsFree– Online-News-Aggregator

www.newsisfree.com

Recherche in der Blogosphäre

Um die weltweite Blogosphäre zu durchsuchen, haben sich vor allem zwei Dienste bewährt: *feedster.com* und *technorati.com*. Besonders das Weblog-Suchportal Technorati hat sich in den vergangenen Jahren zu einem mächtigen Suchwerkzeug entwickelt, dem Services wie die Weblog-Suche von Google (*http://blogsearch.google.de) nicht das Wasser reichen können*. Auch die beiden Suchdienste *blogdigger.com* und *opinmind.com* überzeugen derzeit (31. Oktober 2006) noch nicht. Darum befassen wir uns an dieser Stelle intensiver mit Technorati. Lassen Sie sich davon jedoch als Recherchierender nicht abhalten – behalten Sie die Konkurrenz im Auge. Software und im Besonderen Webservices verändern sich fast täglich und bieten neue hilfreiche Funktionen an, die die Konkurrenten nicht haben.

Technorati

Technorati ist eine Echtzeit-Suchmaschine, die permanent die Blogger-Welt im Auge behält. Während Google, Yahoo! oder MSN mit Suchrobotern das Internet durchpflügen, um ihren Bestand zu pflegen und dem Index neue Webseiten hinzuzufügen, bezieht Technorati direkt per RSS die Nachrichten oder wird von den Weblogs per Ping über neue Einträge informiert. Wird ein Thema in der Blog-Szene besonders heiß diskutiert, erfahren Sie auf Technorati im Minutentakt, ob neue Artikel und Berichte veröffentlicht wurden. Diese Berichte tauchen in den Ergebnissen der Suchmaschinen meist erst nach Wochen auf.

Suchfunktionen von Technorati

Wie bei Suchmaschinen üblich, können auch die Ergebnisse von Technorati mit Suchparametern beeinflusst werden. Das hilft Ihnen vor allem beim Aussieben von Beiträgen größerer Themen. Dabei bietet Ihnen das Technorati-Interface *Advanced Search* eine Vielzahl von Suchparametern, wie Sie in Abbildung 9-10 sehen können. Sie können die Suche aber auch manuell über die Adresszeile Ihres Browsers starten, indem Sie Folgendes eingeben:

```
www.technorati.com/search/suchbegriff
```

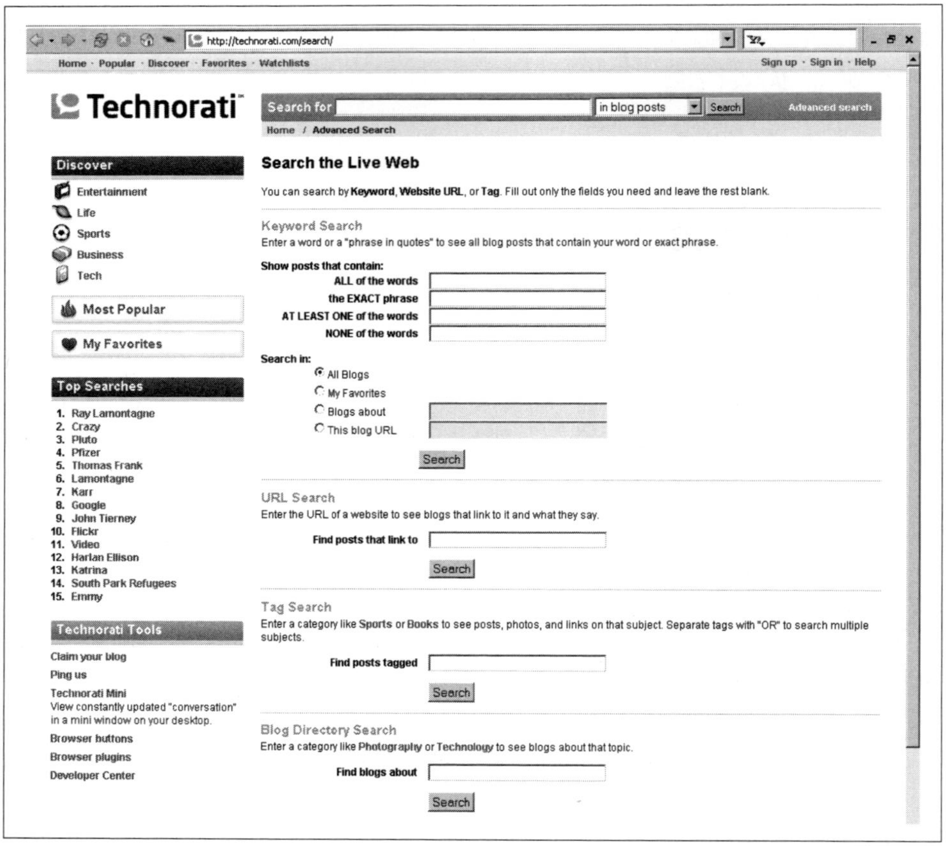

Abbildung 9-10: Technorati bietet zahlreiche Funktionen, um die Weblog-Szene nach Artikeln zu durchsuchen.

Nachdem Sie die erweiterte Suche von Technorati gestartet haben, können Sie im nächsten Schritt noch einmal die Suchergebnisse verfeinern. Dazu stehen Ihnen neben den folgenden Parametern auch eine Filterung über *Refine results* zur Verfügung. Dabei schlägt Ihnen Technorati bereits wirkungsvolle Stichworte vor, die die Suchmaschine mit dem jeweiligen Suchbegriff verknüpft hat.

authority

`authority` ist ein Parameter, mit dem Sie bekannteren Weblogs innerhalb Ihrer Suchergebnisse eine größere Bedeutung oder mehr Autorität verleihen können. Die Bedeutung eines Weblogs bemisst Technorati anhand der Anzahl der Links, die auf ein Blog verweisen. Den `authority`-Filter können Sie über das Ausklappmenü beeinflussen.

language

Mit dem Parameter `language` lassen sich Weblogs nach Sprache sortieren. Dazu klappen Sie das Menü aus und wählen den Sprachfilter Ihrer Wahl.

Um mehrere Suchparameter manuell zu verknüpfen, benutzen Sie einfach ein &-Zeichen. Um z.B. alle Weblogs (`authority=n`) nach MP3s (`blogtag=mp3`) der isländischen Musikgruppe GusGus zu durchsuchen, geben Sie in der Suche Folgendes ein:

```
http://technorati.com/search/gusgus?blogtag=mp3&authority=n
```

So beschränken Sie die Suche auf deutsche Websites (`language=de`):

```
http://technorati.com/search/gusgus?language=de&blogtag=mp3
```

Watchlist: Suchbegriffe per RSS überwachen

Wie oben schon erwähnt, können Sie sich eigene Technorati-Such-RSS-Feeds für Ihren Newsreader erstellen. Interessiert Sie z.B. das Thema Web 2.0, dann erstellen Sie über den Menüpunkt *Watchlist* einen neuen Beobachter. Das kann neben einem herkömmlichen Suchbegriff auch eine URL sein. Den RSS-Feed eines jeden Beobachters finden Sie, wie in Abbildung 9-11 zu sehen ist, unterhalb der ersten drei Ergebnisse. Praktisch sind diese RSS-Feeds, weil Sie sich dadurch eine Menge Sucharbeit auf Technorati ersparen. Die Kombination von Technorati-RSS-Feeds und Newsreader ergibt ein unschlagbares Team, um bei Ihren Topthemen am Ball des Geschehens zu bleiben. Hilfreich ist das z.B., wenn Sie als Blogger immer darüber informiert sein wollen, ob über Sie oder Ihr Weblog in der Blogosphäre berichtet wurde. Erstellen Sie sich dazu einfach zwei Beobachter und werfen Sie anschließend die Feeds in Ihren News-Aggregator.

Zum Schluss möchte ich Sie noch auf ein nettes Feature hinweisen, mit dem man testen kann, wie relevant ein Weblog ist. Die Relevanz ergibt sich bei Technorati aus der Anzahl der von anderen Websites auf ein bestimmtes Blog gesetzten Links. Dabei werden Links auf Artikel und die Anzahl der verschiedenen Urheber-Links unterschieden. Probieren Sie es mal aus:

```
http://technorati.com/search/www.hardbloggingscientists.de
```

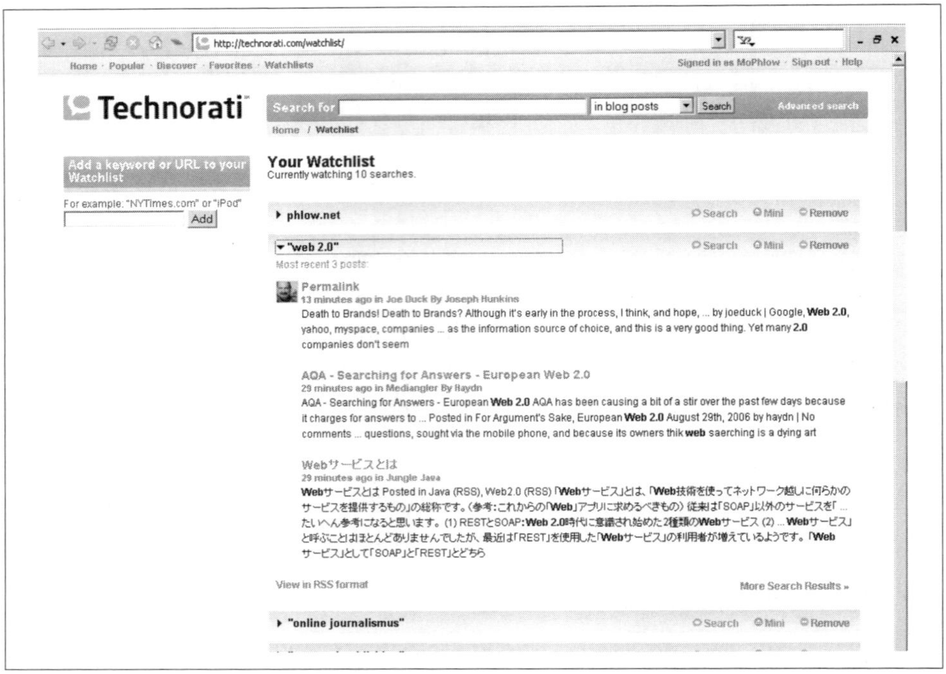

Abbildung 9-11: Mit der Technorati-Watchlist behalten Sie Ihre Lieblingsthemen im Auge. Die Suchbegriffe lassen sich über den Link »View in RSS format« als RSS-Feed für Ihren Newsreader abonnieren.

Vorsicht: Verweise von Seiten, die keine Weblogs sind, werden nicht mitgerechnet. So nutzt die Website *www.deutscheblogcharts.de* zwar die Technorati-Ergebnisse, ignoriert dabei jedoch vollkommen die Links von Foren, Portalen und Websites, die kein Weblogsystem nutzen. Ein Quercheck per Google, Yahoo! oder MSN ist daher empfehlenswert:

```
link:www.hardbloggingscientists.de
```

Das eigene Weblog bei Technorati anmelden

Damit auch Ihr Weblog in den Technorati-Kosmos aufgenommen wird, müssen Sie drei Dinge erledigen: Sie besorgen sich einen kostenlosen Technorati-Account, melden dann Ihr Weblog an und platzieren danach noch ein kleines Script auf den Webseiten Ihres Blogs. Wie Sie das Technorati-Script in Ihr Weblog einbauen, erfahren Sie im Abschnitt »Die Blog-Suchmaschine Technorati nutzen« in Kapitel 4, *Web 2.0-Extras*. Dort erkläre ich Ihnen auch, wie Sie Ihre eigenen Artikel mit Tags für Technorati versehen.

Ein weiterer Vorteil eines eigenen Technorati-Accounts ist, dass Sie dadurch erweiterten Zugang zu den Suchfunktionen bekommen. Interessant gestaltet sich das Anlegen von RSS-Feeds für die eigene Suche. Außerdem können Sie sich Ihre

Weblog-Favoriten zusammenstellen, um sie mit Technorati im Auge zu behalten. Spannend ist auch die Tatsache, dass Technorati Ihre Weblog-Einträge mit Ihrem Profil verbindet. Das erlaubt anderen Technorati-Nutzern einen Überblick darüber, welchen Themen Sie sich widmen.

Die Zukunft der Online-Recherche

Mit der voranschreitenden Entwicklung von Suchmaschinen, Suchdiensten und RSS-basierten Services werden sich sicherlich in naher Zukunft noch weitere Recherchemöglichkeiten ergeben. Schon allein durch das konstante Wachstum des Internets vervielfältigen sich die Informationen in einem rasanten Tempo. Wer die richtigen Recherchewerkzeuge und die entsprechenden Kenntnisse hat, wird weit vorn mitschwimmen. Mit Spannung beobachtet man dabei unter anderem die Frage, ob und wann wir die Gesamtbestände von Bibliotheken durchsuchen können. Google hat vor einiger Zeit einen gewaltigen Schritt in diese Richtung gewagt, wurde aber vorerst abgebremst. Sollten irgendwann die Bibliotheken komplett geöffnet und Inhalte digital zugänglich gemacht werden, können Journalisten, Blogger und Neugierige fundiertere Recherchen durchführen. Vielleicht können wir sogar irgendwann unsere eigenen Gene durchsuchen, wie es sich die Google-Jungs Larry Page und Sergey Brin erträumen – bis dahin ist es aber noch ein weiter Weg.

In den vorangehenden Kapiteln haben Sie das nötige Know-how erlernt, um eine sorgfältige und umfassende Recherche durchzuführen. Nun geht es darum, wie Sie diese Informationen am besten in Ihren Beiträgen unterbringen. Je nach Art der Berichterstattung bieten sich verschiedene Stilformen. So sollte eine Nachricht prägnant die Tatsachen auf den Tisch legen und den Leser informieren, eine Kritik dagegen darf die Meinung des Schreibers wiedergeben, was bei einer reinen Nachricht nicht erwünscht ist. Deswegen lohnt es sich für Sie als Autor, einen Blick auf die verschiedenen Textarten zu werfen.

Es gibt viele journalistische Stilformen, die sich in der hier gebotenen Kürze nicht alle vorstellen lassen. Ich beschränke mich auf eine Auswahl, die im Umfeld von Weblogs und Podcasts immer wieder Verwendung findet: Nachrichten, Kritiken und Interviews. Außerdem habe ich einen Abschnitt zum Newsletter aufgenommen, weil er unter Bloggern und Podcastern ein beliebtes Instrument zur Verbreitung von Neuigkeiten ist.

Der Hauptfokus liegt dabei auf dem geschriebenen Text. Viele Hinweise lassen sich aber ebenfalls auf den gesprochenen Text eines Podcasts übertragen. Im professionellen Journalismus ist es gang und gäbe, Radiobeiträge zunächst auf Papier zu bringen, bevor sie vertont werden. Einen Einblick gibt hier z.B. Deutschlandradio Kultur, das seine Sendungen nicht nur als Sounddateien veröffentlicht, sondern auch die jeweiligen Texte zum Beitrag online zur Verfügung stellt (siehe *www.dradio.de/dkultur/sendungen/ewelten/530127*).

Internetquellen für die Weblogrecherche

Technorati
http://technorati.com

Feedster
http://feedster.com

Google Blogsearch
http://blogsearch.google.de

Bloggdigger
http://www.blogdigger.com

opinmind
http://www.opinmind.com

Sphere
http://www.sphere.com

In diesem Kapitel:

- Aufbau einer Nachricht
- Überzeugende Überschriften
- Magnetische Anreißer
- Fundierte und vollständige Texte

KAPITEL 10

Gehaltvolle Nachrichten

Nachrichten bilden das Fundament des Journalismus. Sie informieren den Leser und bleiben frei von Meinungen und Kommentaren ihres Schreibers. Die ersten Zeitungen wurden allein zur Berichterstattung ins Leben gerufen. Formen wie Interview oder Kritik haben sich erst im Nachhinein entwickelt. Generell gilt für die Nachricht, dass die Meinung des Schreibers nicht erwünscht ist und sie so objektiv wie möglich gehalten sein sollte. Nachrichten haben darüber hinaus einen aktuellen Bezug und behandeln entweder ein aktuelles Ereignis oder eine Begebenheit, deren Auswirkungen aktuell zu spüren sind.

Aufbau einer Nachricht

Nachrichtentexte sind aufgebaut wie eine umgedrehte Pyramide (siehe Abbildung 10-1). Die Informationen sind dabei so gruppiert, dass das Wichtigste zu Beginn der Nachricht erwähnt wird. Erst im weiteren Verlauf des Texts werden Details und Hintergründe über ein Ereignis beschrieben. Dieser Aufbau einer Nachricht erlaubt es dem Leser, seine Lektüre jederzeit abzubrechen und trotzdem die wesentlichen Informationen einer News erfasst zu haben. Im Web kommt dieser Textaufbau besonders zur Geltung, denn es ist bekannt, dass Leser online sehr schnell selektieren und die Lektüre abbrechen, sobald sie ein Artikel nicht mehr interessiert.

Nachrichten sollten klar und präzise formuliert sein. Im Kern beantworten sie die berühmten sieben W-Fragen (Wer? Was? Wann? Wo? Wie? Warum? Woher?). Damit der Leser schnell informiert ist, sollten Sie mit den wichtigsten Informationen beginnen. Das geschieht mit dem ersten Satz, dem so genannten *Lead*, der die wichtigsten Fakten der Nachricht enthält und in der Regel die Frage beantwortet, wer was getan hat. In den darauf folgenden Sätzen teilen Sie dann dem Leser die Details des Geschehens mit. Neben der Information, wann und wo ein Ereignis

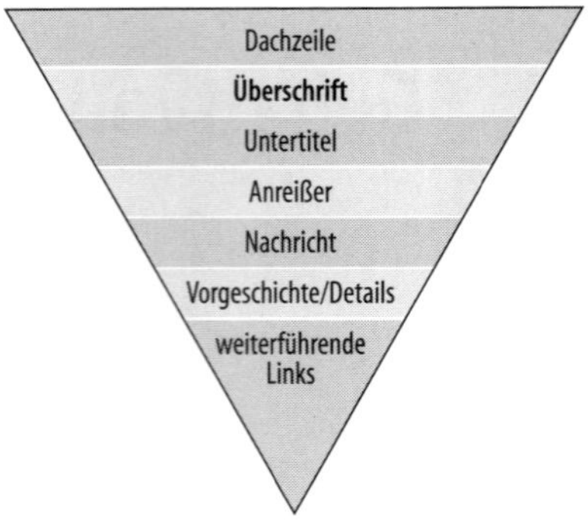

Abbildung 10-1: Nachrichten sind aufgebaut wie eine umgedrehte Pyramide.

stattgefunden hat, folgen hier dann auch die Auskünfte über den genauen Hergang (wie?) und die Hintergründe (warum?) eines Ereignisses. Klassischerweise gehört zur Nachricht auch die Angabe, woher man die Informationen der Nachricht bezogen hat (woher?). Es kann einen wichtigen Unterschied machen, ob die Quelle eine Presseagentur ist oder ob ein Blogger die Information gepostet hat. Je nach Nachricht wirft eine News-Meldung neue Fragen auf, wie das Geschehen sich weiterentwickeln könnte. Hier werden mögliche Konsequenzen und zukünftige Entwicklungen des Ereignisses beleuchtet.

Überzeugende Überschriften

Eine Überschrift – auch Schlagzeile, Hauptzeile oder Headline genannt – erzeugt schon auf Grund ihrer Größe Aufmerksamkeit. Weckt Sie dann auch noch die Neugier des Lesers, liest er garantiert den Anreißer oder klickt den »Weiter lesen«-Link an. Darum ist es wichtig, der Schlagzeile genügend Aufmerksamkeit zu widmen. Neben Bildern sind Headlines die wichtigsten Appetitanreger für Leser.

Damit Überschriften ins Auge springen, müssen sie prägnant und mit wirkungsvollen Reizwörtern versehen sein. Versuchen Sie dabei nicht mehr als sechs Wörter zu verwenden. Das hilft bei der Aufnahme und dem Scannen der Website. Obendrein sollten Sie kryptische Headlines mit Fachbegriffen vermeiden. Sollte ein Fachwort notwendig sein, helfen Sie dem Leser mit einem Untertitel auf die Sprünge. Untertitel eignen sich hervorragend für ergänzende Informationen. Spätestens jedoch beim Lesen des Anreißers muss dem Lesenden klar werden, um welches Thema es sich handelt.

Bei der Gestaltung reizvoller Überschriften dürfen Sie dem Leser keine Unwahrheiten auftischen. Versprechen Sie in einer Schlagzeile nichts, das Sie nicht später tatsächlich im Text einlösen. Die Überschrift formuliert man in der Regel erst, nachdem man den eigentlichen Text geschrieben hat. Da sie neugierig machen soll, muss sie anregend wirken. Flott getextete und mit Humor gespickte Überschriften wecken das Interesse. Unklare Aussagen und Allgemeinplätze dagegen schrecken nur ab.

Kommen in einer Headline längere, zusammengesetzte Wörter vor, so helfen Bindestriche bei der leichteren Erschließung. Insbesondere bei Wörtern, die sich aus zwei Sprachen zusammensetzen, ist ein Bindestrich unbedingt zu empfehlen – z.B. bei Begriffen wie »Weblog-Technik«, »Online-Journalismus« oder »Podcast-Übertragung«. Namen, Institutionen und außergewöhnliche Begriffe können Sie auch mit einer Spitzmarke ganz an den Anfang der Überschrift setzen. Zum Beispiel so:

- Personal Publishing: Eigene Texte im Internet veröffentlichen
- Schlaflos in München: Die Telenovela für's Ohr
- Live Music Archive: Internet-Archiv für legale Konzertmitschnitte

Bei meiner eigenen Arbeit habe ich festgestellt, dass ich entweder schon vor der eigentlichen Nachricht die Überschrift im Kopf habe oder sie erst am Ende texte. Während ich im ersten Fall »nur noch« die Nachricht passend zur Überschrift schreiben muss, ist es im umgekehrten Fall schwieriger. »Fluppt« es im ersten Schritt mit der Headline nicht, beschäftige ich mich erst einmal mit dem eigentlichen News-Text. Das lockert die Gedanken und richtet den Fokus auf die Nachricht. Am Ende durchsuche ich den eigenen Text noch einmal nach Schlüsselwörtern und zentralen Tatsachen. Eine andere Möglichkeit ist, sich die Frage »Wer tut was?« zu stellen. Das hilft in der Regel, um einen passenden Titel zu finden.

Magnetische Anreißer

Der Schlüssel, Ihren Vorspann für den Leser unwiderstehlich zu machen, ist die Frage, worin sich Ihre Geschichte von anderen Geschichten unterscheidet.

Rene J. Cappon

Das wichtigste Element eines Webtexts ist neben der Überschrift der Anreißer, auch Teaser genannt. Dieser muss klar und präzise formuliert werden, weil er ein strategisch wichtiger Text ist. Schließlich bildet der Anreißer die Rutschbahn in den gesamten Artikel. Darum muss der Teaser Ihre Leser in den Text ziehen und Neugier und Motivation zum Weiterklicken erzielen. Die Entscheidung des Besuchers, ob er einen Artikel liest oder nicht, fällt spätestens, wenn er den Anreißer überflogen hat.

Beim Schreiben eines Anreißers gilt: Fassen Sie sich kurz und benutzen Sie aussagekräftige Verben und Reizwörter. Leser wollen im Web nicht viel Zeit verlieren und schnellstmöglichst erfahren, ob der Text lesenswert ist. Anders als in den Printmedien müssen Sie online stärker überzeugen. Ihre Konkurrenz befindet sich nur einen Klick entfernt. Darum sollten Sie versuchen, Ihre Leser mit einem knackigen und auf den Punkt gelandeten Anreißer zum Weiterlesen zu motivieren.

Je mehr Handlung im Teaser eines Artikels vorkommt, desto besser. Die Einleitung muss überzeugen und die brisantesten Fakten der Nachricht zusammenfassen. Gemeinsam mit der Überschrift bildet er das Dreamteam, das das Zeug haben muss, den Leser zu ködern, um ihn in den Artikel zu ziehen.

Um das zu erreichen, sind aussagekräftige Verben nötig. Verben sind anschaulich, schlank und lebendiger als Substantive. Sie drücken Aktionen und Gefühle aus. Um den Leser zu animieren und zu fesseln, sollte man immer das Aktiv benutzen. Wolf Schneider bringt es in seinem Buch *Deutsch für Profis* (Goldmann Verlag) auf den Punkt: »Arm an Saft und Kraft [...] ist auch das Passiv: eine späte, künstliche, entmenschlichte Form des Verbs, in Dialekten selten oder unbekannt, Kindern spät zugänglich und bei jedem Verständlichkeitstest im Hintertreffen.« Platzieren Sie darum aktive Verben an prominenter Stelle, also so weit vorn im Satz wie möglich.

Neben Verben stechen besonders Reizworte in einem Teaser hervor. Die Kunst des Schreibens liegt dabei in einer ausgewogenen Mischung, die nicht marktschreierisch die Leser anbrüllt, sondern subtil neugierig macht. Haben Sie die Überschrift und den Anreißer getextet, empfiehlt es sich, beide noch einmal kurz auf folgende Fragen abzuklopfen:

- Ergänzen sich Anreißtext und Überschrift? (Vorsicht vor Doppelinformationen!)
- Macht der Anreißtext neugierig, besitzt er Reizworte und ist er interessant?
- Wurden so viele Füllwörter wie möglich im Anreißtext gelöscht oder können noch mehr Wörter weggelassen werden?

Spannungsaufbau mit Cliffhanger

Der Begriff *Cliffhanger* stammt aus dem Bereich des Films. Er bezeichnet Art des Spannungsaufbaus, die bei mehrteiligen Filmen oder Serien angewendet wird, um den Zuschauer zum Einschalten der Folgeepisode zu bewegen. Die erzählte Geschichte bricht dabei auf dem Höhepunkt der Spannung ab – z.B. an dem Punkt, an dem der Held über einem Abgrund schwebt –, die Auflösung der Spannung wird in die nächste Folge verlagert.

Diese Art des Spannungsaufbaus können Sie sich auch für Ihre Startseite Ihres Blogs zu Nutze machen, um den Leser zum Weiterlesen zu verführen. Auch wenn diese Technik verlockend klingt, sollten Sie sie nicht für jeden Anreißer nutzen. Unter Umständen ermüdet das den Leser. Setzen Sie den Cliffhanger also behutsam ein und lösen Sie das gegebene Informationsversprechen im darauf folgenden Artikel immer ein. Ansonsten bekommen Sie nur frustrierte Leser, die sich desinformiert vorkommen und Ihre Texte für unwichtig erachten, weil sie nicht das geboten beommen haben, was sie erwartet hatten.

Checkliste für erfolgreiche Anreißer

Mit den folgenden Fragen können Sie noch einmal Ihren Anreißer auf Treffsicherheit und Spannungsaufbau überprüfen.

- Liest sich der Anreißer wie eine Rutschbahn in den Artikel?
- Macht der Anreißer neugierig, und wirkt er interessant?
- Bietet der Anreißer einen klaren Überblick über den Artikel?
- Ergänzen sich Anreißer und Überschrift, oder werden Informationen doppelt genannt?
- Können (Füll-)Wörter weggelassen und Sätze noch prägnanter getextet werden?
- Befinden sich unnötige Verallgemeinerungen oder Fachbegriffe im Anreißer?
- Haben Sie ausdrucksvolle Verben im Anreißer genutzt?
- Lässt der Anreißer im Kopf ein Bild entstehen?
- Stimmt die Länge des Anreißers?
- Harmoniert das Layout des Anreißertexts mit dem Rest der Seite wie z.B. mit einem daneben angezeigten Bild?

Fundierte und vollständige Texte

Auch für den restlichen Text Ihrer News gilt: das Besondere nach vorn! Anschließend folgen die Details, die den Interessierten einen vertiefenden Einblick in das jeweilige Thema bieten. Zum Schluss kommt dann die Vorgeschichte. Sie muss nicht unbedingt wiederholt werden, sondern lässt sich auch in Form einer Linksammlung zu vorausgegangenen Berichterstattungen am Ende des Texts platzieren.

Manchmal stößt man bei der Recherche auf weitere wichtige Details, oder das Geschehen hat sich weiterentwickelt. In solchen Fällen lohnt sich nicht immer das Schreiben eines neuen Artikels. Anders als in den Printmedien können im Internet Artikel leicht erweitert werden. Ist ein Artikel mit neuen Informationen ausgestattet worden, sollten Sie Ihre Leser darauf hinweisen. Dazu eignet sich z.B. eine Kennzeichnung im Anreißer oder Titel des Artikels, wie es unter anderem die Redakteure des Heise-Tickers praktizieren (siehe Abbildung 10-2).

Es lohnt sich, Artikel und News zu pflegen. Wächst Ihre Website, werden Sie erstaunt sein, wie oft Leser auch alte Artikel kommentieren. Gepflegte Artikel machen einen guten Eindruck und erleichtern es Ihnen, neue bzw. wiederkehrende Leser zu gewinnen. Eine gute Möglichkeit, besonders häufig gelesene Artikel zu promoten, ist das deutliche Hervorheben von »Klassikern«. Legen Sie dazu doch einfach eine Box auf Ihrer Startseite an, die die meistgelesenen Artikel hervorhebt. Genauso können Sie es auch mit den jeweiligen Rubriken Seiten machen. Diese Auswahl besonders guter Artikel bindet Ihre Leser und verleitet Sie obendrein dazu, im Archiv zu stöbern.

Abbildung 10-2: Kennzeichnen Sie überarbeitete Artikel, damit Ihre Leser erkennen, dass aktualisierte Informationen enthalten sind. Der Newsticker von Heise.de macht das mit dem Hinweis [Update].

Buchtipps und Internetquellen

Deutsch für Profis von Wolf Schneider
Goldmann Verlag, 1999, ISBN 3-442-16175-4

Journalistisches Schreiben von Rene J. Cappon
Autorenhaus Verlag, 2005, ISBN 3-93290-925-9

ABC des Zeitungs- und Zeitschriftenjournalismus von Volker Wolff
UVK, 2006, ISBN 3-89669-578-9

Einführung in den praktischen Journalismus von Walther von LaRoche
Econ Verlag, 2006, ISBN 3-430-17681-6

In diesem Kapitel:

- Musikgeladene Plattenkritiken
- Was macht eine gute Plattenkritik aus?
- Textlänge und wichtige Angaben

KAPITEL 11

Spannende Kritiken

Kritik zu üben, ist nicht leicht. Gute Kritik will abgewogen und mit Anspruch versehen sein. Kritik kann positiv oder negativ ausfallen. Kritik hilft beim (Aus-)Sortieren, aber auch beim Verbessern. Wer Kritik übt, fällt Urteile und macht sich angreifbar. Im eigentlichen Sinn ist die Natur von Kritik gut, trotzdem wird sie allzu oft missverstanden. Das Feld für Kritik ist breit. Wenn Sie als Blogger, Journalist oder Podcaster Kritik üben wollen, stehen Ihnen weite Themengebiete zur Verfügung. Dazu gehören Filmkritiken, Buchkritiken, Musikkritiken, Theaterkritiken, Spielkritiken oder Kunstkritiken.

Die Kritik, auch Kulturberichterstattung, hebt sich von den anderen Formaten im Pressejournalismus ab. Das liegt vor allem daran, dass die Kritik eine funktionale Mischform aus Bericht, Kommentar, Interpretation und Reportage ist. Im Gegensatz zur Nachricht darf eine Kritik auch die Meinung des Autors offen zur Schau stellen. Oft ist das sogar ausdrücklich erwünscht, besonders dann, wenn der Leser die Meinung des Kritikers schätzt.

Im Kern erfüllt eine Kritik mehrere Aufgaben. Einerseits ist sie ein Bericht über etwas Geschehenes wie z.B. ein Musikkonzert oder eine Theateraufführung, andererseits aber auch ein Kommentar. Während der Bericht das Ereignis beschreibt, wird dieses wiederum vom Kommentar bewertet. Diese Analyse ordnet, bemisst, kritisiert und vergleicht das Geschehen mit anderen Ereignissen. Um dem Leser diese Analyse näher zu bringen, bietet man ihm innerhalb der Kritik auch meist eine Inhaltsangabe an. Unter diesem Gesichtspunkt ist die Kritik somit auch immer ein Service für den Leser. Sie übernimmt eine Art Filterfunktion.

Hilfreich und wichtig für eine runde Kritik ist oftmals eine These zum Ereignis. Diese These spiegelt sich oft in der Überschrift der Kritik wider. Anders als im Nachrichtenjournalismus darf die Überschrift auf den ersten Blick kryptisch wirken und erst im Anreißer oder in den folgenden Unterzeilen näher erläutert werden.

Gute Kritik setzt gute Maßstäbe voraus. Je mehr Insiderwissen Sie besitzen, desto abgewogener schreiben Sie Ihre Kritik. Denn wer ein Ereignis aus zahlreichen Perspektiven betrachten kann, dem fallen schneller Zusammenhänge und Wechselwirkungen auf. Hintergrundwissen liefert Ihnen als dem Rezensenten eine erste Messlatte für eine professionelle Beurteilung. Deswegen gehört auch zur Kritik eine umfassende Recherche.

Im Anschluss an eine Kritik mit einer klaren Bewertung dürfen Sie nicht die technischen Hinweise vergessen, also Orte, Termine, exakte Titelangaben sowie weiter informierende Webseiten – diese Serviceleistung beschließt die Kritik.

Musikgeladene Plattenkritiken

Ich widme mich an dieser Stelle dem Thema Plattenkritik, viele Tipps und Anregungen können aber auch als Blaupause für die anderen oben genannten Formen der Kritik dienen, denn bei allen Arten der Kritik stehen immer Künstler im Mittelpunkt, ob Schauspieler, Musiker, Grafiker oder Regisseure. Den Kreativen steht das Publikum gegenüber. In diesem Spannungsfeld bewegen und vermitteln Sie mit Ihrer Kritik. Sie wägen ab, ob der Film spannend, der Theaterbesuch lohnenswert oder die CD ihren Preis wert ist. Je besser Sie die Leserschaft Ihrer Kritiken kennen, desto besser finden Sie die richtige Sprache. Wenn man andere Arbeiten eines Künstlers kennt oder Hintergrundinformationen über ihn hat, kann man ein Werk besser einordnen. Dann wirkt die Kritik fundierter und eloquenter.

Wer über Musik schreibt, von dem erwarten die Leser, dass er sich auskennt. Das Wichtigste im Musikjournalismus – der oft auch ein Geschmacks- und Trendjournalismus ist – sind der eigene Gusto und eine faire Behandlung der Musiker und ihrer Musik. Generell kann man sich daran orientieren, dass es, wenn Ihnen eine Platte richtig gut gefällt, auch andere Menschen geben wird, denen sie etwas gibt. Im umgekehrten Fall, also bei einem langweiligen und inspirationslosen Album, wird es auch Menschen geben, die wie Sie das Album niemals kaufen würden und es für belanglos halten. Behalten Sie aber immer im Auge: Wer kritisiert, ruft Gegenkritik auf den Plan. Ist ein Leser über einen Verriss seiner Lieblingsband erbost, müssen Sie sich mit diesem fair auseinandersetzen und keinesfalls die Haltung einnehmen: »Der hat ja gar keine Ahnung!« Doch, hat er! Und vor allem einen eigenen Geschmack.

Neben dem Fachwissen ist im Musikjournalismus eine kritische Haltung wichtig, denn reine Lobhudelei ist für die meisten Leser uninteressant. Gerade weniger erfahrene Musikkritiker neigen dazu, neue Musikveröffentlichungen in den Himmel zu loben. Das mag daher kommen, weil Loben einfacher ist als Kritisieren. Außerdem hat man mit einem Lob hat man mindestens einen auf seiner Seite, nämlich den Musiker.

Was macht eine gute Plattenkritik aus?

Eine gute Musikkritik schafft den Spagat zwischen Bewertung und Information. Sie klärt den Leser auf, was ihn auf der neuesten Veröffentlichung von Künstler X erwartet und wie die Qualität des Albums einzuschätzen ist.

Auch wenn Sie für ein spezialisiertes Publikum schreiben, das sich in dem entsprechenden Musikgenre gut auskennt, sollten Sie immer versuchen, mit Ihrer Kritik auch Neulinge anzusprechen. Schließlich soll ein gutes Musik-Release so viele Menschen wie möglich erreichen. Eine hochspezialisierte Sprache, wie Sie oft in Musikmedien genutzt wird, schreckt da eher ab, als dass sie neugierig macht. Natürlich macht es Spaß, sich als Spezialist und Kenner zu profilieren, aber hinter Fachbegriffen, von denen es in der Musik viele gibt, kann man sich auch verstecken. Vermeiden Sie deshalb allzu differenzierte Genre-Bezeichnungen (wie z.B. Glitch-Techno oder Grind Core), denn den meisten Lesern werden diese Ausdrücke nichts sagen.

§

Niemand kritisiert gern im luftleeren Raum – deshalb bietet es sich an, eine Musik-, Film- oder Buchkritik mit einem passenden Beispiel wie etwa einem Film- oder Musikausschnitt zu unterfüttern. Aber natürlich sind die zu kritisierenden Werke urheberrechtlich geschützt. Eine Wiedergabe ohne die Erlaubnis des Urhebers kann daher nur im Rahmen eines Zitats erfolgen. Ein so genanntes *Kleinzitat* darf dabei nur so groß oder lang sein, wie es für die Aussage einer Kritik unbedingt erforderlich ist. Darüber hinaus muss eine inhaltliche Auseinandersetzung mit dem Wiedergegebenen stattfinden. Nähere Details hierzu finden Sie im Abschnitt »Schranken des Urheberrechts« in Kapitel 19, *Urheberrecht*.

Urheberrechtlich geschützt ist natürlich auch die Grafik auf einem Platten- oder Buchcover. Wer diese mit abbilden möchte, sollte sich entweder um das Einverständnis des Urhebers bemühen oder das Cover als Zitat nur dann nutzen, wenn auch hiermit eine inhaltliche Auseinandersetzung (z.B. Farbgestaltung, Bezug zur Musik etc.) erfolgt.

Textlänge und wichtige Angaben

Schaut man in Musikmagazine, so trifft man in der Regel auf drei Formate: kurz-knackige Kritiken im News-Format (bis 500 Zeichen), längere Musikrezensionen um die 1.000-1.200 Zeichen und größere kolumnenartige Rezensionen, die unter Umständen sogar die 3.000-Zeichen-Grenze sprengen. Allein das gewählte Format bestimmt über die Art der Rezension. Während Kritiken im News-Format schnell auf den Punkt kommen müssen und eher informativen Charakter haben, entpuppen sich Musikkritiken mit mehr als 3.000 Zeichen als Feuilletonbeiträge. Diese kolumnenartigen Besprechungen konzentrieren sich nicht nur auf die eigentliche Veröffentlichung, sondern reihen sie meist in einen größeren Zusammenhang ein oder verbinden die Kritik mit zusätzlichen Informationen aus dem Umfeld der Musiker.

Um die Zeichenanzahl eines Texts zu bestimmen, bieten Textverarbeitungen Extrafunktionen an. Um mit Word Zeichen und Wörter zu zählen, markieren Sie den jeweiligen Textabschnitt und öffnen die Funktion über *Extras* → *Wörter zählen* (siehe Abbildung 11-1). Auch Open Office bietet eine solche Funktion. Diese rufen Sie über *Extras* → *Wortanzahl* auf.

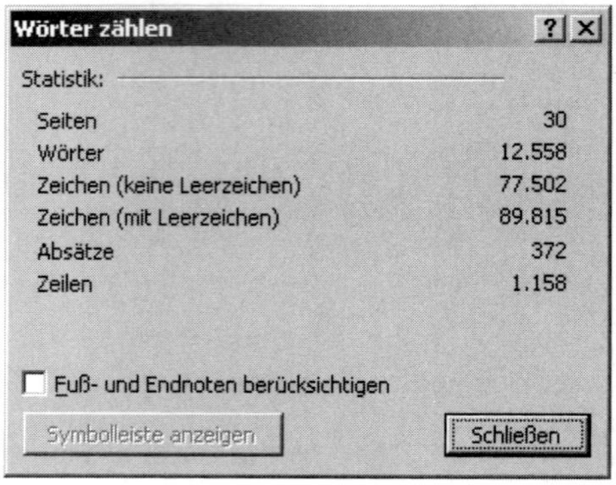

Abbildung 11-1: Die Funktion Wörter zählen von MS Word

Musikkritiken um die 1.000-1.200 Zeichen bilden die goldene Mitte zwischen Nur-Information und ausschweifender Kulturkritik. Die Formatierung solcher Kritiken wird in den verschiedenen Musikmedien unterschiedlich gestaltet. Während z.B. das Magazin Intro versucht, dem Leser schon im ersten fettgedruckten Satz einen Eindruck des Musikstils zu geben, sortieren andere Magazine die jeweiligen Veröffentlichungen – auch Releases genannt – direkt in eine Rubrik ein. Eine weitere Möglichkeit, dem Leser eine erste Orientierung zu bieten, ist eine Genreeinordnung in Klammern noch vor dem ersten Satz der Kritik:

```
Comfort Fit - Use It Or Loose It
[Instrumental-
HipHop] Sehr sweet, was uns Comfort Fit mit seiner "Use It Or Loose It EP" vorlegt.
 Satte Beats, feiste Samples und jede Menge Wipp-Mit-Faktor...
```

Neben der Möglichkeit einer Sortierung sollten auf jeden Fall die folgenden Bestandteile bei einer Kritik auftauchen:

- Titel des Albums
- Name des Künstlers
- Label und Vertrieb des Albums
- Datum der Veröffentlichung

Handelt es sich bei dem Album um eine Zusammenstellung (Compilation), benutzt man üblicherweise die Abkürzung *V.A.* für »Various Artists« oder ein deutsches Wort wie *Diverse*. Da Sie im Internet die Möglichkeit haben, einer Musikkritik weiterführende Multimedia-Dateien beizufügen, sollten Sie davon auch Gebrauch machen. Gern gesehen sind Links zur Website des Künstlers oder eingebundene MP3s, die sich direkt auf Ihrer Website anhören lassen oder zum Download vorliegen. Hier ist bei urheberrechtlich geschützten Werken jedoch Vorsicht geboten. Binden Sie fremde MP3-Dateien nur ein, wenn der Urheber sein Einverständnis dazu erklärt hat oder wenn es sich um ein Kleinzitat im Rahmen der strengen Anforderungen handelt (mehr dazu im Abschnitt »Schranken des Urheberrechts« in Kapitel 19, *Urheberrecht*). Oft liegen auf den Websites der Labels Promotion-MP3s vor. Fragen Sie bei den Labels und Promotern nach, ob Sie die MP3s direkt verlinken dürfen, oder rufen Sie die jeweilige Website über einen Link auf. Ein gutes Beispiel für das Rezensieren und Verlinken von Musik ist die Internetseite *www.tonspion.de*. Der Tonspion sucht jeden Tag nach neuen kostenlosen legalen MP3s im Internet. Diese werden anschließend rezensiert und auf der Website verlinkt. Neben der musikalischen Einordnung und Bewertung der Musik bilden Anspieltipps einen guten Startpunkt für die Leser.

Links zur Musikrecherche

www.musicline.de (deutsch)
: Suchmaschine der deutschen Phonoindustrie – Hörbeispiele, News, Biografien, Links zu Künstler-Websites

www.allmusic.com (englisch)
: Website für Künstlerbiografien und ausgewogene Musikkritiken – exzellente interne Verlinkung der Künstler untereinander und ihrer Veröffentlichungen, guter Ausgangspunkt für die Recherche

In diesem Kapitel:

- Vorbereitung
- Durchführung
- Verschriftlichung
- Vertonung
- Autorisierung

KAPITEL 12 Interviews

Ein Interview ist eine Befragung mit dem Ziel, interessante, neue und spannende Dinge über und vom Interviewpartner zu erfahren. Wenn Sie Interviews wiedergeben wollen, bieten sich Ihnen zwei Formen an: der Bericht und das Wortlaut-Interview. Während sich im Wortlaut-Interview Rede und Gegenrede in Form von Frage und Antwort abwechseln, gestaltet sich der Bericht anders. Im Bericht verwebt der Autor Zitate aus dem Interview mit weiterführenden Informationen und einer Geschichte. Die Zitate fügt der Autor dabei in Form von direkter und/oder indirekter Rede ein.

Beide Darstellungsformen haben ihre Stärken und Schwächen. Eine Stärke des Berichts ist die Möglichkeit, zusätzliche Informationen innerhalb des Texts unterzubringen. Weiterhin ermöglicht die Berichtsform das Erzählen einer Geschichte. Langweilig gestaltet sich ein Bericht, wenn er inhaltlich trocken ausfällt und über wenig Substanz verfügt. Ein Wortlaut-Interview kann dagegen spannend und aufschlussreich die Sprache des Interviewten wiedergeben. Es eignet sich hervorragend, um Menschen und Ihre Absichten vorzustellen, weil es Denken transparent machen kann.

Wortlautinterviews lassen sich noch weiter unterscheiden in Kurzinterviews und Magazininterviews. Das Kurzinterview ist knapp und präzise und beschränkt sich auf 4-5 Fragen mit den dazugehörigen Antworten. Oftmals wird es durch ein kleines Foto ergänzt und optisch aufgewertet. Im Gegensatz dazu bildet das Magazininterview die längere Variante, in der sich im Optimalfall die Gesprächsatmosphäre widerspiegelt. Das Magazininterview ist stärker strukturiert und folgt einer bewusst gestalteten Dramaturgie. Zwar darf im Magazininterview der Gesprächsablauf geändert werden, aber auf keinen Fall die inhaltliche Aussage.

In dem Prozess, ein Interview zur Druckreife zu bringen, gibt es vier Phasen: Vorbereiten, Führen, Verschriftlichen bzw. Vertonen und das abschließende Autorisieren. Für sämtliche Phasen ist eine sorgfältige Arbeitsweise höchste Pflicht, damit das Interview spannend und mit interessanten Fakten veröffentlicht werden kann.

Vorbereitung

Damit Interviews gelingen, ist eine vorausgehende Recherche Pflicht. Dazu gehören die Online- und die Offline-Recherche. Wie Sie das Internet für Ihre Recherche nutzen, erfahren Sie im Abschnitt »Recherche im Internet« in Kapitel 9, *Die Online-Recherche*. Je besser Sie für ein Interview gerüstet sind, desto flexibler können Sie mit den Befragten umgehen und das Gespräch vorsichtig steuern. Sind Sie gut vorbereitet, merkt Ihr Gesprächspartner das und wird es Ihnen mit Respekt und einem interessanten Dialog danken.

Wichtig ist bei der Recherche herauszufinden, über welche Themen Ihr Interviewpartner bereits gesprochen hat. Sie wissen sicherlich aus eigener Erfahrung, wie öde es sein kann, die eigenen Ferienerlebnisse den Eltern, Freunden und Bekannten immer und immer wieder zu berichten. Aufmerksam und spannend wird es meist dann, wenn jemand eine andersartige Frage stellt und nicht schon wieder fragt: »Wie war denn Barcelona?« Reizvoller wirkt dann eher eine Frage mit vorangegangener Behauptung, die den Fokus auf ein Thema lenkt, z.B. wie: »Die Bauten von Gaudí sind mir persönlich viel zu bunt. Ich mag es lieber schlicht und einfach. Wie haben sie denn auf dich gewirkt?«

Verschonen Sie also Ihren Gesprächspartner mit banalen Fragen nach Dingen, die Sie seiner Biografie sowie zahlreichen anderen Interviews und Portraits entnehmen können. Spannender wird es, wenn Sie Teilaspekte beleuchten und hinterfragen. Unterhaltsam und interessant für Ihre Zuhörer und Leser sowie für den Interviewten sind dabei neue Ideen, Behauptungen und Tatsachen. Nehmen Sie sich Zeit für eine ausführliche Recherche. In der Regel springt dabei ein gutes Interview heraus, wenn Sie nicht gerade auf einen der bereits genannten Problemfälle stoßen.

Auch wenn Sie einen Ablaufplan für das Interview erstellt haben, halten Sie sich nicht starr daran! Dadurch können Ihnen unter Umständen interessante Aussagen durch die Lappen gehen, weil Sie sich zu sehr auf den eigenen vorgefertigten Ablauf fixiert haben. Wären Sie aufmerksam gewesen und hätten im entscheidenden Moment nachgefragt, hätten Sie eine wichtige Tatsache mehr erfahren.

Durchführung

Interviews zu führen, ist eine Kunst für sich. Je feinfühliger und aufmerksamer Sie mit Ihrem Gesprächspartner umgehen, desto angenehmer wird er das Gespräch mit Ihnen finden und desto ausführlicher wird er Ihnen antworten. Trotzdem werden

Sie in Interviews oft an Grenzen stoßen. In vielen Fällen können Sie sich noch so gut vorbereitet haben – wenn Sie einen wortkargen, mürrischen, desinteressierten oder einfach nur müden Menschen vor sich haben, sind oft Hopfen und Malz verloren. Anders gestaltet es sich bei schüchternen Menschen, die behutsam aus ihrem Schneckenhaus gelockt werden müssen und nicht herausgezerrt werden wollen.

Generell sollten Sie einen sanften Einstieg ins Gespräch suchen. Planen Sie vor dem Interview eine Aufwärmphase ein, in der Sie Ihrem Interviewpartner ggf. auch ein paar Dinge über sich selbst erzählen können. Fallen Sie bei dem Gespräch nicht gleich mit der Tür ins Haus, sondern nähern Sie sich behutsam den Themen, die Sie besonders interessieren. Dazu gehört auch, dass Sie das Gespräch mit Fragen beginnen, die für Ihren Gesprächspartner relativ einfach zu beantworten sind. Erst später sollten Sie sich schwierigeren oder kritischeren Fragen widmen.

Für den Abschluss des Interviews eignet sich dagegen eine abschließende Pointe oder ein Ausblick, der neue Entwicklungen, Tendenzen oder Ähnliches in den Blick nimmt. Ein solches Ende gibt dem Interview einen abschließenden Schwung, es sollte aber wenn möglich vom Interviewpartner selbst stammen. Es gehört bei einem Interview zum guten Ton, es vom Interviewten selbst beenden zu lassen. Abschließend sollten Sie sich bei Ihrem Interviewpartner für das Gespräch bedanken.

Bei Interviews kommt es darauf an, dem Interviewpartner gut zuzuhören und sich selbst zurückzunehmen. Das kann bspw. schwierig werden, wenn man den Interviewten als Fan verehrt oder ihn für sein Tun bewundert. Achten Sie unbedingt darauf, dass Sie inhaltlich eine gewisse Distanz zu Ihrem Interviewpartner beibehalten und sich nicht zu stark mit ihm solidarisieren. Einerseits könnte das als Anbiederung ausgelegt werden, andererseits sollten Sie immer im Auge behalten, dass es auch in einem Interview vorrangig um Informationen geht, wie subjektiv geprägt sie auch immer sein mögen.

Um wichtige Nuancen in einem Gespräch wahrzunehmen, hilft gutes Zuhören. Bemerkt man interessante Details, kann man im geeigneten Moment vertiefend nachhaken. Zuhören kann man leicht trainieren. Für die ersten Schritte eignet sich das eigene Umfeld. Setzen Sie sich doch einfach mal mit einem Elternteil oder den Großeltern zusammen und gehen Sie einem neuen Thema auf den Grund. Legen Sie dabei den Schwerpunkt darauf, Neues zu erfahren.

Verzagen Sie nicht, wenn die ersten Interviews nicht ganz nach Plan verlaufen. Bleiben Sie mutig und analysieren Sie selbstkritisch den Verlauf. Aus der Reflexion können Sie hilfreiche Schlüsse ziehen, wie Sie ein Interview beim nächsten Mal bunter, einfühlsamer oder kritischer gestalten.

In meinen ersten Jahren als Musikjournalist gab es einige Interviews, die einwandfrei waren, aber viele liefen nicht so geschmeidig. In einigen Fällen hatte ich bereits nach drei Minuten alle meine Fragen gestellt, aber keine einzige Antwort auf Band. Oder das Gespräch entwickelte sich so rege, dass ich zwar jede Menge Neues erfuhr, aber keine meiner ursprünglich geplanten Fragen losgeworden bin. Dann gab es wiederum Gespräche, in denen ich selbst kaum zu Wort kam und der Interviewte sein Programm abspulte. Die Fragen wurden einfach übergangen oder clever in die eigene Botschaft integriert. Jedes Interview hat seine Besonderheiten. Je erfahrener Sie sind, desto besser wird es Ihnen gelingen, ein Gespräch mit den richtigen Fragen lebendig zu gestalten.

Für Interviews sollten Sie sich unbedingt einen ruhigen Ort suchen. Selbst Kühlschränke oder Computerlüfter, die man im ersten Moment nicht direkt wahrnimmt, können sich später als lästiges Sirren oder Rauschen auf der Aufnahme und im Podcast manifestieren. In öffentlichen Räumen wie Cafés oder hinter einer Bühne dagegen kann man Geräusche bei Gesprächen nicht immer verhindern. Aber selbst an solchen Orten gibt es manchmal ruhigere Ecken, wo weniger Menschen vorbeilaufen und miteinander plaudern.

Je nach Gesprächspartner kann ein Mikrofon ein störender Faktor sein. Schüchterne Menschen und Gesprächspartner, die nicht oft interviewt werden, haben oft einen zu großen Respekt vor dem Mikrofon. Im schlimmsten Fall werden sie äußerst wortkarg und ängstlich oder reden gestelzt. Um solche Situationen zu vermeiden, lohnt sich die Anschaffung eines Mikrofonständers. Hilfreich sind dabei kleine Tischstative, die in den eigenen Rucksack passen. Positioniert man ein Mikrofon mit einem solchen Ständer auf dem Tisch, muss man es nicht immer in der Hand und dem Interviewten unter die Nase halten. Zwar verschlechtert sich die Aufnahme durch den größeren Abstand und es wird leiser aufgenommen, dafür entkrampft sich aber maßgeblich die Situation und Sie erhalten ein lockereres Interview.

Nehmen Sie Interviews nicht für Podcast-Zwecke auf, ist der Abfall in der Qualität nicht so schlimm. Benutzen Sie jedoch das Tonmaterial für Ihren Podcast, können Sie es später auch noch mit geeigneten Werkzeugen bearbeiten und auf eine bessere Lautstärke frisieren (siehe dazu Kapitel 7, *Podcasts aufnehmen, schneiden und editieren*). Dafür ist die Aufnahme der Stimme des Gesprächspartners das Wichtigste. Die Aufnahme mit zwei Mikrofonen ist natürlich ideal, in der Regel besitzt man jedoch nur eines. Dieses sollten Sie immer zum Gesprächspartner hin ausrichten. Wenn dadurch Ihre eigenen Fragen nicht so gut aufgenommen werden, ist das nicht weiter schlimm. Bei der Produktion können Sie die Fragen auch im Nachhinein noch anmoderieren. Mit dieser Methode gehen Sie auf jeden Fall sicher, dass Sie sämtliche Aussagen in angemessener Qualität festhalten.

Manche Geräte, insbesondere Minidisc- und MP3-Player, ermöglichen das Anlegen von Markern während des Interviews. Solche Marker erleichtern die Nachbearbeitung, weil Sie schon während des Interviews die Aufnahme strukturieren. Beim späteren Abhören können Sie dann mit Hilfe der Marker schnell zwischen den einzelnen Abschnitten bzw. Themen hin und herspringen.

Verschriftlichung

Bei der Verschriftlichung von Interviews hilft es manchmal, die Interviews langsamer abzuspielen. Dazu muss das Interview auf dem Rechner liegen und mit einem Audio-Editor geöffnet werden. Zwar hören sich solche Interviews im ersten Moment ein wenig schräg an, das Ohr gewöhnt sich aber schnell daran. Das langsamere Abspieltempo hilft Ihnen dafür dann beim Abtippen. Ein weiterer Vorteil eines im Audio-Editor geöffneten Interviews ist die Tatsache, dass Sie auch hier – wie schon bei der Aufnahme – Marker setzen können und anhand der Wellenform schnell erkennen, wo Ihr Gegenüber geantwortet hat und an welcher Stelle Sie eine Frage oder einen Kommentar eingebracht haben. Weiterhin gelingt das Vor- und Zurückspulen innerhalb eines Software-Editors wesentlich schneller als mit den oft kleinen Tasten von Minidisc- und MP3-Recordern (mehr zu Recordern erfahren Sie in Kapitel 7, *Podcasts aufnehmen, schneiden und editieren*).

In Zeitungen und Magazinen werden die Fragen eines Wortlaut-Interviews in der Regel kursiv gesetzt. Davon rate ich Ihnen im Internet ab, denn Kursivschrift auf Webseiten ist in der Regel schwieriger zu lesen als alle anderen Formatierungen. Stattdessen formatieren Sie die Fragen am besten in Fettschrift und nutzen für die Antwort das `<blockquote>`-Tag, das die Antworten in den Normaleinstellungen auf der linken Seite einrückt. Mehr zum `<blockquote>`-Tag erfahren Sie in Kapitel 15, *XHTML und CSS*. Vor die Fragen und Antworten gehört jeweils der Name der sprechenden Person. Er kann aus Platzgründen im weiteren Verlauf des Wortlaut-Interviews abgekürzt werden.

Vertonung

Beim Vertonen und Schneiden eines Interviews lohnt es sich, die Fragen und Antworten in einzelne Blöcke zu schneiden. Das verbessert einerseits die Übersicht, und andererseits können Sie so gezielt die Lautstärke der jeweiligen Passage nachbearbeiten und optimieren, indem Sie sie normalisieren oder über das Hüllkurvenwerkzeug (Audacity) anpassen. Außerdem ermöglicht Ihnen das Arbeiten mit Blöcken, das Interview etwas umzustellen. Obendrein können Sie einfache Klangschnipsel (Sound-Signaturen) oder Musikstücke zwischen den Blöcken platzieren.

Wurden keine Fragen aufgenommen, weil Sie konstant das Mikrofon auf den Interview-Partner ausgerichtet haben, müssen diese nachträglich eingesprochen werden. Sollten Sie sich beim Einsprechen verheddern, bleiben Sie locker und wiederholen einfach den Satz ein weiteres Mal. Den Stolperer können Sie anschließend einfach herausschneiden. Mehr darüber, worauf Sie bei der Aufnahme achten sollen, erfahren Sie in Kapitel 7, *Podcasts aufnehmen, schneiden und editieren*.

Autorisierung

Es gehört zum guten Stil, sich Interviews von seinen Gesprächspartnern autorisieren zu lassen. Haben Sie ein Interview aufgenommen, fertig verschriftlicht oder für den Podcast vertont, schicken Sie es Ihrem Interviewpartner vor der Veröffentlichung noch einmal zu, damit er den fertigen Beitrag kennt, bevor er verbreitet wird. Ist er mit der einen oder anderen Aussage nicht oder nicht mehr einverstanden, geben Sie ihm die Gelegenheit, diese zu ändern. Genau genommen sind Sie dazu nicht verpflichtet, aber aus Respekt vor Ihrem Gegenüber sollten Sie in diesem Punkt nicht kleinlich sein.

Um das Einverständnis für die Aufnahme Ihres Interviewpartners zu bekommen, reicht es aus, wenn Sie beim Aufzeichnen des Gesprächs das Mikrofon gut sichtbar platzieren. Besser noch ist es, wenn Sie Ihren Interviewpartner zu Beginn des Interviews fragen, ob Sie das Gespräch auf Band aufnehmen dürfen. Die Anwesenheit eines Zeugen (z.B. ein Fotograf oder Bekannter), der die klärenden Sätze mitbekommen hat, kann Ihnen im Nachhinein als Versicherung dienen, dass der Interviewte sein Einverständnis zur Aufzeichnung gegeben hat.

§ Die Notwendigkeit des Autorisierens hängt mit dem Recht am eigenen Wort zusammen. Danach kann jeder Mensch z.B. selbst bestimmen, ob seine Aussagen zu einem Thema veröffentlicht werden sollen oder nicht. Eine Veröffentlichung gegen den Willen des Betroffenen oder auch ein Verdrehen von Aussagen aus einem gekürzten Interview führen dann zu einer Persönlichkeitsverletzung, die Ansprüche auf Gegendarstellung und Widerruf, aber auch auf Schadensersatz und Schmerzensgeld auslösen kann. Mehr über dieses Thema erfahren Sie im Abschnitt »Das Recht am eigenen Wort« in Kapitel 21, *Persönlichkeitsrechte*.

Buchtipps

Das journalistische Interview von Jürgen Friedrichs und Ulrich Schwingers
VS Verlag, 2005, ISBN 3-531-33425-5

Das Interview. Ein Handbuch für Journalisten von Michael Haller
UVK, 2001, ISBN 3-89669-304-2

Miteinander reden, Bd. 1 von Friedemann Schulz von Thun
Rowohlt Verlag, 1981, ISBN 3-499-17489-8

In diesem Kapitel:

- Aufbau eines Newsletters
- Plain Text oder HTML?
- Mail-Attachments
- Double-Opt-In-Verfahren
- Kurz-Links für Newsletter

KAPITEL 13

Newsletter

Newsletter per E-Mail sind eines der preiswertesten und trotz Spam immer noch eines der effizientesten Werbewerkzeuge. Denn E-Mail-Newsletter informieren preisgünstig Interessierte, Journalisten, Redaktionen und Fans Ihres Weblogs über neue Artikel, Podcasts oder Nachrichten. Neben einer einwandfreien, logischen Strukturierung des Newsletters spielt die Wichtigkeit und Häufigkeit der News eine große Rolle. Durch die generelle Zunahme des Mail-Verkehrs und vor allem durch immer mehr Spam-Mails fühlen sich Newsletter-Abonnenten schnell bedrängt. Deswegen ist neben einem geschickten Umgang mit der Anzahl der versendeten Newsletter auch eine entsprechende Netiquette elementar wichtig, sonst wird der Newsletter vom nächsten Spam-Filter gefressen.

§ Was juristisch für die Versender von Werbe-Mails (und Spam) gilt, ist auch für die Versender von Newslettern relevant. Nach der Anti-Spam-Regelung im Gesetz gegen unlauteren Wettbewerb dürfen Werbemails nur nach vorherigem Einverständnis des Empfängers verschickt werden. Newsletter dürfen daher nur auf Anforderung und niemals an alle Empfänger einer auf anderem Wege entstandenen Adressliste verschickt werden. Näheres hierzu finden Sie im Abschnitt »Unerwünschte Werbung« in Kapitel 20, *Wettbewerbsrecht*.

Überlegen Sie sich ein Konzept und eine Gliederung für den neuen Newsletter. Entwerfen Sie dann ein Newsletter-Dokument, das Sie für jeden weiteren Newsletter benutzen können – das erleichtert die Arbeit und gibt Ihren Newslettern ein einheitliches Aussehen mit Wiedererkennungseffekt. Schreiben Sie den Newsletter immer zuerst in einem Textverarbeitungsprogramm und überprüfen Sie anschließend die Rechtschreibung. Bereiten Sie den Newsletter optisch auf, indem Sie die Inhaltsbereiche voneinander abheben. Dazu gehören die Newsletter-Kennung, das Inhaltsverzeichnis, der eigentliche Newsletter-Content, das Impressum und die Möglichkeit, den Newsletter wieder abzubestellen. Begrenzen Sie anschließend die Zeichen pro Zeile, indem Sie den Newsletter probeweise an sich selbst versenden (alternativ können Sie auch manuell hinter jeder Zeile einen Zeilenumbruch einfügen). Wenn Sie mit dem Ergebnis zufrieden sind, öffnen Sie das Programm, das den Versand der E-Mails übernimmt.

Aufbau eines Newsletters

Je klarer und informativer ein Newsletter ist und je benutzerfreundlicher die Möglichkeit zur Abo-Kündigung gestaltet ist, desto eher erfreut er sich der Beliebtheit bei den Empfängern. Hinterfragen Sie dabei regelmäßig, ob Sie selbst sich für die News und Tipps interessieren würden, die Sie gerade für Ihre Leser oder Hörer zusammenstellen. Selbst eine nett gemeinte E-Mail mit »Frohe Ostern!« oder »Guten Rutsch!« könnte nerven. Wenn Sie dennoch eine solche E-Mail versenden wollen, ist es ratsam, irgendetwas Amüsantes oder Unterhaltsames beizufügen. Sei es ein kostenloses MP3 als Download-Link oder ein witziges unterhaltsames Bild. Erzeugen Sie stets Mehrwert und Unterhaltung!

Die Nachricht, die Sie in Ihrem Newsletter verbreiten, muss nicht unbedingt Sie selbst betreffen. Ein Verweis auf etwas Interessantes, was Sie im Web entdeckt haben, kann den Empfänger begeistern. Beachten Sie dabei den Kontext. Ein Tipp zu einem Kochrezept für Weihnachten, egal wie lecker es ist, macht beim Versand eines Newsletter für Techno-Liebhaber wenig Sinn. In dem Fall ist schon eher ein unterhaltsamer Videoclip mit einem Nikolaus angebracht, der mit seinen Hirschen ordentlich zu einem Techno-Stomper mit dem Kopf mitnickt.

Beim logischen Aufbau eines Newsletters sollten Sie sich an der Struktur von Magazinen oder Büchern orientieren. Ein Erfolg versprechender Newsletter ist wie folgt strukturiert:

- Betreff mit Kennung
- Einleitung mit thematischen Titel des Newsletter, der Website oder Ihres Blogs, Datum und/oder personalisierter Einleitung
- Übersicht über die behandelten Themen in einem kleinen Inhaltsverzeichnis
- Hauptteil mit Nachrichten, Daten und Links
- Schlussteil mit Abo-Kündigungsfunktion und Impressum

Bevor ein Empfänger in seinem E-Mail-Programm eine neue Botschaft öffnet, betrachtet er die Adresse des Absenders und die Betreffzeile. Beide Felder entscheiden darüber, ob eine E-Mail geöffnet, ignoriert oder direkt gelöscht wird. Darum sollte eine Betreffzeile in erster Linie Vertrauen schaffen und Auskunft über den

Versender geben. Vermeiden Sie kryptische E-Mail-Adressen und geben Sie einer Adresse mit direktem Bezug zum jeweiligen Angebot der Website den Vorzug. Vermeiden Sie weiterhin Wörter in Großbuchstaben sowie mehrfach verwendete Sonderzeichen in der Betreffzeile, wie z.B. Ausrufezeichen. Außerdem sollten Sie personalisierte Betreffzeilen meiden, in der Sie die E-Mail-Adresse des Empfängers ein weiteres Mal aufführen. Alle diese Dinge würden Ihre E-Mail für Spam-Filter besonders verdächtig machen. Achten Sie außerdem darauf, seriös zu wirken und marktschreierische Begriffe wie »kostenlos«, »gratis«, »free« oder »Gewinnspiel« zu vermeiden.

Neben Vertrauen muss eine Betreffzeile auch die Neugierde des Empfängers wecken und Spannung erzeugen. Schließlich ist die Betreffzeile der Einstieg in den Newsletter. Geben Sie in der Betreffzeile ruhig eine Kennung an. Das kann der Name Ihres Blogs, Ihres Podcasts oder Ihrer Website sein. Wenn der Empfänger auf Anhieb erkennt, wer der Absender des Newsletters ist, wird er die Nachricht sicherlich mit Vertrauen öffnen.

Um sämtliche Risiken zu minimieren und den Inhalt Ihres Newsletters auf Spam-Merkmale zu testen, überprüfen Sie ihn am besten mit dem Spam-Assassin-Test auf Herz und Nieren, den Sie unter *www.lyris.com/resources/contentchecker* finden.

Plain Text oder HTML?

Die E-Mail sollten Sie immer im reinen Text-Format verschicken. Zwar zeigen die meisten E-Mail-Clients mit HTML formatierte E-Mails korrekt an, gegen ihren Einsatz sprechen aber Sicherheitsbedenken. Vor allem so genannte *Phishing-Attacken* haben das Format in Verruf gebracht, denn in HTML-E-Mails lassen sich Skripten einbauen und Links fälschen. Außerdem nutzen Spammer HTML-E-Mails, um ihren Opfern *Webkäfer* unterzuschieben. Darunter versteht man unsichtbare Bilder, die innerhalb einer E-Mail platziert werden. Jedes Bild hat eine individuelle ID und wird vom Server bei Aufruf der E-Mail abgerufen. Wird das Bild angefordert, weiß der Spammer, dass die entsprechende E-Mail-Adresse tatsächlich benutzt wird.

Ein weiterer Vorteil von Text-E-Mails ist die einfache Tatsache, dass jeder diese E-Mails unabhängig vom E-Mail-Programm lesen kann. Obendrein sind Text-E-Mails ohne Anhänge immer klein und lassen sich schnell an Freunde weiterleiten. Im Gegensatz zu HTML-E-Mails behalten Text-E-Mails eher ihr Aussehen. Außerdem lassen sich reine Text-E-Mails mit ein wenig Geschick auch optisch aufwerten und gliedern. Hilfreich für strukturierende Überschriften sind unter anderem Sonderzeichen wie Minus-, Plus-, Sternchen-, Raute-, Größer- und Kleinerzeichen oder Unter- und Schrägstrich. Schauen Sie sich dazu einmal in Abbildung 13-1 den exzellent strukturierten Newsletter von Dr. Web mit mehr als 76.000 Abonnenten an.

```
Von:      bounce-dr.web-newsletter-3791119@scott.kbx.de im Auftrag von newsletter@drweb.de
An:       Wissen fuer Webworker
Cc:
Betreff:  Dr. Web Newsletter Nr. 221 vom 02. August 2005 - Scripts - Browserleisten - Fotos - Vista - Startseite (drweb: message 2 of 3)
------------------------------------------------------------
Dr. Web Newsletter - Das Beste aus dem Dr. Web Magazin
------------------------------------------------------------

Datum                  02.08.2005
Jahrgang               8
Ausgabe                221
ISSN                   1436-9826
Abonnenten             76245
Ihre Email Adresse     drweb.3.derbunker@spamgourmet.com
Website                http://www.drweb.de/
RSS-Feed               http://www.drweb.de/rss.xml
Kontakt                http://www.drweb.de/kontakt/
Online Version         http://www.drweb.de/archiv/index-dwn-2.shtml


-------------------------------------------------------------
Newsletter wieder abbestellen? Hier klicken:
http://www.drweb.de/scripts/comments.php#newsletter
-------------------------------------------------------------


01 // Script-Ressourcen
02 // Browserleisten basteln
03 // Neue Artikel bei Dr. Web
04 // SEO Extension für Firefox
05 // Basteln mit CSS: Fotos mit Mehrwert
06 // Windows Vista
07 // Perfekt ins Web mit der eigenen Startseite
08 // Service und Impressum


-------------------------------------------------------------
01 // Script-Ressourcen
-------------------------------------------------------------

Eine anspruchsvolle Sammlung bietet Thomas Fuchs. Sein Metier: JavaScript.
So finden sich allerlei originell und frische Ideen. Besonders angetan
```

Abbildung 13-1: Webdesign-Tipps von Dr. Web: ein vorbildlich strukturierter Newsletter aus reinem Text

Sollten Sie sich trotzdem für HTML-Newsletter entscheiden, dann halten Sie den eigentlichen Code schlicht. Benutzen Sie außerdem kein Javascript, keine Tabellen und keine übergroßen Überschriften. Sparen Sie an bunten Farben und belassen Sie es bei einem weißen Hintergrund sowie wenigen Bildern. Setzen Sie innerhalb des HTML-Newsletters nur lesbare Links und vermeiden Sie IP-Adressen. Denn lesbare Links wie bspw. wie *www.domain.de/hilfreiche-wordpress-plugins* offenbaren dem Leser, wohin die Reise geht.

Weiterhin sollten Sie für Ihren Newsletter eine feste Zeichenanzahl pro Zeile ins Auge fassen, damit man ihn angenehm lesen kann. Eine Zeile sollte zwischen 50 und 74 Zeichen enthalten. Bei Outlook ändern Sie die Zeichen pro Zeile über *Extras* → *Optionen* → *E-Mail-Format* → *Einstellungen* (siehe Abbildung 13-2).

Wenn Sie diesen Tipps folgen, müssen Sie darauf achten, dass die E-Mail-Programme Ihre Links nicht unglücklich umbrechen. Wie Sie URLs mit Überlänge in Kurz-Links verwandeln, erfahren Sie weiter unten im Abschnitt »Kurz-Links für Newsletter« weiter unten.

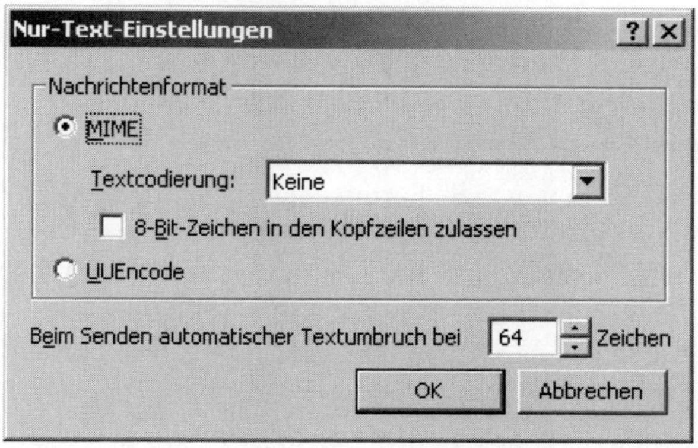

Abbildung 13-2: Outlook begrenzt auf Wunsch die Zeichenanzahl pro Zeile und bricht die Zeile automatisch um.

Mail-Attachments

Anhänge müssen von so vielen Computerbenutzern wie möglich geöffnet werden können. Denn was taugt ein Pressetext in Form eines Flash-Newsletters, den das alte E-Mail-Programm einer Redaktion schreddert und unleserlich darstellt? Selten werden sich die Empfänger die Mühe machen, den Newsletter noch auf andere Weise zu öffnen. Halten Sie deshalb Ihren Newsletter möglichst schlicht. Machen Sie auch einen großen Bogen um exotische Text-, Bild- oder Tonformate. Nutzen Sie für Ihre Attachments allgemein gültige Standards. Für Texte sind das TXT-, RTF oder PDF-Dateien.

Auch für Bilder und Grafiken gibt es unterschiedliche Formate. Die häufigste Verwendung findet sicherlich das JPEG/JPG-Format, das im Internet viel genutzt wird und sich besonders für fotorealistische Bilder eignet. Für die Nutzung im professionellen Printbereich empfieht es sich, Bilder im TIF-Format bereit zu halten. Bilder dieses Formats werden unkomprimiert abgespeichert und sind wegen Ihrer hohen Auflösung bei Printredaktionen beliebt. Für Logos hat sich das vektororientierte EPS-Format etabliert. Da EPS-Bilder als Vektoren abgespeichert werden, sind die Bilder skalierbar und sehen dadurch in jeder Größe scharf aus. Mehr Informationen über Bilder erfahren Sie im Kapitel 16, *Bilder fürs Web aufbereiten*.

- Wenn Sie Dateien per E-Mail verschicken, sollten Sie unbedingt darauf achten, dass Ihr Mail-Attachment nicht zu groß ist. Gerade bei TIFF- und EPS-Dateien passiert das schnell. Wenn Sie Ihren Newsletter-Abonnenten große Dateien zukommen lassen wollen, sollten Sie die Dateien auf Ihrer Website zum Download hinterlegen und im Newsletter lediglich einen Link darauf positionieren. Für Logos hat sich das vektororientierte EPS-Format etabliert. Dieses werden Sie sicherlich seltener verschicken; trotzdem ist es interessant für Redaktionen, wenn auch ein Logo mit abgedruckt werden soll. Da EPS-Bilder als Vektoren abgespeichert werden, sind die Bilder skalierbar und sehen dadurch in jeder Größe scharf aus.

Auch für Audiodateien gibt es viele Formate. Dazu gehören z.B. MP3, das Dateiformat des Fraunhofer-Instituts, WMA, der proprietäre Audio-Codec von Microsoft, und RealAudio, das Format von RealMedia für Streaming Audio. Das Standardformat für Audio-Dateien ist MP3. Wie Sie MP3s selbst erstellen, erfahren Sie im Abschnitt »MP3s erstellen und benennen« in Kapitel 7, *Podcasts aufnehmen, schneiden und editieren*.

Beachten Sie, dass Audiodateien meist viel Speicherkapazität verbrauchen. Hinterlegen Sie darum auch Audiodateien auf Ihrer Website und geben Sie in der E-Mail Download-Links zur jeweiligen Datei an. Ist Ihnen eine bestimmte Audio-Passage besonders wichtig, dann verschicken Sie einen stark komprimierten Ausschnitt und weisen Sie darauf hin, dass der Mitschnitt in besserer Qualität online zur Verfügung steht.

Double-Opt-In-Verfahren

Beim *Double-Opt-In-Verfahren* handelt es sich um ein Anmeldeverfahren, mit dem unterbunden werden soll, dass Menschen ohne ihr Einverständnis einen Newsletter erhalten. Hat ein User auf einer Website seine E-Mail-Adresse hinterlassen, um fortan einen Newsletter zu abonnieren, erhält er vorerst eine automatisch generierte E-Mail. Darin enthalten ist ein Bestätigungs-Link vor, mit dessen Aufruf das Abonnement aktiviert wird. Auf diese Weise bestätigt der Newsletter-Abonnent also zwei Mal, dass er den Newsletter tatsächlich beziehen möchte. Dadurch wird verhindert, dass Fremde eine E-Mail-Adresse einfach aus Spaß oder Bosheit in einen E-Mail-Verteiler eintragen können. Wird nämlich die Nachfrage-E-Mail ignoriert, wird die E-Mail-Adresse so lange nicht in den Verteiler aufgenommen, bis der Link angeklickt wird.

Natürlich hat dieses Verfahren auch einen Nachteil: Faule oder weniger motivierte Interessenten bleiben beim Double-Opt-In-Verfahren auf der Strecke, da sie nicht auf den Bestätigungs-Link klicken. Auch die Newsletter-Interessenten, die dieses Verfahren nicht kennen, werden eventuell abgeschreckt. Deshalb ist es besonders wichtig, den Vorgang so unkompliziert und einfach wie möglich zu halten.

Trotz dieser offensichtlichen Nachteile setzen alle professionellen Services und Newsletter-Anbieter auf dieses Verfahren. Ein fairer und korrekter Umgang mit Menschen zahlt sich am Ende immer aus. Deshalb sollten Sie lieber auf ein paar weniger interessierte Leser verzichten, um die wirklich Neugierigen bei der Stange zu halten. Das Double-Opt-In-Verfahren haben alle regulären Online-Services und fortgeschrittenen Programme als Funktion integriert. Sie brauchen lediglich die Texte der Double-Opt-In-Nachrichten den eigenen Vorstellungen anzupassen, den Rest übernimmt der Service. Anbieter solcher Dienste sind z.B.:

Open Source Newsletter-Programm Dadamail
http://mojo.skazat.com/

Mailinglisten- und Newsletter-Services
www.ezinedirector.com

http://groups.yahoo.com/

www.domeus.de

http://groups.google.de/

Kurz-Links für Newsletter

Auch wenn sämtliche Links auf Ihrer eigenen Seite kurz und prägnant sind, kann es vorkommen, dass Sie einen Link auf eine fremde Webseite setzen wollen, z.B. auf eine Amazon-Produktseite zu einer geschriebenen Buchkritik. Solche URLs sollte man auf eine angenehme Größe kürzen, da sie oft unglaublich kryptisch und viel zu lang sind, wie Sie z.B. an der folgenden URL sehen können: *http://www.amazon.de/exec/obidos/ASIN/B0000A5BV4/qid=1120748820/sr=8-4/ref=sr_8_xs_ap_i4_xgl/302-8213968-9168819*.

Das Problem an solchen URLs ist nicht nur ein optisches, sondern es kann auch zu technischen Schwierigkeiten kommen. Wird ein langer Link im Mail-Client Mail-Empfängers falsch umbrochen, kann es passieren, dass der Link nicht mehr funktioniert. Möchte der Newsletter-Empfänger dann dem gesendeten Link folgen, stößt er mit ziemlicher Wahrscheinlichkeit auf eine Fehlerseite.

Für das Anlegen und Verwalten von Kurz-Links gibt es im Internet zahlreiche kostenlose Dienste, z.B. die von *tinyurl.com*, *shorl.com*, *snipurl.com* oder *makeashorterlink.com*. Diese Websites haben das Problem von Newsgroup-Postings und Newsletter-Versendern erkannt und sich auf das kostenlose Anlegen und Verwalten von Kurz-Links spezialisiert. Tabelle 13-1 gibt Auskunft über die möglichen Optionen und den angebotenen Service.

Tabelle 13-1: Services für kurze URL-Weiterleitungen

Service	Anzahl der Zeichen in der URL	Bookmark	Statistik	Link-Aussehen	Benutzerverwaltung
shorl.com	30	ja	ja	nein	nein
makeashorterlink.com	38	ja	nein	nein	nein
tinyurl.com	24	ja	nein	nein	nein
snipurl.com	23	ja	nein	ja	ja

Während *shorl.com*, *makeashorterlink.com* und *tinyurl.com* Links auf aussagelose Zeichenketten eindampfen, ermöglicht die Website *snipurl.com* personalisierte Links mit maximal 20 Zeichen für den Verweis zur *snipurl.com*-Domain. Klasse ist, dass sich alle Services als Bookmarklet im Browser anlegen lassen. Befindet man sich auf einer Website, so reicht ein Klick auf das Bookmarklet, und schon springt ein Pop-up-Fenster mit einem verkürzten Link zur gerade besuchten URL auf.

Wer die Klickzahlen der jeweiligen eingegebenen Links nachverfolgen möchte, muss auf den Service von *shorl.com* zurückgreifen. Jeder Link erhält ein eigenes Passwort, mit dem die Statistiken dazu aufgerufen werden können. Zwar verfügt *snipurl.com* über keinerlei Statistiken, aber der Service mit seinen individualisierbaren URLs ist der praktischste unter den vieren. Vor allem die leicht zu handhabende Benutzerverwaltung ermöglicht das Aktualisieren und Löschen von verflossenen Links. Dafür müssen Sie sich lediglich ein kostenloses Konto anlegen.

Checkliste für erfolgreiche Newsletter

Gestaltung

- Vermeiden Sie im Betreff den vermehrten Einsatz von Sonderzeichen und Großbuchstaben.
- Verzichten Sie auf eine Personalisierung in der Betreffzeile.
- Verwenden Sie keine unseriösen und marktschreierischen Begriffe.
- Verschicken Sie keine HTML-Newsletter.
- Versenden Sie keine Anhänge (wenn doch, dann nur kleine Dateien in bekannten Formaten wie PDF, JPG oder RTF).
- Nennen Sie einen Ansprechpartner und geben Sie ein Impressum mit Kontaktmöglichkeiten an.

Adressangaben

- Schaffen Sie Vertrauen und wählen Sie eine seriöse Versandadresse, die in Verbindung mit dem Versender steht.
- Verwenden Sie eine gültige Absender- und Antwortadresse.
- Achten Sie auf einen gültigen Domainnamen des Mailservers.

→

An- und Abmeldung des Newsletters

- Bieten Sie eine Double-Opt-In-Funktion für das Anmelden zum Newsletter an.
- Richten Sie einen Unsubscribe-Link oder eine Möglichkeit zur Abmeldung des Newsletters ein.
- Integrieren Sie eine Datenschutzerklärung, um weiteres Vertrauen zu schaffen.
- Löschen Sie abgemeldete E-Mail-Adressen sicher und verbindlich.

Verhaltensregeln

- Seien Sie für Rückmeldungen und Beschwerden in kürzester Zeit erreichbar.
- Nehmen Sie Beschwerden ernst und reagieren Sie möglichst prompt.
- Löschen Sie E-Mail-Adressen, die über eine Fehlermeldung zurückkommen.

In diesem Kapitel:

- Dudenkorrektor
- Thesaurus

KAPITEL 14

Rechtschreibprüfung und Thesaurus

Nachdem Ihr Text endlich fertig geschrieben vor Ihnen liegt, dürfen Sie eines auf keinen Fall vergessen: die Qualitätsprüfung. Am besten lassen Sie Texte von Freunden oder Kollegen redigieren. Sie werden überrascht sein, wie hilfreich ein weiteres Paar Augen ist, das einen Text analysiert und prüft. Außerdem steht Ihnen auch Ihr eigener Rechner hilfreich zur Seite. Nutzen Sie, egal welche Art von Text Sie schreiben, die Rechtschreibprüfung und den Thesaurus Ihrer Textverarbeitungssoftware. Nichts ist peinlicher und entlarvender als ein Text voller Rechtschreibfehler samt grammatikalischer Unstimmigkeiten. Schnell bekommt der Leser das Gefühl, dass ein Artikel mit der heißen Nadel gestrickt wurde.

Wenn ein Text viele Fehler enthält, kann auch leicht eine gewisse Skepsis entstehen, ob die Inhalte ähnlich unprofessionell zusammengeschustert wurden. Darum sollten Sie sorgfältig noch einmal den gesamten Text überprüfen lassen, bevor Sie Ihn online veröffentlichen. Wenn Sie viel Zeit haben, lassen Sie lange Texte ein paar Tage liegen. Mit etwas Abstand entdecken Sie schneller stilistische Ungereimtheiten, Rechtschreibfehler und verwirrende Satzkonstruktionen. Denn durch die lange Auseinandersetzung mit dem eigenen Text werden Sie auf Dauer betriebsblind. Wer lange an einem Artikel arbeitet, liest ab einem gewissen Punkt Wörter an Stellen, wo sie schlicht fehlen. Selbst die offensichtlichsten Doppelungen überliest man dann.

Soll der Artikel dagegen so schnell wie möglich online gehen, dann nutzen Sie zumindest die Rechtschreibprüfung Ihrer Textverarbeitungssoftware. Fortgeschrittene Programme wie Open Office, Word oder Textmaker verfügen standardmäßig über eine Rechtschreibkorrektur. Je nach Produkt ist sie mehr oder weniger umfangreich und professionell.

Dudenkorrektor

Der Dudenkorrektor verlangsamt zwar ungemein Ihren Rechner bei der Überprüfung, dafür arbeitet das Programm aber sehr gründlich (siehe Abbildung 14-1). Neben der gewöhnlichen Rechtschreibkorrektur gehören eine Grammatikprüfung und eine äußerst hilfreiche Satzzeichenkorrektur zum Funktionsumfang. Gleichzeitig fördert der Dudenkorrektor die Orthografie- und Grammatikkenntnisse des Anwenders, indem er bei auftretenden Fehlern die entsprechenden Regeln aus dem Duden anzeigt.

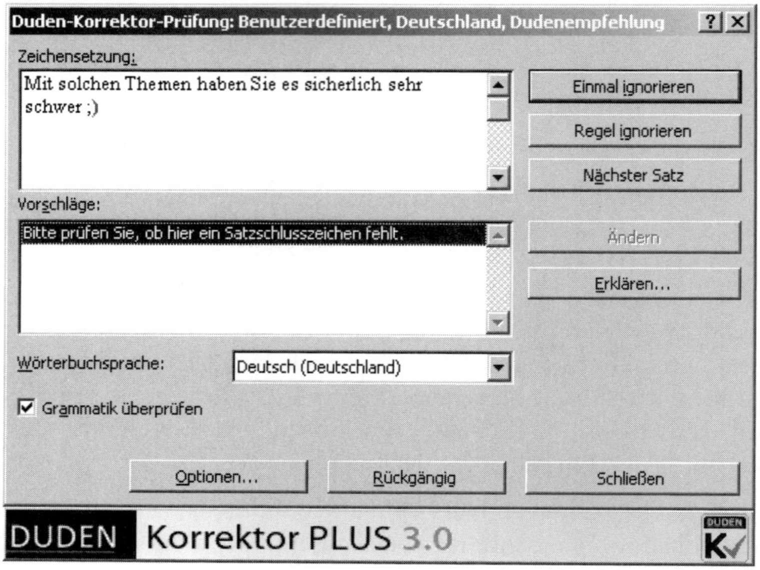

Abbildung 14-1: Der Dudenkorrektor hilft mit seiner Rechtschreib-, Grammatik- und Satzzeichenprüfung beim Verbessern, Verfeinern und Überarbeiten von Texten.

Thesaurus

Zum Schluss möchte ich Ihnen noch den Thesaurus ans Herz legen. Er hilft beim Schreiben ungemein, wenn man seine Texte abwechslungsreich gestalten möchte. Benutzen Sie z.B. in einem Text zum x-ten Mal das Wort *unglaubwürdig*, lassen Sie sich am besten vom Thesaurus inspirieren. Bei Microsoft Word z.B. wird er entweder über das Menü *Extras* → *Sprache* → *Thesaurus* aufgerufen oder direkt mit der Tastaturkombination Umschalt + F7. Dabei muss der Schreibcursor entweder direkt hinter oder in einem Wort platziert sein. Was der Word-Thesaurus als Alternative für *unglaubwürdig* empfiehlt, sehen Sie in der Abbildung 14-2. Die Auswahl kann sich sehen lassen.

Abbildung 14-2: Hilfreich beim Texten: Die Thesaurus-Funktion einer Textverarbeitung – hier ein Alternativvorschlag des Word-Thesaurus für das Wort »unglaubwürdig«.

Wenn Sie die Arbeit an Ihrem Beitrag abgeschlossen und ihn inhaltlich und formal noch ein letztes Mal geprüft haben, müssen Sie ihn in einem letzten Schritt für das Web aufbereiten. Auch wenn Ihnen ein Weblog-System wie WordPress hilfreich bei der Erstellung von Webinhalten unter die Arme greift, ist es ungemein hilfreich zu wissen, wie man Webseiten mit Hilfe von XHTML und CSS aufbaut und gestaltet. Darüber erfahren Sie mehr im folgenden Kapitel.

In diesem Kapitel:

- Das erste XHTML-Dokument
- Aufbau einer XHTML-Datei
- Das Zusammenspiel von XHTML und CSS
- Die wichtigsten XHTML-Tags
- Korrekte und verständliche Links

KAPITEL 15
XHTML und CSS

Wenn Sie das Buch bis hierhin gelesen haben, sind Sie in der Lage, ein eigenes Weblog samt Podcast zu betreiben. Durch den Texteditor werden Sie großartig von WordPress unterstützt, um Ihre eigenen Beiträge zu schreiben und zu formatieren. Deswegen brauchten Sie sich bisher nicht um das Erstellen von Webseiten bzw. die dahinter liegende Technik zu kümmern. Warum also jetzt? Die Antwort ist ganz einfach: Wie jedes Medium, ob Zeitung, Radio oder Fernsehen, hat auch das Internet einige technische Eigenheiten. Je besser Sie über die technischen Möglichkeiten Bescheid wissen, desto besser können Sie Ihre Inhalte in Szene setzen. Davon profitieren in erster Linie Ihre Leser. Durch gut aufbereitete Inhalte können Sie aber auch erreichen, dass Ihre Beiträge durch Suchmaschinen besser gefunden werden. Das bedeutet, dass mehr Leser und Hörer auf Sie aufmerksam werden können.

Es gibt vielfältige Gestaltungsmöglichkeiten, mit denen Sie Ihrem Weblog einen eigenen optischen Stil geben können – seien es nun eine Bildunterschrift oder benutzerfreundlich gestaltete Links. Deshalb stelle ich Ihnen in diesem Kapitel zunächst die Funktionsweise und das Zusammenspiel von (X)HTML und CSS vor. Das klingt zuerst recht technisch, aber Sie werden sehen, wie viel Vergnügen es bereitet, mit diesen Elementen zu spielen. Anschließend werden Sie einige grundlegende Fakten und Informationen über die Suchmaschinenoptimierung erfahren.

Wenn es um die Darstellung von Inhalten im Internet geht, besteht das Dreamteam aus HTML (*Hypertext Markup Language*) und CSS (*Cascading Style Sheets*). Jeder Browser kann HTML-Webseiten darstellen, und die meisten Browser verstehen auch CSS. Mittlerweile gilt HTML jedoch als veraltet und wurde leicht modernisiert und überarbeitet. Sein Nachfolger nennt sich XHTML, (*Extensible Hypertext Markup Language*). Der grundsätzliche Unterschied zwischen HTML und XHTML besteht darin, dass der Aufbau eines XHTML-Dokuments strikter und logischer in seiner Syntax ist.

Da grundlegende Kenntnisse von XHTML für das Publizieren im Internet extrem wichtig sind, erfahren Sie in diesem Kapitel, wie XHTML in Kombination mit CSS funktioniert. Diese beiden Werkzeuge helfen Ihnen, Ihre Inhalte möglichst gut aufzubereiten und zu gestalten. Als Beispiel dazu dient uns ein kleiner Artikel über ein niedliches Flash-Spielchen namens *Samorost*, das man online spielen kann. Anhand dieses Beispiels zeige ich Ihnen, wie eine XHTML-Seite aufgebaut ist und wie Sie einen Text mit XHTML aufbereiten. Weiterhin erkläre ich Ihnen, wie Sie den Inhalt gestalten. Dafür stelle ich Ihnen einzelne XHTML-Elemente – vereinfachend auch *Tags* genannt – vor. Danach erläutere ich ihren Einsatz bei der Gestaltung. Hier wird es dann auch um die Gestaltung von Seiten mit CSS gehen. Sollten Sie sich bereits mit XHTML auskennen, dann überspringen Sie einfach die nächsten Seiten und blättern Sie zum Abschnitt »Die wichtigsten XHTML-Tags« vor. Dort finden Sie zahlreiche Beispiele und Tipps für die Gestaltung von Tags und lernen, wie Sie sie auf einer Website am besten einsetzen. Auch XHTML- und CSS-Kenner finden hier noch einige hilfreiche Tipps, die sich mit der Benutzerfreundlichkeit von Webseiten befassen. Sämtliche XHTML- und CSS-Dateien des Beispiels können Sie unter *www.suche-recherche/downloads* herunterladen.

Das erste XHTML-Dokument

Moderne Webseiten trennen den Inhalt vom Layout. Zum Inhalt gehören Text und Bilder. Alle grafischen und gestaltenden Elemente wie z.B. Hintergrundbilder oder Schriftfarben und -größen werden dem Layout zugeordnet und separat abgespeichert. Während also XHTML-Dokumente den eigentlichen Inhalt wie Texte, Referenzen auf Bilder und Links beherbergen, sind die Cascading Style Sheets für die Darstellung und das Layout zuständig. Meist steuert man mit einer einzigen CSS-Datei die Darstellung sämtlicher XHTML-Dateien einer Website. Dem Browser können jedoch auch mehrere CSS-Dateien angeboten werden – z.B. für den separaten Ausdruck eines XHTML-Dokuments oder die Ausgabe auf einem Handheld bzw. PDA.

Der Vorteil der Trennung zwischen Inhalt und Layout ist die Tatsache, dass Sie das Layout – auch von 100 verschiedenen Webseiten – schnell und unkompliziert über nur eine CSS-Datei steuern und verändern können. Sollen Links eine neue Farbe erhalten, öffnen Sie die separate CSS-Datei, ändern die Farbe, und sofort gelten die Veränderungen für alle XHTML-Dokumente, die mit der CSS-Datei verknüpft sind.

Ein sehr anschauliches Beispiel für die Trennung von Inhalt und Layout ist das Projekt CSS Zen Garden (*www.csszengarden.com*) von Dave Shea. Es illustriert in hunderten von Beispielen, wie ein und dieselbe XHTML-Datei auf verschiedenste Weise gestaltet werden kann. Abbildung 15-1 zeigt eine Auswahl verschiedener Designs von dieser Site.

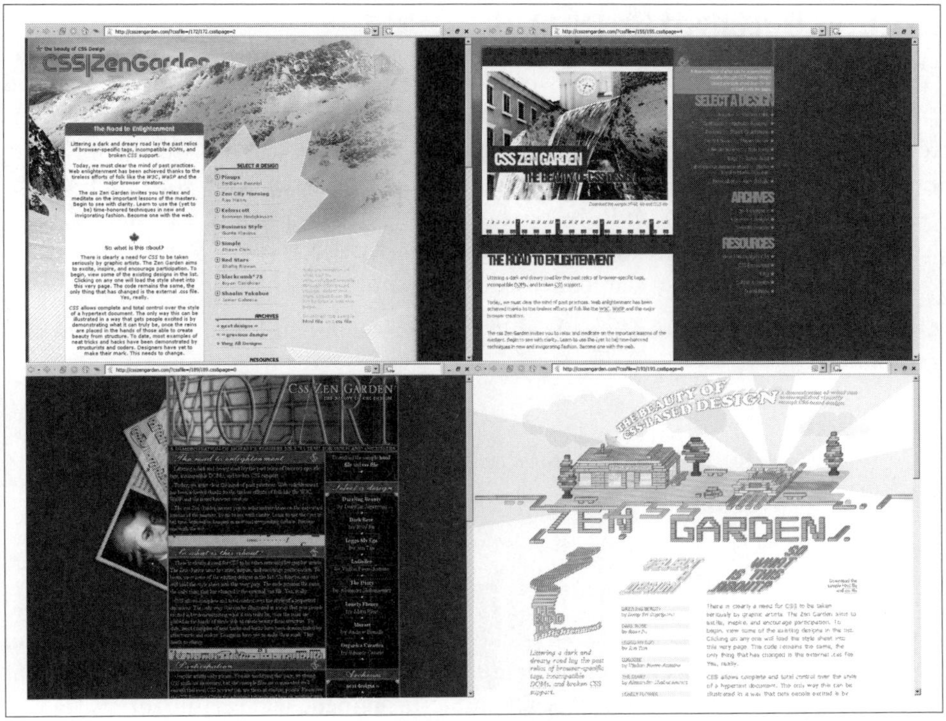

Abbildung 15-1: Der gleiche Inhalt, verschiedene Layouts: CSS Zen Garden führt die Gestaltungsmöglichkeiten von CSS vor Augen.

Um eine XHTML-Webseite und das dazugehörige Stylesheet – die CSS-Datei – zu erzeugen, brauchen Sie kein besonderes Programm. Dazu benötigen Sie lediglich einen einfachen Texteditor, der das Beispiel als puren Text ohne Formatierungen abspeichert. Unter Windows eignet sich dafür das kleine Progamm *Notepad*. Sie finden es unter *Start* → *Programme* → *Zubehör* → *Editor*. Mac OS X-Benutzer können *TextEdit* benutzen, das sich im Ordner *Programme* befindet. Sie können sich auch einen XHTML-Editor installieren. Zu empfehlen sind unter anderem

Nvu Composer DE – *www.nvu-composer.de* (Windows, Mac, Linux)

Phase5 – *www.qhaut.de/forums/index.php?act=home* (Windows, für den privaten Gebrauch kostenlos)

Scribe! – *www.scribe.de* (Windows)

Damit unser Beispiel in einem Browser funktioniert, müssen die XHTML-Datei mit der Endung *.html* und die CSS-Datei mit der Endung *.css* abgespeichert werden. Anschließend können Sie die XHTML-Datei im Browser Ihrer Wahl aufrufen – unter Windows im Browser über *Datei* → *Öffnen*.

Aufbau einer XHTML-Datei

Auf den kommenden drei Seiten wird es kurzfristig ein wenig theoretisch, denn ich stelle Ihnen das Gerüst einer XHTML-Datei vor. Dabei sieht der Code komplizierter aus, als er ist. Auch wenn es ausreicht, wenn Sie lediglich das Codebeispiel am Ende des Abschnitts »Die korrekte Zeichenkodierung einer XHTML-Datei« abtippen, empfehle ich Ihnen, in Ruhe die kommenden Seiten zu lesen. Danach geht es leichter weiter, weil Ihnen dann das Grundgerüst der XHTML-Webseite anschließend als Vorlage für jede weitere Seite dienen kann. Los geht's!

Öffnen Sie den Texteditor Ihrer Wahl und tippen Sie den folgenden Code in den Editor.

```
<html>
<head>
    <title>Titel des HTML-Dokuments</title>
</head>
<body>
Ein erstes HTML-Dokument.
</body>
</html>
```

Speichern Sie anschließend die Webseite als Datei mit dem Namen *samorost.html* ab. Wie oben erwähnt, müssen Sie darauf achten, dass die Datei wirklich auf *.html* endet. Den Teil vor der Endung können Sie benennen, wie Sie möchten. Da das Spiel, das wir in diesem Beispiel besprechen werden, den Namen Samorost trägt, macht es Sinn, auch die Datei nach dem Spiel zu benennen. Haben Sie die Datei erfolgreich erstellt und abgespeichert, können Sie das Dokument im Browser Ihrer Wahl aufrufen.

Wie funktioniert XHTML? Kurz und knapp gesagt: ganz einfach. In der Regel sind sämtliche Elemente eines XHTML-Dokuments ineinander verschachtelt. Ein Element setzt sich zusammen aus zwei so genannten Tags. Jedes Element hat ein Anfangs-Tag und ein End-Tag. Um das End-Tag vom Anfangs-Tag zu unterscheiden, wird ihm dabei ein / vorangestellt. Ein Beispiel ist `<html> </html>`. Zwischen diesen Tags, die immer in spitzen Klammern angegeben werden, wird der jeweilige Inhalt platziert. Da XHTML auf den Ausschreibungsregeln von XML basiert, müssen alle Tags kleingeschrieben werden. Das gilt nicht für die Attribute: Diese dürfen groß- und kleingeschrieben werden.

Ein XHTML-Dokument wird mit dem Tag `<html>` eröffnet und in der letzten Zeile mit `</html>` wieder geschlossen. Zwischen den `<html>`-Tags werden die beiden Elemente `<head></head>` und `<body></body>` platziert. Im Kopfbereich zwischen den `<head>`-Tags platziert man so genannte Metainformationen des Dokuments, z.B. seinen Titel, der sich im `<title>`-Element befindet, oder die Verknüpfung zu einem CSS-Dokument. Bis auf den Inhalt des `<title>`-Elements werden sämtliche Metainformationen nicht im Browser angezeigt. Denn der eigentliche Inhalt, den der Browser darstellen soll, wird zwischen dem `<body>`-Tag eingefügt. In dem obigen Beispiel ist das der Text »*Ein erstes HTML-Dokument.*«

Doctype und Namespace

Bei der eben erzeugten Datei handelt es sich genau genommen noch nicht um ein XHTML-Dokument. Dazu benötigen wir eine Definition, die dem Browser mitteilt, wie er das ihm vorliegende Dokument zu interpretieren hat. Diese *Document Type Definition*, kurz DTD genannt, wird mit Hilfe des `<!DOCTYPE>`-Elements festgelegt. Die DTD wird am Anfang des Dokuments platziert. Das DTD-Element muss immer in Großbuchstaben geschrieben werden und beeinflusst die Darstellung in modernen Browsern. Dabei gibt es drei Varianten der DTD:

- Transitional: die komfortable, etwas tolerantere DTD-Version
- Strict: die strenge, jeden Makel monierende DTD
- Frameset: die veraltete, 90er-Jahre-Version, die Liebhaber von Frames weiterhin unterstützt

Von allen drei Varianten ist *XHMTL 1.0 Transitional* diejenige, die ihrem Vorgänger HTML am nächsten steht. XHMTL 1.0 Transitional vergibt dem Designer, wenn Layout-Vorgaben im HTML-Dokument selbst erscheinen, und erlaubt veraltete Elemente wie z.B. das `<font>`-Tag und das Öffnen von Links in einem neuen Fenster. Trotzdem sollte man von veralteten Tags, wie `<font>` absehen. Da man den Inhalt vom Layout trennt, vermeidet man am besten Tags, die schon innerhalb des XHTML-Dokuments Vorgaben für das Erscheinungsbild machen. Außerdem toleriert Transitional das Kolorieren von Tabellenzellen, das die Strict-Methode vehement untersagt. Kurz und bündig: XHTML 1.0 Transitional ist die perfekte DTD, die den Übergang (engl. *transition*) zu modernen Webstandards beschreitet.

Hinter der DTD folgt auf dem Fuß die »XHTML namespace«-Deklaration. Sie ermöglicht die Identifikation der DTD, indem sie per Link auf die Online-Version der Regeln verweist. Außerdem wird im `lang`-Attribut angegeben, in welcher Sprache das XHTML-Dokument vorliegt (z.B. `lang="de“` für Deutsch). Alles in allem sieht unsere XHTML-Datei mit dem neuen Dokumentkopf dann so aus:

```
<!DOCTYPE HTML PUBLIC "-//W3C//DTD XHTML 1.0 Transitional//EN" "http://www.w3.org/
TR/xhtml1/DTD/xhtml1-transitional.dtd">
<html xmlns="http://www.w3.org/1999/xhtml" lang="de">
<head>
    <title>Titel des XHTML-Dokuments</title>
</head>
<body>
Ein erstes XHTML-Dokument.
</body>
</html>
```

Die korrekte Zeichenkodierung einer XHTML-Datei

Damit XHTML-Dokumente in Browsern einwandfrei interpretiert werden und den Test auf korrekten Code überstehen, müssen sie den Typ ihrer Zeichenkodierung (*character encoding*) angeben. Das kann ISO-8859-1 (auch bekannt als Latin-1) oder UTF-8 sein. Da sich im Web zunehmend die Zeichenkodierung UTF-8 durchsetzt, versorgen Sie Ihr Dokument mit dem entsprechenden Tag, das Sie innerhalb der `<head>`-Tags positionieren:

```
<meta http-equiv="Content-Type" content="text/html; charset=utf-8" />
```

Achten Sie darauf, dass Sie das Dokument auch wirklich in diesem Format abspeichern. Die HTML- oder Texteditoren sollten Sie dabei unterstützen. So lässt sich z.B. unter Windows ein Text im Notepad als UTF-8 abspeichern. Wenn Sie die Datei im falschen Format abspeichern, kann es zu Darstellungsfehlern innerhalb des Browsers kommen. Sollten Sie Schwierigkeiten mit UTF-8 bekommen, versuchen Sie es am besten mit der Zeichenkodierung ISO-8859-1, die bei westlichen Sprachen viel verwendet wird.

```
<meta http-equiv="Content-Type" content="text/html; charset=ISO-8859-1" />
```

Unser XHTML-Dokument sieht nun wie folgt aus:

```
<!DOCTYPE html PUBLIC "-//W3C//DTD XHTML 1.0 Transitional//EN" "http://www.w3.org/
TR/xhtml1/DTD/xhtml1-transitional.dtd">
<html xmlns="http://www.w3.org/1999/xhtml" lang="de">
<head>
    <title>Titel des XHTML-Dokuments</title>
    <meta http-equiv="Content-Type" content="text/html; charset=ISO-8859-1" />
</head>
<body>
Ein erstes XHTML-Dokument.
</body>
</html>
```

Das Zusammenspiel von XHTML und CSS

Da wir uns vorgenommen haben, Inhalt und Layout zu trennen, müssen wir im nächsten Schritt das XHTML-Dokument mit der CSS-Datei verbinden. Das geschieht über das `<link>`-Tag, das zwischen den beiden `<head>`-Tags positioniert wird. Der Code für das `<link>`-Tag sieht wie folgt aus:

```
<link rel="stylesheet" href="stylesheet.css" type="text/css" />
```

Das `<link>`-Tag verknüpft die XHTML-Datei mit einer externen Datei – in unserem Fall mit der Datei *stylesheet.css*. Damit der Browser weiß, um welche Art Datei es sich handelt, müssen innerhalb des Tags die beiden Angaben `rel="stylesheet"` und `type="text/css"` gemacht werden. Die Datei muss in unserem Beispiel im gleichen Verzeichnis wie das XHTML-Dokument liegen, sonst findet der Browser sie nicht. Ein solcher Link nennt sich relativ, weil die verlinkten Dateien in ein und demselben Verzeichnisbaum liegen, so dass keine absolute Ortsangabe nötig ist. Wenn sich die CSS-Datei auf einem Server befindet, müssen Sie an dieser Stelle Pfadangaben oder absolute Links setzen, z.B. so:

```
<link rel="stylesheet" href="http://www.website.de/css/stylesheet.css" type="text/
css" />
```

Um unser XHTML-Dokument mit der CSS-Datei *stylesheet.css* zu verbinden, müssen wir den Code ergänzen, dass er so aussieht:

```
<!DOCTYPE html PUBLIC "-//W3C//DTD XHTML 1.0 Transitional//EN" "http://www.w3.org/
TR/xhtml1/DTD/xhtml1-transitional.dtd">
<html xmlns="http://www.w3.org/1999/xhtml" lang="de">
<head>
    <title>Titel des XHTML-Dokuments</title>
    <meta http-equiv="Content-Type" content="text/html; charset=ISO-8859-1" />
    <link rel="stylesheet" href="stylesheet.css" type="text/css" />
</head>
<body>
Ein erstes XHTML-Dokument.
</body>
</html>
```

Legen Sie jetzt mit Ihrem Editor eine zweite Datei an und speichern Sie sie unter dem Dateinamen *stylesheet.css* in dem Verzeichnis ab, in dem sich auch die XHTML-Datei befindet. Diese Datei wird im Folgenden Schritt für Schritt mit Stilanweisungen gefüllt.

Die wichtigsten XHTML-Tags

Im Folgenden lernen Sie die wichtigsten XHTML-Elemente kennen und erfahren, wie Sie sie für die Aufbereitung Ihrer Artikel im Internet optimal einsetzen. Zum einen können Sie dadurch Ihre Texte optisch ansprechender machen, denn Ihre Leser werden die Inhalte schneller erfassen, wenn Sie sie mit einer gut erkennbaren Struktur unterstützen. Zum anderen ist die Gliederung der Artikel mit XHTML insofern von Bedeutung, als Suchmaschinen darauf zurückgreifen. Sie extrahieren und analysieren die Texte des jeweiligen Web-Dokuments. Standard-Tags helfen den Suchmaschinen in diesem Zusammenhang, den Text zu »verstehen« bzw. die jeweiligen Wörter zu gewichten, um das Dokument im nächsten Schritt in den Suchmaschinenindex einzupflegen. Es lohnt sich also in zweifacher Hinsicht, sich mit der technischen Optimierung Ihrer Website zu beschäftigen.

Bevor Sie nun die wichtigsten XHTML-Tags für die inhaltliche Strukturierung kennen lernen, möchte ich Ihnen noch kurz den wichtigen Unterschied zwischen Inline- und Block-Elementen erklären. Das Layout einer Webseite müssen Sie sich immer in Form von Kästen bzw. »Boxen« vorstellen. So ist z.B. ein Absatz, den Sie mit dem Tag `<p>` kennzeichnen, eigentlich eine Box, auch wenn es auf den ersten Blick nicht auffällt.

Zur Illustration habe ich in Abbildung 15-2 verschiedene Elemente mit einem Hintergrund versehen. Bei der Überschrift, den beiden Absätzen und der Zwischenüberschrift handelt es sich z.B. um Block-Elemente. Bei einem Link handelt es sich hingegen um ein Inline-Element. Inline-Elemente bekommen von Haus aus keinen Zeilenumbruch zugewiesen und werden innerhalb von Block-Elementen platziert. Weitere Inline-Elemente sind z.B. Tags für Fettdruck oder Kursivschrift.

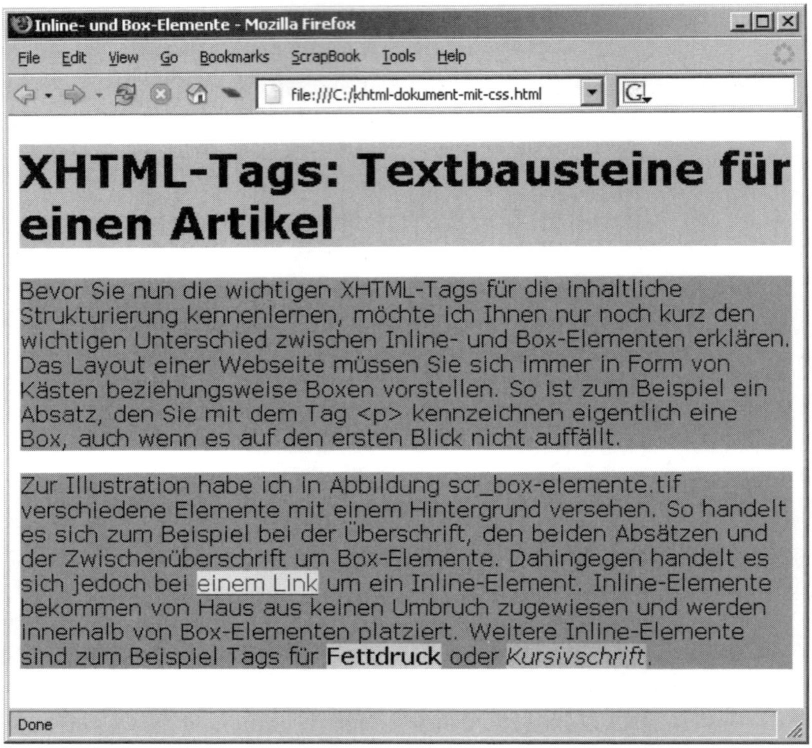

Abbildung 15-2: XHTML-Befehle für die Auszeichnung von Text sind entweder Inline- oder Block-Elemente, in diesem Fall ist das an der jeweiligen Hintergrundfarbe zu sehen.

Überschriften, Untertitel und Zwischenüberschriften

Mit Hilfe der Überschriften-Tags lassen sich Texte nicht nur optisch gliedern, sondern Sie übergeben mit diesen Tags gleichzeitig auch eine Gewichtung. Wörter, Begriffe und Sätze, die Sie als Hauptüberschrift ausweisen, haben eine höhere Priorität als Abschnittüberschriften. Wichtig ist diese Tatsache vor allem dann, wenn Webseiten maschinell ausgelesen werden, um anschließend weiterverarbeitet zu werden. Maschinell ausgelesen werden Webseiten in erster Linie von Suchmaschinen. Besondere Bedeutung messen die Suchmaschinen-Algorithmen dabei strukturierenden Elementen bei, z.B. den Überschriften-Tags. Somit hilft der Einsatz von Headlines nicht nur Ihren Lesern bei der Orientierung, sondern auch den Suchrobotern von Google & Co. Genaueres dazu erfahren Sie in Kapitel 17, *Suchmaschinenoptimierung*.

Normalerweise bekommt ein Artikel eine Überschrift (Headline), längere Artikel erhalten obendrein oft einen Untertitel (Subheadline) und weitere Zwischenüberschriften, die den Text thematisch gliedern. Bei XHTML-Dokumenten stehen Ihnen dafür die Headline-Elemente `<h1>` bis `<h6>` zur Verfügung. Das Tag `<h1>` steht dabei für die Überschrift höchster Rangordnung, auf die die restlichen Tags hierarchisch folgen. Für unseren kleinen Artikel über das Online-Spiel Samorost benutzen wir eine Überschrift sowie einen erklärenden Untertitel. Da es kein eigenes Element für Untertitel gibt, weisen wir die Subheadline mit dem `<h2>`-Element aus. Beide Tags werden, wie auch alle restlichen Tags, innerhalb des `<body>`-Tags platziert:

```
<body>
<h1>Flashspiel: Samorost 2</h1>
<h2>Liebevoll gestaltetes Adventure-Game mit Humor</h2>
</body>
```

Bei diesem und den nun folgenden Beispielen wird aus Gründen der Übersichtlichkeit darauf verzichtet, permanent den Dokumentenkopf (`<head>`) zu wiederholen. Wenn Sie das Beispiel »live« mitverfolgen wollen, ergänzen Sie in Ihrer XHTML-Datei einfach den Code zwischen den `<body>`-Tags.

Absätze und Zeilenumbrüche

Um im Internet Textabschnitte zu unterteilen, benutzt man das Blockelement `<p>`. Von diesem Element sollten Sie ausgiebig Gebrauch machen – vor allem bei längeren Textpassagen, denn Texte am Bildschirm zu lesen, ist für die meisten Besucher einer Website anstrengend. Besonders bei langen Texten hilft die Einteilung eines Artikels in Textblöcke. Die einzelnen Abschnitte können Leser beim Scrollen dann besser im Auge behalten. Deswegen ist auch ein Abstand unterhalb eines `<p>`-Tags wichtig, damit Absätze als einzeln stehende Blöcke wahrgenommen werden. Klappt das nicht, können Sie sich helfen, indem Sie entweder per CSS die Eigenschaften des `<p>`-Tags verändern oder den Tag-Befehl `<br />` benutzen.

Die Abkürzung `br` steht für *break* und befiehlt dem Browser, an dieser Stelle einen Zeilenumbruch durchzuführen. Sollte nicht genug Freiraum zwischen einzelnen Absätzen liegen, können Sie diesen innerhalb des Absatzes mit Hife von `<br />` schaffen. Setzen Sie dabei immer gleich zwei `<br />`-Tags hintereinander, um die Textabschnitte mit einer Leerzeile gegeneinander abzugrenzen. Ergänzen wir nun unseren Artikel um zwei Absätze: einem Anreißer und einem ersten einleitenden Absatz, das Ergebnis sehen Sie in Abbildung 15-3.

```
<body>
<h1>Flashspiel: Samorost 2</h1>
<h2>Liebevoll gestaltetes Adventure-Game mit Humor</h2>
```

```
<p>Das Flash-Klick-Adventure Samorost 2 von Jakub Dvorsky gehört zu den kleinen
Dingen, die einen unendlich begeistern. Wie schon der erste Teil des Spiels, das
Dvorsky im Rahmen seiner Abschlussarbeit an der Academy of Art, Architecture and
Design in Prag entwickelte, verwöhnt die zweite Episode den Betrachter mit
detailverliebten Bildern und einer wunderbaren Geschichte. Obendrein schafft es der
Tscheche, im fantastischen zweiten Teil noch einen draufzusetzen.</p>

<p>
Für seine Abschlussarbeit erhielt Jakub Dvorsky an seiner Kunsthochschule eine Note,
die in Deutschland einer Zwei entspricht. Für das Flash-Spiel fotografierte er
Bilder mit Steinen, Holz, Moos, verrosteten Gegenständen und ähnlichem Material und
kombinierte diese zu eigenwilligen Collagen. Mit Hilfe der Flash-Technik verband er
dann die einzelnen Fotomontagen mit 2D-Animationen und stellte sein Spiel kostenlos
ins Internet. Überrascht vom Erfolg entschloss sich der Tscheche, einen zweiten
Teil zu entwickeln.</p>
</body>
```

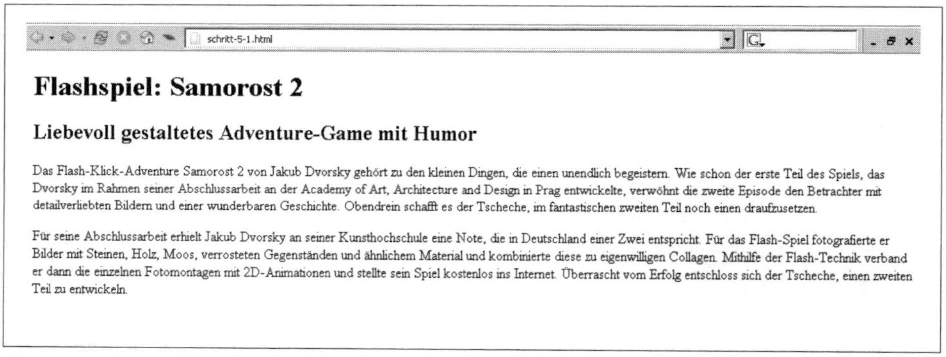

Abbildung 15-3: Das Beispiel-XHTML-Dokument mit Titel, Untertitel und zwei Absätzen.

Website-Tipp

Der Webauftritt der BBC, den Sie unter *www.bbc.com* finden, macht besonderen und ausgiebigen Gebrauch von Absätzen bzw. Zeilenumbrüchen. Wie Sie in Abbildung 15-4 erkennen können, wird sogar jeder einzelne Satz vom folgenden durch einen großzügigen unteren Abstand abgehoben. Als Tipp lege ich Ihnen den gesamten Webauftritt der BBC ausdrücklich ans Herz. Was die Briten an Nachrichten, Fakten und Mediendateien auf ihren Seiten veröffentlichen, ist einfach enorm. Besonderes Lob verdient die sehr gut gelungene Navigation, die es schafft, die Website trotz der Fülle der Artikel und Nachrichten übersichtlich zu halten. Viele Bereiche zeugen von vorbildlichem Online-Journalismus, der mit intelligenter Nutzung von Technologien wie z.B. RSS oder Podcast gepaart ist.

→

Abbildung 15-4: Um bei twoday.net ein eigenes Weblog zu führen, brauchen Sie ein eigenes Konto, unter dem Sie sich anmelden.

Absätze und Überschriften mit CSS stylen

Weiter oben haben Sie bereits die CSS-Datei *stylesheet.css* angelegt. Öffnen Sie die Datei in einem Editor, da wir das Layout unseres Beispieltexts jetzt verändern wollen. Wie bei XHTML-Dokumenten handelt es sich auch bei CSS-Dateien um reine Textdokumente. Um ein XHTML-Tag zu formatieren, stehen Ihnen eine Menge Möglichkeiten zur Verfügung. Zunächst muss das Element – der Selektor – angegeben werden, das formatiert werden soll. Wichtig ist dabei, dass die spitzen Klammern des XHTML-Tags wegfallen und sämtliche Formatierungsbefehle innerhalb von geschweiften Klammern stehen. Um das <p>-Element zu stylen, tippen Sie folgenden Code in das Dokument *stylesheet.css*:

```
p {
}
```

Übergeben Sie dem Element gleich mehrere Eigenschaften (Farbe, Schriftgröße, Zeilenabstand), so müssen Sie diese durch ein Semikolon voneinander trennen. Es empfiehlt sich, grundsätzlich ein Semikolon hinter die Eigenschaft zu setzen. Eine Übersicht über die meist genutzten CSS-Eigenschaften für Schriften finden Sie in Tabelle 15-1.

Tabelle 15-1: Die wichtigsten CSS-Eigenschaften für Schrift

Schriftformatierung	CSS-Eigenschaft	Beispiel
Schriftart	`font-family`	`font-family: Verdana;`
Schriftgröße	`font-size`	`font-size: 14px;`
Schriftgewicht	`font-weight`	`font-weight: bold;`
Textdekoration	`text-decoration`	`text-decoration: underline;`
Textfarbe	`color`	`color: red;`
Zeichenabstand	`letter-spacing`	`letter-spacing: 1px;`
Horizontale Ausrichtung	`text-align`	`text-align: right;`
Zeilenhöhe	`line-height`	`line-height: 17px;`
Außenabstand	`margin`	`margin: 5px 20px 10px 20px;`
Innenabstand	`padding`	`padding: 5px 5px 5px 5px;`
Rahmen	`border`	`border: 1px solid blue;`
Hintergrund	`background`	`background: green;`

Um unserem `<p>`-Tag einen unteren Innenabstand von 12 Pixeln (px) zu übergeben, nutzen wir die Eigenschaft `padding`. Da es sich um einen *unteren* Innenabstand handelt, lautet die Eigenschaft `padding-bottom`. Außerdem sollen unsere Absätze linksbündig dargestellt werden. Dazu nutzen wir die CSS-Eigenschaft `text-align`, der wir den Parameter `left` übergeben. Auch wenn Sie aus Zeitungen und Zeitschriften Blocksatz für Absätze gewohnt sind, sollten Sie darauf im Web verzichten. Linksbündige Absätze unterstützen den Leser bei der Erfassung des Texts, weil die unregelmäßige rechte Seite dem Auge bei der Orientierung während des Lesens und Scrollens hilft. Der Code sieht dann wie folgt aus:

```
p {
text-align: left;
padding-bottom: 12px;
}
```

Vielleicht wollen Sie auch die Schriftfarbe der Absätze verändern. Um Farben für Schriften, Hintergründe oder Rahmenlinien festzulegen, bieten sich zwei Möglichkeiten. Farben können entweder mit Hilfe von Standard-Farbnamen angegeben werden wie z.B. *red*, *blue* und *black*. Alternativ können Sie sie über so genannte *RGB-Farbwerte* festlegen. Da ein Monitor aus den drei Spektralfarben Rot, Grün und Blau sämtliche Farben eines einzelnen Pixels zusammensetzt, können diese Werte kombiniert werden, um alle Farben des Spektrums zu erzeugen. Dabei werden die Webfarben über so genannte *Hexadezimalwerte* angegeben: Der Farbwert wird in sechs Zeichen festgelegt, vor denen das Symbol # steht. Die Syntax dieser Angaben ist `#RRGGBB`, wobei `R` für Rot, `G` für Grün und `B` für Blau steht. Tabelle 15-2 zeigt eine Auswahl gängiger Webfarben.

Tabelle 15-2: Auswahl viel genutzter Webfarben

Farbe	Hexadezimalwert	Standard-Farbname
Schwarz	#000000	black
Braun	#800000	maroon
Silber	#C0C0C0	silver
Grau	#808080	gray
Weiß	#FFFFFF	white
Rot	#FF0000	red
Grün	#008000	green
Olivgrün	#808000	olive
Gelb	#FFFF00	yellow
Blau	#0000FF	blue
Marineblau	#000080	navy
Purpur	#800080	purple
Türkis	#00FFFF	aqua

Wenn Sie eigene Farben für Schriften, Hintergründe und Rahmen zusammenstellen möchten, können Sie online zwei exzellente Werkzeuge benutzen: Sowohl *www.colorblender.com* als auch der Color Scheme Generator unter *www.wellstyled.com/tools/colorscheme2/index-en.html* eignen sich hervorragend, um Farbpaletten zu erstellen. Beide Werkzeuge geben Ihnen die jeweiligen Farben in hexadezimaler Schreibweise an.

Um unsere Texte ein wenig dezenter zu gestalten, schwächen wir das Schwarz etwas ab und benutzen einen dunklen Grauton. Dazu ergänzen wir den Code wie folgt:

```
p {
text-align: left;
padding-bottom: 12px;
color: #333333;
}
```

Wenn Sie sich nun die Beispieldatei im Browser anschauen, sehen Sie, dass lediglich die Absätze in dem neuen Farbton erscheinen. Um allen Textelementen eines XHTML-Dokuments die gleiche Farbe zuzuweisen, weist man die `color`-Eigenschaft dem `body`-Element zu. Dieses fügen Sie innerhalb der CSS-Datei am besten ganz oben ein. Alle Elemente, ob Überschriften, Absätze oder Zitate, werden vom Browser in unserem Beispiel nun in Dunkelgrau dargestellt.

Außerdem geben Sie die Schriftart, in der Ihre Webseite ausgegeben werden soll, mit der Eigenschaft `font-family` an. Das machen wir nun auch in unserem Beispiel, wobei wir mehrere Schriftarten angeben. Findet der Browser eines Besuchers die erste angegebene Schriftart – in unserem Fall die Verdana – nicht auf dem Rechner, sucht er die zweite. Ist auch diese Schriftart, nämlich die Helvetica, nicht auf dem Computer installiert, sucht er die Schriftart Arial. Sollte auch diese Standardschriftart nicht auf dem Rechner vorhanden sein, wird der Computer angewiesen, irgendeine Schriftart ohne Serifen zu verwenden. Unser Beispiel sieht nun so aus:

```
body {
color: #333333;
font-family: Verdana, Helvetica, Arial, sans-serif;
}
p {
text-align: left;
padding-bottom: 12px;
}
```

Wenn Sie für das ganze Dokument über `body` eine Eigenschaft festlegen, bedeutet das nicht, dass Sie daran nicht mehr rütteln können. Eigenschaften von Elementen lassen sich jederzeit überschreiben. Dabei gilt die in der CSS-Datei zuletzt angebene Eigenschaft. Davon machen wir jetzt Gebrauch und weisen dem Überschriftenelement `h1` eine andere Schriftart zu, nämlich eine Serifenschrift. Dazu ergänzen Sie unsere CSS-Datei mit dem folgenden Code:

```
h1, h3 {
font-family : Georgia, "Times New Roman", Times, serif;
}
```

In diesem Beispiel ist Ihnen sicherlich aufgefallen, dass nicht nur das Element `h1` angegeben wurde, sondern auch `h3` auftaucht. Um über CSS mehreren Elementen die gleichen Eigenschaften zuzuweisen, können Sie die Elemente auch aneinanderreihen. Sie müssen dabei durch ein Komma getrennt werden. Das Überschriftenelement `h3` nutzen wir in unserem Beispieltext für die Zwischenüberschriften. Der vorläufige Text sollte sich nun im Browser wie in Abbildung 15-5 präsentieren.

Einzelne Begriffe mit <strong> und <em> hervorheben

Die beiden Inline-Elemente `<strong>` und `<em>` werden innerhalb von Blockelementen platziert und heben den Text typografisch hervor. Wörter, die Sie mit `<strong>` auszeichnen, erscheinen normalerweise in Fettschrift und lenken das Auge des Betrachters auf sich. Wörter, die mit `<em>` formatiert wurden, erscheinen kursiv. Die Hervorhebung ist also etwas zurückhaltender. Aus Sicht der Benutzerfreundlichkeit empfiehlt es sich, maßvoll mit beiden Formen der Auszeichnung umzugehen. Einerseits konkurrieren Wörter in Fettschrift mit Links, und andererseits ist im Web Kursivschrift vor allem bei kleinen Schriftgrößen recht schwer zu lesen. Vermeiden Sie es, ganze Absätze in Kursivschrift darzustellen. Wie so oft gilt auch hier: Weniger ist mehr.

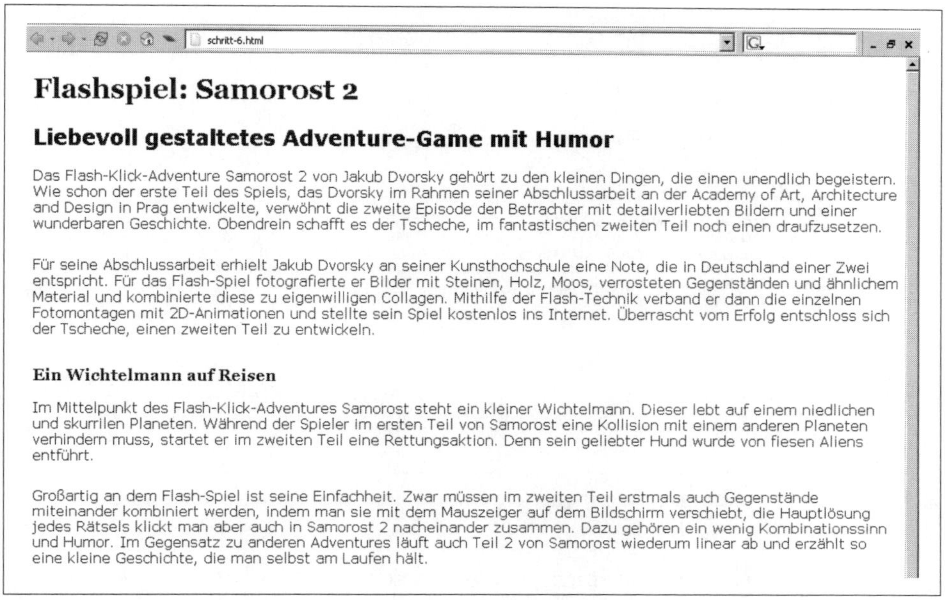

schritt-6.html

Flashspiel: Samorost 2

Liebevoll gestaltetes Adventure-Game mit Humor

Das Flash-Klick-Adventure Samorost 2 von Jakub Dvorsky gehört zu den kleinen Dingen, die einen unendlich begeistern. Wie schon der erste Teil des Spiels, das Dvorsky im Rahmen seiner Abschlussarbeit an der Academy of Art, Architecture and Design in Prag entwickelte, verwöhnt die zweite Episode den Betrachter mit detailverliebten Bildern und einer wunderbaren Geschichte. Obendrein schafft es der Tscheche, im fantastischen zweiten Teil noch einen draufzusetzen.

Für seine Abschlussarbeit erhielt Jakub Dvorsky an seiner Kunsthochschule eine Note, die in Deutschland einer Zwei entspricht. Für das Flash-Spiel fotografierte er Bilder mit Steinen, Holz, Moos, verrosteten Gegenständen und ähnlichem Material und kombinierte diese zu eigenwilligen Collagen. Mithilfe der Flash-Technik verband er dann die einzelnen Fotomontagen mit 2D-Animationen und stellte sein Spiel kostenlos ins Internet. Überrascht vom Erfolg entschloss sich der Tscheche, einen zweiten Teil zu entwickeln.

Ein Wichtelmann auf Reisen

Im Mittelpunkt des Flash-Klick-Adventures Samorost steht ein kleiner Wichtelmann. Dieser lebt auf einem niedlichen und skurrilen Planeten. Während der Spieler im ersten Teil von Samorost eine Kollision mit einem anderen Planeten verhindern muss, startet er im zweiten Teil eine Rettungsaktion. Denn sein geliebter Hund wurde von fiesen Aliens entführt.

Großartig an dem Flash-Spiel ist seine Einfachheit. Zwar müssen im zweiten Teil erstmals auch Gegenstände miteinander kombiniert werden, indem man sie mit dem Mauszeiger auf dem Bildschirm verschiebt, die Hauptlösung jedes Rätsels klickt man aber auch in Samorost 2 nacheinander zusammen. Dazu gehören ein wenig Kombinationssinn und Humor. Im Gegensatz zu anderen Adventures läuft auch Teil 2 von Samorost wiederum linear ab und erzählt so eine kleine Geschichte, die man selbst am Laufen hält.

Abbildung 15-5: Der Beispieltext nach der ersten Bearbeitung

Um den ersten Abschnitt unseres Artikels als Anreißer hervorzuheben, fetten wir den gesamten Absatz. Obendrein ordnen wir den Text auch noch einer Rubrik zu, nämlich Online-Spiele. Und weil unser Text noch keinen Hinweis auf seinen Autor hat, fügen wir noch die Autorenkennzeichnung in Kursivschrift hinzu. Die Codezeilen – deren Ergebnis Sie in Abbildung 15-6 sehen – lauten dann so:

```
<h1>Flashspiel: Samorost 2</h1>

<h2>Liebevoll gestaltetes Adventure-Game mit Humor</h2>

<p><strong>Rubrik &raquo; Online-Spiele</strong></p>

<p><strong>Das Flash-Klick-
Adventure Samorost 2 von Jakub Dvorsky gehört zu den kleinen Dingen, die einen
unendlich begeistern. [...]</strong></p>

<p><em>Text: mo.</em></p>
```

Strukturierende Listen

Neben Überschriften und Absätzen machen gezielt genutzte Aufzählungen es dem Auge leichter, Inhalte aufzunehmen. Um Aufzählungen und Listen zu erstellen, bietet Ihnen die XHTML-Syntax drei Arten von Listen: ungeordnete, geordnete und Definitionslisten. Dabei bestehen ungeordnete und geordnete Listen aus jeweils zwei Tags. Während ein Element die gesamte Liste umschließt, umklammert das

Abbildung 15-6: Der Beispieltext mit gefettetem Anreißer und dem Namen des Autors in Kursivschrift

zweite jedes einzelne Listenelement. Ungeordnete Listen werden mit `<ul>` und `</ul>` eingeklammert. Geordnete Listen stellen Sie mit `<ol>` und einem abschließenden `</ol>` dar. Das jeweilige Listenelement klammern Sie mit `<li>` und `</li>` ein.

Geordnete und ungeordnete Listen mit <ul> und <ol>

Bisher fehlen unserem Artikel die Links zum Spiel selbst. Diese geben wir in Form einer ungeordneten Liste an. Weiter unten im Abschnitt »Korrekte und verständliche Links« zeige ich Ihnen dann, wie Sie die Links richtig setzen und klickbar machen.

Wie eine ungeordnete Liste aussieht, können Sie anhand Abbildung 15-7 sehen. Der dazugehörige Code ist folgender:

```
<ul>
        <li>http://www.amanitadesign.com/samorost/</li>
        <li>http://www.samorost2.net</li>
        <li>http://www.amanitadesign.com/</li>
</ul>
```

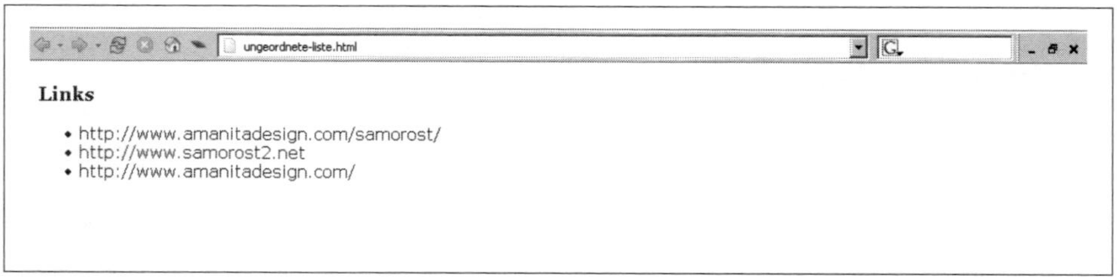

Abbildung 15-7: Die Links des Artikels als ungeordnete Liste mittels <ul>

Möchten Sie dieses Beispiel als durchnummerierte Liste anlegen, dann brauchen Sie lediglich die beiden Tags `<ul>` und `</ul>` durch `<ol>` und `</ol>` zu ersetzen, und der Browser nummeriert die einzelnen Elemente selbst (siehe Abbildung 15-8).

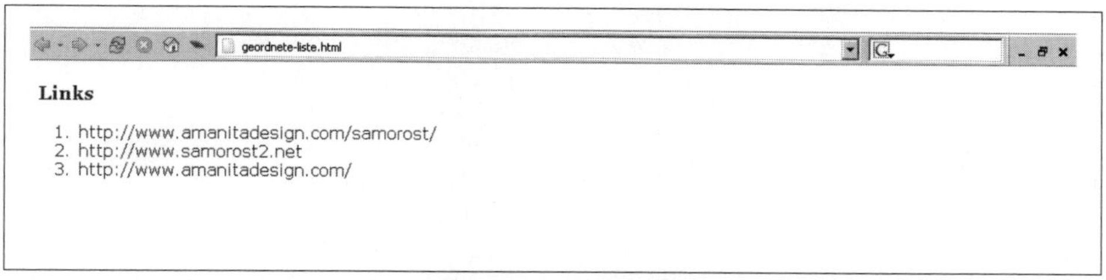

Abbildung 15-8: Die Links des Artikels als geordnete Liste mittels <ol>

Auch das Verschachteln von Listen ist möglich. Um innerhalb einer Aufzählung eine weitere Aufzählung durchzuführen, müssen ein weiteres Mal die umschließenden Listen-Tags genutzt werden (siehe Abbildung 15-9).

```
<ol>
  <li>Links zum Spiel
    <ol>
    <li>http://www.amanitadesign.com/samorost/</li>
    <li>http://www.samorost2.net</li>
    <li>http://www.amanitadesign.com/</li>
    </ol>
   </li>

  <li>Weitere Links zu Flash-Spielen
    <ol>
    <li>http://www.neave.com/games/nblox/</li>
    <li>http://www.neave.com/games/invaders/</li>
    <li>http://www.neave.com/games/asteroids/</li>
    </ol>
   </li>

</ol>
```

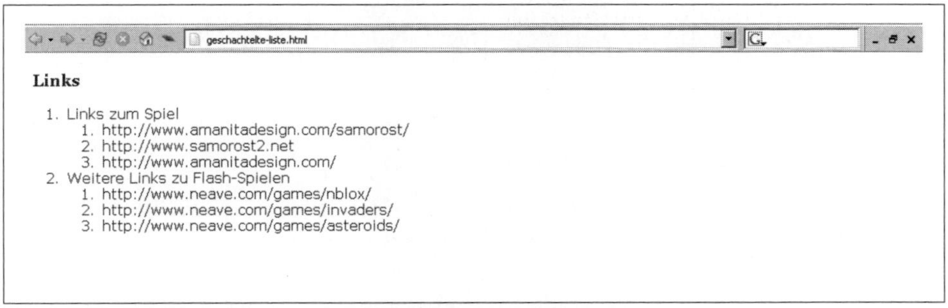

Abbildung 15-9: Eine verschachtelte Liste mit Links als geordnete Liste

Definitionslisten mit <dl>, <dt> und <dd>

Generell sind Definitionslisten für Glossare gedacht. Weil Glossare jeweils aus einer Liste von Einträgen samt Definition bestehen, gibt es für diesen Listentyp insgesamt drei Tags. Eine Definitionsliste beginnt mit dem Start-Tag `<dl>` und endet mit dem End-Tag `</dl>`. Der zu definierende Ausdruck wird mit `<dt></dt>` geklammert, und die Definition folgt anschließend innerhalb des `<dd>`-Elements.

Auch für unseren Spieleartikel können wir eine Definitionsliste gebrauchen. Um unsere Leser mit weiteren Links zu Online-Spielen zu versorgen, listen wir diese einfach in Form einer Definitionsliste auf. Das sieht dann z.B. so aus:

```
<dl>
    <dt>Flash-Spiel Tetris</dt>
    <dd>http://www.neave.com/games/nblox/</dd>
    <dt>Flash-Spiel Invaders</dt>
    <dd>http://www.neave.com/games/invaders/</dd>
    <dt>Flash-Spiel Asteroids</dt>
    <dd>http://www.neave.com/games/asteroids/</dd>
</dl>
```

> **Listen sinnvoll nutzen**
>
> Damit sich Aufzählungen flüssig lesen, unterteilt man sie am besten in gleichmäßig formatierte Abschnitte. Achten Sie dabei sowohl auf einen gleichen Satzaufbau als auch auf eine ähnliche Länge. Außerdem sollte eine Aufzählung maximal sieben Punkte haben. Menschen können in der Regel nur maximal sieben Informationseinheiten im Kurzzeitgedächtnis speichern. Darüber hinausgehende Informationen werden nur schwer erfasst. Gibt es jedoch weniger als drei Punkte aufzuzählen, dann erwähnen Sie sie lieber im Fließtext. Der Leser könnte sich sonst unterfordert fühlen. Zusammengefasst sollten Sie folgende Regeln bei Aufzählungen beachten:
>
> - Verwenden Sie nur eine Art von Aufzählungszeichen.
> - Formatieren Sie Aufzählungszeichen und Absätze bündig untereinander.
> - Konstruieren Sie Aufzählungen mit einem gleichen Satzbau und ähnlicher Länge.
> - Listen Sie in einer Aufzählung maximal sieben Punkte auf.
> - Vermeiden Sie Aufzählungen mit weniger als drei Punkten.

Bilder einfügen

Artikel liest man oft auch auf Grund von Bildern. Um den Text ein wenig zu illustrieren, bebildern wir den Beitrag mit drei Screenshots aus dem Spiel. Dabei handelt es sich um ein Artikelbild für den Anfang mit Schriftzug und Hauptdarsteller des Spiels (*samorost2-titelbild.jpg*), einen großen Screenshot mit einem Alien (*samorost2-alien.jpg*) und ein längliches Bild, in dem der Wicht einen Tunnel hinaufklettert (*samorost2-tunnel.jpg*).

Um ein Bild in einem XHTML-Dokument einzufügen, benutzt man das `<img />`-Tag. Da es sich bei `<img />` um ein so genanntes *leeres Tag* handelt, das kein abschließendes Tag benötigt, müssen Sie die Endung `/>` verwenden. Damit das `<img />`-Tag ein Bild anzeigen kann, muss das Tag auf die Bilddatei verweisen. Das geschieht mit dem Attribut `scr`, das immer von einem Gleichheitszeichen und einem Dateinamen in Anführungszeichen gefolgt wird. Innerhalb der Anführungsstriche verlinken Sie das Tag mit dem Bild. Dabei kann es sich um einen relativen Pfad handeln oder eine direkte URL zum Bild. Da die Bilder in unserem Beispiel im gleichen Ordner wie die XHTML-Datei liegen, brauchen Sie nur einen relativen Pfad anzugeben. Für unser Titelbild sieht das dann so aus:

```
<img src="samorost2-titelbild.jpg" />
```

Läge das Bild auf einem Server der Domain *www.website.de* in einem Ordner namens *bilder*, würde das Tag mit direkter URL so aussehen:

```
<img src="http://www.website.de/bilder/samorost2-titelbild.jpg" />
```

Auch wenn dieses Beispiel hervorragend funktioniert, sollten Sie einem Bild gleichzeitig immer mit dem Attribut `alt` einen Namen übergeben. Das hat zwei Gründe: Erhält der Browser das Bild nicht vom Server, da es womöglich gelöscht, verschoben oder umbenannt wurde, zeigt er einen alternativen Text für das Bild an. Zweitens hilft die Bildbeschreibung blinden Menschen, die von ihrem speziellen Webbrowser an Stelle des Bilds eine Beschreibung geliefert bekommen. Zusammen mit dem `alt`-Attribut sieht das `<img>`-Tag dann folgendermaßen aus:

```
<img src="samorost2-titelbild.jpg" alt="Titelbild des Spiels Samorost 2" />
```

> Möchten Sie innerhalb eines Texts ein Bild platzieren, das keine Zusatzinformation zum Artikel bietet, z.B. eine gestaltende Zierleiste, so zeichnen Sie auch dieses Bild mit dem `alt`-Attribut aus, allerdings ohne Beschreibung, als `alt=""`. Browser für blinde Menschen ignorieren solche Bilder einfach.

Zwei weitere wichtige Attribute für Bilder sind `width` für die Breite des Bilds und `height` für die Höhe. Geben Sie wenn möglich immer gleich beide mit an, damit der Browser beim Bildaufbau den Raum, den das Bild einnimmt, mit einplant. Weil Bilder erst nach dem Download der Webseite geladen werden, kann es zu unschönen Effekten beim Aufbau der Seite kommen. Da kein Raum für die nachgeladenen Bilder eingeplant wurde, muss der Browser nachträglich die umliegenden Objekte (Texte etc.) verschieben. Das sieht unschön aus und erschwert das Lesen. Für unser 237 Pixel breite und 204 Pixel hohe Coverbild sollte das so aussehen:

```
<img src="samorost2-titelbild.
jpg" width="237" height="204" alt="Titelbild des Spiels Samorost 2" />
```

Damit alle Bilder standardmäßig vom restlichen Text auf der rechten Seite umflossen werden, erweitern wir die CSS-Datei um neue Eigenschaften für das Bild. Dazu benutzen wir die Eigenschaft `float` (Textumfluss). Mit `float` bestimmen Sie, wie die nachfolgenden Elemente das aktuelle Element umfließen. Dabei stehen Ihnen folgende Möglichkeiten zur Verfügung:

- `left`: das Element wird rechts von den nachfolgenden Elementen umflossen
- `right`: das Element wird links von den nachfolgenden Elementen umflossen
- `none`: das Element wird nicht umflossen (Standardeinstellung)

Weiterhin versehen wir Bilder auf der rechten und der unteren Seite mit einem Außenabstand von 5 Pixel. Damit verhindern wir, dass der Text am Bild »klebt«. Die Eigenschaft für Außenabstände heißt `margin`. Mit dieser Eigenschaft (wie übrigens auch mit `padding`, das für den Innenabstand zuständig ist) können Sie die Abstände für alle Seiten eines Elements angeben. Die Abstände liest man dabei im Uhrzeigersinn: oben, rechts, unten, links. Ist der Abstand Null, kann auf die Endung *px* verzichtet werden.

Zum Schluss verzieren wir alle Bilder noch mit einem Rahmen von 1 Pixel in Schwarz. Diesen erzeugen wir mit der Eigenschaft `border`, der wir zusätzlich das Attribut `solid` übergeben. Dadurch wird die Rahmenlinie durchgezogen und nicht gestrichelt (`dashed`). Ergänzen Sie nun die *stylesheet.css*-Datei um die folgenden Zeilen:

```
img {
float: left;
margin: 0 5px 5px 0;
border: 1px solid #000000;
}
```

Exkurs für Fortgeschrittene: Bildunterschriften mit Definitionslisten realisieren

Um ein Bild mit einer Bildunterschrift zu versehen, gibt es zwei Möglichkeiten: Entweder Sie geben dem Bild eine Bildunterschrift, indem Sie es in einem Bildbearbeitungsprogramm direkt betiteln, oder Sie erweitern den XHTML-Code um das `<img />`-Tag herum. Die zweite Methode ist dabei die bessere, denn wenn Sie das Bild mit XHTML-Tags untertiteln, gehen diese Informationen nicht verloren. Außerdem bleibt auf diese Weise mehr Platz für das eigentliche Bildmotiv und Sie können jederzeit die Bildunterschrift ergänzen oder verändern, ohne ein Bildbearbeitungsprogramm öffnen zu müssen.

Zurzeit gibt es leider noch kein Tag für Bildunterschriften. Die CSS-Experten Jens Meiert und Ingo Helmdach haben in ihrem Buch *Webdesign mit CSS* (O'Reilly Verlag) einen schönen Workaround entwickelt und empfehlen den Einsatz einer Definitionsliste. Diese Definitionsliste assoziiert Bild und Bildunterschrift und ist schnell in die XHTML-Datei eingefügt:

```
<dl>
<dt><img src="samorost2-alien.jpg" width="380" height="286" alt="Samorost-
Wichtelmann beim Chef-Alien" /></dt>
<dd>Samorost-Wichtelmann beim Chef-Alien</dd>
</dl>
```

Da wir für unsere Beispielwebseite bereits ein paar Styles für das Bild definiert haben, müssen wir die Definitionsliste noch um ein paar Eigenschaften ergänzen und bereits festgelegte Stylevorgaben überschreiben. Um eine Kollision innerhalb der CSS-Datei zu verhindern, verknüpfen wir die Eigenschaften für dieses Element direkt innerhalb der XHTML-Tags. Das erreicht man mit Hilfe des `styles`-Attributs, das jedem Element hinzugefügt werden kann. Das `styles`-Attribut erlaubt das direkte Verknüpfen eines Elements mit Layoutvorgaben.

Da Browser standardmäßig Definitionslisten einrücken und gestalten, müssen die Innen- und Außenabstände unserer Definitionsliste auf Null gesetzt werden. Dafür nutzen wir die beiden Eigenschaften `margin` und `padding`. Da es sich auch bei einer Definitionsliste um ein Blockelement handelt, das sich so weit nach rechts ausdehnt, wie Platz da ist, müssen wir es mit einer Breite begrenzen. Die Breite eines Elements wird mit `width` bestimmt. Da wir unserem Bild obendrein einen 1 Pixel breiten Rahmen verpasst haben, müssen zur Breite des Bilds auch der linke und rechte Pixelrand des Rahmens hinzugerechnet werden. Das ergibt bei einer Breite von 380 Pixel eine Gesamtbreite von 382 Pixel für die Definitionsliste:

```
<dl style="margin: 0; padding: 0; width: 382px;">
</dl>
```

Im nächsten Schritt fügen wir das Bild ein. Damit auch das `<dt>`-Tag samt seinen Abständen zurückgesetzt wird, fügen wir hier ebenfalls das `styles`-Attribut ein:

```
<dl style="margin: 0; padding: 0; width: 382px;">
<dt style="margin: 0; padding: 0;"><img style="margin: 0;" src="samorost2-alien.
jpg" width="380" height="286" alt="Samorost-Wichtelmann beim Chef-Alien" /></dt>
</dl>
```

Für die Bildunterschrift benutzen wir im letzten Schritt das `<dd>`-Tag. Um die Bildunterschrift vom restlichen Text noch ein wenig abzuheben, färben wir den Hintergrund des Elements mit einem leichten Grauton ein (`#EEEEEE`) und umrahmen das `<dd>`-Element mit einem 1 Pixel breiten Rahmen. Außerdem soll die Bildbetitelung zentriert und in einer kleineren Schrift angezeigt werden. Um den Text mittig zu setzen, benutzen wir die Eigenschaft `text-align: center;` und bestimmen mit `font-size: 80%;`, dass die Schrift 80% der Originalschriftgröße bekommt. Der vollständige Code sieht dann so aus:

```
<p>Für seine Abschlussarbeit erhielt Jakub Dvorsky an seiner [...]</p>

<dl style="margin: 0; padding: 0; width: 382px;">
<dt style="margin: 0; padding: 0;"><img style="margin: 0;" src="samorost2-alien.
jpg" width="380" height="286" alt="Samorost-Wichtelmann beim Chef-Alien" /></dt>
<dd style="margin: 0; padding: 0; border: 1px solid #000000; font-size:
 80%; background: #eeeeee; text-align: center;">Samorost-Wichtelmann beim Chef-
Alien</dd>
</dl>

<h3>Ein Wichtelmann auf Reisen</h3>
```

Das Ergebnis können Sie in Abbildung 15-10 sehen.

Abbildung 15-10: Um Bilder mit einer Unterschrift zu versehen, benötigt man lediglich ein wenig mehr XHTML-Code.

Bilder in Beiträgen platzieren

Zum Schluss bleibt nur noch ein Bild übrig: *samorost2-tunnel.jpg*. Dieses platzieren wir innerhalb unseres Artikels auf der rechten Seite. Da wir bereits Style-Vorgaben für das `<img />`-Element in unsere CSS-Datei geschrieben haben, müssen wir diese überschreiben. Damit das Bild vom Text auf der linken Seite umflossen wird, ändern wir den Fluss und positionieren das Bild auf der rechten Seite mit der Eigenschaft `float: right;`. Außerdem müssen wir den bisherigen Außenabstand von der einen Seite auf die andere verlegen. Ansonsten steht der Text zu dicht am Bild. Das fertige Bild-Tag positionieren wir abschließend zwischen zwei Absätzen. Das Ergebnis sehen Sie in Abbildung 15-11.

```
<p>
<img style="float: right; margin: 0 0 5px 5px" src="samorost2-tunnel.jpg"
width="156" height="333" alt="Samorost-Wichtelmann im Tunnel" />
Im Mittelpunkt des Flash-Klick-Adventures [...]
</p>

<p>Großartig an dem Flash-Spiel ist seine Einfachheit. Zwar [...]
</p>
```

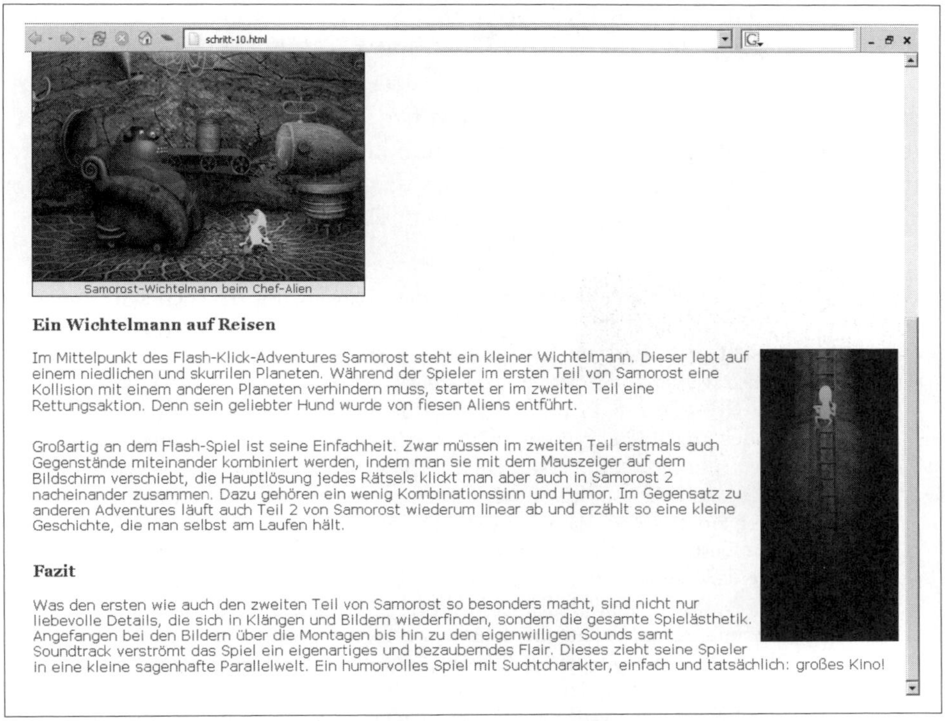

Abbildung 15-11: Um Bilder innerhalb eines Texts links oder rechts zu positionieren, benutzt man die CSS-Eigenschaft float.

Fremde Quellen zitieren mit <blockquote> und <cite>

Zitate verleihen einem Artikel oder Beitrag Autorität. In Printmedien werden darum innerhalb von Artikeln aussagekräftige Zitate oft gesondert und in größerer Schriftgröße abgedruckt. Das ist auch im Internet möglich und wichtig, denn Zitate ziehen Leser in den Text.

»Wie Tatsachen darf man auch Zitate nicht bearbeiten. Stehen die Wörter erst mal in Anführungszeichen, müssen sie das sein, was die Quelle geäußert hat. Versuche, Zitate durch Veränderung der Satzstellung, Wortstellung oder sogar durch den Austausch von Wörtern zu verbessern, sind Kapitalverbrechen. Das Einzige, was man tun darf, ist, kleinere grammatikalische Fehler berichtigen und Füllsel oder bedeutungslose Wiederholungen weglassen.«

Mit diesen Worten beschwört Rene J. Cappon in seinem Buch *Journalistisches Schreiben* (Autorenhaus Verlag) den Leser und er beschreibt den Zweck von Zitaten folgendermaßen: »Gute Zitate sollten zusammenfassen, was jemand denkt, Gefühle oder Einstellungen herauskristallisieren oder irgendwelche individuellen Perspektiven – und das auf knappe und interessante Weise.«

Wenn Sie Autoren, Künstler, Presseagenturen oder andere Blogger zitieren möchten, gibt es mehrere Möglichkeiten, den Text mit XHTML-Tags zu kennzeichnen. Dazu sind in erster Linie die beiden Tags `<cite>` und `<blockquote>` vorgesehen. Schon ohne Stylesheet-Vorgaben werden von den beiden Tags eingeklammerte Wörter oder Textabschnitte von Browsern gesondert behandelt. In der Regel werden dabei das Inline-Element `<cite>` kursiv dargestellt und Texte sowie Bilder innerhalb des Blockelements `<blockquote>` auf der linken Seite eingerückt.

> § Das Zitat ist eine Ausnahme aus dem Bereich des Urheberrechts, auch »Schranke« genannt. Wer ein anderes urheberrechtlich geschütztes Werk im Rahmen des Zitatrechts vollständig oder teilweise wiedergibt, darf dies ausnahmsweise auch ohne die Erlaubnis des Urhebers tun. Erforderlich ist dafür aber, dass sich der Zitierende in den engen Grenzen des erlaubten Zitats bewegt. Das so genannte *Kleinzitat* betrifft dabei nur einzelne Stellen oder Teile eines Werkes. Wie lang oder groß diese sein dürfen, orientiert sich am Zitatzweck. Wer zitiert, muss damit eine bestimmte Aussage untermalen oder eine bestimmte These stützen wollen. Erlaubt ist dann so viel Zitat, wie dazu gerade erforderlich ist. Sobald der Werkgenuss – also etwa das Abspielen eines halben Musiktitels – im Vordergrund steht und hiermit keine inhaltliche Auseinandersetzung stattfindet, ist das zulässige Maß in jedem Fall überschritten. Leider gibt es aber keine pauschalen Richtlinien, an die man sich halten kann – daher ist auch das Gerücht, wonach bei Musik genau acht Takte erlaubt seien, völliger Humbug. Es entscheidet immer der Einzelfall und das Verhältnis der Aussage und der inhaltlichen Auseinandersetzung zum zitierten Werk. Mehr dazu erfahren Sie im Abschnitt »Schranken des Urheberrechts« in Kapitel 19, *Urheberrecht*.

Während somit `<cite>` für kurze Zitate innerhalb des Texts zur Verfügung steht, lassen sich mit `<blockquote>` ganze Textblöcke auszeichnen.

`<blockquote>` eignet sich vor allem für Interviews. Das Einrücken des Absatzes hilft dem Auge des Lesers bei der Orientierung. Oft gestalten Webdesigner zusätzlich das Blockelement, indem sie ihm per CSS eine Hintergrundgrafik in Form von Anführungszeichen übergeben. Beliebt ist auch die Methode, das ganze Element mit einem Rahmen oder einem senkrechten dicken Strich auf der linken Seite zu versehen. In Abbildung 15-12 wurde mit Hilfe von CSS das `<blockquote>`-Tag nur mit einer kleinen Grafik verziert. Der CSS-Code sieht dabei wie folgt aus:

```
blockquote {
margin: 10px 0 0 15px;
padding: 3px 0 12px 20px;
background: url(blockquote.gif) no-repeat top left;
}
```

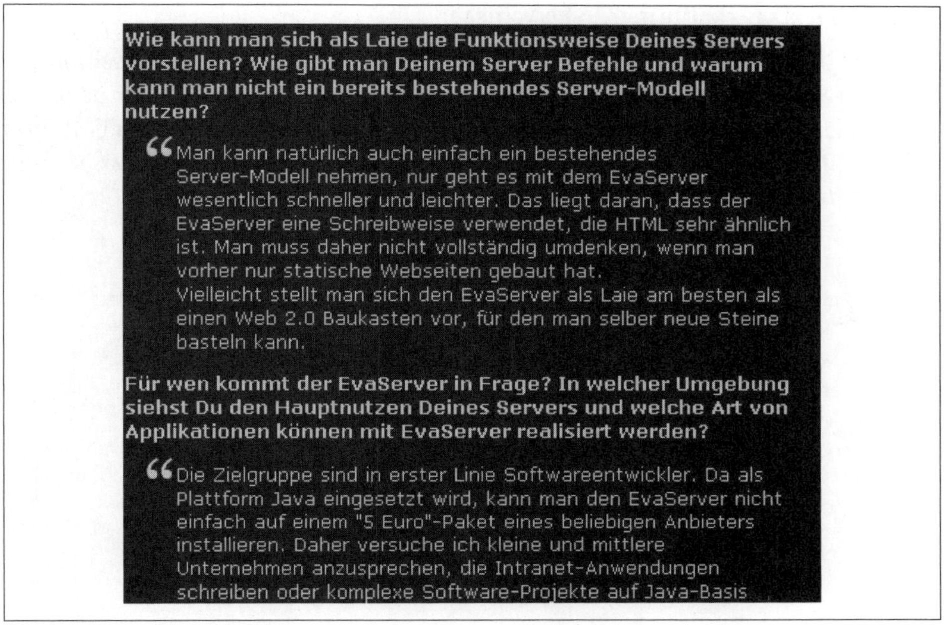

Abbildung 15-12: Die Anführungszeichen in Form von GIF-Grafiken heben Zitate oder Kommentare hervor.

Während der Inhalt zwischen den `<blockquote>`-Tags oben und links über `margin` einen Außenabstand erhält, um eingerückt zu erscheinen, muss der Text selbst über den Innenabstand ein wenig von der Hintergrundgrafik weggerückt werden. Dies geschieht mit der `padding`-Eigenschaft. `padding` verhindert, dass die Grafik hinter dem Text liegt und dadurch das Lesen erschwert. Das Bild selbst wird über die Eigenschaft `background` in den Hintergrund eingebunden. Dabei bekommt es die Attribute `no-repeat`, `top` und `left` zugewiesen. Während `no-repeat` verhindert, dass die Grafik als Textur wiederholt wird, platzieren Sie mit Hilfe von `top` und `left` die Grafik in der oberen linken Ecke.

Das XHTML-Tag `<code>` ist nicht wirklich für Zitate vorgesehen. Es wird in der Regel dazu genutzt, Quelltextbeispiele in XHTML-Seiten einzubauen, aber es eignet sich sehr gut, um bspw. aus einer E-Mail zu zitieren. Browser formatieren Texte, die mit `<code>` eingeklammert werden, meist in einer Nicht-Proportionalschrift wie der Courier. Da zahlreiche E-Mail-Programme unsere elektronische Post in einer Courier-Schrift anzeigen, verbindet man diese Schrift oft mit einer E-Mail. Das können Sie sich zunutze machen. Möchten Sie z.B. in Ihrem Weblog einen Leserbrief oder eine Pressemitteilung veröffentlichen, dann könnten Sie den Text neben dem Einklammern per `<blockquote>` obendrein mit `<code>` einklammern. Das lässt eine zitierte E-Mail noch authentischer wirken.

Zitate und Textausschnitte mit CSS hervorheben

Bisher habe ich Ihnen erklärt, wie man Zitate innerhalb des Fließtexts positioniert. Möchten Sie jedoch ein besonders interessantes, witziges, skurriles oder neugierig machendes Zitat gesondert platzieren, benötigen Sie ein wenig mehr XHTML und CSS. Mit Hilfe des Stylesheets können Sie ein Zitat herausheben, auch wenn es in den Fließtext eingebettet wurde (siehe Abbildung 15-13).

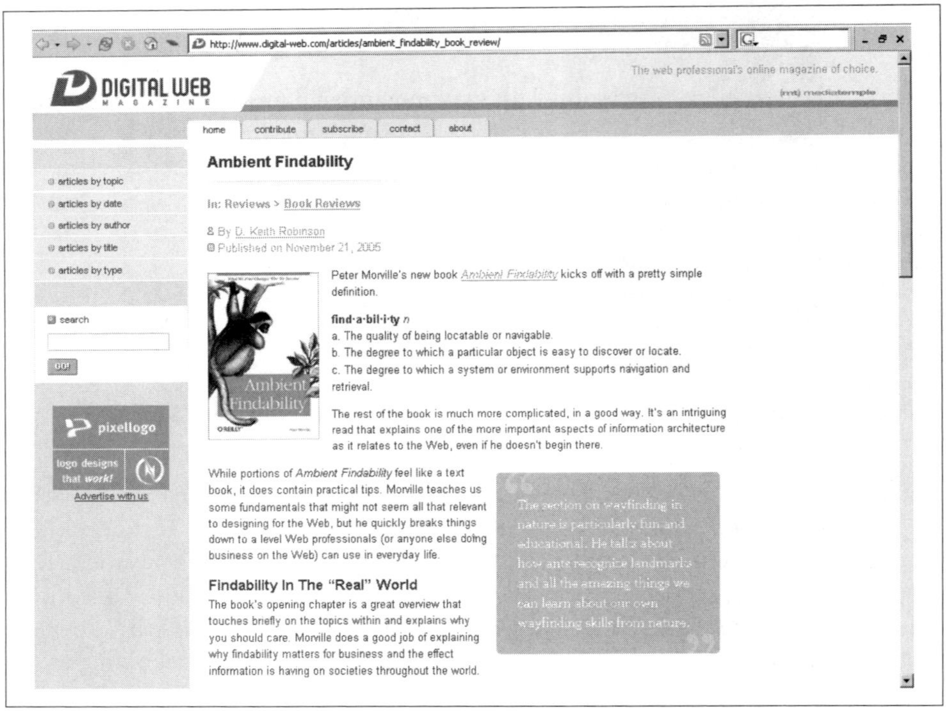

Abbildung 15-13: Das Digital Web hebt Zitate mit Hilfe einer Zitatbox hervor.

Um unseren Spieleartikel abzurunden, wollen wir noch einen Satz im Artikel markant hervorheben. Dabei greifen wir uns den Satz »Ein humorvolles Spiel mit Suchtcharakter, einfach und tatsächlich: großes Kino!« heraus.

Während in Abbildung 15-12 Grafiken für die Anführungszeichen zum Einsatz kommen, wird im folgenden Beispiel auf reinen XHTML-Code zurückgegriffen. Der Code sieht wie folgt aus:

```
<blockquote>
    <p><span>&raquo;</span>
 Ein humorvolles Spiel mit Suchtcharakter, einfach und tatsächlich:
 großes Kino!<span>&laquo;</span></p>
</blockquote>
```

Auf den ersten Blick sieht die zweite Zeile Code ein wenig verwirrend aus. Das liegt an den beiden Elementen `<span>»</span>` und `<span>«</span>`. Dabei handelt es sich um die beiden angewinkelten Anführungszeichen » und «. Da es sich dabei um Sonderzeichen handelt, die nicht jeder Browser korrekt anzeigt, kodieren Sie sie besser über so genannte HTML-Entities – sicher ist sicher. Außerdem ist an dieser Stelle das Tag `<span>` neu. Ohne CSS-Angaben besitzt es – ähnlich wie das Element `<div>` – keinerlei Wirkung. Im Gegensatz zu `<div>` handelt es sich bei `<span>` jedoch um ein Inline-Element. `<span>` kann deshalb im Textfluss positioniert werden, ohne einen Umbruch zu erzeugen.

Wenn `<span>` keinerlei Auswirkung hat, warum wurden dann aber die beiden angewinkelten Anführungszeichen eingeklammert? Ganz einfach: Damit wir sie unabhängig vom Zitattext stylen können. Mit diesem Trick können wir den Zeichen eine andere Farbe, einen anderen Schriftschnitt oder eine andere Größe zuweisen. Zuerst jedoch befassen wir uns mit dem alles umschließenden `<blockquote>`. Den folgenden CSS-Code schreiben Sie direkt in die CSS-Datei *stylesheet.css*:

```
blockquote {
width: 260px;
float: right;
margin: 0;
padding: 0 0 10px 10px;
color: #b70027;
font-family: Georgia, "Times New Roman", Times, serif;
font-size: 120%;
line-height: 130%;
}

blockquote p {
margin: 0;
padding: 0 0 5px 0;
}
```

Mit `width: 260px;` bekommt das Zitat eine feste Breite. Dabei soll die Zitatbox vom normalen Text auf der linken Seite umflossen werden. Das erreichen wir mit `float: right;`. Mit `margin: 0;` eliminieren wir den vom Browser standardmäßig vorgegebenen Außenabstand und fügen mit `padding: 0 0 10px 10px;` links und unten etwas Innenabstand hinzu. Dadurch schieben wir die Box ein wenig vom Text weg. Im nächsten Schritt übergeben wir dem Zitat eine eigene Farbe (`color: #b70027;`) und eine eigene Schrift, die es abermals vom restlichen Text abhebt (`font-family: Georgia, "Times New Roman", Times, serif;`). Zum Schluss vergrößern wir nur noch die Schrift mit `font-size: 120%;` und ziehen die einzelnen Zeilen mit einem eigenen Abstand `line-height: 130%;` ein wenig auseinander. Mit `blockquote p` formatieren wir anschließend das Absatz-Tag `<p>` neu, setzen den Außenabstand auf `0` und geben nur nach unten ein wenig Innenabstand dazu. Die Formatierung des Absatz-Tags hat dabei keinerlei Auswirkung auf die restlichen Absätze, denn die Style-Vorgabe wirkt sich nur innerhalb des `<blockquote>`-Tags aus.

Im nächsten Schritt widmen wir uns den angewinkelten Anführungszeichen. Diese soll der Browser fett und in einer größeren Schrift anzeigen. Außerdem rücken wir sie links und rechts ein wenig vom Text weg. Das sieht dann so aus:

```
blockquote span {
font-weight: bold;
font-size: 140%;
line-height: 100%;
padding: 0 3px 0 3px;
}
```

Achten Sie darauf, dass im oberen Code der Zeilenabstand mit `line-height: 100%;` reduziert wurde, um im Gegenzug die Schriftgröße mit `font-size: 140%;` zu erhöhen. Das ist an dieser Stelle deshalb nötig, weil ansonsten durch die neue Schriftgröße in Verbindung mit dem alten Zeilenabstand eine zu große Zeilenhöhe entstehen würde.

Damit das Zitat auch mit einem Autor versehen wird, ergänzen wir den XHTML-Code durch den Absatz `<p><cite>mo.</cite></p>`:

```
<blockquote>
    <p><span>&raquo;</span> Zitat<span>&laquo;</span></p>
    <p><cite>mo.</cite></p>
</blockquote>
```

Wie weiter oben beschrieben wurde, wird Text innerhalb des `<cite>`-Tags in Kursivschrift angezeigt. Da wir – wie in Printmedien üblich – den Autor rechtsbündig unterhalb des Zitats anzeigen wollen, müssen wir das Inline-Element in ein Block-Element umwandeln. Das passiert mit `display: block;`. Wird dieser Schritt ausgelassen, wird der Text vom Browser innerhalb von `<cite>` nicht an den rechten Rand gerückt, obwohl wir dem Element mit `text-align: right;` Rechtsbündigkeit verschrieben haben. Der Code sieht dann so aus:

```
blockquote p cite {
display: block;
margin: 0;
padding: 0;
text-align: right;
font-size: 80%;
color: #333333;
}
```

Das Ergebnis sieht dann wie in Abbildung 15-14 aus.

Sicherlich wundern Sie sich, dass das Zitat im Beispiel-Screenshot nicht mehr über die gesamte Seite läuft. Das liegt daran, dass der gesamte Text jetzt in einem `<div>`-Container steckt. Das Blockelement `<div>` dient dazu, andere Elemente einzuschließen, um Sie danach zu positionieren oder ihnen gemeinsame Eigenschaften zu geben. In unserem Beispiel wird der gesamte Artikel von einem `<div>`-Container eingeklammert. Dadurch ist es möglich, dem ganzen Block eine eigene Breite mit der Eigenschaft `width` zu geben. Der Code sieht also wie folgt aus:

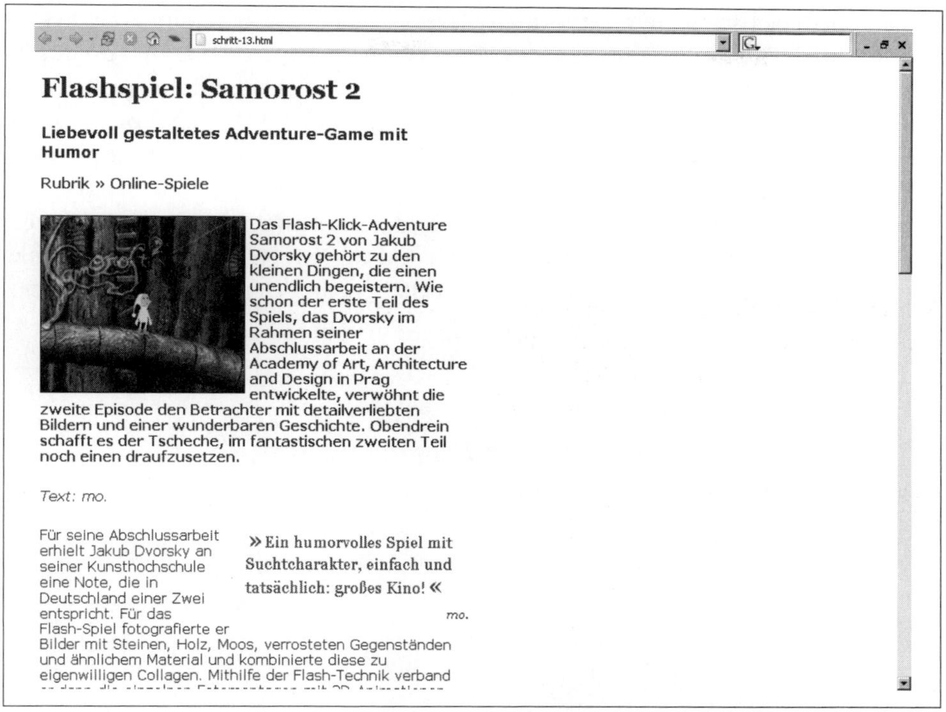

Abbildung 15-14: Mit ein wenig zusätzlichem XHTML und Stylesheet-Vorgaben lassen sich Zitate wunderbar vom restlichen Text abheben.

```
<body>
<div style="width: 500px;">

Artikelinhalt

</div>
</body>
</html>
```

Korrekte und verständliche Links

Verlinkt wird nur dann, wenn es im Kontext Sinn stiftet und die zusätzliche Informationsquelle den Anwendern einen konkreten Mehrwert beschert.

Stefan Heinjk

Links sind der Klebstoff, der das Internet zusammenhält. Links machen das Web zu *dem* dynamischen Medium, das mit Hilfe von Querverweisen, Quellen und weiterführenden Informationen ein nicht lineares Lesen und Erfassen von Information erlaubt. Denn durch Links werden Dokumente verknüpft und lassen sich direkt ansteuern. Links schaffen ein Informationsversprechen, da jeder Link eine Erwartung generiert. Menschen und Suchmaschinen folgen Links, um neue Webseiten zu entdecken, Bilder zu vergrößern oder z.B. Multimediadateien herunterzuladen. Mit Links katapultieren Sie Ihre Benutzer in die verschiedensten Welten, können sie in die Irre leiten oder ihnen wichtige weiterführende Informationen bieten. Darum sollte jeder Link mit Bedacht gewählt, mit Vorsicht platziert und sinnvoll eingesetzt werden. Denn fehlerhafte Links oder solche, die die Erwartungen des Besuchers enttäuschen, schaffen Misstrauen und Frust. Auf der anderen Seite können Links Vertrauen in die Qualität eines Webauftritts schaffen, als gehaltvolle Quelle erscheinen und dem Besucher ein Erfolgserlebnis verschaffen. Gern wird er Ihre Website noch einmal besuchen, wenn er ihre Inhalte nützlich fand.

Weitere Tipps und Regeln für Zitate

Zitate beleben den Text und geben dem Leser das Gefühl, dabei zu sein. Außerdem vermögen Zitate dem Leser sprachliche Eigenheiten und den Charakter eines Sprechers näher zu bringen. Beachten Sie beim Zitieren die folgenden Regeln und Tipps:

- Stellen Sie immer ein Zitat in einen sinnvollen Kontext und irritieren Sie Ihre Leser nicht durch falsche Platzierung.
- Lassen Sie niemanden dumm aussehen, wenn er sich versehentlich versprochen hat.
- Schreiben Sie ein direktes Zitat immer nur einer Person zu.
- Verknüpfen Sie – wenn möglich – mehrere Zitate zu einem lebendingen Dialog, der dem Leser das Gefühl des Dabeiseins gibt.
- Verzichten Sie bei Konversations- und Interviewzitaten auf die Ellipse [...] oder (...), wenn die Leser wissen, dass es sich um Auszüge handelt.
- Verwenden Sie Zitate, um kontroverse Aussagen vom übrigen Text abzusetzen.
- Machen Sie Ihre Beiträge lebendiger, indem Sie Eigenarten von Sprechern wiedergeben.

Das XHTML-Tag für einen Link lautet `<a>`. Dabei steht »a« für *anchor*, Anker. Zwischen den umklammernden Tags können Sie Zeichenfolgen (also Wörter) und Bilder platzieren, die dann auf der Seite als Textlink bzw. Bildlink erscheinen. Damit ein Link wirkungsvoll wird, müssen Sie ihm eine Zieladresse übergeben. Diese setzen Sie zwischen doppelte Anführungszeichen und definieren sie mit dem Attribut `href`. Dabei gibt es drei verschiedene Arten von Links:

- *Externe Links* verweisen auf Webdokumente fremder Websites
- *Interne Links* verweisen auf Webdokumente auf der gleichen Webpräsenz
- *Anker-Links* verweisen auf Sprungmarken innerhalb einer Website

Im folgenden Beispiel verlinken wir das Bild *samorost2-tunnel.jpg* mit einer Webseite. Klickt der Besucher auf das Bild, landet er auf der Website zum Spiel, die sich unter *http://www.samorost2.net* befindet.

```
<a href="http://www.samorost2.net"><img src="samorost2-tunnel.jpg" alt="Samorost-
Wichtelmann im Tunnel" /></a>
```

Bei internen Links sind das vorangestellte `http://` und die Serveradresse nicht notwendig, weil diese Links relativ gesetzt werden können. Liegt z.B. ein XHTML-Dokument namens *einleitung.html* im Verzeichnis *texte* und soll mit dem Dokument *hauptteil.html*, das auch im Ordner *texte* liegt, verlinkt werden, reicht der folgende Link:

```
<a href="hauptteil.html">Zum Hauptteil des Dokuments!</a>
```

Liegt das Dokument *hauptteil2.html* jedoch in einem weiteren Unterverzeichnis, dann muss dieses vor dem eigentlichen Dokument angegeben werden, hier das *dokumente*-Verzeichnis:

```
<a href="dokumente/hauptteil2.html">Zum Hauptteil 2 des Dokuments!</a>
```

Möchten Sie einen Verweis zu einem Dokument in einem höher liegenden Verzeichnis setzen, müssen Sie zwei Punkte und einen Schrägstrich voranstellen. Innerhalb der Datei *einleitung.html* verlinken Sie die Datei *dokument.html* aus dem Wurzelverzeichnis wie folgt (siehe auch Abbildung 15-15):

```
<a href="../dokument.html">Zum Hauptteil des Dokuments!</a>
```

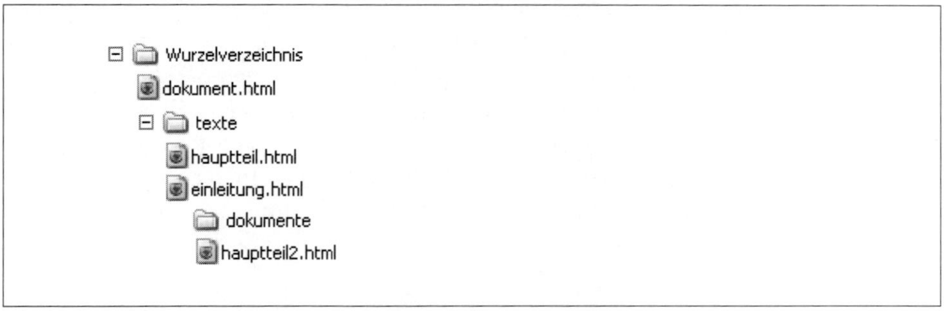

Abbildung 15-15: Verzeichnisstruktur der Beispiele im Text

Innerhalb eines Dokuments können Sprungmarken platziert werden, die das direkte Anspringen ermöglichen. Sprungmarken sind vor allem bei längeren Dokumenten hilfreich, um dem Leser das Scrollen zu ersparen. Eine Sprungmarke setzen Sie mit dem <a>-Tag, indem Sie mit Hilfe des `name`-Attributs den Namen für den Anker festlegen. Dabei ist es nicht notwendig, einen Text innerhalb des <a>-Tags zu platzieren. Die folgende Sprungmarke lautet *hauptteil*.

```
<a name="hauptteil"></a>
```

Links zu Sprungmarken innerhalb eines Dokuments setzen Sie mit einem vorangehenden #. Um einen Verweis auf die obige Sprungmarke zu setzen, müssen Sie den folgenden Code eintippen:

```
<a href="#hauptteil">Zum Hauptteil!</a>
```

Sprungmarken können mit Links zu Dokumenten kombiniert werden. Stellen Sie sich z.B. eine Startseite vor, auf der ein Artikel mit Hilfe einer Überschrift und eines Anreißers angefeaturet wird. Natürlich befinden sich Überschrift und Anreißer auch auf der eigentlichen Artikelseite. Damit der Leser diese nicht zwei Mal lesen muss, können Sie auf den weiterführenden Text einen Anker setzen. und diesen mit dem Anreißer auf der Startseite verlinken. Dieser Link könnte dann wie folgt aussehen:

```
<a href="artikel.html#hauptteil">Diesen Artikel weiterlesen!</a>
```

Klicken Sie nun den Link auf der Startseite, lädt der Browser das Dokument *artikel.html* und sucht dort anschließend den Anker *#hauptteil*. Ist dieser vorhanden, springt der Browser direkt dorthin.

Um Links auf andere Websites zu setzen, müssen Sie beachten, dass der Link unbedingt ein *http://* enthält. Sonst sucht der Browser das Dokument auf der Präsenz der derzeitigen Website. Einen Link auf einen Artikel eines fremden Webauftritts setzen Sie z.B. so:

```
<a href="http://www.fremde-site.de/artikel.html">Weiterführende Informationen</a>
```

Für Links stehen weitere wichtige Attribute zur Verfügung, die Sie einzeln innerhalb des `<a>`-Tags, jeweils mit einem Leerzeichen getrennt, platzieren können. Die wichtigsten Attribute sind `target` und `title`. Mit `target` bestimmen Sie das Zielfenster des Verweises. Generell können Sie das Attribut `target` weglassen. Benötigt wird es in der Regel nur dann, wenn Sie den Link in einem neuen Fenster öffnen wollen. Um das zu erreichen, übergeben Sie dem Attribut den Parameter `_blank`. Um z.B. die Startseite des Online-Spiels zu verlinken und in einem neuen Fenster öffnen zu lassen, benötigen Sie den folgenden Link:

```
<a href="http://www.samorost2.net" target="_blank">Samorost 2</a>
```

Mit dem Attribut `title` übergeben Sie dem Link noch einen Titel. Diese zusätzlichen Informationen zeigen die meisten Browser in einem kleinen Fenster an, wenn der Surfer über den Link fährt. Diese Zusatzinformationen geben den Benutzern einen Eindruck davon, was sie hinter dem Link erwartet. Das macht vor allem dann Sinn, wenn anstelle von Text ein Bild verlinkt wird. Der folgende Verweis mit Bild und Titel wird im Browser Firefox wie in Abbildung 15-16 dargestellt. Der Internet Explorer 6 ignoriert hingegen die Informationen und zeigt sie nur bei einem Text-Link an und gibt im kleinen Fenster den Titel des Bilds aus.

```
<a href="http://www.spiegel.de" target="_
blank" title="Zum Webauftritt von Spiegel Online"><img src="spiegel-logo.
gif" alt="" /></a>
```

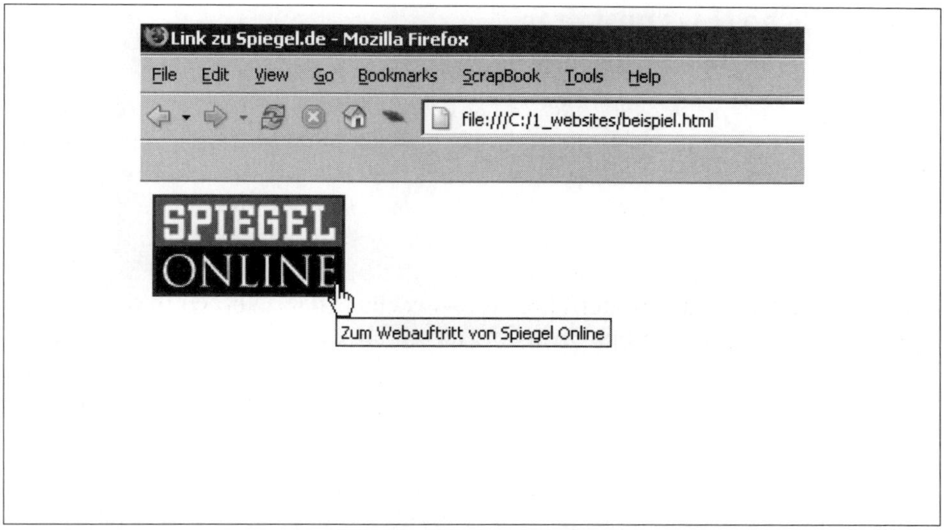

Abbildung 15-16: Bei Links mit title-Attribut erfahren die Besucher mehr über den darunterliegenden Link, wenn sie mit der Maus über dem Link verharren.

Generell sollten Sie jeden Link mit einem `title`-Attribut ausstatten. Einerseits erhöht die Zusatzinformation die Benutzerfreundlichkeit, und andererseits lesen zahlreiche Suchmaschinen solche Informationen aus und verknüpfen sie mit den anderen Informationen, die sie auf Ihrer Website finden. Mehr zu diesem Thema erfahren Sie in Kapitel 17, *Suchmaschinenoptimierung*.

Um unseren Artikel zu vervollständigen, suchen wir noch einmal unsere beiden Listen hervor. Während die erste, ungeordnete Liste die drei Links zum ersten und zweiten Teil samt einem Link auf die Firmenwebsite des Spieleprogrammierers enthalten, setzen wir innerhalb der Definitionsliste Verweise auf drei weitere Spiele. Dabei sieht die ungeordnete Liste mit den Attributen `title`, `href` und `target` so aus:

```
<ul>

<li>Samorost - Teil 1: <a title="Den ersten Teil von Samorost spielen" href="http:/
/www.amanitadesign.com/samorost/" target="_blank">www.amanitadesign.com/samorost/</
a></li>

<li>Samorost - Teil 2: <a title="Den zweiten Teil von Samorost spielen" href="http:
//www.samorost2.net" target="_blank">www.samorost2.net</a></li>

<li>Firmenwebsite von Jakub Dvorsky: <a title="Amanita Design:
 Firmenwebsite von Jakub Dvorsky" href="http://www.amanitadesign.com/" target="_
blank">www.amanitadesign.com</a></li>

</ul>
```

Verständliche Links gestalten

> *Many weblog authors seem to think it's cool to write link anchors like: 'some people think' or 'there's more here and here.' Remember one of the basics of the Web: Life is too short to click on an unknown. Tell people where they're going and what they'll find at the other end of the link.*
>
> Jakob Nielsen

Links auf Webseiten zu setzen ist eine Kunst, weil Sie dadurch Benutzer leiten und ihnen weiterführende Informationen vor Augen führen können. Darum ist es wichtig, dass Links als solche schnell erfasst werden können und sich eindeutig vom restlichen Inhalt des Dokuments abheben. Links geben dem Leser beim Betrachten einer Webseite Bezugspunkte.

Seit den Anfängen des Webs haben sich Text-Links vor allem durch zwei Merkmale vom Rest eines Artikels abgehoben: Andersfarbigkeit und Unterstreichung. Darum erkennen die meisten Surfer intuitiv einen Link sofort als solchen. Zusätzlich setzen viele Websites zwei Farben für Links ein, um dem Besucher mitzuteilen, welche Links er schon besucht hat und welche nicht. Diese Farben und Eigenschaften lassen sich mit Cascading Style Sheets beeinflussen. Generell sollten bereits besuchte Links weniger aus dem Text hervorstechen als neue. Empfehlenswert ist es z.B., die Farbe des besuchten Links abzuschwächen. Noch nicht aufgesuchte Links erscheinen dadurch aktiver und signalisieren dem Besucher: Hier bist Du noch nicht gewesen!

> Benutzen Sie immer die gleiche Basis-URL für einen Link, ansonsten weiß der Browser nicht, dass beide Links zur gleichen Seite gehören. Wurde die Seite bereits besucht und taucht mit einer neuen URL auf, wird der Link mit den Eigenschaften für noch nicht besuchte Links vom Browser angezeigt, obwohl der Surfer den Artikel schon angesehen hat.

Icons für Links

Bei einem Link weiß der Benutzer meist nicht, wohin er ihn führt, es sei denn, Sie haben ihn darauf vorbereitet und den Link eindeutig benannt. Ob sich eine Webseite in einem neuen Fenster öffnet, der Benutzer auf eine weitere Ihrer Unterseiten stößt oder sogar auf einen Link zu einer E-Mail-Adresse geklickt hat, erfährt er erst nach dem jeweiligen Klick. Eine Möglichkeit, Text-Links noch eindeutiger auszuzeichnen, ist die Verwendung von kleinen Grafiken. Diese Icons können zusätzlich zum verlinkten Text den Leser visuell leiten und ihm im Voraus Aufschluss darüber geben, was sich hinter dem Link verbirgt. Bekannte Websites wie z.B. *www.telepolis.de* oder allen voran die Wikipedia unter *www.wikipedia.org* machen sich diese Navigationshilfe zunutze (siehe Abbildung 15-17).

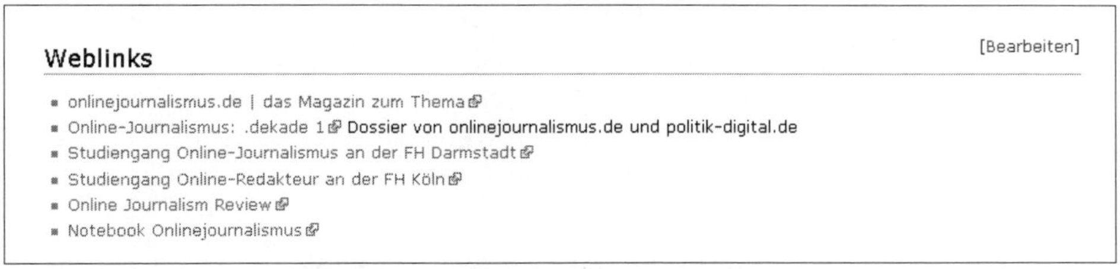

Abbildung 15-17: Externe Links werden in der Wikipedia-Enzyklopädie mit einem Icon von internen Links abgehoben.

Diese kleinen Icons sollten intuitiv erkennbar sein. Wie in Abbildung 15-17 zu erkennen ist, wird dabei oft ein Pfeil nach rechts oben mit einem Quadrat kombiniert, um darauf hinzuweisen, dass sich ein neues Fenster öffnet. Um solche Icons für eigene Links zu verwenden, müssen sie über die Cascading Style Sheets eingebunden werden.

Links gestalten mit CSS

Links lassen sich mit Hilfe von CSS auf mannigfaltige Weise gestalten. Innerhalb von CSS stehen für den Link-Selektor a fünf unterschiedliche Eigenschaften zu Verfügung:

- `a:link` legt Eigenschaften für Links zu noch nicht besuchten Websites fest
- `a:visited` legt Eigenschaften für Links zu bereits besuchten Websites fest
- `a:active` legt Eigenschaften für Links fest, die gerade geklickt werden
- `a:hover` legt Eigenschaften für Links fest, über die gerade der Mauszeiger fährt
- `a:focus` legt Eigenschaften für Links fest, die per Tastatur angesprungen werden

Alle fünf Eigenschaften sollten auf jeden Fall im Cascading Style Sheet vorkommen und definiert werden. Obendrein können Sie über CSS die Links mit Icons ausstatten. Dafür müssen Sie aber den eigentlichen Link mit einer jeweiligen Klasse – je nach Linkart extern oder intern – ausstatten. Ein externer Link sieht dann wie folgt aus:

```
<a href="http://www.heise.de" class="extern" title="Heise Zeitschriften Verlag">
www.heise.de</a>
```

Mit `class="extern"` rufen Sie die Stylesheet-Vorgaben auf. Diese versehen den Link mit einem Icon namens *icon-externer-link.gif* und könnten wie folgt aussehen.

```
.extern {
background: url(icon-externer-link.gif) center right no-repeat;
padding-right: 13px;
}
```

Mit background verknüpfen Sie den Link mit einer Hintergrundgrafik, in diesem Fall mit unserem Icon. Dieses positionieren wir mittig in der Vertikalen (center) auf der rechten Seite (right) und lassen es nicht wiederholen (no-repeat). Mit padding-right wird dem Link auf der rechten Seite ein wenig Innenabstand übergeben, damit das Icon nicht hinter dem Link-Text steht. Das Ergebnis könnte dann so aussehen wie in Abbildung 15-17.

Man kann es nicht genug betonen: Links müssen wie Links aussehen. Deswegen empfehle ich Ihnen, bei der Gestaltung von Links am besten nur die Eigenschaften für Hintergrund, Unterstreichung und Schrift zu ändern. Beliebt bei der Gestaltung sind unter anderem Effekte, die Sie mit :hover erzielen. Der Hover-Effekt erzeugt nämlich eine gewisse Interaktivität, da durch das Darüberfahren mit der Maus etwas passiert.

Ich persönlich bevorzuge es bei meinen eigenen Websites, Links in Texten durch die CSS-Eigenschaft border-bottom zu gestalten und diese gleichzeitig fettgedruckt vom Text abzuheben. Da es für Rahmen mehrere Arten von Linien gibt, kann man diese mit dem Hover-Effekt kombinieren. Während ich also in der CSS-Datei die Unterstreichung von Links über text-decoration:none; deaktiviere, bekommt ein Link gleichzeitig per border-bottom eine neue 1 Pixel hohe Unterstreichung. Diese ist im Normalzustand auf meinen Websites gestrichelt (dashed) und erscheint als durchgestrichene Linie (solid), sobald der Mauszeiger über den Link fährt. Der CSS-Code für Links mit roter (#dd0000) unterer Rahmenlinie sieht dann so aus:

```
a {
text-decoration: none;
font-weight: bold;
border-bottom: 1px dashed #dd0000;
}
a:hover {
    color: #dd0000;
    border-bottom: 1px solid #ffce00;
}
```

Wohin mit den Links?

Das Platzieren von Links ist ein wichtiger Bestandteil in der Benutzerführung. Werden Links z.B. zu früh gesetzt, liest der Besucher aus Neugier womöglich den Text nicht zu Ende und besucht die verlinkte Webseite oder hört sich eine verlinkte Mediendatei an. Wie oben beschrieben, können Links auch den Lesefluss stören. Trotzdem sind Links äußerst wichtig. Denn mit ihnen verbessern Sie Ihre Website und bieten Ihren Lesern qualitativ hochwertige Mehrinformationen. Sie werden es Ihnen danken und wieder auf Ihrer Website vorbeischauen.

Eine Möglichkeit zur Anordnung von Links ist das Bündeln der Links ähnlich den Anhängen in einem Buch. Dazu eignen sich Boxen innerhalb des Artikels, die farblich abgegrenzt sind und vom Artikeltext umflossen werden. Diese Methode wird unter anderem von Spiegel Online genutzt. Dabei bündelt das bekannte News-Portal auch eigene Artikel zu Themensammlungen, die zum jeweiligen Artikel passen. Dadurch verführen die Redakteure die Leser dazu, weitere Spiegel Online-Artikel zu lesen.

Eine weitere Möglichkeit zur Positionierung von Links besteht darin, sämtliche Links am Ende des Artikels noch einmal zu versammeln, ähnlich wie Fußnoten in wissenschaftlichen Büchern. Besonders Fleißige können innerhalb des Texts Sprungmarken mit Zahlen zu den unterhalb des Artikels angebrachten Links setzen – also quasi Fußnoten. Dieses Verfahren ist jedoch aufwendig und zeitintensiv, besonders wenn Sie einen Artikel pflegen und gegebenenfalls den Artikel um neue Links ergänzen. In einem solchen Fall müssen Sie nämlich sämtliche Links erneut durchnummerieren, es sei denn, das Redaktionssystem greift Ihnen unter die Arme.

Links im Anreißer

Wie soll der Link benannt werden, der nach dem Lesen des Anreißers zum Artikel führt? Verlinkt man am besten gleich den ganzen Anreißer? Oder nur einen Teil davon? Das sind Fragen, die unterschiedlich beantwortet werden können: Bei Spiegel Online, Heise.de und Stern.de lautet das verlinkte Wort zum Artikel »mehr...«. Bei Focus ist es »weiter«, bei Netzeitung.de »Artikel« und beim erfahrenen Weblogger Johnny Haeusler lautet das Motto »read on, my dear...«. Generell sollte man die Schlüsselbegriffe benutzen, an die sich der Leser schon gewöhnt hat – z.B. »mehr...« oder »Artikel lesen!«, denn damit bekommt der Link einen Aufforderungscharakter.

Was Sie vermeiden sollten

Links dienen dem Leser beim Scannen von Texten als Orientierungsmarken. Zu viele Links stören aber den Lesefluss und stellen eine Hürde dar. Obendrein erhöht jeder Link das Rauschen im Kopf, da sich der Besucher jedes Mal fragt: »Soll ich nachschauen, was sich hinter dem Link verbirgt?« Entscheiden Sie sich trotzdem dafür, Links im Fließtext unterzubringen, vermeiden Sie auf jeden Fall Link-Dschungel. Diese erschweren nicht nur das Lesen, sondern ermüden den Leser bei seinen Entscheidungen. Obendrein wirken Link-Dschungel unprofessionell und hinterlassen einen unseriösen Eindruck, da sich der Leser fragt, ob wirklich alles relevant ist oder der Autor des Artikels zu faul war, die besten Informationen auszuwählen.

Für die Startseite Ihres Internet-Auftritts gibt es eine weitere Richtlinie: Vermeiden Sie externe Links auf der Startseite, wenn Sie Ihre Leser zum Schmökern in Ihrer Site verleiten wollen. Zwar ist es auf Weblogs üblich, auf der Homepage auf externe Webpräsenzen, Mediendateien oder Dienste zu verlinken, aber das ist im Grunde kontraproduktiv. Denn auch wenn Ihre Stammleser immer wieder zurückkehren, sind Sie sicherlich auch an neuen Lesern interessiert.

Stellen Sie sich vor, ein Besucher stößt über die Link-Liste eines Freundes auf Ihre Website und landet auf Ihrer Startseite. Neugierig liest er die ersten zwei Anreißer, von denen der zweite seine Aufmerksamkeit erregt. Es handelt sich um einen neuen Online-Service, den Sie getestet haben und in einem Artikel vorstellen. Interessiert klickt der neue Leser auf den Direktlink und gelangt zum Service. Diesen probiert er nun selbstständig aus und beschäftigt sich in der nächsten halben Stunde mit ihm. Die Wahrscheinlichkeit, dass er zurückkommt, ist gering. Außerdem hat er Ihren Artikel nicht gelesen, obwohl er dadurch womöglich Zeit gespart hätte oder von Ihrem Fachwissen begeistert gewesen wäre.

Checkliste für funktionierende Links

1. Ist der Link als solcher klar und logisch auf der Webseite erkennbar?
2. Hat der Link ein `title`-Attribut?
3. Öffnet sich der Link in einem neuen Fenster? Wenn ja, öffnen sich nur externe Links in neuen Fenstern?
4. Funktioniert der Link?
5. Erklärt der Link-Text oder die Grafik mit Schlüsselbegriffen sinnvoll den Inhalt, der dahintersteckt?
6. Weniger ist mehr: Hilft der verlinkte Inhalt dem Benutzer weiter, und passt er thematisch zum Text?
7. Stört der Link den Lesefluss?

In diesem Kapitel:

- Die Bildformate JPEG, GIF und PNG
- Bilder mit Photoshop optimieren
- Bilddatenbanken

KAPITEL 16

Bilder fürs Web aufbereiten

Bilder gehören noch vor Texten zum wichtigsten Bestandteil einer Website, weil sie als Erstes wahrgenommen werden. Diese Eigenschaft gilt übrigens auch für Print-Medien, denn Bilder lösen beim Betrachten am ehesten Neugier aus, und wir lesen dann womöglich den dazugehörigen Artikel.

Ein besonderes Augenmerk auf die Auswahl der richtigen »Visuals« erhöht somit die Wahrscheinlichkeit, dass ein Artikel gelesen wird. Und da man leider nicht einfach jedes Bild in der besten Auflösung präsentieren kann, muss man beim Optimieren der Bilder den jeweils am besten geeigneten Grafik-Komprimierungsalgorithmus aussuchen.

§

Bei der Auswahl der Bilder sind vor allem zwei Dinge zu beachten: Zum einen ist jedes Foto, auch der künstlerisch nicht wertvolle Urlaubsschnappschuss als Lichtbild quasi urheberrechtlich geschützt, zum anderen genießen abgebildete Personen das Recht am eigenen Bild. Unter Umständen sollte man also von einer Veröffentlichung absehen. Eine Veröffentlichung ist aber kein Problem, wenn der Fotograf bzw. der Abgebildete zugestimmt haben.

Bilderplattformen wie Flickr.com funktionieren in aller Regel so, dass der Urheber seine Bilder mit der generellen Erlaubnis für jedermann einstellt, diese Bilder auch nutzen zu können. Die entsprechenden Lizenzen sind vergleichbar bzw. identisch mit den Creative Commons Lizenzen (siehe hierzu den Abschnitt »Creative Commons-Lizenzen« in Kapitel 19, *Urheberrecht*) Wer dagegen über die Google-Bildersuche nach Verwertbarem sucht, kann etwa auch auf einer Privatseite ohne eine solche Lizenz landen – hier empfiehlt sich dann eine genaue Prüfung, ob das Bild tatsächlich verwendet werden darf.

Beim Recht am eigenen Bild handelt es sich um einen Teil des allgemeinen Persönlichkeitsrecht. Sobald der Abgebildete durch eine Veröffentlichung persönlich beeinträchtigt wird, muss davon abgesehen werden. Das kann etwa dann der Fall sein, wenn jemand durch ein veröffentlichtes Bild der Lächerlichkeit preisgegeben wird. Näheres hierzu finden Sie im Abschnitt »Das Recht am eigenen Bild« in Kapitel 21, *Persönlichkeitsrechte*.

Bildaufbau und Bildspannung

In den Printmedien gilt, dass Bilder mit Bildunterschriften oft noch vor dem Blick auf die eigentliche Überschrift betrachtet werden. Gesichter von Menschen machen den Leser dabei besonders neugierig. Kein Wunder also, dass uns von den meisten Titelseiten der Zeitschriften Gesichter entgegenblicken. Eigentlich ist das Sehverhalten auch im Internet so. Allerdings braucht die Datenübertragung von Bildern wegen Ihrer Größe meist etwas länger, und außerdem werden die Bilder immer erst nach dem Download der Webseite geladen. Zwar macht sich dank schnellerer Internetverbindungen ein Trend zu immer größeren Bildern bemerkbar, andererseits darf man jedoch nicht die immer noch hohe Anzahl an Modembesitzern vergessen, die gemächlich durch das Web kriechen. Im besten Fall bietet man deswegen seinen Besuchern zwei Bildversionen parallel an: eine kleine und eine große. Möchte der Besucher das Bild vergrößern, reicht ein Klick auf das kleine Bild, und ein vergrößertes wird angezeigt, z.B. in einem Pop-up-Fenster.

Personen, Figuren und Objekte sollten immer in Richtung des Texts schauen oder weisen, denn das Bildmotiv und der Text sollten nicht auseinander streben. Außerdem sollte das Bildmotiv mit der Textinformation harmonieren. Vergleichen Sie dazu einmal die beiden Bilder in Abbildung 16-1 und entscheiden Sie selbst, welches von ihnen stärker dazu auffordert, den zusätzlichen Text zu lesen.

Weisen Bildmotive nicht in die gewünschte Richtung, können sie gespiegelt werden. Dazu eignen sich Portraits oder Großaufnahmen von Gesichtern. Beachten Sie jedoch, dass gespiegelte Bilder auch Tatsachen verfälschen können. Zeigt das Bildmotiv z.B. einen Unfall, darf das Bild nicht gespiegelt werden, da es ansonsten die Tatsachen verfälscht und mit den Aussagen im Text kollidieren kann.

Im Netz sind Nahaufnahmen Totalen vorzuziehen. Fotos mit vielen Details verlieren bei der Verkleinerung schnell an Aussagekraft, weil Gegenstände und Personen auf daumengroßen Bildern schwer bis gar nicht zu erkennen sind. Der Einsatz von kleinen Bildern ist darum sinnvoll, weil einerseits große Bilder eine längere Übertragungsdauer beanspruchen und andererseits der Platz auf einer Website beschränkt ist. Vergessen Sie auch nicht, dass immer mehr Mobiltelefonbesitzer im Internet surfen. Große Bilder können auf den kleinen Bildschirmen meist nicht dargestellt werden, und die Verbindung erlaubt auch nicht so einen großen Datentransfer wie beim eigenen Rechner.

Abbildung 16-1: Bildmotive sollten so gut wie möglich mit dem Text harmonieren und die Blickrichtung des Betrachters lenken.

Darum schneiden Sie detaillierte Bilder am besten mit einer Bildbearbeitungssoftware zu. Entfernen Sie dabei irritierende Gegenstände oder unnötige Informationen. Wenn Sie versiert mit einem Bildbearbeitungsprogramm umgehen können, können Sie Bilder zusätzlich bearbeiten. Um z.B. ein Gesicht vom Hintergrund noch weiter loszulösen, können Sie das Gesicht per Weichzeichner nach vorn holen, indem Sie es maskieren und mit einem Filter den Hintergrund weichzeichnen. Das macht besonders bei Aufnahmen von Digitalkameras Sinn, die nicht genug Tiefenschärfe besitzen.

Die Bildformate JPEG, GIF und PNG

Wer im Internet surft, dem begegnen in der Regel die Bilddateiformate JPEG (meist JPG abgekürzt), GIF und PNG. Auch wenn PNG die besten Eigenschaften von JPG und GIF vereint und darüber hinaus frei von Patentbeschränkungen ist, beherrschen doch GIF und vor allem JPEG das Internet. Jedes Format verfügt über eigene Kompressionsalgorithmen, die sich für verschiedene Arten von Bildern eignen.

> Wenn Sie davon ausgehen, dass Ihre Bilder von Printmedien genutzt werden, sollten Sie sie als TIFF (*Tagged Image File Format*) zur Verfügung stellen. TIFFs werden nicht komprimiert und können verlustfrei weiterverarbeitet werden.

JPEG/JPG – der Standard für detaillierte Bilder

Das JPEG-Bildformat wurde im September 1992 von der *Joint Photographic Experts Group* (JPEG) standardisiert und nach ihr benannt. Grundsätzlich gilt als Leitfaden bei allen Bildkomprimierungsverfahren: Je mehr Details ein Bild aufweist, desto größer wird die Datei. Bei großer Detaildichte, z.B. bei Fotos oder fotorealistischen Grafiken, sollte JPEG das Format der Wahl sein. Es eignet sich dagegen nicht für den Einsatz bei Hintergrundbildern und Logos mit großen einfarbigen Flächen, da dabei unschöne Artefakte entstehen, wenn die Dateien sehr stark komprimiert werden.

Bei der Verwendung von Bildern sollte man immer die Gesamtgröße der jeweiligen Webseite im Auge behalten. Eine Webseite sollte maximal um die 200 KByte groß sein, damit auch Modemnutzer, von denen es noch viele gibt, nicht frustriert in die Tastatur beißen, während sich die Webseite im Schneckentempo vor ihnen aufbaut. Ein optimaler und für Modembesitzer akzeptabler Wert liegt bei etwa 100 KByte. Um die Größe einer Webseite zu testen, speichern Sie sie entweder aus dem Browser heraus ab und sehen sich dann im Windows Explorer die Dateigröße an. Sie können auch auf den Online-Service *http://www.websiteoptimization.com/services/analyze/* zurückgreifen oder mit einem Browser-Plugin arbeiten. Empfehlenswert ist die Web Developer Toolbar für Firefox. Diese bietet viele hilfreiche Funktionen, um eine Website auf Herz und Nieren zu testen.

GIF – Animationen und Bilder mit Transparenz

Im Gegensatz zum JPG-Format eignet sich das GIF-Format in erster Linie für Bilder mit großen einfarbigen Flächen. GIF steht für *Graphics Interchange Format* und ist ein Grafikformat mit verlustfreier Kompression für Bilder mit geringer Farbtiefe. GIF-Bilder können maximal 256 verschiedene Farben enthalten. Die Farbinformationen werden in einer Farbtabelle abgelegt, die mit Hilfe von Bildbearbeitungssoftware wie z.B. Photoshop bearbeitet werden kann. Dabei sind bis zu 16,7 Millionen verschiedene Farbwerte möglich, von denen aber höchstens 256 gleichzeitig eingesetzt werden können. Das GIF-Format eignet sich hervorragend für Zeichnungen, Pläne, Cartoons und Logos, bei denen wenige Farben zum Einsatz kommen. Selbst Bilder mit hoher Auflösung können äußerst platzsparend abgespeichert werden.

Ein weiterer Vorteil von GIF-Bildern ist die Möglichkeit, eine Farbe als transparent zu definieren. Dadurch kann man z.B. ein Logo an den Rändern freistellen und es mit dem Hintergrund verschmelzen lassen, der aus einem anderen Bild besteht. Halbtransparenzen wie beim PNG-Format (siehe folgender Abschnitt) sind mit GIF aber nicht möglich. Ein Pixel kann entweder nur vollständig sichtbar oder komplett transparent sein.

Eine weitere wichtige Eigenschaft des GIF-Formats sind animierte, d.h. bewegte Bilder. Wenn man kleine Animationen für seine Website erstellen möchte, ist GIF das Format der Wahl. Wer Animationen einsetzen und erstellen will, sollte bedenken, dass für eine Animation anstelle von nur einem Bild mehrere Bilder abgespeichert werden, die wie bei einem Daumenkino nacheinander ablaufen. Achten Sie auch darauf, dass Ihre Website nicht zu einer blinkenden Signalanlage verkommt – weniger ist mehr.

PNG – König der Halbtransparenzen

Das Grafikformat PNG wurde als freier Ersatz für das ältere proprietäre Format GIF entwickelt. PNG steht für *Portable Network Graphics*. Es ist ein universelles, standardisiertes Format und wird von modernen Webbrowsern weitestgehend unterstützt. Herausragendes Merkmal von PNG sind die in Form eines Alphakanals – oder für jede Farbe der Farbpalette einzeln – abspeicherbaren Transparenzinformationen. Ein Alphakanal ist eine zusätzliche Information, die für jedes Pixel angibt, wie viel vom Hintergrund des Bilds durchscheinen soll. Dadurch ist sanftes Kantenglätten von Schriftzügen, Logos und freigestellten Bildern möglich. PNG ermöglicht somit echte Schlagschatten und interessante Grafikspielereien wie Wasserzeichen- oder Milchglaseffekte, die den Hintergrund durchscheinen lassen.

Leider lässt die PNG-Unterstützung durch den immer noch weit verbreiteten Internet Explorer auf Windows-Rechnern zu wünschen übrig. Die neuesten Versionen von Mozilla bzw. Firefox, Opera und Internet Explorer für Macintosh unterstützen PNG dagegen weitgehend fehlerfrei. Dank den Transparenzfunktionen wird sich das PNG-Format im Web weiter durchsetzen und das GIF-Format zunehmend ablösen. Lediglich Animationen sind mit Hilfe von PNG-Bildern nicht möglich.

Bilder mit Photoshop optimieren

Es gibt zahlreiche Programme, mit denen Sie Bilder für das Internet aufbereiten können. Das bekannteste Bildbearbeitungsprogramm für Windows- und Mac-Computer ist Adobe Photoshop, allerdings ist die Neuanschaffung der Software sehr teuer. Wenn Sie Photoshop nur einmal ausprobieren möchten, können Sie sich auf der Website des Herstellers Adobe (*www.adobe.de)* eine voll funktionstüchtige 30-Tage-Version herunterladen und testen. Als Alternative können Sie auch Adobe Photoshop Elements in Erwägung ziehen, das ähnlich wie sein größerer Bruder aufgebaut ist, mit rund 100 Euro aber durchaus bezahlbar ist.

In diesem Abschnitt gehe ich auf die Funktionen von Photoshop ein, aber die meisten der hier besprochenen Bildbearbeitungsfunktionen stehen Ihnen auch in anderen Bildbearbeitungsprogrammen zur Verfügung. Einige Grundkenntnisse im Umgang mit digitaler Bildbearbeitung setze ich voraus, da ich an dieser Stelle keine Einführung in diese komplexe Software geben kann.

Wenn man Bilder für das Internet abspeichert, prüft man zuerst, ob das Bild im RGB-Modus vorliegt. Das findet man in der Regel über die Bildeigenschaften heraus. Bei Photoshop öffnet man dazu das Menü *Bild → Modus*. Das Programm listet dort sämtliche möglichen Optionen auf. Sollte das Häkchen vor *RGB-Farbe* nicht gesetzt sein, ändern Sie den Farbmodus einfach per Klick.

Auch wenn man beim Speichern von Bildern für das Web auf Standardwerte setzen kann, lohnt es sich immer, noch einmal mit eigenen Augen richtig hinzuschauen. Manche Bilder sehen bei stärkerer Komprimierung immer noch gleich scharf oder detailliert aus, wo andere Bilder bei identischer Komprimierungsstufe schon deutliche Artefakte aufweisen. Trotzdem gibt es ein paar übliche Orientierungswerte.

Um Bilder optimal mit guter Komprimierung und Qualität abzuspeichern, bietet Photoshop eine hervorragende Funktion. Diese finden Sie über *Datei → Für Web speichern...* oder noch schneller über die Tastenkombination ALT-Umschalt-STRG-S. Diese Tastenkombination liest sich kompliziert, aber wenn Sie oft mit Photoshop optimierte Bilder abspeichern müssen, wird sie Ihnen schnell in Fleisch und Blut übergehen.

Während man auf der rechten Seite bei den Voreinstellungen das Grafikformat und die jeweilige Qualität auswählen kann (siehe Abbildung 16-2), zeigt Photoshop auf der linken Seite bereits mehrere Bilder in unterschiedlichen Qualitätstufen an. Die Anzahl der Vorschläge bestimmt man über die Reiter in der oberen Leiste. Während *Original* das Bild in unveränderter Qualität zeigt, zeigen die Reiter *2fach* und *4fach* jeweils weitere Qualitätsstufen. Besonders gut gelöst ist dabei der leichte Vergleich zwischen Originalbild und komprimierter Version. Spielt man im Feld *Voreinstellung* mit dem Qualitätsregler, den man über den kleinen Pfeil nach links ausklappen kann, lässt sich schnell die Stärke der Bildkompression ändern.

Wer kontinuierlich mit der Funktion *Für Web speichern...* arbeitet, dem rate ich, lediglich die *2fach*-Ansicht zu verwenden. Sie eignet sich besser für den Vergleich, da man sich auf das Original und die komprimierte Version konzentriert.

Unter den Bildern stehen jeweils die Größe der optimierten Bilder in Bytes und die anzunehmende Downloadzeit je nach Art des Modems. Um die Modemgeschwindigkeit einzustellen, klickt man in der rechten oberen Ecke des Bilds auf den Button mit dem nach rechts zeigenden Pfeil.

Die richtige JPEG-Qualitätsstufe auswählen

Wie oben beschrieben wurde, ist JPEG das Format der Wahl, wenn es um Fotos und detaillierte Bilder geht. Richtig gut sehen JPEG-Bilder ab der Qualitätsstufe 6 bzw. *60%* aus (siehe Abbildung 16-2). Auch wenn niedrigere Stufen auf den ersten Blick oft gut aussehen, so altern jedoch z.B. Gesichter mit zunehmender Kompression, weil Kompressionsartefakte im Bild erscheinen.

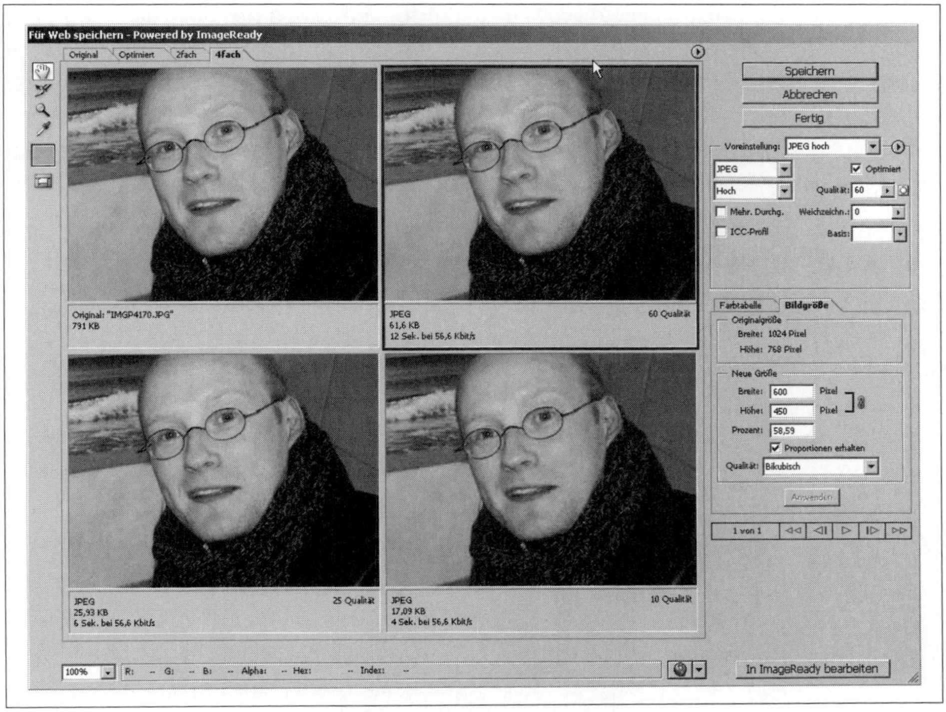

Abbildung 16-2: Photoshop zeigt auf Wunsch mehrere Komprimierungsversionen eines Bilds.

GIF-Bilder optimieren und mit dem Hintergrund überblenden

GIF-Bilder lassen sich hervorragend optimieren, weil jedes Bild mit einer eigenen Farbtabelle abgespeichert wird. Diese Farbpalette kann man sich in den meisten Bildbearbeitungsprogrammen anzeigen lassen. Anschließend sucht man die Farben heraus, die sich gleichen wie z.B. Blau-Töne (siehe Abbildung 16-3). Diese Farben löscht man dann selektiv aus der Farbpalette. Das Bildbearbeitungsprogramm ersetzt anschließend den Farbton im Bild durch einen ähnlichen Farbton aus der Farbtabelle.

Um Farben aus der GIF-Farbpalette selektiv zu löschen, eignet sich hervorragend das mit Photoshop gelieferte Tool Image Ready. Wenn Sie sich in Photoshop befinden und ein Bild als GIF-Grafik abspeichern wollen, öffnen Sie über *Datei → Für Web speichern…* die dazugehörige Option. Als Bildformat wählen Sie danach GIF. Jetzt sollte Photoshop Ihnen unten die Farbpalette anzeigen (siehe Abbildung 16-2). Passiert das nicht, dann wählen Sie den Reiter *Farbpalette* per Mausklick selbst aus.

Um eine Farbe aus der Palette zu löschen, klicken Sie sie einfach an und klicken anschließend auf das Symbol mit dem Mülleimer. Sie können die Auswahl der Farben jedoch noch schneller eingrenzen, indem Sie die Farben durch Photoshop reduzieren lassen. Dafür ist das Feld *Farben* zuständig, das Ihnen die aktuelle Anzahl der Farben in der Palette anzeigt. Eine weitere Option, um die Farben der Palette zu sortieren, bietet sich Ihnen über den nach rechts zeigenden Pfeil, den Sie rechts über der Farbpalette finden. Wenn Sie auf den Pfeil klicken, öffnet sich ein Kontextmenü, in dem Sie die Farben nach Farbton, Luminanz oder Häufigkeit sortieren können. Diese Modi helfen Ihnen dabei, unwichtige Farben zu löschen.

Abbildung 16-3: Photoshop erlaubt das selektive Löschen von Farben der GIF-Farbpalette. Dazu wählt man die Farbe aus und klickt anschließend auf das Mülleimer-Icon.

Um mit Photoshop transparente GIFs zu erzeugen, muss die Hintergrundebene ausgeblendet werden (siehe Abbildung 16-4). Wenn Sie nun Pixel in der darüber liegenden Ebene löschen, scheint eine gekachelte Fläche durch, die Ihnen symbolisiert, dass hier keine Farben vorhanden sind. Stellen Sie die Grafik so frei, wie Sie möchten. Dazu löschen Sie die Bereiche und Pixel im Bild, die transparent werden sollen. Anschließend öffnen Sie wieder *Datei → Für Web speichern...* Damit für die transparenten Flächen kein Farbton abgespeichert wird, müssen Sie unbedingt ein Häkchen bei *Transparenz* setzen. Das Feld für die Transparenz erscheint aber nur dann, wenn Sie bereits *GIF* als zu speicherndes Grafikformat ausgewählt haben. Wenn Sie abschließend die Grafik speichern, speichert Photoshop für den transparenten Bereich einen Farbton »Transparenz« ab. Im Browser sollten nun unter der Grafik liegende Bilder an den transparenten Stellen zu sehen sein.

Abbildung 16-4: Für transparente GIFs muss die Hintergrundebene ausgeblendet werden.

Sollten Sie mit Photoshop GIF-Bilder mit Animationen erstellen wollen, dann benutzen Sie am besten das Sonderwerkzeug Image Ready. Es ist hervorragend dafür geeignet, GIF-Animationen zu erstellen. Achten Sie beim Speichern der Animationen darauf, dass Sie die Farbpalette so gut wie möglich optimieren und reduzieren. Da bei Animationen mehrere Bilder abgespeichert werden, die nacheinander angezeigt werden, kann der zurückhaltende Einsatz von Farben die Datei um einige KBytes verkleinern.

Häufig hat man ein komplexes Hintergrundbild, über das man eine Grafik legen möchte. Dabei ist bei XHTML angesichts der verschiedenen Browsertücken ein pixelgenaues Positionieren der Grafiken fast unmöglich. Darum befindet man sich bei Bildern mit einem unregelmäßigen Rand in einer ungünstigen Ausgangsposition. Damit die Grafik trotzdem einen weichen Anti-Aliasing-Rand (siehe dazu den folgenden Kasten) bekommt und mit dem Hintergrund harmoniert, nutzen Sie am besten ein weiteres Mal die Funktion *Für Web speichern...* von Photoshop. Dabei gehen Sie wie folgt vor:

Bevor Sie das Bild für das Web abspeichern, müssen erst einmal alle Bereiche, die transparent sein sollen, frei von jeglicher Farbe sein. Am besten löschen Sie die Farben in einer Ebene und blenden die Hintergrundebene aus. Anschließend öffnen Sie das Menü *Datei → Für Web speichern*... Wählen Sie *GIF* als Grafikformat. Dann öffnen Sie das Pulldown-Menü *Basis* und wählen den Menüpunkt *Andere*. Dort wählen Sie nun die Hauptfarbe Ihres Hintergrunds aus. Um den Effekt genauer zu beobachten, können Sie das Bild mit Hilfe der Lupe in der Leiste links oben vergrößern. Um die Dateigröße des GIFs zu reduzieren, löschen Sie anschließend noch überflüssige Farben aus der Farbtabelle. Abschließend speichern Sie das Bild mit dem weichen Rand ab.

Was ist Anti-Aliasing?

Anti-Aliasing, auch »Kantenglättung« genannt, dient zur Verminderung des Treppenstufeneffekts, der bei der Pixeldarstellung von schrägen und gekrümmten Linien z.B. in Schriftzeichen auftritt (siehe Abbildung 16-5). Mit Hilfe von Anti-Aliasing können Sie Text mit weichen Kanten erzeugen, der sanfter mit dem Hintergrund harmoniert. Der Anti-Aliasing-Effekt wird durch Interpolation erreicht: Dabei werden benachbarte Bildpunkte farblich angeglichen, um die sichtbaren Treppenstufen zu vermindern.

Anti-Aliasing sollten Sie hauptsächlich bei großen Schriften anwenden, da der Effekt kleine Schriften unleserlich bzw. für das Auge schwer erfassbar macht. Außerdem entsteht durch das Glätten eine höhere Anzahl an Farben, die mit dem Bild abgespeichert werden. In einigen Fällen der Kantenglättung können durch den Effekt auch unschöne Streufarben auftreten. Wie immer sollte das Auge mitentscheiden.

Abbildung 16-5: Mit Anti-Aliasing (links) können Sie pixelige Treppenstufen bei schrägen oder gekrümmten Linien glätten.

Bilddatenbanken

Auch wer selbst selten Fotos schießt, braucht Bilder für seine Artikel. Mittlerweile gibt es im Internet immer mehr Bilddatenbanken, die lizenzfreie Bilder zum persönlichen und oft auch zum kommerziellen Nutzen anbieten. Die Lizenzen der Websites variieren aber und müssen jeweils nachgelesen werden. Im Folgenden finden Sie eine Auswahl.

iStockphoto – Bilder, die »royalty free« sind
www.istockphoto.com

Texture Warehouse – Freie Texturen
www.texturewarehouse.com

Free Photos Bank – Freie Bilder
www.freephotosbank.com

free digital photos - Bilder, die »royalty free« sind
www.freedigitalphotos.net

stock.xchng – Freie Bilder mit verschiedenen Lizenzen
www.sxc.hu

pixelbag.de – lizenzfreie Fotos
www.pixelbag.de

In diesem Kapitel:

- Keywords sinnvoll einsetzen
- Onsite-Optimierung
- Link Popularity und PageRank

KAPITEL 17

Suchmaschinenoptimierung

Wer im Internet gelesen und gehört werden möchte, der muss seine Inhalte für Suchmaschinen optimieren, weil diese im Internet die Besucherströme auf ihrer Suche nach Informationen, Unterhaltung und Mediendateien leiten. Aus eigener Erfahrung kann ich die Macht der Suchmaschinen nur bestätigen. So finden zwischen 60 und 80% der Besucher mein kleines Webmagazin Phlow.net über die Suchmaske von Google, Yahoo! und MSN.

Darum spielt die Suchmaschinenoptimierung von Webseiten eine immer größere Rolle beim Aufbau eines Angebots. Kein Wunder also, dass sich Online-Journalisten immer mehr für die Suchmaschinenoptimierung interessieren und sich auf das Aufbereiten von Inhalten für das Internet spezialisieren: Firmen und Informationsanbieter wollen auf den ersten Plätzen mitschwimmen, und dafür müssen Texte und Mediendateien richtig aufbereitet werden. Zum Glück ist die Suchmaschinenoptimierung größtenteils einfacher, als man gemeinhin vermutet. Schlicht gesagt lautet die oberste Regel bei der Optimierung von Webseiten für Suchmaschinen: Es kommt auf den Inhalt an, denn guter Inhalt setzt sich in der Regel längerfristig durch. Ob bei den Surfern, Webloggern oder Suchmaschinen – Qualität erreicht ein Publikum.

Wenn Sie Kapitel 15, *XHTML und CSS*, aufmerksam gelesen haben und Ihre Texte und Inhalte mit den richtigen Tags auszeichnen, haben Sie bereits Einiges erreicht. Suchmaschinen verstehen nichts besser als korrekt und sinnvoll ausgezeichnete Inhalte. Über einwandfreien XHTML-Code stolpern Suchprogramme selten, denn sie können ihn besser »verstehen«, analysieren und anschließend indizieren.

Trotzdem gibt es keinen Königsweg, der auf die Top-Positionen aller Suchmaschinen, -kataloge und -portale führt, denn jede Suchmaschine arbeitet mit anderen Algorithmen. Suchkataloge werden oft von Redakteuren betreut, die sich den Inhalt

Ihrer Website anschauen, bevor sie sie unter einem Stichwort oder in eine Rubrik einordnen. Schließlich sollten Sie wissen, dass fortschrittliche Webtechniken wie JavaScript, Flash, Shockwave, Java usw. sich meist kontraproduktiv auswirken, was die Positionierung in Suchmaschinen angeht. Das liegt an der Tatsache, dass Suchmaschinen weder Grafiken oder Filme berücksichtigen noch Tabellen analysieren. Deshalb sind Texte das wichtigste Kriterium für Suchmaschinen.

Funktionsweise von Suchmaschinen, Spidern und Webrobots

Suchmaschinen schicken Webrobot-Systeme durch das Internet, um Inhalte zu finden, zu analysieren und um sie in den eigenen Katalog einzuordnen. Häufig verwendete Synonyme für ein Webrobot-System sind auch Webrobot (kurz »Bot«), Web Wanderer, Web Crawler oder Spider. Webrobots sind global verteilt arbeitende Software- und Hardwaresysteme. Sie finden neue Inhalte und überprüfen alte, bereits gespeicherte Inhalte auf Veränderungen. Webrobots bestehen aus mehreren Komponenten, die miteinander in Arbeitsprozessen verzahnt sind. Dazu gehören vier Komponenten:

- Gatherer sammeln Dokumente im WWW
- Loader organisieren die auszuführenden Aufträge des Robots
- URL-Datenbanken verwalten alle gespeicherten URLs
- Checker wenden unterschiedliche Filter an

Während die wesentliche Aufgabe des Gatherers darin besteht, den Datenbestand der jeweiligen Suchmaschine auf dem neuesten Stand zu halten und zu erweitern, arbeiten die beiden Komponenten Loader und URL-Datenbank in einem funktionalen Zusammenhang. Der Loader koordiniert die verteilt arbeitenden Suchroboter (Gatherer). Neben der Überwachung der Ausführung analysiert der Loader die Auslastung der jeweiligen Gatherer. Damit die Suchroboter über Informationen verfügen, welche URLs zu überprüfen sind, erhalten sie vom Loader URL-Listen. Welche Internetadresse zu welchem Zeitpunkt besucht werden soll, wird jedoch nicht vom Loader bestimmt, sondern von der URL-Datenbank.

Der Checker übernimmt anschließend die Dokumente und untersucht sie. Dabei können drei wesentliche Filterprozesse zum Einsatz kommen: Dokumentenfilter, Dublettenerkennung und URL-Filter. Während der erste Filter die Art des Dokuments bestimmt (XHTML, PDF, Flash usw.), überprüft die Dublettenerkennung, ob bereits ein gleiches Dokument vorhanden ist. Der URL-Filter durchsucht und überprüft das Dokument abschließend auf Links und deren Erreichbarkeit. Außerdem überprüft er, ob ein Link auf eine Blacklist gesetzt wurde. Eine Blacklist ist eine Liste zu ignorierender Links und Webseiten. Dass eine URL auf eine Blacklist gesetzt wurde, kann auf ihren Inhalt oder mögliche Spamversuche zurückzuführen sein.

Keywords sinnvoll einsetzen

Wie bereits erwähnt, kommt es auf die Inhalte an, und je spezieller Ihre sind, desto größer ist die Wahrscheinlichkeit, eine gute Platzierung in den Suchmaschinen zu erreichen. Dieses Ranking können Sie maßgeblich beeinflussen, indem Sie Ihr Material sinnvoll aufarbeiten, denn ein Dokument wird nur dann Teil eines Suchergebnisses, wenn es das gesuchte Wort als Begriff enthält. Darum gehört zu den wichtigsten Aufgaben die Wahl der geeigneten Schlüsselwörter. Im Suchmaschinenoptimierer-Slang heißen diese *Keywords*.

Damit Keywords richtig funktionieren, müssen sie den Inhalt optimal wiedergeben. Gleichzeitig müssen sie aber genau den Schlagwörtern entsprechen, die vom Surfer in das Suchfeld der Suchmaschine eingegeben werden. Um geeignete Keywords zu finden, sollten Sie sich die folgenden Fragen stellen:

- Welche Ziele verfolgt Ihre Website?
- Welche Informationen, Produkte und Dienstleistungen bieten Sie an?
- Welche Zielgruppe möchten Sie ansprechen?
- Welche Suchbegriffe würden Sie selbst benutzen, wenn Sie zu Ihrem Thema Informationen finden wollten?

Achten Sie vor allem auch darauf, Synonyme, Abkürzungen und Begriffe aus der Umgangssprache zu verwenden. Surfer, die einen Blumenladen in ihrer Nähe suchen, geben statt »Florist« wohl eher »Blumen«, »Blumenladen« oder »Blumengeschäft« in die Suchmaske ein. Sie sollten sich deshalb eine Liste erstellen, die alle möglichen Keywords aus Fachbegriffen, Synonymen und umgangssprachlich verwendeten Begriffen zusammenfasst. Firmennamen eignen sich in aller Regel nicht dafür, Gattungsbegriffe bzw. Bezeichnungen für Produkte und Musikkategorien aber schon.

Damit Sie die richtigen Keywords und Wortkombinationen finden, sollten Sie Ihren Artikel immer aus dem Blickwinkel des Anwenders betrachten. Lesen Sie Ihre Texte und eliminieren Sie alle alltäglichen Wörter. Die übrig gebliebenen könnten geeignete Suchwörter sein. Auch das bewusste Falschschreiben kann von Vorteil sein, wenn erfahrungsgemäß eine ausreichend große Anzahl von Personen bestimmte Begriffe falsch in die Suchmaske eingibt. Solche Begriffe wären z.B. »Tip« und »Tipp«, »Verriß« und »Verriss« oder »Fußball« und »Fussball«. Auf jeder Seite sollten Sie am besten drei, maximal aber fünf Keywords einsetzen, die Sie wiederholt benutzen. Haben Sie für Ihren Text mehr als drei wichtige Keywords gefunden, sollten Sie darüber nachdenken, Ihre Inhalte aufzusplitten und eine Extra-Seite anzulegen, um drei bis fünf dieser Keywords dort unterzubringen.

Oft gibt es Begriffe, die das Gleiche meinen, bei denen Sie jedoch nicht vorhersagen können, welchen Begriff Suchende eher eintippen. Geben Surfer eher »Podcast«

oder »Podcasting« ein, wenn sie auf der Suche nach neuen Audioblogs sind? Bei der Analyse ist unter anderem das *Search Term Suggestion Tool* des Suchspezialisten Overture (*http://inventory.overture.com*) hilfreich (siehe Abbildung 17-1). Die eben gestellte Frage beantwortete Overture am 27.10.2006 mit einem Ergebnis von 80811 zu 18425 zu Gunsten von *Podcast*. Die Zahlen geben jedoch nur Tendenzen an und können schon mal durch automatisierte Abfragen verfälscht werden.

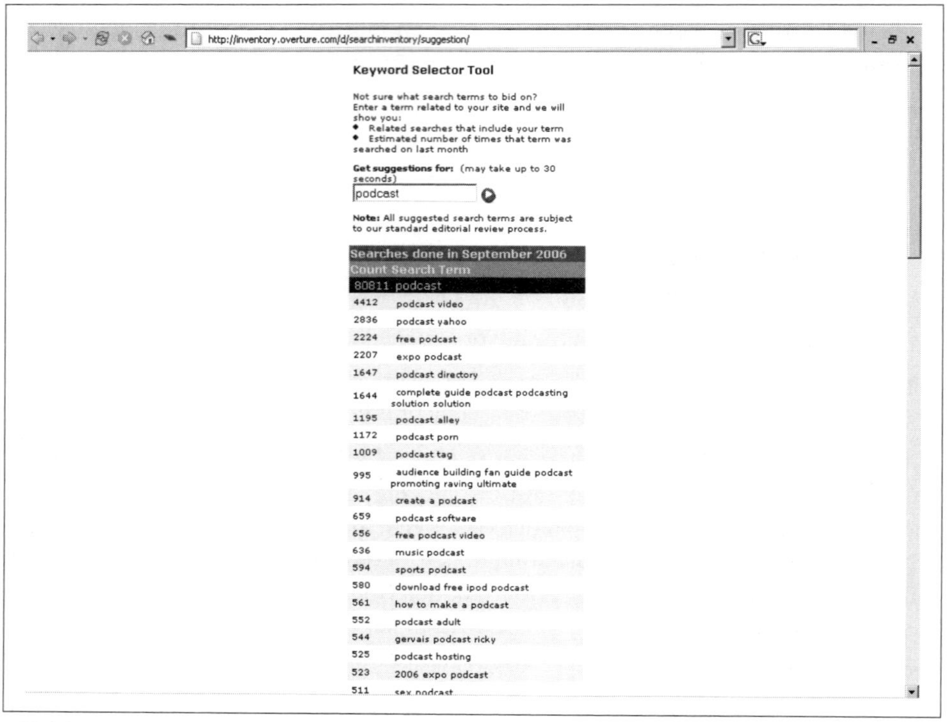

Abbildung 17-1: Das Search Term Suggestion Tool von Overture hilft bei der Suche nach ähnlichen Suchbegriffen, in diesem Fall Podcast.

Ein weiteres Werkzeug für die Suche nach den richtigen Begriffen ist der MetaGer-Web-Assoziator, den Sie unter *www.metager.de/asso.html* finden. Ihn sollten Sie benutzen, wenn Sie neue oder bessere Begriffe zu einem Thema suchen. Zwei weitere Werkzeuge sind der Keyword-Generator von Espotting unter *http://de.espotting.com/popups/keywordgenbox.asp* und das Google AdWords Keyword Tool unter *https://adwords.google.com/select/KeywordSandbox*.

Neben der eigenen Suche lohnt es sich manchmal auch, die Konkurrenz auszuspionieren. Schauen Sie doch einfach mal bei Ihrem Nachbarn im XHTML-Quellcode zwischen den `<head>`-Tags nach. Häufig finden sich dort interessante Suchbegriffe in den `<meta>`-Tags. Achten Sie aber darauf, keine Markennamen anderer Hersteller zu verwenden. Das könnte im schlimmsten Fall zu einer Abmahnung führen.

Ein weiterer Trick zur Überprüfung geeigneter Suchwörter ist die Eingabe der Begriffe bei den Suchriesen. Google, MSN und Yahoo! geben bei jedem Suchergebnis auch die Anzahl der gefundenen Dokumente an, die den Begriff enthalten (siehe Abbildung 17-2). Je geringer die Anzahl der gefundenen Seiten hinsichtlich des Suchbegriffs ist, desto leichter sollte eine gute Platzierung sein.

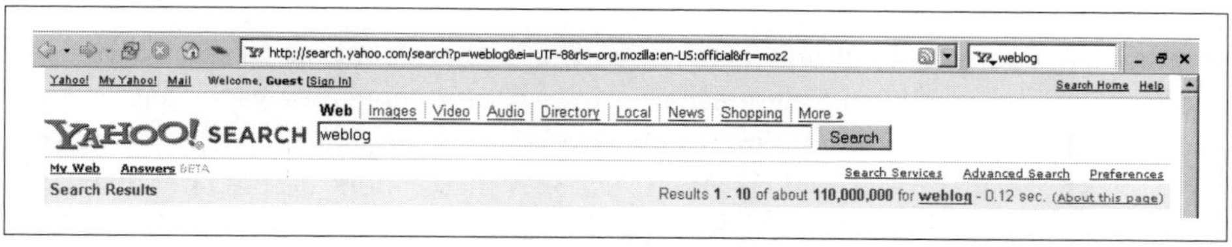

Abbildung 17-2: Yahoo! zeigt für jeden Suchbegriff die Anzahl der gefundenen Dokumente an.

Onsite-Optimierung

Onsite-Optimierung bezeichnet das Tuning am eigenen XHTML-Code sowie die Aufwertung der Seiteninhalte. Zu den Verbesserungsmaßnahmen gehören neben einem intakten Code auch eine clevere Programmierung, die die Webstandards beachtet. Sind Sie nicht sicher, ob Ihr Quellcode korrekt ist, dann überprüfen Sie ihn mit einem Online-Tool, z.B. mit dem deutschen Validator *Validome* (*www.validome.org/lang/de*). Dieser hilft Ihnen bei der Analyse und Fehlerkorrektur.

Damit eine Suchmaschine die Inhalte einer Webseite richtig gewichtet und die zentralen Schlüsselwörter findet, greift man ihr ein wenig unter die Arme. Das geht am besten, indem man die Inhalte sauber mit XHTML strukturiert und über die Auszeichnung mit Tags die Wörter kennzeichnet, die man für besonders wichtig hält. Darüber haben Sie in Kapitel 15, *XHTML und CSS*, schon einiges erfahren.

Die Suchmaschine indiziert die Inhalte zwischen den XHTML-Tags nach einem bestimmten Muster. So finden Keywords, die von einem `<h1>`-Tag umklammert sind, mehr Beachtung als Begriffe zwischen Tags der unteren Überschriftenebenen oder innerhalb eines schlichten <p>-Elements. Einige Suchmaschinen gewichten Keywords innerhalb von Texten außerdem dann besonders, wenn diese mit Hilfe des `<strong>`-, `<b>`- oder `<i>`-Tags fett bzw. kursiv dargestellt werden. Aber Vorsicht: Übertreiben Sie es nicht mit solchen Maßnahmen! Eine Betonung wird nur dann erreicht, wenn nicht der halbe Text optisch hervorgehoben wird.

Je stärker sich die Suchbegriffe wie ein roter Faden durch den Inhalt Ihres Dokuments ziehen, desto wichtiger wird die Suchmaschine die Begriffe einschätzen und in Zusammenhang miteinander bringen. Dabei sollten die Schlüsselwörter unter anderem in den folgenden Bereichen auftauchen (jedoch nicht in allen gleichzeitig):

- Domain-/Subdomainname, Verzeichnisname oder Name des Dokuments
- URL des Dokuments

- `<title>`-Tag
- Artikelinhalt
- Bildname sowohl im `alt`- als auch im `title`-Attribut des `<img />`-Tags

<title> Tags

Damit man eine Datei schnell wiederfindet, speichert man sie unter einem logischen Namen ab, der mit den Inhalten des Dokuments korrespondiert. Auch XHTML-Dokumente besitzen einen Titel. Dieser wird für jede Webseite in der oberen Zeile des Browserfensters angezeigt. Da Suchmaschinen diesen Titel anzeigen, wenn Ihre XHTML-Seite Teil des Suchergebnisses ist, müssen Sie dem Titel besondere Beachtung schenken (siehe Abbildung 17-3). Einerseits wird er als Erstes aufgelistet, und andererseits beeinflusst er maßgeblich den Suchenden bei seiner Entscheidung, ob Ihre Seite das von ihm Gesuchte bietet. Es ist also nur logisch, dass die Webrobots dem Begriff zwischen den `<title>`-Tags ein besonderes Gewicht beimessen.

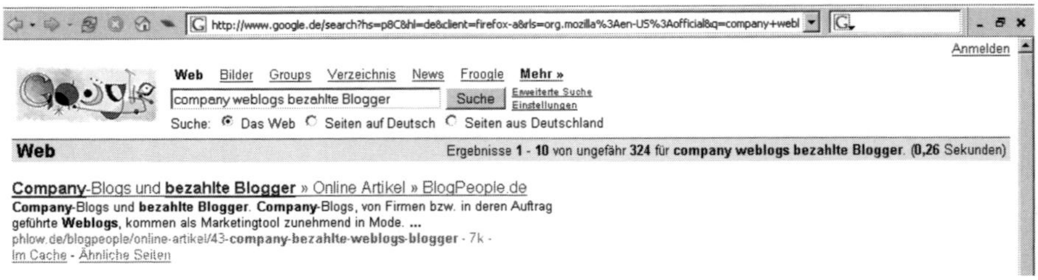

Abbildung 17-3: Der Text zwischen dem <title>-Tag bestimmt, unter welchem Namen das Dokument in den Suchmaschinen angezeigt wird.

Platzieren Sie zwischen den `<title>`-Tags die wichtigsten Keywords der jeweiligen Webseite. Das World Wide Web Consortium (W3C), die zentrale Instanz in Standardisierungsfragen fürs Web, empfiehlt hier eine Länge von 64 Zeichen, und viele Suchmaschinenoptimierer richten sich nach diesen Maßgaben. Verschwenden Sie dabei nicht zu viele Zeichen für den Namen Ihres Weblogs bzw. Ihrer Website. Auch auf einen Slogan sollten Sie verzichten, wenn er nicht wirklich wichtige Keywords enthält, die in jedem Dokument auftauchen sollen. Da Google sich auch an der Abfolge der Begriffe orientiert, sollten Sie eventuell den Namen des Weblogs hintanstellen, weil Begriffe, die im Titel weiter vorn stehen, eine höhere Wertung erhalten.

Probieren Sie es deshalb entweder mit ganz kurzen Titeln mit maximal zwei Suchausdruck-Kombinationen oder mit Abwandlungen des Begriffs als Quasi-Wiederholung in Singular, Plural, zwei Schreibweisen oder unterschiedlich deklinierten Begriffen.

Bei der Eingabe eines neuen WordPress-Artikels können Sie sowohl den Titel des Dokuments als auch die URL nach Ihren Vorlieben gestalten. Dabei setzt sich der Inhalt zwischen den `<title>`-Tags eines einzelnen Dokuments in der Regel aus dem Namen des Blogs, der Kategorie und dem Artikelnamen zusammen. Wie und in welcher Reihenfolge die »Zutaten« angezeigt werden, hängt vom jeweiligen Theme ab. Den Namen der URL beeinflussen Sie über das ausklappbare Menü *Titelform* auf der rechten Seite (siehe Abbildung 17-4).

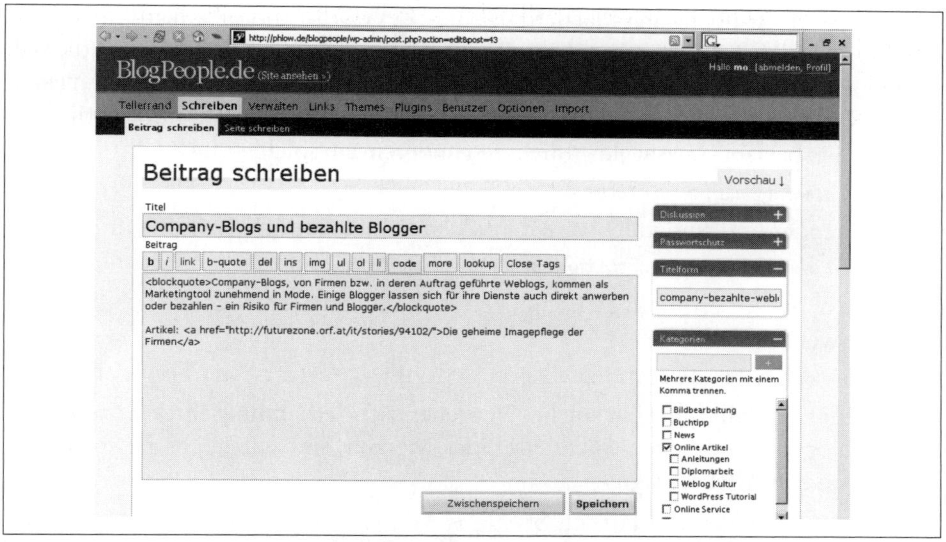

Abbildung 17-4: In WordPress gestalten Sie das< title>-Tag mit dem Titel des Artikels und die URL über das Eingabefeld »Titelform«.

Meta-Tags

Auch wenn viele Suchmaschinen heutzutage Meta-Tags ignorieren, schadet es nicht, trotzdem welche zwischen den `<head>`-Tags zu positionieren und sie mit Inhalt zu füllen. Die drei wichtigsten Attribute innerhalb der `<head>`-Tags sind `title`, `description` und `keywords`. Vor allem die *Description* sollte sorgsam ausgefüllt werden. Sie wird häufig bei den Suchergebnissen angezeigt. Die Meta-Tags meines Journalisten-Weblogs sehen z.B. so aus:

```
<meta name="Title" content="mo. - Website von Journalist und Buchautor Moritz - mo.
 - Sauer" />

<meta name="Description" content="Website/Weblog von Moritz Sauer -
Journalist (ct, Internet Intern), Buchautor (O'Reilly Verlag), Webdesigner und
Chefredakteur von Phlow.net/ Netlabel Catalogue (netlabels.org)" />

<meta name="keywords" lang="de" content="Moritz Sauer Journalist Buchautor
Webdesigner Phlow Netaudio Spezialist Netlabels Netlabel Catalogue DJ" />
```

URL-Design

Außer im Titel sollten Sie die gleichen Keywords im Dateinamen des Dokuments platzieren, denn auch den analysieren die Robots. Zudem tauchen die Links auch innerhalb der Suchergebnisse auf und beeinflussen ein weiteres Mal den Suchenden bei seiner Auswahl (siehe Abbildung 17-3). Beobachten Sie sich einmal selbst, wenn Sie per Suchmaschine etwas suchen. Meist beachten Sie unbewusst auch die Namen der Links und beziehen sie in Ihre Auswahl mit ein. Weiterhin lohnt es sich, die Dateien in verschiedenen Ordnern mit aussagekräftigen Namen abzuspeichern. Diese Taktik ermöglicht Ihnen noch eine Platzierung eines Keywords und gibt dem Suchenden einen Orientierungspunkt mehr. Achten Sie auf eine sinnvolle Baumstruktur, die sich womöglich in der Navigation widerspiegelt. So klicken Surfer sicherlich eher auf einen verständlichen Link als auf einen ominösen Link, der aus einer wirren Kombination von Zeichen besteht. Aussagelos wäre unter anderem ein solcher Link:

```
http://www.domain.de/arc/item=023759
```

Ansprechender und sinnvoller wäre der folgende Link zum gleichen Inhalt:

```
http://www.domain.de/biografie/journalist-mustermann.html
```

Vermeiden Sie Übertreibungen, die von den Suchmaschinen als Spamversuch gewertet werden könnten:

```
http://www.domain.de/biografie/biografie/biografie-journalist-mustermann.html
```

Im schlimmsten Fall führt ein solches Vorgehen zur Verbannung Ihrer Site aus dem Suchkatalog der jeweiligen Suchmaschine. Merken Sie sich auch die folgenden Richtlinien zum URL-Design:

- Benutzen Sie den Bindestrich bzw. das Minuszeichen zum Trennen von Keywords. Der Unterstrich liest sich zwar besser, aber ihm wird von Suchmaschinen eher eine wortverbindende Wirkung zugewiesen.
- Überschreiten Sie nicht eine Verzeichnistiefe von mehr als drei Unterverzeichnissen. Je weiter unten ein Dokument in der Baumstruktur angeordnet ist, desto weniger Bedeutung wird ihm beigemessen.
- Vermeiden Sie PHP-Parameterangaben in der URL, denn Zeichen wie »?« oder »&« verschlechtern das Ergebnis. So stuft Google diese Dokumente als dynamisch ein. Das bedeutet: Je statischer eine Webseite, desto besser.

§ Lange hat man sich vor zahlreichen Gerichten darüber gestritten, ob die Benutzung von Markennamen in Metatags eine »markenmäßige Benutzung« und damit unzulässig für alle ist, die nicht Inhaber der Marke sind. Klar ist inzwischen, dass potenzielle Kunden, die etwa den Namen »Fleurop« bei Google eingeben und dann aufgrund der Metatags bei einem Konkurrenten landen, auf sehr unelegante Weise abgeworben werden, so dass dies als Rechtsverletzung anzusehen ist. Es gilt daher: Finger weg von Markennamen in Metatags! Siehe hierzu auch den Abschnitt »Missbräuchliche Verwendung von Metatags« in Kapitel 20, *Wettbewerbsrecht*.

Link Popularity und PageRank

Zu einem der wichtigsten Themen bei der Suchmaschinenplatzierung gehört die *Link Popularity*. Das von Google entwickelte Verfahren, das die Entwickler *PageRank* getauft haben, untersucht, wie und wo Ihre Website verlinkt wird und wer sie verlinkt. Suchmaschinen messen der Link Popularity in ihrem Gewichtungsverfahren eine unterschiedlich große Bedeutung zu. Grundsätzlich basiert das Verfahren auf zwei Parametern: der Anzahl der Links, die auf eine Website verweisen, und der Qualität jedes einzelnen Links. Qualitativ hochwertige Links sind Verweise von Websites mit so genannter *Autorität*, d.h. Bedeutung und Umfang. Ein Link von *spiegel.de* hat eine bessere Qualität als z.B. der Link eines wenig bekannten Weblogs.

Ein einziger »wichtiger« großer Link einer etablierten Website wie z.B. *heise.de* wiegt zahlreiche Links unwichtigerer Sites auf. Das funktioniert bei Google ähnlich wie bei einem Bonusheftchen: Wenn Ihre Site von einem Freund oder Fan verlinkt wird, findet Google den Verweis, wenn es die Website Ihres Freunds analysiert. Anschließend beachtet Google den PageRank Ihres Freunds und gibt Ihnen je nach PageRank Wertungspunkte. Hat Ihr Freund einen PageRank von 4, dann erhalten Sie im Idealfall – wenn Ihr Link nicht einer von etlichen anderen ist – einen PageRank-Bonus -1, in diesem Fall also 3.

Ein Link-Tausch ist nur dann hilfreich, wenn der Tauschpartner eine ernsthafte Website mit einem ähnlichen Thema betreibt. Reine Link-Listen eignen sich dafür leider nicht, da sie als simple Tricks zur Suchmaschinenoptimierung gelten. Ein gegenseitiges Verlinken ist vor allem dann hilfreich, wenn Ihr Link einer von wenigen ist. Orientieren Sie sich an folgender Regel: Fünf externe Links pro Seite reichen aus und sollten nicht überschritten werden. Neben dem Link zählt dabei auch das verlinkte Wort oder die Wortkombination. Geben Sie dabei Wortkombinationen wie »Interview Zeldman« oder »Nanoblogg von Stefan Schmidt« den Vorzug, denn dadurch übergeben Sie dem Link weitere Keywords.

Es gibt mittlerweile einige Werkzeuge, um den eigenen PageRank zu ermitteln, allen voran natürlich die werkseigene *Google Toolbar*. Diese ist frei verfügbar und erreichbar über *http://toolbar.google.com*. Die Google Toolbar lässt sich in die verschiedensten Browser integrieren, ist unter Sicherheitsaspekten aber nicht ganz unproblematisch, denn Google sammelt über die Toolbar Daten über das Benutzerverhalten.

Empfehlenswerter ist das Firefox-Plugin *prgooglebar*, das Sie auf der Website *www.prgooglebar.org* finden. Dieses kleine Werkzeug zeigt Ihnen auf Wunsch auch Websites an, die Ihren Auftritt verlinken, übersetzt eine Seite oder sucht für Sie in zahlreichen Katalogen von Universitäten.

Möchten Sie ohne Werkzeuge herausfinden, wer auf Sie verlinkt, dann geben Sie einfach folgenden Code in die Suchmaske von Google, Yahoo! oder MSN ein. Die Datenkraken listen dann sämtliche Backlinks auf Ihre Site auf :

```
link:www.domain.de (Google und MSN)
link:http://www.domain.de (Yahoo!)
```

Neben der Verlinkung von Freunden und Fans wird bei Google auch einem Verweis innerhalb der Kataloge *Yahoo!* und *Open Directory Project* besondere Bedeutung beigemessen. Dort sollten Sie Ihre Website unbedingt anmelden und einordnen lassen.

Zum Schluss sei noch erwähnt, dass Google auch die schiere Größe eines Auftritts bewertet. Je mehr Unterseiten eine Website besitzt, desto (ge)wichtiger wird sie eingestuft.

Regeln zur Suchmaschinenoptimierung

- Beachten Sie beim Entwurf Ihrer Website, dass Sie ein eindeutiges technisches und inhaltliches Konzept erstellen, das sich an den Anforderungen der Suchmaschinen orientiert.
- Programmieren Sie Ihre Webseiten in XHTML und berücksichtigen Sie die aktuellen Webstandards.
- Strukturieren Sie den Programmcode Ihrer Website so einfach und übersichtlich wie möglich.
- Beschränken Sie sich auf drei bis fünf Keywords pro Dokument, weil ein Dokument im Allgemeinen immer nur im Hinblick auf einige wenige Suchbegriffe eine gute Rangposition erzielen kann.
- Erzielen Sie Synergieeffekte, indem Sie die Keywords in Dateinamen, Linknamen, Titel, Inhalt und Textauszeichnungen konsequent aufeinander abstimmen.
- Optimieren Sie Ihre Seiten für Google, denn mit einem Marktanteil von 75% ist Google der Platzhirsch unter den Suchmaschinen.
- Gestalten Sie Ihre URLs, ordnen Sie die Dateien in Unterverzeichnissen an und geben Sie ihnen aussagekräftige Namen mit wichtigen Keywords.
- Lassen Sie sämtliche Artikel über Ihre Indexseite fließen und legen Sie ein Inhaltsverzeichnis (Sitemap) an, das alle Dokumente Ihrer Präsenz verlinkt. Dadurch finden nicht nur Webrobots Ihre Dokumente, sondern auch die Besucher erhalten einen Überblick.
- Vermeiden Sie Framesets.

Internetquellen und Buchtipps

Artikel und Bücher zum Thema Suchmaschinenoptimierung

Zahlreiche Tipps aus diesem Kapitel stammen vom Suchmaschinenspezialisten Tadeusz Szewczyk und seiner Artikelserie auf *phlow.net*.

Teil 1: Suchmaschinenoptimierung
http://phlow.net/webtechnik/suchmaschinenoptimierung.php

Teil 2: Onsite-Optimierung – sowohl für Google als auch für die User optimieren
http://phlow.net/webtechnik/onsiteoptimierung_sowohl_fr_google_als_auch_den_user_optimieren.php

Teil 3: Beruf Link-Farmer – Offsite-Optimierung
http://phlow.net/webtechnik/beruf_linkfarmer_offsiteoptimierung.php

Google Hacks von Rael Dornfest, Paul Bausch & Tara Calishain
O'Reilly, 3rd ed. 2005, ISBN 0-596-52706-3

Suchmaschinen-Optimierung für Webentwickler von Sebastian Erlhofer
Galileo Press, 2. Aufl. 2006, ISBN 3-89842-785-4

Suchmaschinen im Internet von Michael Glöggler
Xpert.press/Springer, 2003, ISBN 3-540-00212-X

Suchmaschinenwerkzeuge

Search Term Suggestion Tool
http://inventory.overture.com

Google-Trends – Keyword-Analyse mit Google
http://www.google.com/trends

Google AdWords Keyword Tool
https://adwords.google.com/select/KeywordSandbox

MetaGer-Web-Assoziator
www.metager.de/asso.html

PR Googlebar – Firefox Plugin
www.prgooglebar.org

Free Monitor
www.cleverstat.com/google-monitor-query.htm

Foren zum Thema Suchmaschinen

www.abakus-internet-marketing.de/foren/

www.suchmaschinentricks.de/forum/

http://board.ranking-konzept.de/

Teil 4: Rechtliche Grundlagen

von Laura Dierking

In diesem Kapitel:

- Impressumspflichten
- Das Trennungsgebot
- Presserechtliche Sorgfaltspflichten
- Die Gegendarstellung

KAPITEL 18 Medienrecht

Wer sich im Internet mit Blogs oder Podcasts an die Öffentlichkeit wendet, kommt an einigen rechtlichen Fragen nicht vorbei. Medienrechtliche Grundsätze sind hier genauso zu beachten wie die Urheber- und Persönlichkeitsrechte anderer. Auch wettbewerbsrechtliche Fragen können schnell eine bedeutende Rolle spielen.

Das, was in größeren Medienunternehmen in aller Regel eigene Rechtsabteilungen prüfen, muss jeder private Blogger oder Podcaster selbst übernehmen. Dabei sind die Maßstäbe natürlich stets die gleichen und die Folgen unbedachter Rechtsverletzungen fatal. Ein Schadensersatzanspruch ist schnell entstanden, und bereits die Abmahnung durch einen Rechtsanwalt kann hohe Kosten verursachen. Der folgende Überblick soll eine kurze Einführung in die relevanten Rechtsgebiete geben und die typischen »Rechtsfallen« aufzeigen.

Hinter dem Stichwort »Medienrecht« verbergen sich sämtliche Gesetze und Regelungen, die sich mit Online- wie Offline-Medien befassen. Vor allem zählen dazu die Landespressegesetze, der Rundfunkstaatsvertrag (RfStV) und der Mediendienste-Staatsvertrag (MDStV) sowie das Teledienstegesetz (TDG) bzw. das bei Drucklegung noch nicht verabschiedete Telemediengesetz (TMG), das weitgehend inhaltsgleich die Regelungen aus MDStV und TDG zusammenführt.

Sowohl Blogs als auch Podcasts sind »an die Allgemeinheit gerichtete Informations- und Kommunikationsdienste in Text, Ton oder Bild« (§ 2 Abs. 1 Satz 1 MDStV). Damit zählen sie zu den Mediendiensten und fallen unter den Mediendienste-Staatsvertrag. Dieser enthält neben den gesondert behandelten Haftungsregelungen verschiedene Vorgaben, die bei der Veröffentlichung im Internet unbedingt zu beachten sind (siehe auch Kapitel 22, *Haftungsfragen*).

Impressumspflichten

Zwar bietet das Internet die Möglichkeit der grenzenlosen Anonymität, wer jedoch einen Mediendienst an die Allgemeinheit richtet, muss sich zu erkennen geben. Schließlich müssen all diejenigen, deren Rechte in einem Blog oder Podcast betroffen sein könnten, wissen, an wen sie sich wenden, bzw. gegen wen sie unter Umständen klagen müssen. Der MDStV legt deshalb die Impressumspflichten fest, wonach zunächst jeder Anbieter eines Mediendienstes seinen Namen und seine Anschrift anzugeben hat.

> Wer darüber hinaus ein journalistisch-redaktionell gestaltetes Angebot bereithält, das in periodischer Folge Texte verbreitet, muss zusätzlich einen Verantwortlichen mit Namen und Anschrift benennen. Dieser Verantwortliche muss seinen ständigen Wohnsitz im Inland haben, muss unbeschränkt strafrechtlich zu verfolgen sein und darf nicht jünger als 18 Jahre sein. Ein journalistisch-redaktionelles Angebot liegt insbesondere dann vor, wenn – wie im klassischen Journalismus üblich – Material gesammelt, geordnet und aufbereitet wird mit dem Ziel, für einen unbestimmten Personenkreis zu veröffentlichen.
>
> Ein Weblog, das mit einer gewissen Regelmäßigkeit erscheint und in irgendeiner Form aufbereitetes Material enthält, wird ohne Weiteres als ein journalistisch-redaktionelles Angebot einzuordnen sein, so dass die Pflicht zur Nennung eines Verantwortlichen besteht.
>
> Schwieriger ist dies bei Podcasts. Natürlich war dem Gesetzgeber bei der Schaffung des MDStV im Jahr 1997 noch nicht bewusst, dass es in Deutschland einmal so etwas wie Radio zum Mitnehmen geben würde. Deshalb ist die Vorschrift auf Podcasts auch nicht unmittelbar anwendbar, schließlich sind Podcasts zweifelsohne keine »Texte«. Dennoch ist die Situation eine ganz ähnliche. Wenn in einem Podcast eine wüste Beleidigung ausgesprochen wird, dann muss dafür genauso jemand strafrechtlich verfolgt werden können wie es bei einem Blog der Fall wäre. Schließlich besteht insoweit der einzige Unterschied darin, dass einmal geschrieben und einmal gesprochen wird. Auch wenn sich also noch kein Gericht zu dieser Frage geäußert hat, ist davon auszugehen, dass die Pflicht zur Benennung eines Verantwortlichen in entsprechender Anwendung der Vorschrift auch für Podcasts gilt.

Natürlich dürfen die gesetzlich vorgeschriebenen Impressumsangaben, wenn sie denn notiert sind, nicht in der hintersten Ecke einer Unter-Unterseite versteckt werden – womöglich nur über ein Scrollen am Rand zu erreichen und dann noch winzig klein geschrieben. Die BGB-Info-Verordnung verlangt, dass die erforderlichen Informationen gut lesbar und leicht zu erreichen sind. Es empfiehlt sich daher in jedem Fall, auf der Startseite eines Webangebots an prominenter Stelle einen Button »Impressum« anzubringen, der unmittelbar auf die vorgeschriebenen Angaben verlinkt.

Ein besonderes Problem kann sich ergeben, wenn bspw. ein Podcast nicht auf einer eigenen Webseite angeboten wird, sondern lediglich als »nackter« RSS-Feed verfügbar ist. Auch wenn eine Webseite, auf der ohne Weiteres ein Impressum angebracht werden könnte, nicht existiert, bleibt der Podcast dennoch ein in der Regel redaktionell gestalteter Mediendienst mit entsprechenden Impressumspflichten. Diese lassen sich erfüllen, indem man die Informationen jedes Mal aufspricht und etwa zu Beginn sagt: »Dies ist der Podcast von Max Mustermann, Bahnhofstr. 5 in 55555 Musterhausen, für den auch Max Mustermann verantwortlich ist.« Deutlich eleganter und weniger störend ist dagegen eine Information über die ID3Tags. Hier lässt sich etwa im Feld »Albumtitel« eine E-Mail-Adresse angeben und die weiteren Daten unter »sonstige Angaben«. Beim Abspielen des Podcasts sieht der Hörer dann die Informationen auf seinem Player.

Das Trennungsgebot

Von freundlichen Kommentaren allein kann man auch als Podcaster oder Blogger schlecht leben, und daher ist das Angebot, bei einer gut besuchten Webseite Werbung zu schalten, überaus verlockend. Die meisten Blogs und Podcasts konzentrieren sich auf spezielle Themen, und die Nutzer sind in aller Regel sog. »Streamies«, also technikbegeisterte Neugierige einer eher jüngeren Altersklasse. Damit lässt sich eine enge Zielgruppe für Werbung sehr genau bestimmen, was je nach Produkt für die Werbetreibenden äußerst attraktiv sein kann. Wer jedoch auf seiner Webseite oder in seinem Podcast Werbung einbindet, muss auch hier einige medienrechtliche Vorschriften beachten.

Allen voran steht hier das Trennungsgebot, wonach Werbung als solche immer erkennbar und vom übrigen Inhalt eindeutig getrennt sein muss. Der Grund für diese Regelung liegt in der Verantwortung, die auch die Betreiber von Mediendiensten für die Meinungsbildung haben. Wer sich in redaktionell-journalistischer Form äußert, genießt in der Regel ein gewisses Vertrauen seiner Hörer oder Leser. Leicht ließe sich dies ausnutzen, um mit unkenntlicher Werbung zu manipulieren. Problematisch wird dies also, sobald unterschwellig bestimmte Produkte häufig gelobt werden oder Markennamen ständig genannt werden (sog. »Schleichwerbung« oder auch »Product Placement«) und dies mit einem entsprechenden Werbevertrag mit der jeweiligen Firma zusammenhängt. Trotzdem darf ein Blogger natürlich darüber schreiben, dass Twix sein Lieblingsschokoriegel ist. Sobald allerdings Werbung bezahlt wird, muss der Hinweis dazukommen, dass es sich um Werbung handelt.

Bei der Gestaltung einer Webseite erfolgt die Trennung vom übrigen Inhalt etwa durch ein separates Kästchen, über dem »Anzeige« steht. Da der normale Internetnutzer jedoch an Werbung auf Webseiten mittlerweile durchaus gewöhnt ist, reicht z.B. eine Anordnung von Werbefenstern am optisch abgetrennten seitlichen Rand auch aus, um eine eindeutige Trennung vom Inhalt deutlich zu machen.

Bei Podcasts, die mit akustischen Werbespots arbeiten, empfiehlt sich ein vorhergehendes Tonsignal oder schlicht die Ankündigung, dass nun Werbung kommt. Ein solches Ton- bzw. Bildsignal ist für klassisches Radio und Fernsehen ausdrücklich vorgeschrieben, für Mediendienste nicht. Sollte die Trennung also auch ohne Tonsignal deutlich erkennbar sein, so ist auch dies zulässig.

Presserechtliche Sorgfaltspflichten

Wenn es sich bei einem Mediendienst um ein journalistisch-redaktionell gestaltetes Angebot handelt, trifft den Anbieter nicht nur die im Abschnitt »Impressumspflichten« angesprochene journalistische Pflicht, einen Verantwortlichen zu benennen. Auch andere journalistische Grundsätze sind dann zu beachten. Dies betrifft zum einen die Trennung von Kommentar und Bericht, damit der Hörer oder Leser stets weiß, ob er es gerade mit der neutralen Wiedergabe eines Ereignisses im Sinne einer Nachricht zu tun hat oder ob der Anbieter gerade seine persönliche Sicht der Dinge bekannt gibt.

Zum anderen sind die journalistischen Sorgfaltspflichten zu erfüllen, die mit der bereits früh erkannten Bedeutung von Mediendiensten für die öffentliche Meinungsbildung zusammenhängen. So soll bspw. verhindert werden, dass von einer Vielzahl von Blogs und Podcasts vom Kauf eines MP3-Players abgeraten wird, der angeblich Funktionsmängel habe, obwohl dies falsch ist. Sind auf Grund einer solchen Meldung erst einmal die Käufer abgesprungen, hat der Hersteller völlig zu Unrecht Einbußen erlitten. Entscheidend ist daher die journalistische Wahrheitspflicht, die vor allem in Bezug auf Ehrverletzungen, wirtschaftliche Schädigungen oder Täuschungen im Wettbewerb zu beachten ist. Allerdings bedeutet journalistische Wahrheitspflicht nicht, dass alles, was veröffentlicht wird, zu 100 Prozent wahr sein muss. Wäre das so, dürfte Vieles, was in den Zeitungen steht, nicht abgedruckt werden, bevor nicht ein Wahrheitsbeweis erbracht worden ist. Journalistische Wahrheitspflicht bedeutet vielmehr das ernsthafte Bemühen um Wahrheit und die sorgfältige Recherche. Im Klartext heißt das, dass man sich zwar ohne Weiteres auf Meldungen der bekannten Presseagenturen verlassen darf, bei einer äußerst seltsamen Geschichte, die an der Supermarktkasse erzählt wird, aber in jedem Fall recherchieren muss. Oft ist dazu erforderlich, auch einmal die »andere Seite« anzuhören. Wer sich mit einem Bericht allein auf ein Gerücht stützt, muss dies auch genau so kenntlich machen. Sollte ein Journalist einmal trotz sorgfältiger Recherche dennoch etwas Unwahres verbreitet haben, so schützt ihn die Pressefreiheit bzw. die Wahrnehmung berechtigter Interessen im Strafrecht vor Schadensersatzansprüchen oder vor strafrechtlicher Verfolgung. Wer jedoch schlampig recherchiert oder gar wissentlich etwas Falsches verbreitet, verliert diesen Schutz und muss sich für die Falschbehauptung verantworten.

Eng verwandt mit der journalistischen Wahrheitspflicht ist das Gebot journalistischer Fairness, wonach relevante Tatsachen nicht einfach weggelassen werden dürfen. Eine einseitige Darstellung, die etwa alles weglässt, was den Betroffenen entlastet, widerspricht den journalistischen Grundsätzen und ist somit unzulässig. Genauso ist bei der Darstellung eines Umfrageergebnisses mitzuteilen, wie viele Befragte teilgenommen haben und welche Fragen gestellt wurden.

Verdachtsberichterstattung

Eine Besonderheit stellt im Zusammenhang mit der Wahrheitspflicht die Verdachtsberichterstattung dar. Natürlich soll in einem demokratischen Staat auch dann über Vorfälle berichtet werden können, wenn bislang nur ein Verdacht, aber keine gesicherte Kenntnis besteht. Dies ist z.B. bei Straftaten der Fall, wenn die Staatsanwaltschaft gegen jemanden ermittelt, der Betroffene aber auch unschuldig sein könnte. Zunächst darf in so einem Verdachtsfall nur berichtet werden, wenn ein berechtigtes öffentliches Interesse besteht. Außerdem muss ein gewisser Mindestbestand an Beweisen vorliegen, so dass der Verdacht zumindest berechtigt ist. Nicht ausreichend wäre hier der von einem Supermarktangestellten lediglich behauptete Ladendiebstahl einer nicht prominenten Person.

Im Rahmen der Berichterstattung ist dann peinlichst darauf zu achten, dass keine Vorverurteilung stattfindet. Man sollte daher z.B. vom »mutmaßlichen Täter«, nicht vom »Dieb« sprechen, denn über die Strafbarkeit eines Verhaltens hat nur ein Gericht zu urteilen. Die bereits genannten Sorgfaltspflichten sind bei einer Verdachtsberichterstattung noch stärker zu beachten. So ist am besten immer auch eine Stellungnahme des Betroffenen selbst einzuholen.

Die Gegendarstellung

Wird eine Person durch eine Berichterstattung – sei sie nun wahr oder unwahr – persönlich betroffen, etwa indem man ihr eine Straftat vorwirft, so hat sie stets das Recht, sich mit »gleichen Waffen« dagegen zu wehren. Verankert ist dies im gesetzlichen Anspruch auf Gegendarstellung, der den Anbieter redaktionell-journalistischer Mediendienste verpflichtet, eine Gegendarstellung des Betroffenen kostenlos aufzunehmen und diese ohne Einschaltungen und Weglassungen in der Aufmachung des ursprünglichen Berichts zu veröffentlichen. Außerdem sind ursprünglicher Bericht und Gegendarstellung miteinander zu verknüpfen, so dass Leser oder

Hörer beides gleich gut wahrnehmen können. Unzulässig ist es daher, die Gegendarstellung zu einem Titelseiten-Artikel auf einer weit verzweigten Unterseite einer Webpräsenz zu verstecken. Wird der Ausgangsbericht nicht mehr angeboten, so muss die Gegendarstellung, wenn der Betroffene dies verlangt, noch bis zu einem Monat abrufbar sein.

Für Podcasts heißt dies insbesondere, dass eine Gegendarstellung als Reaktion auf einen akustisch wahrnehmbar gemachten Beitrag nicht lediglich als Text auf einer Webseite veröffentlicht werden darf. Der Sprecher muss vielmehr den jeweiligen Text verlesen, wenn der Betroffene keinen Audio-Beitrag verfasst hat.

In diesem Kapitel:

- Verwertungsrechte
- Creative Commons-Lizenzen
- Das Urheberpersönlichkeitsrecht
- Schranken des Urheberrechts

KAPITEL 19

Urheberrecht

Die meisten Rechtsverletzungen im Internet betreffen das Urheberrecht. Sofort denkt man hier an Musiktauschbörsen und so genannte »Raubkopien«. Aber schon ein sorglos auf die eigene Webseite kopiertes Familienfoto, die Anfahrtsskizze mit der gescannten Straßenkarte oder der zusammengeschnipselte Musikjingle können dazu führen, dass Schadensersatzansprüche in erschreckender Höhe geltend gemacht werden können. Wer vorsätzlich das Urheberrecht verletzt, muss darüber hinaus auch mit einer strafrechtlichen Verfolgung rechnen. Dabei genügt es für den Vorsatz bereits, wenn der Täter eine Urheberrechtsverletzung für möglich hält und diese billigend in Kauf nimmt.

Jeder, der mit einer eigenen persönlich-geistigen Leistung ein Werk erschafft, genießt als dessen Urheber den Schutz des Urhebergesetzes (UrhG). Der Werkcharakter beginnt nach der Theorie der »kleinen Münze« dabei nicht erst beim Buch, bei der ganzen Oper oder beim Gemälde – auch ein fünfminütiger Podcast, der sechszeilige Blogbeitrag oder eben die Online-Straßenkarte können urheberrechtlich geschützte Werke sein, sofern ihnen eine geistige Leistung zu Grunde liegt, die über das Normale und Gewöhnliche hinausgeht. Es wird insoweit von einer gewissen »Gestaltungshöhe« gesprochen. Nicht geschützt ist dagegen die reine Idee, solange sie noch nicht in Werkform – etwa durch die Aufnahme und Herstellung einer Audiodatei – wahrnehmbar gemacht worden ist. Kein Werk in diesem Sinne ist etwa das ohne künstlerische Ambitionen geknipste Foto oder der Gesang einer Popdiva – dennoch gelten dafür die dem Urheberrecht verwandten Leistungsschutzrechte, die weitestgehend genauso behandelt werden.

Sobald ein Werk vorliegt, entsteht der urheberrechtliche Schutz automatisch. Eine Anmeldung, Eintragung oder etwas Ähnliches ist nicht erforderlich. Die dann bestehenden Rechte des Urhebers (bzw. des Leistungsschutzberechtigten) werden im deutschen Urheberrecht in eine persönlichkeitsrechtliche und eine verwertungsrechtliche Seite unterteilt

Verwertungsrechte

Die Verwertungsrechte sorgen dafür, dass der Urheber selbst entscheiden kann, was mit seinem Werk passieren soll. Sie geben ihm das alleinige und ausschließliche Recht, das Werk z.B. zu veröffentlichen, es zu kopieren oder es via Internet öffentlich zugänglich zu machen. Natürlich steht dahinter letztlich der Gedanke, dass der Urheber für sein Werk, das er der Allgemeinheit zur Verfügung stellt, auch entlohnt werden soll. Er kann daher über seine Verwertungsrechte in der Form verfügen, dass er Anderen gegen eine Vergütung Nutzungsrechte, auch Lizenzen genannt, einräumt. Ein Nutzungsrecht zur Vervielfältigung und Verbreitung eines Schriftstücks ermächtigt damit z.B. einen Verlag, den Text eines Autors zu drucken und zu veröffentlichen, im Gegenzug dafür erhält der Autor ein Honorar. Das Nutzungsrecht zur Zugänglichmachung im Internet kann der Autor dagegen z.B. einem anderen einräumen oder es selbst behalten.

Nutzungsrechte können in einfacher oder ausschließlicher Form erteilt werden. Wer ein einfaches Nutzungsrecht besitzt, darf damit das Werk in der vereinbarten Form nutzen, muss aber damit rechnen, dass auch anderen ein solches einfaches Nutzungsrecht eingeräumt wird. Mit einem ausschließlichen Nutzungsrecht ist man dagegen alleiniger Inhaber der Rechte zur jeweiligen Werknutzung und kann anderen – selbst dem Urheber – die Nutzung verbieten. Gleichzeitig kann der Inhaber eines ausschließlichen Nutzungsrechts selbst – mit Zustimmung des Urhebers – einfache Nutzungsrechte an andere Nutzer erteilen.

Jeder, dem vom Urheber kein Nutzungsrecht eingeräumt wurde, ist zu einer Werknutzung auch nicht berechtigt. Wer also ein urheberrechtlich geschütztes Werk, d.h. jedes Werk, in dem eine eigene geistige Leistung steckt, vervielfältigt, verbreitet, im Internet zugänglich macht, aufführt oder sendet, ohne die entsprechenden Nutzungsrechte zu haben, verletzt damit das Urheberrecht.

Eine Werknutzung liegt auch dann vor, wenn ein Werk nach eigenen Vorstellungen bearbeitet oder umgestaltet wird. Das ist etwa bei einer Verfremdung von bestehenden Tonaufnahmen oder bei der Vertonung eines fremden Texts der Fall. Hier ist stets die Einwilligung des Urhebers erforderlich, es sei denn, das andere Werk wird »frei benutzt«. Unter einer freien Benutzung ist die Verwendung eines Werks in einem eigenen selbstständigen Werk dann zu verstehen, wenn das ursprüngliche Werk hinter dem neuen Werk verblasst und nahezu nicht mehr als das ursprüngliche Werk wahrnehmbar ist. Eine freie Bearbeitung der fremden Tonaufnahme liegt also dann vor, wenn eine stark verfremdete Textzeile in einem längeren eigenständigen Hörspiel aufgeht. Für diese Art der Bearbeitung ist eine Einwilligung nicht erforderlich.

Verwertungsgesellschaften

Die eigenständige Verwertung eines Werks stellt den Urheber oft vor eine unlösbare Aufgabe. So wird etwa eine halbwegs bekannte Musikgruppe kaum in der Lage sein, jedem Radiosender, jeder Schulband und jedem Fan jeweils die Rechte zur Sendung, zur Aufführung oder zum Herunterladen der Musik aus dem Internet einzuräumen. Auch kann sie nur schwer überwachen, ob die Musik ohne entsprechende Lizenz widerrechtlich genutzt wird. Daher gibt es die Möglichkeit einer kollektiven Verwertung, bei der eine Verwertungsgesellschaft – im Falle des Musikurhebers z.B. die GEMA (die *Gesellschaft für musikalische Aufführungs- und mechanische Vervielfältigungsrechte*) – all dies für den einzelnen Urheber übernimmt. Weitere Verwertungsgesellschaften sind etwa die GVL (*Gesellschaft zu Verwertung von Leistungsschutzrechten*), die VG Wort oder die VG Bild/Kunst. Die Verwertungsgesellschaft schließt mit dem Urheber einen so genannten Wahrnehmungsvertrag, der ihr die ausschließlichen Nutzungsrechte und die Vergütungsansprüche überträgt. Damit kann sie den Verwertern gegen Vergütung einfache Nutzungsrechte einräumen und anschließend das erwirtschaftete Geld an die Urheber ausschütten.

Dies erklärt, dass insbesondere bei Musikstücken die ausschließlichen Nutzungsrechte sehr häufig bei der GEMA liegen. Wer ein solches Musikstück – etwa als Podcast-Jingle – nutzen möchte, muss sich daher an die GEMA wenden, um die entsprechenden einfachen Nutzungsrechte von ihr zu erwerben. Dafür gibt es vorgefertigte Formulare, die unter *www.gema.de/musiknutzer* zu finden sind. Wer z.B. einen Song als Hintergrundmusik für seine private Website nutzen möchte, findet in der Rubrik »Hintergrundmusik für Websites« und »private Website« den aktuellen Tarif und einen Meldebogen. Derzeit kostet eine solche Hintergrundmusik für die private Webseite 25 € pro Jahr und Stück, wenn die monatliche Anzahl der Zugriffe 2.000 nicht übersteigt. Im Meldebogen werden u. a. Titel und Spieldauer des Musikstücks eingetragen. Für Podcaster bietet die GEMA inzwischen eigene Tarifmodelle an, die unter *www.gema.de/musiknutzer/senden/podcast.shtml* zu finden sind.

Im Bereich der Musik gibt es die freie Bearbeitung ausdrücklich nicht. Wer also ein Musikstück bearbeitet, benötigt dafür *immer* die Einwilligung des Urhebers.

Creative Commons-Lizenzen

Das Grundprinzip, wonach vom Urheber für einige Verwertungshandlungen Nutzungsrechte erteilt werden, für andere dagegen nicht, liegt auch den Creative Commons-Lizenzen zu Grunde. Hinter dem Begriff »Creative Commons« verbirgt sich eine Organisation, die verschiedene Lizenzvertragsmodelle für Urheber anbietet und dabei das Ziel verfolgt, einen fairen Ausgleich zwischen Urheberinteressen und einem freien Informationsfluss zu schaffen. Der Urheber, der die Verwertung seiner Werke selbst in die Hand nehmen möchte und insoweit die Dienste der Verwertungsgesellschaften nicht in Anspruch nimmt, hat hier die Wahl zwischen verschieden strengen Modellen. So kann er die Vervielfältigung und Verbreitung seiner Werke allen interessierten Nutzern erlauben, sofern diese ihn als Rechtsinhaber nennen. Gleichzeitig kann er aber auch eine gewerbliche Nutzung seiner Werke oder die Bearbeitung durch andere ausschließen. Unter einer solchen Creative Commons-Lizenz stehen in der Regel auch die Angebote, die als *Podsafe Music* bezeichnet werden. Dabei handelt es sich um Musikwerke, die nicht von der GEMA verwertet werden und daher auch die Bezeichnung »gemafrei« tragen. Diese Werke werden auf Portalen wie bspw. *www.podsafeaudio.com* Podcastern kostenfrei zur Nutzung überlassen.

Auch bei Bildern im Internet findet sich zuweilen ein Verweis auf Creative Commons-Lizenzen. So können etwa viele der Bilder auf *www.flickr.com* unter den dort angegebenen Bedingungen frei verwendet werden.

Das Urheberpersönlichkeitsrecht

Anders als die verwertungsrechtliche Seite, die dem Urheber sein Einkommen sichern soll, schützt das Urheberpersönlichkeitsrecht die persönliche Beziehung des Urhebers zu seinem Werk. So verpflichtet es etwa den Nutzer eines Werks, den Namen des Urhebers nach dessen Wunsch zu nennen oder zu verschweigen. Bei Zitaten zwingt es zur Quellenangabe. Gleichzeitig schützt das Urheberpersönlichkeitsrecht das Werk vor Entstellung und sichert dem Urheber das Recht, bei »gewandelter Überzeugung« ein erteiltes Nutzungsrecht wieder zurückzurufen. Anders als die in Form von Nutzungsrechten übertragbaren Verwertungsrechte bleibt das Urheberpersönlichkeitsrecht immer beim Urheber und kann daher niemals übertragen und verkauft werden.

Wer ein Werk nutzt, muss daher, auch wenn er die entsprechenden Nutzungsrechte besitzt, immer die Urheberpersönlichkeitsrechte beachten. Er muss damit in aller Regel den Urheber nennen und darf Werke nicht entstellen.

Spannend kann die Frage der Urhebernennung etwa dann werden, wenn auf einer Webseite ein Link »inline« gesetzt wird, d.h. wenn fremde (urheberrechtlich geschützte) Inhalte nicht in einem separaten Fenster mit zugehöriger Webadresse, sondern im Frame der verlinkenden Webseite auftauchen. Dann ist nicht mehr erkennbar, zu wem bzw. zu welcher eigentlich verlinkten Webseite die Inhalte gehören. Das Urheberpersönlichkeitsrecht auf Namensnennung ist damit verletzt. Wer also z.B. eine »nackte« Musikdatei verlinken möchte, sollte unbedingt darauf achten, dass der jeweilige Komponist und der Interpret des Musikstücks genannt werden, sofern sich deren Namen nicht aus der ursprünglichen Webpräsenz ergeben.

Natürlich gibt es auch Urheber, die ausdrücklich nicht namentlich genannt werden möchten. Dieser Wunsch ist genauso zu respektieren wie das Verlangen, mit einem bestimmten Künstlernamen aufgeführt zu werden.

Schranken des Urheberrechts

Keine Regel gilt ohne Ausnahme – so ist auch das Urheberrecht nicht unbeschränkt anwendbar. Zahlreiche Ausnahmeregelungen, die Schranken des Urheberrechts, sorgen dafür, dass die Regelungen des Urheberrechts dann keine Anwendung finden, wenn bestimmte Voraussetzungen erfüllt sind. Zurückzuführen ist dies auf das Regelungsziel des Urheberrechts, wonach die Urheber einerseits nicht zum Verhungern verdammt sein dürfen, andererseits aber auch bestimmte Informationen der Allgemeinheit zukommen sollen, ohne dass ein Urheber dies verhindern kann.

Die wohl bekannteste Urheberrechtsschranke ist die der Privatkopie, wonach einzelne Vervielfältigungen für den privaten Gebrauch auch ohne ein entsprechendes Nutzungsrecht zulässig sind. Auch nach dem so genannten 2. Korb der Urheberrechtsreform, einem Gesetzgebungsvorhaben, gilt dies weiterhin sowohl für analoge als auch für digitale Kopien. Voraussetzung ist hier aber, dass die Kopiervorlage nicht von offensichtlich rechtswidriger Herkunft ist und dass die Kopien nicht zu einem Erwerbszweck genutzt werden. Damit darf bspw. eine Musikdatei, die ohne entsprechende Nutzungsrechte in einer P2P-Tauschbörse zugänglich gemacht wurde, genauso wenig kopiert werden wie ein Computerspiel, das zuvor unter Umgehen eines Kopierschutzes kopiert worden ist. Ebenso ist die Kopie der privat erworbenen CD unzulässig, wenn diese Kopie anschließend bei ebay verkauft werden soll. Die kopierte CD, die der Schwester zum Geburtstag geschenkt werden soll, ist dagegen vom privaten Gebrauch noch mit umfasst.

Anders als dies häufig vermutet wird, handelt es sich bei der Privatkopierschranke jedoch nicht um ein »Recht«, das eingeklagt werden könnte. So findet die Privatkopie ihrerseits ihre Schranken in technischen Schutzmaßnahmen wie etwa Kopierschutzmechanismen. Auch diese schützen das Urheberrecht – sofern sie als wirksam bezeichnet werden können – so dass auch derjenige, der unter Umgehung eines Kopierschutzes eine vermeintliche Privatkopie herstellt, eine Urheberrechtsverletzung begeht.

Zur Privatkopie kann man sich merken:
Erlaubt ist hier das Selbstgebrannte
für Freunde und auch für Verwandte.
Kopierschutz soll man nie umgeh'n,
sonst kann man schnell vorm Richter steh'n.

Auch die journalistische Arbeit wird durch Schranken des Urheberrechts begünstigt. So ist etwa die Internet-Veröffentlichung von Zeitungsartikeln und Rundfunkkommentaren zu aktuellen politischen, wirtschaftlichen oder religiösen Tagesfragen zulässig, sofern diese nicht mit einem Rechtevorbehalt versehen sind. Allerdings ist dafür eine angemessene Vergütung zu zahlen, die wiederum durch die Verwertungsgesellschaften geltend gemacht wird.

Werden bei einer Berichterstattung über Tagesereignisse Werke wahrnehmbar, so ist auch dies in gebotenem Umfang zulässig. Dies gilt etwa für Kunstwerke, die im Verlauf eines Video-Podcasts über eine Ausstellungseröffnung zu sehen sind. Weitere Schranken beziehen sich auf den Schulunterricht und die Forschung.

Die für die Arbeit mit Blogs oder Podcasts interessanteste Urheberrechtsschranke betrifft das Zitat und hier insbesondere das Kleinzitat. Es erlaubt, Stellen eines bereits veröffentlichten Werks in ein neues (Sprach-)Werk aufzunehmen und damit eigene Ansichten aussagekräftig zu untermauern. Voraussetzung dafür ist jedoch die Schaffung eines eigenen urheberschutzfähigen Werks und die inhaltliche Auseinandersetzung mit dem Zitierten. An einem Werk, d.h. an einer eigenen geistigen Schöpfung, fehlt es, wenn sich bspw. ein Blog darauf beschränkt, Textstellen oder Links lediglich zu sammeln und für »gut« oder »schlecht« zu befinden. Bei einem selbst geschriebenen Text, der eine bestimmte eigene Aussage transportiert, kann dagegen ein Zitat zulässig sein, sofern es dem Zitatzweck dient. Der Zitatzweck liegt darin, eine eigene Aussage zu stützen, und führt zum einen dazu, dass unbedingt eine inhaltliche Auseinandersetzung mit dem Zitierten erfolgen muss. Zum anderen hat der Zitatzweck auch Auswirkungen auf die zulässige Länge der Zitatstelle. Erlaubt ist insofern nur, was tatsächlich erforderlich ist. Um zu unterstreichen, dass eine Band einen sehr rockigen Stil hat, reicht sicherlich ein sehr kurzer Musikausschnitt; wer darüber schreibt, dass ein Autor besonders blumige Formulierungen an den grausamsten Stellen seines Romans verwendet und daher ein Exzentriker der besonderen Art ist, kann sicherlich etwas umfangreicher gleich mehrere Stellen zitieren. Sobald jedoch im äußeren Erscheinungsbild das Zitierte einen gleichen oder gar größeren Raum einnimmt als die inhaltliche Auseinandersetzung mit dem Zitat, kann man davon ausgehen, dass es sich nicht mehr um ein zulässiges Zitat handelt. In jedem Fall gilt bei einem Zitat die Pflicht, die Quelle des Zitierten mit anzugeben. Neben dem Text- und dem Musikzitat gibt es natürlich auch ein Bildzitat, für das die gleichen Voraussetzungen gelten. Wer also seine Plattenkritik mit der Abbildung des Plattencovers untermalt, muss sich auch mit der Cover-Darstellung auseinandersetzen – andernfalls ist eine Einwilligung des Urhebers erforderlich.

Zitate sind nur zulässig bei der Schaffung eines eigenen Werks, bei inhaltlicher Auseinandersetzung mit dem Zitat, in einem vom Zweck gebotenen Umfang und unter Angabe der Quelle.

In diesem Kapitel:

- Unerwünschte Werbung
- Missbräuchliche Verwendung von Metatags
- Kostenfalle Abmahnung

KAPITEL 20
Wettbewerbsrecht

Wer im Rahmen von Podcasts und Blogs mit Werbung arbeitet, um sich so das ein oder andere Zubrot zu verdienen, sollte sich auch mit den Vorgaben des Wettbewerbsrechts auseinandersetzen. Die entsprechenden Regelungen des UWG, des *Gesetzes gegen unlauteren Wettbewerb*, verfolgen das Ziel, die Fairness im Geschäftsgeschehen zu schützen. Gegen das Wettbewerbsrecht verstößt daher, wer durch unfaire Methoden seinen Mitbewerbern am Markt das Leben schwer macht – etwa indem potentielle Kunden im Internet auf die Seiten des Konkurrenten umgeleitet werden, ohne dies zu merken oder indem Produkte des anderen schlecht gemacht werden, um eigene besser zu vermarkten. Gleichzeitig schützt das UWG aber auch die Fairness gegenüber den Verbrauchern – z.B. dürfen diese nicht durch übertriebene Sparangebote angelockt werden, deren überaus klein gedruckter »Haken« sich am Ende als Kostenfalle entpuppt. Daneben sollen Verbraucher vor Bombardements mit unerwünschter Werbung (Spam) bewahrt werden.

Unerwünschte Werbung

Wer sich vor der Flut von Werbeprospekten im eigenen Briefkasten schützen möchte, hat die Möglichkeit, einen Aufkleber mit der Aufschrift »Bitte keine Werbung einwerfen« anzubringen, und wird künftig von den Verteilern bunt gedruckter Sonderangebote verschont. Das Prinzip lautet dabei: Alle Briefkästen bekommen Werbung außer denen mit »Bitte nicht«-Aufklebern. Dieses Prinzip wird auch als »Opt-Out« bezeichnet.

Da sich an einem E-Mail-Postkasten kein Aufkleber anbringen lässt und die Flut unerwünschter Werbemails inzwischen erschreckende Ausmaße angenommen hat, schreibt das Wettbewerbsrecht für den Online-Bereich ein anderes Prinzip vor, die so genannte »Opt-In«-Lösung. Danach darf niemandem E-Mail-Werbung zugeschickt werden, es sei denn, er hat sich ausdrücklich (etwa durch Setzen eines Häkchens) damit einverstanden erklärt. Ganz besonders sicher ist diese Lösung im Fall des »Double-Opt-In«: Hier muss nicht nur ein Häkchen gesetzt, sondern anschließend auch noch eine E-Mail bestätigt werden, um auszuschließen, dass jemand anderes als der Mail-Empfänger die Erklärung abgibt (siehe dazu auch Kapitel 13, *Newsletter*).

Ausnahmsweise gilt auch bei E-Mails das Opt-Out-Prinzip, also die zulässige Werbung bis widersprochen wird, wenn bereits zulässigerweise Werbung für ganz ähnliche Produkte oder Dienstleistungen an diese Mailadresse von genau diesem Absender geschickt wird oder wenn der Kunde die Mailadresse im Zusammenhang mit einem Kauf an den Unternehmer weitergegeben hat. Dass es trotzdem täglich eine neue Flut von Spam im E-Mail-Postfach gibt, liegt vor allem daran, dass in Deutschland wie auch in anderen Ländern die Anti-Spam-Gesetze noch recht frisch sind und deren effektive Durchsetzung noch immer in den Kinderschuhen steckt.

Das grundsätzliche Verbot, E-Mail-Werbung an Empfänger zu schicken, die nicht zuvor eingewilligt haben, gilt auch für Newsletter und Ähnliches. Allein die Tatsache, dass in einem Newsletter auch sinnvolle Informationen jenseits der klassischen Werbung transportiert werden, führt nicht dazu, dass es sich nicht um Werbung im Sinne des Gesetzes handelt. Es reicht bereits aus, dass der Newsletter auf das Portal des Versenders verweist, damit er als »Werbung« im Sinne des UWG anzusehen ist.

Beim Anbieten von Newslettern aller Art ist deshalb unbedingt darauf zu achten, dass nur auf Bestellung des Empfängers versandt wird.

Missbräuchliche Verwendung von Metatags

Wie bereits im Abschnitt »Onsite-Optimierung« in Kapitel 17, *Suchmaschinenoptimierung*, erläutert, sind Metatags die Informationen, die zwar für den Besucher einer Internetseite nicht sichtbar sind, aber bspw. von Suchmaschinen genutzt werden, um Suchergebnisse zu erstellen. Je besser die Informationen in den Metatags dabei mit der jeweiligen Suchanfrage übereinstimmen, desto weiter erscheint die jeweilige Webseite vorn bei den besten Ergebnissen der Anfrage. Da liegt es nahe – etwa als Online-Vertreiber von No-Name-Waschmaschinen – den Namen »Miele« möglichst oft in die Metatags zu schreiben, um so als Ergebnistreffer evtl. noch vor der eigentlichen »Miele«-Seite zu landen. Auch für ein Blog, auf dessen Seite sich ein Waschmaschinenbeitrag und zufällig auch eine Werbung für No-Name-Waschmaschinen finden, könnte diese Metatag-Nutzung interessant sein. Allerdings ist davon dringend abzuraten. Zwar war lange Zeit umstritten, ob es nicht aus wettbewerbs- wie auch aus markenrechtlichen Gesichtspunkten doch zulässig sein könnte, weil die Verbraucher selbst die Metatags ja nicht sehen können. Inzwischen ist jedoch davon auszugehen, dass in einer derartigen Verwendung von Metatags eine Rechtsverletzung liegt.

Kostenfalle Abmahnung

Wenn es einmal zu einer Verletzung des Wettbewerbsrechts gekommen ist – etwa weil ein ungewollter Newsletter verschickt wurde oder weil eine Werbeanzeige den Ruf des Konkurrenten schädigt und der Seiteninhaber diese trotz Kenntnis nicht gelöscht hat, soll es nach dem Willen des Gesetzgebers eine außergerichtliche Beilegung des Streits geben. Bevor es also überhaupt ein Gerichtsverfahren geben kann, muss dem vermeintlich Schuldigen in Form einer Abmahnung die Chance gegeben werden, etwa durch Abgabe einer Unterlassungserklärung den Verletzten zu beschwichtigen. War die Abmahnung berechtigt, ist die behauptete Rechtsverletzung also tatsächlich geschehen, so gibt das Gesetz einen Anspruch auf Ersatz der Aufwendungen. Führt die Abmahnung also ein Rechtsanwalt durch, so sind die Anwaltskosten zu erstatten. Dies gilt nicht nur für das Wettbewerbsrecht, auch bei anderen Rechtsverletzungen auf Webseiten oder in Podcasts können kostenpflichtige Abmahnungen zugestellt werden.

Leider gibt es Anwälte, die darin eine sprudelnde Geldquelle sehen und daher in großem Stil Abmahnungen verschicken. Das wiederum ist nicht zulässig – zumal diese Anwälte nicht in eigenem Namen sondern nur für den jeweils Verletzten handeln dürften. Auf eine unzulässigerweise verschickte Abmahnung hin muss jedoch der Abgemahnte auch dann nicht zahlen, wenn die Abmahnung dem Grund nach berechtigt wäre.

Ähnlich verhält es sich, wenn ein Unternehmen selbst eine Rechtsabteilung hat, die durchaus in der Lage gewesen wäre, die Abmahnung selbst zu schreiben. Wird dann trotzdem der teure Anwalt herangezogen, so sind seine Kosten unnötig entstanden und müssen auch nicht ersetzt werden.

Es empfiehlt sich daher, im Fall einer Abmahnung erst einmal nachzuforschen, ob eine Zahlungspflicht tatsächlich besteht. Dafür kann es empfehlenswert sein, selbst einen Rechtsanwalt zu Rate zu ziehen. Sollte die Zahlungspflicht tatsächlich bestehen, so lässt sich über die Höhe oft noch verhandeln. Wie hoch der zu Grunde liegende Streitwert ist, an dem sich die Gebühr orientiert, ist gesetzlich nicht festgelegt, und es besteht ein recht großer Spielraum. Auch bei diesen Verhandlungen kann ein Rechtsanwalt hilfreich sein.

Am besten ist es natürlich, wenn man es gar nicht erst zu einer Rechtsverletzung – sei es im Wettbewerbs- oder im sonstigen Recht – kommen lässt und so für Abmahnungen aller Art keinen Anlass gibt.

In diesem Kapitel:

- Das Recht am eigenen Wort
- Das Namensrecht
- Das Recht am eigenen Bild
- Ehrschutz

KAPITEL 21

Persönlichkeitsrechte

Zu den häufigsten Rechtsverletzungen im Internet zählen die Verletzungen von Persönlichkeitsrechten. Wer einmal seinem Ärger Luft machen möchte und andere wild beschimpft, weiß in der Regel, dass er dabei die Grenzen der hinzunehmenden Kritik überschreitet und den Straftatbestand der Beleidigung erfüllt. Wer dagegen eigene Fotos ins Netz stellt oder ein auf der Straße aufgenommenes Interview online stellt, verletzt dabei die Persönlichkeitsrechte anderer oft völlig unbewusst und unbeabsichtigt – und sieht sich dennoch den zivilrechtlichen Schadensersatz- und Schmerzensgeldansprüchen ausgesetzt.

Das allgemeine Persönlichkeitsrecht wird aus dem deutschen Grundgesetz abgeleitet und schützt jeden Einzelnen in seiner persönlichen Entfaltung. Die so genannte *Sphärentheorie* unterscheidet dabei drei verschiedene Bereiche. Der erste und weiteste Bereich ist die Individualsphäre, die einen Menschen in den Beziehungen zu seiner Umwelt betrachtet. Geschützt wird hier bspw. die informationelle Selbstbestimmung, also alles, was in den Bereich des Datenschutzes fällt. Der zweite Bereich, die Privatsphäre, schützt unter anderem das Privatleben oder das Leben im Familienkreis. Verletzt wird dieser Bereich z.B. durch die Zusendung unverlangter E-Mails, durch Tonbandaufnahmen ohne Zustimmung oder durch die Verwendung eines Namens in der Werbung. Den innersten Kern des Persönlichkeitsrechts stellt die Intimsphäre dar, die am stärksten vor Beeinträchtigungen geschützt ist. Hierzu zählt etwa alles, was im eigenen Schlafzimmer passiert, oder die ganz persönliche Tagebuchaufzeichnung. Diese dürfte z.B. nicht einmal in einem Mordprozess zur Beweiserhebung genutzt werden.

Das Persönlichkeitsrecht endet nicht mit dem Tod eines Menschen, sondern wirkt auch noch darüber hinaus. Allerdings verblasst das so genannte »postmortale Persönlichkeitsrecht« mit der Zeit, so dass die Erben Napoleons im 21. Jahrhundert sicherlich nicht mehr aus persönlichkeitsrechtlichen Gründen gegen eine verhöhnende Karikatur vorgehen könnten.

Ein Schutz des allgemeinen Persönlichkeitsrechts findet sich auch im Bürgerlichen Gesetzbuch, das dem Verletzten unter anderem einen Anspruch auf Schmerzensgeld gewährt. Andere Spezialformen des Persönlichkeitsrechts, wie etwa das Recht am eigenen Bild, das Urheberpersönlichkeitsrecht (siehe dazu das Kapitel 19, *Urheberrecht*) oder der Schutz der Ehre sind in anderen Gesetzen ausdrücklich geregelt.

Das Recht am eigenen Wort

Zu den Rechten, die als Teil des allgemeinen Persönlichkeitsrechts nicht ausdrücklich geregelt sind, gehört unter anderem das Recht am eigenen Wort, das sowohl das geschriebene als auch das gesprochene Wort umfasst. Geschützt wird der Einzelne etwa davor, dass ihm Worte in den Mund gelegt werden, die er nicht oder nicht so gesagt hat. Deshalb dürfen z.B. Interviews nicht um entscheidende Passagen gekürzt oder inhaltlich verändert und dann ohne Einwilligung des Betroffenen veröffentlicht werden. Schließlich könnte es sein, dass sich durch das Kürzen der Sinn des Gesagten verändert. Auch verletzen Zitate, die das ursprünglich Gemeinte durch die Form des Zitierens verzerren, das Recht am eigenen Wort – etwa indem sie in einen völlig anderen Zusammenhang gestellt werden.

Vor allem aber betrifft das Recht am gesprochenen Wort den Schutz vor dem Abhören von Telefonaten oder vor nicht genehmigten Tonaufnahmen. Insoweit besteht sogar strafrechtlicher Schutz – wer Privatgespräche eines anderen heimlich aufzeichnet, kann dafür mit bis zu drei Jahren Gefängnis bestraft werden. Das betrifft etwa auch das Zwiegespräch, bei dem heimlich ein Diktiergerät mitläuft. Selbst wenn eine Audio-Aufnahme jedoch mit dem Einverständnis des Betroffenen hergestellt worden ist, bedeutet dies nicht, dass auch ohne Weiteres eine Veröffentlichung im Rahmen eines Podcasts zulässig ist. Schließlich lässt das Recht am eigenen Wort den Einzelnen auch bestimmen, ob und in welcher Form das aufgenommene Wort vor anderen abgespielt werden darf.

Wer auf Einladung eines Podcasters zu einem Interview erscheint, erklärt sich damit in der Regel auch gleichzeitig mit einer Veröffentlichung des aufgenommenen Interviews einverstanden. Geht die anschließende Bearbeitung jedoch über ein Schneiden in normalem Umfang (Versprecher, Nebengeräusche etc.) hinaus, empfiehlt sich eine Rücksprache. So kann ausgeschlossen werden, dass sich der Interviewte durch Kürzungen oder Änderungen missverstanden fühlt. Wer auf archiviertes Tonmaterial zurückgreift, muss dabei sicher sein, dass sprechende Personen mit der jeweiligen Veröffentlichung auch einverstanden sind.

Das Namensrecht

Ein entscheidender Teil der Persönlichkeit eines Menschen ist sein Name. Daher genießt dieser auch einen ausdrücklich genannten Schutz nach dem Bürgerlichen Gesetzbuch. § 12 BGB schützt dabei den Namen vor unrechtmäßiger Benutzung, vor allem vor Namensanmaßungen. Eine Namensanmaßung liegt z.B. vor, wenn der Name eines Prominenten mit einem Produkt in Verbindung gebracht wird, ohne dass ein Werbevertrag oder etwas Vergleichbares geschlossen worden wäre. Da das Namensrecht allein den Namen betrifft, der sowohl »Karl Schulze« als auch »Apple« oder »Bosch« lauten kann, gilt das Recht nicht nur für natürliche, lebende Personen, sondern auch für die so genannten juristischen Personen, also z.B. Wirtschaftsunternehmen. Wird ein Name unrechtmäßig benutzt, so kann der rechtmäßige Namensträger eine Unterlassung dieser Nutzung verlangen. Das Produkt mit dem Namen des Prominenten müsste dann also vom Markt genommen und ggf. umbenannt werden.

Domainnamen und das Namensrecht

Häufig kommt es bei der Vergabe von Internet-Domains zu Rechtsstreitigkeiten im Zusammenhang mit dem Namensrecht. Das liegt vor allem daran, dass der Domain durch die Gerichte eine Namensfunktion zugesprochen wurde. Wenn Karl Schulze die Domain »www.karl-schulze.de« einrichtet, nutzt er diese Domain als Namensträger rechtmäßig. Nutzt die Domain dagegen Heiner Müller, so kann Karl Schulze von ihm Unterlassung verlangen. Im Fall der Domain bedeutet dies, dass Heiner Müller die Domain (bei ».de-Domains« gegenüber der DENIC) freigeben muss. Karl Schulze kann dann, wenn er möchte, selbst die Domain für sich registrieren. »Domain-Grabber«, die sich Domains mit fremden Namen registrieren lassen, um sie dann teuer zu verkaufen, gehen deshalb leer aus.

Problematisch wird es, wenn Konrad Schulze die Domain »www.k-schulze.de« registrieren lässt, denn dann haben sowohl Karl als auch Konrad Schulze ein Namensrecht. In diesem Fall gilt das Prioritätsprinzip. Nutzen darf die Domain dann, wer sie als Erster registriert hat. Eine Ausnahme, die von der Rechtsprechung geschaffen wurde, gilt hier bei großen Unternehmen mit weithin bekannten Namen. So müsste ein Herr Siemens, der sich die Seite »www.siemens.de« gesichert hat, diese trotz seines unbestrittenen Namensrechts hergeben, da ansonsten das Unternehmen Siemens Gefahr liefe, durch die fehlende Präsenz unter der Domain in seinem Ansehen herabgesetzt zu werden. Die Gerichte sprechen insoweit von einer »Verwässerung«.

Das Recht am eigenen Bild

Ein Foto in der Zeitung, in einem Online-Magazin oder auf einer Blog-Webseite kann für die abgebildete Person eine hervorragende Publicity oder eine schmeichelnde Anerkennung sein, genauso kann es einen tiefen und schmerzhaften Eingriff in die Persönlichkeit darstellen. Deshalb gibt der Bildnisschutz aus dem *Kunst- und Urhebergesetz* (KUG) jedem Einzelnen die Befugnis, selbst zu entscheiden, ob und in welchem Rahmen ein Bild veröffentlicht werden darf. Natürlich sind dieser Entscheidungsfreiheit aber auch Grenzen gesetzt, denn schließlich gibt es auf der anderen Seite ein Informationsinteresse der Öffentlichkeit, das mit dem Persönlichkeitsrecht in Einklang gebracht werden muss.

Das KUG bedient sich hier der »Regel-Ausnahme-Technik«. Zunächst einmal gilt für jedes »Bildnis«, d.h. für jedes Foto, Video oder montierte Computerbild, auf dem eine Person identifizierbar ist, dass eine Veröffentlichung ohne die Einwilligung des Abgebildeten nicht zulässig ist. Dabei deckt eine einmal erklärte Einwilligung für die Veröffentlichung in einer Schülerzeitung nicht auch automatisch auch das Einstellen ins Internet ab. Die Einwilligung muss sich eindeutig auf die beabsichtigte Form der Veröffentlichung beziehen.

Auch wenn keine Einwilligung des Abgebildeten vorliegt, kann eine Veröffentlichung trotzdem zulässig sein. Das ist etwa dann der Fall, wenn es sich um ein Bildnis aus dem Bereich der Zeitgeschichte handelt, wenn also entweder die abgebildete Person oder das gesamte Bild zeitgeschichtliche Bedeutung hat. Das kann Robbie Williams in der Fußgängerzone sein oder auch die Gruppe der ersten Ostdeutschen, die nach Grenzöffnung in den Westen kamen. Unterschieden wird dabei zwischen absoluten und relativen Personen der Zeitgeschichte. Während absolute Personen der Zeitgeschichte auf Grund ihrer Prominenz dauerhaft im Blick der Öffentlichkeit stehen, wecken relative Personen der Zeitgeschichte das öffentliche Interesse nur vorübergehend – etwa als Opfer eines Unfalls oder Lottogewinner. Auswirkungen hat diese Unterscheidung auf die anschließend durchzuführende Interessenabwägung. Während das Bild einer prominenten Persönlichkeit auch bei einem Bummel über den öffentlichen Marktplatz zulässigerweise ohne Einwilligung veröffentlicht werden darf, muss das Bild einer relativen Person der Zeitgeschichte mit dem jeweiligen Ereignis, das die Person für die Öffentlichkeit interessant macht, zusammenhängen. Damit wäre die Veröffentlichung des strahlenden Lottogewinners vor seiner Annahmestelle in Ordnung, ein Bild des Lottogewinners an der Supermarktkasse ohne dessen Einwilligung dagegen nicht. Natürlich müssen sich aber auch Prominente nicht alles gefallen lassen – sobald ein berechtigtes Interesse des Abgebildeten oder seiner Angehörigen verletzt wird, gilt die Ausnahme nicht mehr. Das ist z.B. immer der Fall, wenn der Intimbereich der Person betroffen ist, aber auch dann, wenn sich für den Betroffenen aus dem Bekanntwerden einer geheimen Liebesaffäre schwerwiegende Nachteile ergeben, ist eine Einwilligung in die Veröffentlichung erforderlich.

Der Bildnisschutz aus dem KUG betrifft lediglich die Veröffentlichung bereits vorhandener Bilder. Das heimliche Aufnehmen mit einer Webcam in Cafés oder Sonnenstudios ist dagegen nach allgemeinem Persönlichkeitsschutz zu beurteilen. Danach gilt, dass alle Bildaufnahmen, die den Intimbereich betreffen, unzulässig sind und ansonsten auf berechtigte Interessen der Person Rücksicht zu nehmen ist.

Einen besonderen Schutz bietet das Strafrecht bei Bildaufnahmen, die ohne Einwilligung in der Wohnung oder in einem gegen Einblicke besonders geschützten Raum angefertigt werden. Dies betrifft etwa auch die öffentliche Sauna. Wer hier heimlich fotografiert, muss mit einer Freiheitsstrafe bis zu einem Jahr oder mit einer Geldstrafe rechnen. Das Gleiche gilt für denjenigen, der diese Bilder weiterverbreitet.

Ehrschutz

Die persönliche Ehre gilt als bedeutender Teil des Persönlichkeitsrechts – das zeigt sich vor allem daran, dass der persönliche Geltungswert auch durch das Strafrecht ausdrücklich gegen Verunglimpfungen geschützt wird. Gleich fünf Straftatbestände schützen vor Beleidigung, Verleumdung und übler Nachrede. Dabei stellt sich aber auch hier das Problem, dass der Ehrschutz auf der einen Seite mit der Meinungs- und Pressefreiheit und dem öffentlichen Interesse an – auch einmal etwas schärferer – Kritik auf der anderen Seite in Einklang gebracht werden muss. Im Ergebnis sind daher die Voraussetzungen der strafrechtlichen Ehrverletzung immer ein bisschen strenger als vermutet. Auch wenn sich jemand durch eine Äußerung – etwa in einem Blog – tief verletzt und beleidigt fühlt, ist die Schwelle zur strafrechtlich relevanten Beleidigung damit oft noch lange nicht überschritten.

Unterschieden wird zunächst zwischen Tatsachenbehauptungen und Meinungsäußerungen. Während sich die Tatsachenbehauptung an Fakten orientiert und damit entweder richtig oder falsch sein kann, bezieht sich die Meinungsäußerung auf das rein subjektive Empfinden. »Er hat Geld gestohlen« ist damit eine Tatsachenbehauptung, »er ist ein Vollidiot« dagegen eine Meinungsäußerung.

Tatsachenbehauptungen berühren die Ehre, wenn sie den Betroffenen vor anderen herabwürdigen, den »guten Ruf« zerstören. Dabei führt eine erwiesenermaßen wahre Tatsachenbehauptung jedoch keineswegs zu einer Strafbarkeit – wer einen Anlass zu herabwürdigenden Aussagen gibt, ist nicht mehr geschützt. Schwieriger wird es allerdings, wenn bei einer Tatsachenbehauptung nicht feststeht, ob sie wahr oder unwahr ist. In diesem Fall trägt der Täter das Beweisrisiko. Gelingt der Wahrheitsbeweis nicht, so kann sich auch strafbar machen, wer etwas an sich Wahres behauptet hat. Das Gleiche gilt für den, der eine solche Behauptung zwar nicht selbst aufstellt, aber die Aussage eines anderen über Blogs oder Podcasts weiterverbreitet – es sei denn, er distanziert sich ausdrücklich, z.B. mit den Worten: »Die Behauptung, X habe gestohlen, halte ich für fragwürdig.« Ansonsten drohen bei den Ehrdelikten eine Geldstrafe oder bis zu fünf Jahre Freiheitsstrafe. Dazu können dann noch zivilrechtliche Schadensersatz- bzw. Schmerzensgeldansprüche des Opfers kommen.

Privilegiert sind diejenigen, die im Dienst der Meinungs-, Presse- oder Rundfunkfreiheit Tatsachen verbreiten (das dürften die meisten Blogger und Podcaster sein) und dabei sorgfältig recherchiert haben. Damit kommt insoweit wieder der journalistische Sorgfaltsmaßstab bei der Recherche ins Spiel (siehe dazu den Abschnitt »Presserechtliche Sorgfaltspflichten« in Kapitel 18, *Medienrecht*). Wer also verlässliche Quellen nutzt oder dubiose Quellen sorgfältig überprüft, kann in einem Blog durchaus auch mal eine falsche Aussage verbreiten. Wichtig ist dann aber, dass der Zweck der Aussage in einer ernstzunehmenden Berichterstattung liegt, denn reine Sensationsgier reicht dafür in aller Regel nicht aus. Diese Rückausnahme dient dem Ausgleich zwischen der Ehre des Einzelnen und dem Informationsinteresse der Allgemeinheit – damit müssen hier die Vorteile der Äußerung für die Allgemeinheit gegen die Nachteile des Betroffenen abgewogen werden. Alle Umstände – wie etwa die Art des Mediums, die Größe der Hörer- oder Leserzahl oder die Schwere der Rufschädigung müssen hier gewürdigt werden. Überwiegen die Vorteile für das allgemeine Informationsinteresse, dann bleibt die entsprechende Äußerung nicht nur strafrechtlich ohne Folgen – auch Schadensersatz- und Schmerzensgeldansprüche sind dann in aller Regel nicht mehr zu befürchten.

Abfällige Meinungsäußerungen betreffen – anders als Tatsachenbehauptungen – weniger den guten Ruf als vielmehr die innere Ehre. Gleichzeitig ist jede Meinungsäußerung durch die Meinungsfreiheit geschützt. Kritik darf – auch wenn sie einmal etwas schärfer formuliert ist – grundsätzlich immer geäußert werden. Die Grenzen liegen allerdings dort, wo eine Miss- oder Nichtachtung so deutlich gemacht wird, dass dies nicht mehr als unerheblich anzusehen ist. Wer andere – z.B. im Meinungsforum – mit »Du« anspricht, ist vielleicht unhöflich, begeht aber keine Straftat. Wer jemanden als »unfähigen Deppen« bezeichnet, befindet sich damit wohl jenseits der Grenzen des Zulässigen. Zu berücksichtigen sind aber auch hier alle äußeren Umstände, vom grinsenden Emoticon bis zum insgesamt eher deftigen Umgangston in einem Forum. Ist eine Meinungsäußerung mehrdeutig, so wird immer von der harmlosesten Deutung ausgegangen.

Eine Besonderheit stellt im Zusammenhang mit beleidigenden Meinungsäußerungen die Satire dar. Überzeichnete Schärfen machen ja gerade eine Satire aus und können deshalb nicht per se zu einer Strafbarkeit führen. Außerdem ist – z.B. bei einer gezeichneten Karikatur – neben der Meinungsfreiheit auch die Kunstfreiheit des Zeichners betroffen, die den Rahmen des Zulässigen noch erweitert. Ist die Satire als solche für jedermann erkennbar, wird die ehrenrührige Aussage auf ihren Kern reduziert. Stellt dieser Aussagekern eine hinzunehmende Kritik dar, so ist die Satire zulässig. Verbirgt sich also hinter der Zeichnung eines Bomben legenden Politikers die Aussage, der Politiker eröffne heikle Diskussionen, so ist dies zulässig. Soll es aber heißen, der Politiker sei ein Terrorist, sind die Grenzen der Zulässigkeit überschritten.

Beleidigungsfähig sind nicht nur einzelne Personen – auch ganze Unternehmen, Berufsgruppen oder Vereinigungen können Opfer einer Ehrverletzung sein. Eine Gruppe – wie etwa die Bundeswehr – kann als solche nur beleidigt werden, wenn sie eine anerkannte gesellschaftliche oder wirtschaftliche Funktion erfüllt und wenn sie einen einheitlichen Willen bilden kann. Es können aber auch die einzelnen, zur Gruppe gehörenden Personen (alle deutschen Soldaten) gemeint sein. Je kleiner die Gruppe ist und je eher tatsächlich jeder Einzelne konkret gemeint ist, desto wahrscheinlicher ist die Strafbarkeit.

Alle Beleidigungsdelikte sind Antragsdelikte, d.h. sie werden nur auf Antrag durch die Staatsanwaltschaft verfolgt. Einen Strafantrag kann lediglich derjenige stellen, der durch die Ehrverletzung unmittelbar betroffen ist, also in aller Regel der Beleidigte oder Verleumdete selbst. Daher kann man ein Strafverfahren oft durch eine ernst gemeinte Entschuldigung und das Angebot, entsprechende Stellen zu löschen, vermeiden.

In diesem Kapitel:

- Haftung für eigene Inhalte
- Haftungsprivilegierungen für fremde Inhalte
- Die Störerhaftung

KAPITEL 22

Haftungsfragen

Ein Grundprinzip, das der deutschen Rechtsordnung zu Grunde liegt, ist das so genannte Verantwortungsprinzip. Demnach hat ein jeder für das einzustehen, was er selbst verursacht hat. Grundsätzlich gilt das natürlich auch im Internet, allerdings gibt es hier in Fragen der Haftung für Rechtsverletzungen einige Besonderheiten. Diese ergeben sich aus dem *Teledienstegesetz* (TDG) und gleichlautend aus dem *Mediendienstestaatsvertrag* (MDStV) bzw. aus dem bei Drucklegung noch nicht verabschiedeten *Telemediengesetz* (TMG). Hier hat der Gesetzgeber unter anderem für Internet-Zugangs- und Host-Provider Privilegierungen geschaffen, damit diese nicht für alles mitverantwortlich sein müssen, was ihre Kunden mit ihrer Hilfe ins Netz stellen – das sollte die Internetwirtschaft in Deutschland stärken.

Haftung für eigene Inhalte

Im Rahmen der Haftungsprivilegierungen ist zunächst zu unterscheiden zwischen eigenen und fremden Inhalten. Bei eigenen Inhalten gilt – wie gehabt – das Verantwortungsprinzip. Das heißt, dass jeder für eigene Inhalte im Internet auch selbst zur Verantwortung gezogen wird. Wer also in einem eigenen Blog oder Podcast andere beleidigt, zu rechtsextremer Gewalt aufruft oder Schleichwerbung betreibt, muss selbst für den Schaden aufkommen und etwa Schadensersatz zahlen oder auch ein strafrechtliches Ermittlungsverfahren befürchten.

Haftungsprivilegierungen für fremde Inhalte

Sobald es sich weder um eigene noch um zu Eigen gemachte Inhalte handelt, greifen die Haftungsprivilegierungen des Internetrechts. Wer z.B. wie der Zugangsprovider fremde Informationen lediglich durch die eigenen Leitungen schickt, haftet für Rechtsverletzungen nur, wenn er die Datenübermittlung ausnahmsweise selbst veranlasst hat bzw. wenn er die Informationen selbst ausgewählt oder verändert hat. Auch die Host-Provider, die ihren Kunden Webspace zur Verfügung stellen, haften nicht, solange sie von Rechtsverletzungen keine Kenntnis haben. Erfahren sie allerdings von einer Rechtsverletzung in ihrem Hoheitsbereich, sind sie verpflichtet, unmittelbar tätig zu werden – entweder durch Löschen der betreffenden Inhalte oder durch Sperren der entsprechenden Seiten. Wer in dieser Hinsicht nicht unmittelbar handelt, haftet so, als wenn es sich um eigene Inhalte gehandelt hätte.

Zu Eigen gemachte Inhalte

Eigene Inhalte sind nicht nur die Inhalte, die jemand selbst schreibt oder produziert. Auch fremde Inhalte können in Haftungsfragen wie eigene behandelt werden, wenn sie sich jemand »zu Eigen« gemacht hat. Wer also fremdes Material wie Anzeigen oder sonstige Texte in die eigene Arbeit so integriert, dass dem unwissenden Zuschauer nicht klar wird, dass es sich eigentlich um fremde Inhalte handelt, macht sich dieses zu eigen. Genauso kann dies der Fall sein bei Links, die verlinkte Seiten im gestalterischen Rahmen (Frame) der eigenen Seite darstellen. Auch hier wird dem Betrachter nicht klar, dass es sich eigentlich um fremde Inhalte handelt, mit der Konsequenz, dass für diese Inhalte volle Verantwortlichkeit besteht, also die Gefahr von Schadensersatzansprüchen und strafrechtlicher Verfolgung. Bei einem »normalen« Link entscheidet vor allem die äußere Form, ob es sich um zu Eigen gemachte oder um fremde Inhalte handelt. Wer ganz allgemein auf die Webseiten befreundeter Blogger oder Podcaster hinweist, leitet den Nutzer offensichtlich zu fremden Inhalten, wer dagegen in einem Text verlinkte Inhalte (z.B. Wikipedia-Artikel) gewissermaßen als Erklärung mit heranzieht, macht sich diese zu Eigen. In jedem Fall sollte man beim Setzen eines Links überprüfen, ob sich hinter der verlinkten Seite nicht ein offensichtlich rechtswidriger Inhalt verbirgt. Wer sich verlinkte Inhalte zu Eigen macht, sollte dann ein Auge darauf haben, ob sich der verlinkte Inhalt verändert und dadurch rechtswidrig wird.

Dies betrifft vor allem die Kommentarfunktionen bei Blogs und Podcasts. Schreibt hier ein Gast Beiträge, die die Rechte anderer verletzen, so sollte der Seitenbetreiber schnell tätig werden und die Beiträge bzw. zumindest die bestreffenden Stellen löschen. Werden sämtliche Kommentare dem Betreiber parallel auch per Mail zugesandt, wie dies oft üblich ist, und ist die übliche Menge der Kommentare auch in einem überschaubaren Rahmen, so wird sich auch ein privater Blog- oder Podcast-Betreiber kaum länger als etwa zwei bis drei Werktage auf der Behauptung ausruhen können, er habe davon nichts gewusst. Allerdings gilt dies nur für Rechtsverletzungen, die tatsächlich auch vom juristischen Laien als solche erkannt werden können. Während das bei einer wüsten Beschimpfung sicherlich eindeutig ist, kann es in anderen Fällen (etwa bei dem mysteriösen Angebot eines gewaltigen Nebenverdienstes allein durch Geldüberweisungen) angezeigt sein, sich von außerhalb Rat zu holen.

Bei »versteckten« Rechtsverletzungen (wie z.B. dem Ausplaudern eines Betriebsgeheimnisses oder Ähnlichem), die nicht ohne Weiteres als solche erkennbar sind, gilt die Pflicht zum unmittelbaren Löschen bzw. Sperren der Inhalte dagegen nicht. Der Webseitenbetreiber muss dann erst tätig werden, wenn er tatsächlich weiß – etwa durch einen entsprechenden Beweis –, dass es sich um eine Rechtsverletzung handelt. In jedem Fall sollte aber eine Äußerung, auf deren Rechtswidrigkeit ein Webseitenbetreiber durch andere aufmerksam gemacht wurde – durch eine Abmahnung oder auch einen gut gemeinten Tipp – sehr sorgfältig überprüft werden.

Haftung für Forenbeiträge

Sobald die Gestaltung einer Webseite mit Fremdäußerungen über die Kommentarfunktion im kleineren Rahmen hinausgeht und es sich vielmehr um ein öffentliches Meinungsforum handelt, stellt sich auch hier die Frage der Haftung. Grundsätzlich gilt, dass die Haftung des Webseitenbetreibers für fremde Inhalte erst dort beginnt, wo er von einer Rechtsverletzung Kenntnis erlangt hat. Eine Pflicht, sämtliche Beiträge vor ihrer Veröffentlichung einzeln durchzusehen und auf ihre Rechtmäßigkeit zu überprüfen, besteht dagegen ausdrücklich nicht. Allerdings gehen insbesondere im Bereich der Forenhaftung die Meinungen auseinander, und auch die bisherige Rechtsprechung ist in diesen Fällen nicht eindeutig. So wird zum Teil davon ausgegangen, dass eine gewisse Prüfungspflicht dann besteht, wenn der einem Meinungsforum zu Grunde liegende journalistische Artikel ein so brisantes Thema mit äußerst schneidigen Thesen behandelt, dass von einer rechtswidrigen Reaktion der Leser im Forum nahezu ausgegangen werden muss. Auch dann, wenn bekannt ist, dass es unter bestimmten Umständen (durch ein bestimmtes Thema oder durch bestimmte Forenteilnehmer) immer wieder zu Rechtsverletzungen kommt, kann hier eine vorherige Überprüfung der Beiträge erforderlich sein. Die Gegenseite vertritt, dass jegliche vorherige Überprüfung fremder Inhalte per Gesetz ausgeschlossen sei und deshalb auch nicht verlangt werden könne. Solange aber die Rechtslage in diesem Bereich nicht endgültig entschieden ist, empfiehlt sich bei Meinungsforen – insbesondere bei sensiblen Themen – eine gewisse Vorsicht.

Die Störerhaftung

Neben der allgemeinen Haftung, die sich insbesondere auf den zivilrechtlichen Schadensersatz und die strafrechtliche Verantwortlichkeit bezieht, gibt es ein zweites Haftungsmodell, das insbesondere Zugangs- und Hostprovidern oft Kopfschmerzen bereitet. Die so genannte Störerhaftung betrifft jeden, der zu einer Rechtsverletzung irgendeinen ursächlichen Beitrag geleistet hat – z.B. also den Webhoster, der dem Verletzer Webspace zur Verfügung gestellt hat. Inhalt der Störerhaftung ist die Beseitigung des eigenen Beitrags – im Beispiel müsste also der

Webhoster dem Verletzer den Speicherplatz entziehen. Letztlich ist er damit verpflichtet, die entsprechenden Seiten bzw. den Zugang zu ihnen zu sperren.

Natürlich gilt auch hier das Verbot allgemeiner Überwachungspflichten – kein Webhoster muss also sämtliche Seiten seiner Kunden permanent überprüfen. Allerdings hat sich im Bereich der Störerhaftung eine Rechtsprechung entwickelt, die einer Überwachungspflicht immer näher kommt. So muss etwa ein Online-Auktionshaus verhindern, dass eine einmal bekannt gewordene Rechtsverletzung – z.B. die Versteigerung gefälschter Rolex-Uhren – in gleicher oder ähnlicher Form noch einmal passiert. Man spricht dabei von »kerngleichen« Rechtsverletzungen. Wer also z.B. als Betreiber einer Blog- oder Podcast-Plattform bei bestimmten Inhalten schlechte Erfahrungen mit Rechtsverletzern gemacht hat, sollte diese Bereiche ganz besonders im Auge behalten. Auch wenn sie nicht vorgeschrieben sind, können dafür Filter durchaus sinnvoll sein, die bei einer automatischen Überprüfung auf bestimmte Schlüsselwörter anspringen.

In diesem Kapitel:

- Die Liste jugendgefährdender Medien
- Der Jugendmedienschutz-Staatsvertrag
- Werbung
- Technische Selbstregulierung im Internet oder sonstige Vorgaben

KAPITEL 23
Jugendschutz

Gewaltverherrlichende Darstellungen und pornografische Inhalte können Jugendliche in ihrer Entwicklung beeinträchtigen und zu psychischen Störungen führen. Auch wird eine Steigerung der Gewaltbereitschaft befürchtet. Diese Erkenntnisse sind keineswegs neu und haben daher in mehreren Gesetzen Niederschlag gefunden. Eine besonders große Gefahr sehen Jugendschützer im Internet, da hier zum einen das weltweite Angebot eine Vielzahl jugendgefährdender Inhalte bereithält und zum anderen die Anonymität des Internets weitgehend verhindern kann, dass Jugendliche von bestimmten Angeboten ausgeschlossen werden. Schließlich kann es eine Gesichtskontrolle, wie sie etwa der Türsteher vor dem Pornokino durchführen kann, im Internet nicht geben. Ziel der Jugendschutzvorschriften im Medienbereich ist daher einerseits die Kennzeichnung jugendgefährdender Inhalte, damit Eltern die Möglichkeit haben, den Zugang zu unterbinden, andererseits aber auch eine staatlich verordnete Zugangssperre für Jugendliche zu bestimmten Inhalten. Dabei ist der Jugendschutz im deutschen Recht ein Rechtsgut mit Verfassungsrang, gleichzeitig obliegt aber die Kindeserziehung den Eltern, und der Staat darf hier nur im Notfall eingreifen.

Die für den Jugendschutz in Blogs und Podcasts relevanten Regelungen finden sich vor allem im *Jugendmedienschutz-Staatsvertrag* (JMStV), zum Teil aber auch im *Jugendschutzgesetz* (JuSchG). Diese Zweiteilung führt zuweilen zur Unübersichtlichkeit, liegt aber darin begründet, dass für die Gesetzgebung im Jugendschutz mal der Bund und mal die Länder zuständig sind. So behandelt das Jugendschutzgesetz als Bundesgesetz den Jugendschutz in der Öffentlichkeit und betrifft dabei etwa auch Trägermedien wie CDs und DVDs, der Jugendmedienschutz-Staatsvertrag beinhaltet als Länder-Staatsvertrag Regelungen über Telemedien, also auch über Mediendienste wie Blogs und Podcasts.

Die Liste jugendgefährdender Medien

Um Kinder und Jugendliche gezielt vor gefährdenden Inhalten zu schützen, sieht das JuSchG eine Indizierung durch die Bundesprüfstelle für jugendgefährdende Medien vor. Die Prüfstelle führt eine Liste mit jugendgefährdenden Medien, die ständig aktualisiert wird. Auch Telemedien (hier gleichbedeutend mit Tele- und Mediendiensten) können in die Liste jugendgefährdender Inhalte aufgenommen werden. Damit erscheinen unter Umständen auch bestimmte Blogs oder Podcasts bzw. einzelne Episoden auf dem Index. Für regelmäßig erscheinende Telemedien gilt, dass sie für 3 bis 12 Monate komplett in die Liste aufgenommen werden können, wenn sie innerhalb eines Jahres mit mehr als zwei Folgen indiziert worden sind. Ein wöchentlich erscheinender Podcast, der also mit drei aufeinander folgenden Episoden durch die Bundesprüfstelle als jugendgefährdend eingeordnet wurde, kann damit genauso mit sämtlichen (vielleicht ansonsten harmlosen) Folgen indiziert werden wie ein Blog, der auf ein Jahr verteilt dreimal als jugendgefährdend aufgefallen ist.

Der Jugendmedienschutz-Staatsvertrag

Der Jugendmedienschutz-Staatsvertrag (JMStV) sieht zum Schutz von Kindern und Jugendlichen vor jugendgefährdenden Inhalten eine dreistufige Regelung vor. Auf höchster Stufe stehen Inhalte, die – wie etwa Kinderpornografie – gegen einen Straftatbestand verstoßen, den Krieg verherrlichen oder die Menschenwürde verletzen. Insbesondere zählen dazu auch die Telemedien, die von der Bundesprüfstelle als absolut verboten indiziert wurden. Diese Inhalte sind ausnahmslos unzulässig.

Telemedien, die von der Bundesprüfstelle als »schwer jugendgefährdende« Inhalte eingestuft wurden, fallen genau wie etwa pornografische Darstellungen unter die zweite Stufe. Auch diese Angebote sind grundsätzlich unzulässig. Wenn jedoch vom Anbieter sichergestellt werden kann, dass nur Erwachsene dieses Angebot wahrnehmen, weil nur diese sich in einer so genannten *geschlossenen Benutzergruppe* befinden, ist eine Verbreitung dieser Inhalte ausnahmsweise doch zulässig.

Auf der letzten Stufe der Regelungen des JMStV stehen schließlich Angebote, die »geeignet« sind, Minderjährige in ihrer Entwicklung zu »beeinträchtigen«. Diese Angebote sind grundsätzlich zulässig, allerdings muss der Anbieter hier dafür sorgen, dass Kinder und Jugendliche diese Angebote üblicherweise nicht wahrnehmen können. Diese Auflage kann etwa im Fernsehen dadurch erfüllt werden, dass bestimmte Inhalte erst nach 23 Uhr gesendet werden, da zu dieser Zeit »üblicherweise« Kinder und Jugendliche nicht zusehen. Im Internet ist das nicht ganz so einfach – schließlich ist hier grundsätzlich jeder Inhalt zu jeder Zeit und von jedem Ort aus abrufbar. Es helfen dann also nur technische Filter, die bestimmte Inhalte für Kinder weitestgehend unzugänglich machen. Hier können etwa die Altersverifikationssysteme zur

Anwendung kommen, die – wie z.B. der Abgleich von Personalausweisnummern – zur Abgrenzung einer geschlossenen Benutzergruppe unzureichend sind (s.o.). Auch wenn diese Systeme bei jugendgefährdenden Inhalten der zweiten Stufe nicht ausreichend zuverlässig sind, erschweren sie den Zugang für Kinder dennoch deutlich, so dass sie auf der dritten Stufe effektiv eingesetzt werden können.

Altersverifikationssysteme

Um im Internet eine geschlossene Benutzergruppe nur mit Erwachsenen herzustellen, gibt es verschiedene Altersverifikationssysteme, die sicherstellen sollen, dass tatsächlich nur Nutzer über 18 Jahren auf ein bestimmtes Angebot zugreifen können.

Das anerkanntermaßen sicherste Verfahren ist das so genannte »PostIdent-Verfahren«. Hier wird der Nutzer zunächst mit seinem Personalausweis bei einer Filiale der Deutschen Post vorstellig, von dort wird die Volljährigkeit anschließend gegenüber dem Anbieter bestätigt, der dann den Nutzer zum Angebot zulässt. Problematisch ist bei diesem Verfahren lediglich, dass es zunächst einige Zeit in Anspruch nimmt und dann für den potenziellen Kunden eine sehr große Hürde der Peinlichkeit darstellen könnte, für die Nutzung eines Pornoangebots bei der Post vorsprechen zu müssen. Bei Anbietern sind daher Systeme, bei denen allein die Personalausweisnummer zur Altersverifikation ausreicht, deutlich beliebter. Anhand der Nummer prüft dieses System, ob der Nutzer volljährig ist oder nicht. Allerdings wird dieses System als unzureichend angesehen, da es zu leicht manipulierbar ist. Findige Kinder können sich entsprechende Personalausweisnummern sogar aus dem Internet besorgen. Das Gleiche gilt für Systeme, die mit Kreditkartennummern oder vorangestellten Geldüberweisungen arbeiten. Auch darin liegt nach allgemeiner Ansicht keine effektive Barriere – schließlich haben auch Kinder Girokonten oder können sich Kreditkarten der Eltern »ausleihen«. Wer also eine geschlossene Benutzergruppe unter Ausschluss von Kindern und Jugendlichen schaffen muss, sollte sich dafür des PostIdent-Verfahrens bedienen.

Handelt es sich um Angebote, die nur für jüngere Kinder gefährlich sein könnten, erfüllt der Anbieter seine Pflicht schon dadurch, dass er die Angebote von einem Kinderprogramm deutlich trennt und als jugendgefährdend kennzeichnet.

Auf Seiten der Eltern besteht dann die Möglichkeit, eine Filtersoftware einzusetzen, die entwicklungsbeeinträchtigende und jugendgefährdende Inhalte blockiert, so dass Kinder und Jugendliche die betreffenden Internetseiten nicht aufrufen können. Diese Filterprogramme orientieren sich dabei unter anderem an den Angaben des Anbieters.

Explicit Tags

Wer einen Podcast bei iTunes veröffentlicht, stößt bei der Eingabe der Metadaten auf ein Kästchen »Inhalt nur für Erwachsene geeignet«. Wird dieses Kästchen angeklickt, so erscheint der Podcasts stets mit dem Schriftzug »explicit«. Genauso lässt sich ein garantiert jugendfreier Inhalt mit der Bezeichnung »clean« versehen. Vorrangig dient dies der Information der Eltern darüber, welche Inhalte für ihre Kinder geeignet bzw. weniger geeignet sind. Gleichzeitig lässt sich Jugendschutz-Filtersoftware so programmieren, dass sie etwa auch alle »explicit«-Podcasts blockiert. Wer allerdings Inhalte verbreitet, die nicht nur »entwicklungsbeeinträchtigend«, sondern vielmehr schwer jugendgefährdend oder gar strafrechtlich verboten sind, dem nützt auch ein »Explicit«-Zeichen nichts. Schließlich dürfen diese Inhalte überhaupt nicht zugänglich gemacht werden.

Werbung

Der Schutz von Kindern und Jugendlichen umfasst nicht nur das Verbot oder die Einschränkung bestimmter gefährdender Inhalte: Auch vor manipulierender Werbung möchte der Staat die Jugend bewahren. So sind Kaufappelle an Kinder und Jugendliche, die deren Unerfahrenheit oder Leichtgläubigkeit ausnutzen, unzulässig. Insbesondere ist dabei an die Angebote von Klingelton-Abonnements zu denken, die zunächst wie der Kauf eines einzelnen Klingeltones erscheinen, dann aber – für den unerfahrenen Jugendlichen völlig überraschend – eine langfristige Vertragsbindung beinhalten.

Aber auch bei der Werbung für alkoholische Getränke und Tabakprodukte hält das Gesetz seine schützende Hand über die Jugend: Alkohol- und Rauchwarenwerbung darf sich nicht an Minderjährige richten und darf diese auch durch die Art der Alkoholdarstellung nicht besonders ansprechen. Für ein Blog, das sich (auch) an minderjährige Schüler richtet, verbietet sich damit z.B. eine werbetechnische Zusammenarbeit mit einer Zigarettenfirma.

Technische Selbstregulierung im Internet oder sonstige Vorgaben

Die Anzahl jugendgefährdender und schwer jugendgefährdender Inhalte im Internet ist immens. Eine rein staatliche Kontrolle wäre daher aus Personal- und Kostengründen von vornherein zum Scheitern verurteilt. Daher herrscht im Bereich des Jugendmedienschutzes das Aufsichtsmodell der regulierten Selbstregulierung. Bei einem möglichen Verstoß gegen die Jugendschutzvorschriften wird zunächst eine anerkannte Einrichtung der freiwilligen Selbstkontrolle tätig, wenn der Anbieter einer solchen

Einrichtung angehört. Die wichtigste Einrichtung ist hier die *freiwillige Selbstkontrolle Multimedia-Diensteanbieter* (FSM), die etwa die empfohlenen Altersgrenzen für Spielfilme festlegt. Erst wenn diese freiwillige Selbstkontrolle versagt, kommt die KJM, die *Kommission für Jugendmedienschutz*, ins Spiel. Sie führt dann ein Prüfverfahren durch und ergreift entsprechende Maßnahmen.

Index

Symbole

A

B

C

D

E

F

G

H

I

J

K

L

M

N

O

P

R

S

T

U

Über die Autoren

Moritz »mo.« Sauer ist Medienpädagoge, Journalist, Webdesigner und Liebhaber elektronischer Musik jeglicher Couleur. Im O'Reilly Verlag erschien Anfang 2006 sein erstes Buch, »Websites für Musiker, DJs und Netlabels«. Als Journalist publiziert er regelmäßig online wie offline Künstlerportraits, Thementexte und Fachartikel in Magazinen und Zeitschriften wie c't, Internet Intern, De:Bug, Intro oder zuender.zeit.de.

Am liebsten schreibt mo. jedoch für sein eigenes Magazin über Musik- und Netzkultur, *www.phlow.net*, das er zusammen mit Freunden betreibt. Das Ezine wurde 2004 für den Grimme Online Award nominiert und hat den Netlabel Catalogue, ein Netlabel-Verzeichnis im Wiki-Gewand, ins Leben gerufen (*www.netlabels.org*). Als technikaffiner Mensch begeistert sich mo. nicht nur für Netlabels, sondern produziert eigene Podcast-Sendungen, in denen er entweder spannende Menschen interviewt oder GEMA-freie Netzmusik vorstellt.

Als Webdesigner versucht er stets, den Benutzer im Fokus zu halten und orientiert sich an den Mottos »Form Follows Function« und »Keep It Simple!«. Selbstverständlich gibt es für den Web-Addict auch ein Leben jenseits des Internets. Dann schläft, kommuniziert, tanzt und sportet er, diskutiert mit Freunden oder liegt in der warmen Sonne.

Aktuelles über Moritz »mo.« Sauer und seine Projekte finden Sie unter *http://mo.phlow.de*.

Laura Dierking, LL.M. (Informationsrecht), studierte Jura in Konstanz und Münster und nahm anschließend an einem Masterstudiengang zum Informationsrecht in Düsseldorf teil. Derzeit ist sie als wissenschaftliche Mitarbeiterin am Institut für Informations-, Telekommunikations- und Medienrecht bei Prof. Hoeren beschäftigt. Podcasting ist auch das Thema ihrer juristischen Dissertation an der Universität Münster – das sie zum Glück nicht nur aus der grauen rechtlichen Theorie kennt. In ihrem Podcast *J!Cast*, zu finden unter *www.jcast.de*, spricht sie alle zwei Wochen mit wechselnden Experten über medien- oder telekommunikationsrechtliche Fragen.

Kolophon

Das Design der Reihe O'Reillys Basics wurde von Hanna Dyer entworfen, das Coverlayout dieses Buchs hat Michael Oreal gestaltet. Als Textschrift verwenden wir die Linotype Birka, die Überschriftenschrift ist die Adobe Myriad Condensed, und die Nichtproportionalschrift für Codes ist LucasFont's TheSansMono Condensed.

Webdesign

HTML mit CSS & XHTML von Kopf bis Fuß

Elisabeth Freeman & Eric Freeman
692 Seiten, 2006, 44,90 €
ISBN 3-89721-453-9

Sie wollen die Web-Grundtechnologien HTML und CSS erlernen, fürchten aber nüchtern-technische Lehrbücher? Dann ist HTML mit CSS und XHTML von Kopf bis Fuß genau das Richtige für Sie! Statt langweiliger Vorträge finden Sie hier viele visuelle Überraschungen, witzige Comics, geistreiche Dialoge und unterhaltsame Beispiele. Und trotzdem vermittelt das Buch das technische Know-how, das man braucht, wenn man im Web-Umfeld arbeitet oder arbeiten möchte. Angefangen bei den Grundkenntnissen in HTML, XHTML und CSS über notwendige Infos zu Zeichensätzen und Farben bis hin zur Einhaltung der Webstandards werden alle wichtigen Themen behandelt – worauf warten Sie also noch?

HTML & XHTML, 3. Auflage

Jennifer Niederst Robbins, 104 Seiten, 2006, 9,90 €,
ISBN 3-89721-524-1

Diese umfassende Referenz liegt nun in der 3., komplett überarbeiteten Auflage vor und bietet einen gut organisierten Überblick über alle HTML- und XHTML-Elemente sowie ihre Attribute. Darüber hinaus finden Sie in diesem Buch eine ausführliche Auflistung der verschiedenen Zeichenkodierungen (Character Entities) sowie nützliche Informationen zu den DOCTYPE-Deklarationen. Für alle Webdesigner, -autoren und -entwickler, die Wert darauf legen, standardkonformes (X)HTML zu verwenden, ist dieses Buch der ideale Begleiter.

JavaScript – Das umfassende Referenzwerk, 2. Auflage

David Flanagan, 1024 Seiten, 2002, 50,- €
ISBN 3-89721-330-3

David Flanagan dokumentiert in seinem Bestseller ausführlich die Skriptsprache JavaScript und liefert viele ausgefeilte Programmbeispiele. Er beschreibt außerdem in einem vollständigen Referenzteil detailliert alle Funktionen, Objekte, Methoden, Eigenschaften und Event-Handler von JavaScript sowie alle DOM-APIs. Die zweite Auflage behandelt die JavaScript-Version 1.5. Neu hinzugekommen sind umfassende Kapitel zum Document Object Model (DOM), zu Regulären Ausdrücken sowie zu DHTML-Animationen und Stylesheets.

Webdesign mit CSS

Jens Meiert, Ingo Helmdach
228 Seiten, 2005, 29,- €
komplett in Farbe, ISBN 3-89721-422-9

Standardkonformes Webdesign muss nicht zwangsläufig zu langweiligen Designs führen, sondern ermöglicht durchaus originelle Ideen. Dieses durchgehend vierfarbige Buch bietet Anregungen und Beispiele für CSS-Standard-basierte Designs, die zur eigenen Inspiration studiert werden können, aber auch sofort angewendet und für die eigenen Bedürfnisse angepasst werden können. Das Buch wendet sich an Webdesigner, Autoren und Entwickler, die sich mit den XHTML- und CSS-Standards prinzipiell auskennen und nun auf der „Design-Leiter" ein paar Stufen höher klettern wollen. Die CSS- und XHTML-Beispieldateien können heruntergeladen und frei verwendet werden.

Cascading Style Sheets – Das umfassende Handbuch

Eric A. Meyer, 568 Seiten, 2004, 39,- €
ISBN 3-89721-386-9

Eric A. Meyer, eine international anerkannte Größe in der CSS-Gemeinde, behandelt in diesem Buch ausführlich die aktuellen Standards CSS2 und CSS2.1. Detailliert beschreibt er alle CSS-Eigenschaften, erläutert, wie sie mit anderen Eigenschaften zusammenwirken und zeigt anhand vieler praktischer Beispiele, wie sie angewendet werden.

CSS Kochbuch

Christopher Schmitt, 284 Seiten, 2005 32,- €
ISBN 3-89721-397-4

CSS haben sich zwar als Standard für Web-Entwickler und -Designer durchgesetzt, ihre Anwendung ist jedoch nicht immer einfach und intuitiv. Dieses Kochbuch bietet Ihnen über 80 fertige Lösungen für typische Aufgaben und Probleme bei der Entwicklung von Webseiten. Sie können die Beispiele, die auf CSS2.1 basieren und zum Herunterladen bereit liegen, sofort für Ihre eigenen Zwecke einsetzen und anpassen. Gleichzeitig können Sie durch die Erläuterungen in jedem Rezept von den Techniken der CSS-Experten profitieren und Ihr eigenes Wissen über CSS erweitern.

Web

Ajax von Kopf bis Fuß

Brett D. McLaughlin
440 Seiten, 2006, 34,90 €
ISBN 3-89721-469-5

Im bewährten »von Kopf bis Fuß«-Stil wird dem Leser das Konzept der asynchronen Web-Programmierung mit AJAX nahe gebracht. Das ist nicht nur unterhaltsam, sondern auch effektiv: Komplexe Sachverhalte lassen sich nach Erkenntnis der modernen Lernwissenschaft über verschiedene Kanäle am gründlichsten verstehen. Spätestens, wenn es mal wieder heißt »Spitzen Sie Ihren Bleistift«, wird dem Leser klar, dass bei diesem Buch sein Mitmachen gefragt ist. AJAX ist für den modernen Web-Programmierer eine große Herausforderung. Das anspruchsvolle Zusammenspiel von JavaScript, HTML, XML, JSON und DOM wird dem Leser in einer einzigartigen Weise vermittelt.

Ajax Hacks

Bruce W. Perry, 472 Seiten, 2006, 34,90 €
ISBN 3-89721-467-9

Möchten Sie eine Web-Anwendung erstellen, die sich so flott wie eine Desktop-Applikation verhält? Dann sollten Sie unbedingt zu *Ajax Hacks* greifen. Mit *Ajax Hacks* entdecken Sie, wie Sie bestehenden HTML-Code mit Ajax erweitern können. Sie lernen die APIs von Google Maps, Yahoo! Maps und GeoURL kennen, um sie für Mashups zu nutzen. Lesen Sie, wie man mit Cookies in einer Ajax-Umgebung arbeiten kann, wie man mit Ruby on Rails und Direct Web Remoting for Java Ajax-Anwendungen erstellt und wie mit Prototype, Rico und script.aculo.us Applikationen erstellt werden. Ajax Hacks zeigt Ihnen, was die neue Technologie kann – und wie's konkret geht.

Praxiswissen Ajax

Denny Carl, 240 Seiten, 2006, 24,90 €
ISBN 3-89721-451-2

AJAX ist die modernste Web-Technologie, die dem Web-Entwickler zur Verfügung steht. Durch asynchronen Datenaustausch mit dem Web-Server werden Anwendungen möglich, die zuvor nur bei Desktop-Programmen denkbar waren. Lahme Webseiten mit langen Ladezeiten werden zu agilen Highspeed-Web-Oberflächen. AJAX holt den Server praktisch an Ihren Arbeitsplatz. *Praxiswissen Ajax* führt Sie umfassend und gleichzeitig leicht verständlich in diese neue Web-Technologie ein. In fünf Kapiteln erhalten Sie das komplette Wissen, das notwendig ist, um mit AJAX Ihre Web-Seiten aufzuwerten oder gänzlich neu zu gestalten.

Webdesign mit JavaScript & Ajax, 2. Auflage

Nick Heinle, Bill Pena & Ulrich Speidel
272 Seiten, 2006, 24,90 €
ISBN 3-89721-471-7

JavaScript ist die populärste clientseitige Scriptsprache im Web und innerhalb von Ajax kommt JavaScript nun richtig in Fahrt: Mit ein paar Kniffen sorgt diese Webtechnologie dafür, dass auch umfassende Webanwendungen extrem schlank daher kommen. *Webdesign mit JavaScript & Ajax* ist eine sehr gut verständliche und praxisorientierte Einführung in JavaScript. Statt grauer Theorie stehen von der ersten Seite an konkrete Anwendungen im Mittelpunkt. So eignen Sie sich grundlegende JavaScript-Programmiertechniken an und sind schnell in der Lage, den eigenen Webauftritt deutlich aufzuwerten. Die zweite Auflage wurde vollständig überarbeitet, aktualisiert und um ein umfassendes Zusatzkapitel zu Ajax ergänzt.

PHP in a Nutshell

Paul Hudson, 400 Seiten, 2006, 34,90 €
ISBN 3-89721-343-5

PHP in a Nutshell ist ein umfassendes Nachschlagewerk zu PHP im bewährten Nutshell-Stil, das den Kern der Sprache sowie alle populären Erweiterungen behandelt. Es deckt die neueste PHP-Version 5.1 ab. Das Buch versucht nicht, die viel genutzte PHP-Online-Dokumentation zu ersetzen, sondern ist so konzipiert, dass es das Online-Manual sinnvoll ergänzt und dessen Lücken schließt: Die Informationen gehen stärker in die Tiefe, Zusammenhänge werden deutlich gemacht und die Themen sind so organisiert, dass der Leser sehr schnell genau das findet, wonach er gerade sucht. Zudem bietet das Buch zahlreiche Beispiele sowie wertvolle Tipps und Tricks, die den Programmierer in der Praxis ganz konkret weiterbringen.

Apache – Das umfassende Handbuch, 2. Auflage

Ben Laurie & Peter Laurie, 632 Seiten
2003, 42,- €, ISBN 3-89721-356-7

Apache ist die weltweit am meisten eingesetzte Webserver-Software. Dieses Buch behandelt ausführlich die Installation und Konfiguration von Apache auf Unix und Windows sowie den zuverlässigen und sicheren Betrieb einer Website. Die neue Auflage berücksichtigt sowohl Apache 1.3 als auch Apache 2.0, wendet sich verstärkt Sicherheitsfragen zu, behandelt die Einbindung von Perl und PHP und widmet sich auch fortgeschrittenen Themen wie JServ und Tomcat, XML und Cocoon.